未名社科菁华·公共管理学

人才评价与开发
Talent Accessment and Development

行政管理的基点
Foundation of Public Administration

萧鸣政 著

北京大学出版社
PEKING UNIVERSITY PRESS

图书在版编目(CIP)数据

人才评价与开发:行政管理的基点/萧鸣政著.—北京:北京大学出版社,2014.1

(未名社科菁华·公共管理学)

ISBN 978-7-301-23570-6

Ⅰ.①人… Ⅱ.①萧… Ⅲ.①人才-评价②人才资源开发-研究 Ⅳ.①C962②C961

中国版本图书馆CIP数据核字(2013)第294652号

书　　　名:	人才评价与开发:行政管理的基点
著作责任者:	萧鸣政　著
责 任 编 辑:	舒　刚　耿协峰
标 准 书 号:	ISBN 978-7-301-23570-6/C·0968
出 版 发 行:	北京大学出版社
地　　　址:	北京市海淀区成府路205号　100871
网　　　址:	http://www.pup.cn　新浪官方微博:@北京大学出版社
电 子 信 箱:	ss@pup.pku.edu.cn
电　　　话:	邮购部 62752015　　　发行部 62750672
	编辑部 62765016/62753121　　出版部 62754962
印　刷　者:	三河市北燕印装有限公司
经　销　者:	新华书店
	730毫米×980毫米　16开本　31印张　505千字
	2014年1月第1版　2014年1月第1次印刷
定　　　价:	69.00元

未经许可,不得以任何方式复制或抄袭本书之部分或全部内容。
版权所有,侵权必究
举报电话: 010-62752024　电子信箱: fd@pup.pku.edu.cn

前 言

行政管理，包括公共行政管理与一般的行政管理。公共行政管理是指运用国家权力对社会事务的一种管理活动，一般的行政管理是指国家行政机构、企业、事业单位与其他非营利组织中运用相关的制度、法规与政策所进行的管理活动。行政管理的目标就是运用科学的思想、原理和方法实施管理活动，在达成组织战略目标过程中减少人力、物力、财力和时间的支出和浪费，提高行政管理的效果、效率和效益。

因此，无论是公共行政管理还是一般的行政管理，其关键点与核心点就是在达成战略目标的过程中提升行政管理的效果、效率与效益。然而，在达成行政管理的关键点与核心点的众多途径中，基于人才的途径是最为基本的。在影响行政管理效果、效率与效益的制度与人才两大因素之间，人才是第一位的因素，是决定性的因素。行政管理体制与机制的设计需要人才，行政管理的政策设计与制定需要人才，行政管理的具体实施需要人才。古代先哲早就看到了这点。《长短经·卷一，政体第八》认为："夫政理，得人则兴，失人则毁。故首简才，次论政体也。"

行政管理的本质就是通过别人来完成组织想做的事情，完成领导想做的事情，完成部门想做的事情。事实表明，在任何组织的行政管理活动中，选对人才、用好人才与培养人才，是行政管理人员的基本功。人才的选拔，需要人才评价；人才的使用，需要人才评价，人才的培养，需要人才开发。因此，人才评价与开发是行政管理的基点。行政管理，人才为本。

我最早是一位大学数学教师，因为不愿意从事行政管理工作，而被迫报考了教育管理，改行学习了教育学与心理学，后来从事了一段时间教育心理学的教学与研究工作。博士毕业后有幸在中国人民大学劳动人事学院从事劳动经济学与人力资源管理的教学工作。1997年上半年我招收了第一位劳动经济学的硕士研究生,2001年上半年在中国人民大学招收了第一位行政管理专业的博士研究生,2002年上半年招收了第一位劳动经济学的博士研究生,2004年上半年招收了第一位人力资源管理的博士研究生。2002年11月又有幸到北京大学政府管理学院工作,之后我就一直从事行政管理方面的教学与研究工作,并且担任了行政管理系主任的工作。回想这些经历,觉得多少有点诧异,一个不愿意从事行政管理工作的人,最后竟然成了行政管理系的教授与博导。其中的经历,虽然被迫转换,但是却十分有趣。从数学到教育心理学,再到劳动经济学与行政管理学,不断接触到新的领域、新的知识、新的学科与新的学生,尽管过程波折却是主线明确。

  从数学转换到教育心理学后,我选择的主攻方向一直是教育测量与品德测评。测量与测评是基于我数学的基础与教育学与心理学科学发展的需要。1986年我公开发表的第一篇论文是《试论思想品德测量的可能性之探讨》,1989年出版的第一本著作是基于教育测量理论应用的《试卷编制的方法与技巧》。1990年我出版了第一本硬壳精装本的学术专著《德育测评》。我1987年开始的第一个实证研究课题成果"高考作文评分计算机化实验研究"于1990年获全国教育统计与测量优秀科研成果三等奖。1993年我博士毕业、从教育心理学转换到劳动经济学与行政管理学后,我选择的主攻方向一直是人力资源管理与开发。通俗点说,心理学是研究人的学问,教育学是培养人的学问,人力资源开发与管理是管理人的学问。人才培养,以用为本。转换后我对于人力资源开发与管理有着浓厚的兴趣。1994年我发表了论文《对人力资源开发问题的系统思考》,1995年我出版了《现代人员素质测评》《国家公务员考评教程》和《品德测评的理论与方法》三本专著,1997年出版了《工作分析的理论与方法》《职业技能鉴定的理论与方法》和《现代人事考评技术及其应用》,2001年出版了《人力资源管理》,2002年出版了《人力资源开发学》,2004年出版了《中国政府人力资源开发概论》,2008年分别出版了《基于全球视角的人力资源理论与实践问题研究》和 *Global Human Resource Development Theories and Practice*,2009年后连续出版了《党政领导人才素质标准与开发战略研究》《区域人才开发的理论与实践》《中国领导人才的开发与管理》和《中国人力资源服务业白皮书》。透过所发表的论著,不难看出我对于人力资源问题研究的轨迹。首先是从品德测评问题点的研究开始,然后扩展为人才评价问题研究的线,在人才评价问题研究这条线中,包括了人员素质测评、职业技能鉴定、职业资格考评、公务员考评、人事考评与绩效考评数个研究点;其次是从人才评价问题研究这条线扩展为人力资源管理问题研究的这个面。在人力资源管理问题研究这个面中,包括了工作分析、工作评价、人员招聘、人员培训、薪酬设计、人员激励、人力资源管理模式等方面的研究;再次是从人力资源管理问题这个面,向多个方向扩充与延伸。一方面从人力资源管理问题研究扩充到人力资源开发问题研究,另一方面从人力资源管理理论研究扩充到人力资源管理咨询实践,从人力资源管理问题研究延伸到对人力资源服务业问题的研究,还有从国内人力资源问题研究扩充到国际人力资源问题研究,从人力资源管理问题一般研究延伸到对于政府人力资源、大学生就业、区域人才、党政人才与领导人才问题的专门研究。因此,对于人力资源开发与管理问题的研究,基本形成了一个多维度的体系。

《人才评价与开发:行政管理的基点》一书,主要选择收集了我自从1993年以来有关人才评价与开发的一些代表性论文。这些论文,有的是我个人独立完成的,有的是在我的学生合作帮助下完成的。各篇论文均有来源标注,主要以我独立完成的为主。全书分为四个部分:

第一部分主要是选择收集关于人才评价与开发方面的一些论文。其编排的逻辑顺序是:人才评价对象——人才评价(素质测评)概念——人才评价问题——人才评价方法——人才考评——人才开发。这部分主要体现了我们对于人才评价对象、人才评价概念、人才评价的现状与问题、人才评价的方法以及人才开发方面问题的一些观点与思考。

第二部分主要是选择收集关于人才品德测评与开发方面的一些论文。其编排的逻辑顺序是:人才品德概念与价值——人才品德测评理论——人才品德测评方法——基于品德测评的人才开发。这部分主要体现了我们对于品德概念、品德在人力资源结构与开发中的价值性、品德的可量化性、可测评性、资本性与测评研究中问题的一些观点与思考,体现了我们对品德测评的方法与实验、品德测评在领导力提升与开发应用中的一些探索与思考。

第三部分主要是选择收集关于党政领导人才评价与开发方面的一些论文。其编排的逻辑顺序是:党政领导人才素质特征——党政领导人才评价标准——党政领导人才评价的理论与问题——党政领导人才评价的方法与实践——党政领导人才的开发。在这部分中,主要体现了我们对于党政领导人才素质特征、党政领导人才评价的问题、标准与方法等问题的一些观点与思考,体现了我们对于党政领导人才开发问题的相关观点与探索。

第四部分主要是选择收集关于人力资源开发方面的一些论文。其编排的逻辑顺序是:人力资源开发的概念——人力资源开发的理论——人力资源开发的战略——人力资源开发的实践——人力资源开发在企业与高校的应用——人力资源开发的学科建设——人力资源管理。在这部分中,主要是体现了我们对于人力资源开发概念、价值、战略、组织内人力资源开发理论与实践问题的一些观点与思考,体现了我们对于企业人力资源开发、高校人力资源开发与在中国建设人力资源开发学科的一些建议与思考,体现了我们对于人力资源配置、岗位轮换、人力资源管理模式以及非营利组织人力资源管理问题的相关思考与观点。

本书的出版,得到了北京大学出版社的大力支持,得到了耿协峰与相关编辑的大力帮助,得到了我们的博士生杨平与硕士生郭晟豪的鼎力帮助,在此谨向上述单位与个人表示衷心的感谢!对于在论文发表与文集出版过程中给予过支持与帮助的同仁表示真诚的感谢!由于时间仓促,论文与文集中难免会有问题与不足,欢迎各位读者批评指正!

萧鸣政
2013 年 7 月 25 日

目 录

第一部分 人才评价与开发

导 读 …………………………………………………………（3）
能绩人才观的人力资源开发学分析 ……………………（5）
测评人才素质　致力人才开发
　　——人才素质测评浅谈 ……………………………（18）
试论人力资源开发的基本点
　　——兼谈人员素质测评的作用与运用 ……………（22）
人才评价机制问题探析 …………………………………（31）
当前人才评价实践中亟待解决的几个问题 ……………（42）
高层次科技创新人才评价的问题与对策 ………………（52）
工作取样法：人才素质测评的新方法 …………………（61）
职业资格考评将引导职业教育社会化与自我化 ………（65）
绩效考评与管理中的十大问题 …………………………（69）
国有企业经理人考评问题初探 …………………………（76）
人才强国战略实施中的党管人才原则 …………………（81）
关于当前人才市场的剖析与思考 ………………………（91）
关于我国人才市场建设的问题与思考
　　——基于人力资源服务业发展的视角 ……………（99）

发达国家职业技术人才开发的经验及启示……………………（108）
当前区域人才开发合作的成果、问题与对策 ……………………（113）
关于北京市属地人才开发战略的几点建议………………………（122）
素质教育人力资源开发观
　　——兼谈现代人力资源开发与传统人力资源开发…………（128）
博士生创新素质的教育与培养……………………………………（136）
从人力资源开发视角看大学生就业难问题………………………（143）
21世纪，世界人才战争急……………………………………………（152）
改革开放30年中国人才政策回顾与分析…………………………（156）

第二部分　人才品德测评与开发

导　读……………………………………………………………………（167）
试论品德在现代人力资源结构及其开发中的作用
　　——兼谈品德与"情商"的关系……………………………（169）
思想品德测量可能性之探讨………………………………………（175）
试论品德的资本性及其测评………………………………………（185）
试论刘劲品德测评的系统思想……………………………………（196）
试论品德测评量化问题……………………………………………（202）
FRC品德测评方法的基本思路及其实验 ………………………（210）
OSL品德测评法的基本方法及其实验 …………………………（215）
领导干部的OSL品德测评模式及其运行机制
　　——基于部分省市党政干部品德测评实践的思考…………（220）

第三部分　党政领导人才评价与开发

导　读……………………………………………………………………（231）
试析党政领导者的人力资本特征…………………………………（233）
"十二五"我们需要怎样的党政人才………………………………（241）

某中央部委机关党政领导人才素质模型的建构……………(247)

党政领导人才评价标准问题研究……………………………(255)

公务员职业道德及其内容标准的分析………………………(267)

中国古代人才选拔制度的素质测评思想研究………………(279)

中国领导干部选拔任用制度的形式与比较…………………(287)

关于当前我国领导干部公选制问题的探讨…………………(292)

心理测验在党政领导人才选拔中的作用分析………………(305)

公务员考评中亟待解决的几个问题与对策…………………(314)

正确的政绩观与系统的考评观………………………………(323)

基层党政领导干部绩效考评机制建设

——基于四川省开江县的实践……………………………(330)

党外代表人士综合评价研究…………………………………(337)

党政领导人才开发的问题与对策……………………………(348)

党政人才工作压力现状及管理策略分析……………………(353)

关于党政领导班子配置结构维度的分析与思考……………(360)

当前地方政府竞争行为分析与思考…………………………(367)

第四部分 人力资源开发

导　读……………………………………………………………(381)

对人力资源开发问题的系统思考……………………………(383)

人力资源开发是未来中国的强盛之路………………………(392)

人力资源开发及其价值………………………………………(406)

基于人力资本的人力资源开发战略思考……………………(413)

人力资本助推发展方式转变…………………………………(422)

人力资源开发战略与选择……………………………………(426)

领导人的选拔任用是影响国有企业改革的关键因素………(430)

21世纪高校人力资源开发……………………………………(438)

试论我国人力资源开发专业的开设问题……………………（443）
试论人力资源配置及其作用与模式……………………（453）
当前管理人员岗位轮换的问题与改进……………………（459）
人力资源管理模式及其选择因素分析……………………（471）
非营利组织人力资源管理的几个发展方向
　　——基于非营利组织特征的思考……………………（483）

第一部分

人才评价与开发

导 读

本部分主要探讨人才评价与开发的相关问题。首先明确了人才评价的对象,提出能绩人才观,即注意人才能力的结构性与能力发挥的系统性,尽快建立以能力与业绩为导向的人才选拔与评价机制。其次,本部分具体介绍了人才评价,尤其是素质测评的概念、作用、问题与方法。指出人的素质是个人劳动能力构成的基本因素,劳动者个体是人力资源单位的自然形态而非本质形态,我们应该把人力资源开发的基本点确定为人的基本素质;总结了人才评价的总体观点和问题。认为人才评价机制的特点与功能在于其社会性、结构性、循环性与联动性,在于其评价主体的多元化、评价客体的分类化、评价内容的标准化、评价手段的科学化、评价结果的客观化、评价过程的战略导向化。指出当前的人才评价急需解决人情文化的影响性与法规建设的欠缺性,理论科学的虚弱性与技术手段的不足性,主体能力的有限性与评价标准的空泛性,评价方法的主观性与结果运用的低效性,评价观念的局限性与管理体系的松散性等问题;本部分介绍了人才评价的方法,详尽论述了高层次科技创新人才在人才评价中的问题和对策,并讲解了人才素质测评的工作取样法。再次,本部分从人才评价落实到人才考评,论述了职业资格考评在作为我国人才战略的可行性,认为知识经济时代中国面临的最大机遇是人力资源的优势,中国人多教育经费有限,学校教育与职业教育都解决不了中国的现实问题,职业资格考评是适合我们人口大国开发人力资源的捷径;总结了绩效考评与管理中的问题,认为绩效考评实践中所存在的问题并非绩效考评本身的问题,而是对于具体的方法和技术的选择和使用不当的问题。随后具体讨论了国有企业经理人考评中存在的问题,即目前尚未建立起区别于党政领导干部的国有企业经理人管理办法,尤其是没有建立起针对国有企业经理人的考评指标体系;从管理体制上看,对国有企业经理人考评的主体仍不十分明确;考评注重对企业绩效的评价,缺少对企业经理人业绩的评价;考评程序欠规范、考评方法比较单一。接着,本部分探讨了人才开发的问题。在介绍科学人才观和人才战略重要性的基础上,提出了党管人才的原则,即用"科学发展观"统领人才工作,把促进发展作为人才工作的根本出发点,加强人力资源能力建设,推进人才结构调整,创新人才工作机制和优化人才环境;指出人才市场对于市场经济的发展和整个社会的进步具有重要作用,而人才市场的建设和完善又与人力资源服务业的发展息息相关,通过发展人力资源服务业,形成专业化、体系化、制度化、规模化的人力资源服务业,将有助于人才市场建设的不断完善与发展;介绍了发达国家和我国地方政府在人才开发中的经验和启示,结合实例给出了相关建议。最后,本部分将人才开发落脚到人才培养、人才竞争与人才政策。指出了素质教育实践中关于考试、教育机会、"双基"教育等问题的误区,阐释了素质教育在人力资源测评和开发中的意义,提出中小学教育是人才开发的基础工程,职业教育与高等教育是人才开发的导向开发工程,要尽快把学校教育纳入到人力资源开发的轨道中来,使学校教育服务于经济、服务于社会、服务于人的发展等功能得以真正实现。具体论述了高等教育中创新素质培养、大学生就业等实际问题。还分析了21世纪的人才局势以及改革开放以来我国的人才政策,认为中国未来成功的人才政策,需要把国内外经济社会发展的相关因素联系起来,需要与经济社会发展战略相协调,并随着时代的发展而与时俱进;在具有前瞻性的同时把制度化、法制化、人性化和相对稳定性与动态相结合。

  本部分重点应理解能绩人才观,掌握人才评价概念和方法,尤其是素质测评的意义和方法。此外还应理解人才考评中存在的问题与对策,掌握人才开发的具体方略,理解素质教育对人才开发的重要意义。

能绩人才观的人力资源开发学分析[①]

2003年12月18—19日,中共中央在北京召开了全国人才工作会议,正式颁布了《中共中央、国务院关于进一步加强人才工作的决定》(以下简称《人才工作决定》),这是一件具有非常重大现实意义和深远影响的大事。《人才工作决定》内容丰富,概括全面,提出了许多新观点。其中贯穿整个报告的一个主题思想是:谁是人才,能绩权衡。《人才工作决定》必将成为指导我们人力资源理论研究与实践工作的纲领性文件。

结合学习《人才工作决定》的体会,我想就为什么要建立以能力与业绩为导向的人才观谈谈自己的看法。

一、中外人才观及其导向作用评析

"人才",是人才管理工作实践中的基本概念,不同的解释与观点,将导致人们采用不同的管理行为与方式。我国在20世纪六七十年代的"文革"期间,"人才"

---

① 本文原载于《北京大学学报(哲学社会科学版)》2004年第7期。

标准中重"家庭出身",因此选拔人才以"阶级成分"为标准。出身越"贫穷"越受到重用与培养;80年代以后,"人才"标准中重"学历",因此选拔人才则主要以"文凭"为标准。谁学历越高,谁就越能得到提拔与重用。因此,这次全国人才工作会议把"什么是人才","人才的衡量标准应该是什么"等问题,给予了特别的讨论与规定。为了对全国人才工作会议中的人才标准问题有一个比较全面的认识,我们有必要对古今中外的人才观点做一个比较分析。

"人才"一词,最早见于《诗经小雅》的注解中:君子能长育人才,则天下喜乐之矣。我国古代用于描述人才之意的字词有"贤"与"能",然后是"士",指的是有德行有才干的人①。后来,古今中外的许多学者对于"人才"有了许多精辟的论述,但是概括起来大致有如下几种不同的观点。观点不同,带来的开发导向就大不一样。

1. 神授智力观。持这种观点的人认为,人才是那些天生聪明的人。古希腊流传着"天才神授"的观点。他们认为,天才是全知全能与先知先觉②。人才的能力,是一种主宰行为活动的非物质的心理实体的官能,沃尔夫称之为"心的单子",存在于"理念"世界里,是上帝"灵魂"或"心灵"中的东西③。我国的孔子与王充也有类似观点。孔子认为,"唯上智与下愚不移"④。王充认为"人性有善、有恶,犹人才有高有下也。高不可下,下不可高"(《论衡·本性》)。在这种观点的影响下,人们认为人才是天生的,只能从天而降,后天的努力是无用的。因此,人才的选拔任用只能通过观天象来完成,我们人类社会对人才的开发是无能为力的。因此这种观点基本上是一种宿命论。

2. 遗传决定观。持这种观点的人认为,一个人能否成为人才,出生时就已决定。例如,元代的许衡认为,人的素质好坏,水平高低,是由每个人受生与出生时所禀之气决定的⑤。因此,人们认为"龙生龙,凤生凤,老鼠生儿会打洞"。在这种观点的影响下,人才的选拔任用形式,主要是家庭出身与血缘关系,是世袭制。例如,我国古代从周朝分封诸侯以后的很长一段时间,都是世袭制。只要出身名门望族,即使是酒囊饭

---

① 钟祖荣:《现代人才学》,浙江教育出版社1988年版,第36页。
② 同上。
③ 冯忠良:《结构—定向教学的理论与实践》,北京师范大学出版社1992年版,第97页。
④ 毛礼锐:《中国教育通史》第一卷,山东教育出版社1985年版,第219页。
⑤ 肖鸣政、Mark Cook:《人员素质测评》,高等教育出版社2003年版,第36页。

袋也可以做官,以至于败坏了人才,使社会腐败不堪。遗传决定观,在目前社会生活中还仍然存在。按照这种观点,人才开发的途径主要是通过遗传基因的选择与改变进行,通过计划生育和优生优育进行,我们后天的教育与培训对人才的开发是无能为力的。显然,这种观点是不符合实际的。

我国人才问题研究的著名学者潘光旦先生认为,"人才问题有两方面,一是原料,一是配置;原料的由来靠反选择的移民与有选择的生育,培植则靠营养,靠教育,靠一般文化的激发与熏陶,二者是不可偏废的"[①]。

3. **量化智力观**。持这种观点的人认为,人才的本质就是智力,智力可以量化。因此他们以量化形式的智商作为判断人才的标准,人才选拔主要采取智力测验的手段。例如美国的邓洛普(J. M. Dunlap)认为,120 以上为优秀人才,135 以上为英才,170 以上为天才。按照这种观点,人才开发就是智力开发与智育。德育与体育对于人才开发来说,是没有什么价值的。这种观点显然比较片面,是不正确的。

我国古代墨家、儒家与道家均认为,人才首要的素质是品德。品德主要通过后天的德育而形成。例如,墨家学派认为,人才的具体标准是"厚乎德行,辨乎言谈,博乎道术",即包括品德、才能与学问三个方面。其中品德是首要的,是根本[②]。墨家甚至认为,"志不强者智不达"。实际上,品德对于智力与体力具有引领作用[③]。

4. **教育学观**。持这种观点的人认为,所谓人才,就是那些受过专门训练达到一定学历水平的人,这些人具有一定的知识学问。例如,我国春秋战国的"养士"、汉代的"太学"以及后来的"私塾",都是在教育人才观下兴起的,都认为人才必须通过教育进行培养。汉代董仲舒认为,不上学读书,犹如宝玉不琢难成器。因此,按照这种观点,人才选拔的方式主要是"科举"考试,人才开发就是进行学历教育与素质提升。

心理学者认为,知识与技能是能力结构中的两种基本构成要素,并通过类化或者说通过概括化与系统化成为人的能力。知识、技能及其类化过程都是通过教育与教学活动来完成的[④]。因此一个人受到的教

---

① 中国人才研究会:《人才研究论文集》,辽宁人民出版社 1985 年版,第 249 页。
② 程有为:《中国古代人才思想史》,中州古籍出版社 1996 年版,第 42 页。
③ 肖鸣政:《品德测评的理论与方法》,福建教育出版社 1995 年版,第 109 页。
④ 皮连生:《智育心理学》,人民教育出版社 1996 年版,第 111 页。

育机会越多,教育水平越高,所具备的才能就越大,人才的级别也就越高。但是,我们应该认识到,进行一定的教育与学习,是人才成长的必要条件但并非是充分条件。学历越高并非业绩越大。美国哈佛大学的帕金斯(D. N. Pekins)教授认为,人才核心能力中的智力主要由三个变量决定,即:智力＝生理智力＋策略性知识＋内容性知识。其中生理智力是天生的,内容性知识需要很长时间的累积,即通过社会实践获得①。因此,具备了良好的先天素质条件,加上良好的后天教育,只是具备了成才中极为有利的内外条件。一个人真正要成才,还必须积极参与社会实践活动,在社会实践活动中不断积累内容性知识。社会实践活动不仅是促进才能发展的必要条件,也是才能发挥转化为业绩的必要环节。

5. 人才学观。持这种观点的人认为,所谓人才,就是那些才能、尤其是创造能力比较强或者超常的人。人才学著名学者王通讯等人研究认为:"人才是指在社会劳动中,以自己较高的创造能力,为社会发展和人类进步做出某种比一般人较大贡献的人,也就是较之以往与当时,有所发现,有所发明,有所创造,有所前进的人"②。因此,按照这种观点,人才开发主要是进行创造能力的开发。但是也有人(潘光旦,1982)认为创造性并非所有人才的本质特征。例如雷锋等英雄也是人才,但是并非因此雷锋的创造能力超常。

6. 人事管理学观。持这种观点的人认为,所谓人才,就是那些具有一定的学历文凭、技术职称与职务资格的人。例如,1982年《国务院批转国家计划委员会关于制定长远规划工作安排的通知》规定,具有中专或中专以上规定学历者,具有技术员或相当于技术员以上技术职务者,都称为人才。这个定义至今人们还在广泛应用③。按照这种观点,衡量人才的标准是学历与职称,人才开发主要是进行学历教育与开展职称资格的认定工作。但是在高等教育普及化与资格证书认定泛滥化的今天,这种观点已经难以真实反映我国的人才水平了。

7. 人力资源观。人力资源的人才观,是一种以能力与业绩为导向的人才观。持这种观点的人认为,所谓人才,就是那些工作能力较强与

---

① 王康、王通讯:《人才学基础》,哈尔滨工业大学出版社1987年版,第88页。
② 中央人才工作协调小组办公室:《人才工作理论研究报告》,党建读物出版社2003年版,第14页。
③ 朱智贤:《心理学大词典》,北京师范大学出版社1991年版,第69页。

业绩非常显著的人。例如,2003年12月的全国人才工作会议提出,我们要树立科学的人才观。认为人才存在于人民群众之中,只要具有一定的知识或技能,能够进行创造性劳动,为社会主义物质文明、政治文明、精神文明建设做出积极贡献,都是党和国家需要的人才。

由此可见,全国人才工作会议所倡导的人才概念,基本上属于一种人力资源观,在这里,人才是指那些具备了能够进行创造性劳动知识与技能,并且为社会做出了一定贡献的人。

这种观点,体现了毛泽东同志的人民群众是真正英雄的思想,体现了邓小平同志不拘一格降人才的思想,也体现了江泽民同志人力资源能力建设的思想。比较符合中国当前的市场经济改革主流思想。

众所周知,在我们的社会成员当中,包括人口、人员、人力与人才。一般来说,我们是从人口开发人员,从人员开发人力,从人口、人员与人力中开发人才。人才之所以不同于一般的人口、人员与人力,其区别之处就在于人才具备了较高的创造意识、丰富的知识技能与显著的工作业绩。我们中国是一个人口大国,是一个发展中国家,如何把人口大国的负担与不足转变为人才大国的优势与经济资源,一直是我们政府与科研工作者共同面临的难点问题。我们一方面要积极提高国家对高等教育的办学水平,提高国家对全社会公民的文化教育水平,但是另一方面,我们更加要注意发挥家庭与个人自我教育与自我开发的积极性与能动性。自学成才、干一行爱一行钻研一行与行行出状元的实践开发途径,依然是我们人口大国应该积极倡导与保持的传统。我们目前还是穷国办大教育,优良的教育资源严重不足,根本满足不了广大人民群众日益增长的教育需求。尽管这些年高等教育规模不断扩大,在一定程度上缓解了千军万马挤过大学独木桥的压力,但是如何保证高等教育质量的问题又摆在了我们面前。一些重点大学,过去一个系每年只招20个本科生、实行小班教学,而现在每年要招100名甚至更多的本科生,过去一个学位点只招收五六个研究生,而现在要招收50—100个研究生。这种教育能力不足与招生规模扩大的反差现象,在中国目前具有明显的重心下移危险,也就是越是教育能力严重不足的地方院校与薄弱院校,其实际招生的相对规模却越大。越是不够规范的行业越是滥发各种资格认定证书。因此学历与实力、文凭与能力、证书与业绩的反差越来越大。社会需求与大学毕业生的供给相互错位,一方面是大学生找不到工作,另一方面是单位找不到合适的人才。长此下去,不但不是学校开发了越来越多的人才,却是国家与家庭浪费了越来越多的经济资源,政府承担着越来越大的就业压力。如何保证学历与实力、文凭与能力、证书与业绩的统一,保证自学成才、岗位钻研与学校教育的同质同酬,如何保证个人、家庭、组织、学校与社会开发的齐头并进与相互促进,特别需要我们党和国家能够适时地提出一种能够综合性的人才新观念,从而引导矛盾的解决与社会的进步。人力资源人才观的提出,无疑表现了我们党和国家人才强国战略的前瞻性与英明性。

二、人才的能力系统结构分析

人力资源人才观的本质特征,是对人才能力与业绩要求的突出性,是人才对社会经济发展贡献的显著性。归根结底,是对人才工作能力特征要求的客观性。

能力,是人才的核心素质,目前有许多解释,心理学认为,所谓能力,是人们成功完成某种活动所必需的个性心理特征①。

人才学认为,所谓能力,是人在认识世界和改造世界过程中所表现出来的一种能动性。②

教育心理学认为,能力表现为两种形式。一是已表现出来的实际能力和已达到的某种经验水平,可以用成就测验来测评。二是潜在能力,即尚未表现出来的心理潜能,是未来通过学习或训练后可能发展起来的能力与可能达到的某种经验水平,可以用性向测验来测评。然而,能力也被看做是一种个体活动的、稳定的自我调节机制③。在这种机制中,包括活动的定向、执行与反馈三个环节。由于知识是活动的定向工具,因此知识因素是活动中自我调节机制不可缺少的要素之一,是能力基本结构中的核心要素。同样,技能与经验也是活动执行与反馈控制中的工具,是能力基本结构中的核心要素。因此,就以上有关能力的观点来看,能力的基本结构如图1所示:

---

① 施良方:《学习论》,人民出版社1994年版,第456页。
② 王充:《论衡》,上海人民出版社1974年版,第49页。
③ 冯忠良:《结构—定向教学的理论与实践》,北京师范大学出版社1992年版,第111页。

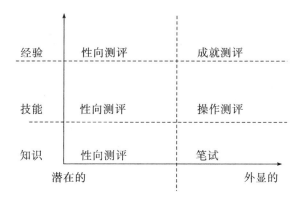

图 1　能力系统结构的双向分析示意图

知识、技能与经验的获得,主要是通过学校教育与社会实践来实现的,并通过内化、类化、迁移与外化转换为人才的能力。

教育心理学研究认为,能力是个体在学习过程中构建起来的,是在活动过程中,通过主、客体的相互作用,通过个体经验的获得和积累而得以形成和发展的①。

心理学家皮亚杰认为,知识、技能与经验转化为能力,主要受三个基本过程的影响,即同化、顺化与平衡。同化是指个体依据自己现有的知识、技能、经验与能力,对输入信息的过滤或改编的过程;顺化是指个体调节自己现有知识、技能、经验与能力,以适应特定情况与对象的过程。同化是个体对环境的作用,而顺化是个体对环境的适应。同化与顺化相互伴随而行。平衡是指个体通过自我调节机制使个体内部能力与外部要求之间、局部知识与整体知识之间、内部知识系统中各子系统之间,达到相互协调与适应的过程②。实际上这里的同化、顺化与平衡,揭示了知识、技能与经验的类化与外化过程。

然而,这里的工作能力,是一种系统,强调的是实力。它不仅包括心理学与教育学所描述的素质基础,而且包括人们看得见摸得着的外显业绩与贡献。具体来说,整个工作能力系统,包括人才能力的基础素质子系统、人才能力的内在核心子系统、人才能力的行为方式子系统与人才能力的业绩标志子系统。

人才能力的基础素质子系统,是人才工作能力总系统的基础,是产

---

①　马非百:《盐铁论简注》,中华书局1984年版,第112页。
②　同上书,第180—184页。

生实际工作能力与业绩的必要条件。人才能力的基础素质子系统的形成,主要是通过教育培养阶段生成,然后再通过内外界人才能力生长支持子系统的开发作用,把外在的知识与技能内化为人才能力的核心子系统;人才能力的内在核心子系统,是人才工作能力总系统的根本与内涵,它是通过人力资源开发阶段形成,然后通过学习能力子系统外化为一定的行为方式子系统,再通过人才能力发挥的内外环境子系统的支持作用,进一步外化为一定业绩与贡献;人才能力的业绩标志子系统,是人才工作能力总系统的外延与标志,是通过人才评价阶段实现的。整个的人才工作能力系统结构如图2所示:

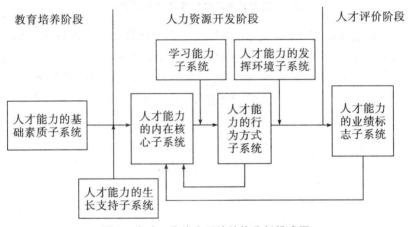

图2 人才工作能力系统结构分析模式图

教育培养阶段人才能力的基础素质子系统人力资源开发阶段学习能力子人才能力的发挥系统环境子系统人才能力的内在核心子系统人才能力的生长支持子系统人才能力的行为方式子系统人才评价阶段人才能力的业绩标志子系统

在基础素质子系统中,包括基本的生理素质、能力素质与品德素质。如果基础素质子系统中,缺乏生理素质与品德素质,那么这种基础素质子系统是不完整的,在结构上存在缺陷,在功能上不够完备,在效果上对人才日后的发展缺乏生长力与支持力。

在人才能力的内在核心子系统中,包括核心的生理能力、工作能力与思想品德。核心的工作能力,显然是人才特征中最为根本的东西,然而如果没有核心的生理能力做支持,最强的核心工作能力也难以发挥;如果没有核心的思想品德,最强的核心工作能力也难以产生良好的社会效果,难以得到有效的维持与发展。我们难以相信一个缺乏创新意识与责任心的高级工程师能够继续作出新业绩。难以想象,一个计算机技术高超、但是法律意识淡薄、个人主义突出的人,将会做出什么样的事情。

在整个的人才工作能力总系统中,核心的工作能力与显著的工作业绩,是我们衡量人才的关键标准,但是我们应该清醒地注意到整个人才工作能力的系统性问题,在工作能力总系统中,任何子系统的缺失或不足,都将对人才所表现的工作能力与业绩产生实际的影响。因此,有些人才大学毕业时,考试成绩非常出色,但是就业后因为自我学习不够或单位开发不力,所学与所用矛盾突出,外在的知识与技能无法内化为岗位所需要的核心工作能力与外化为适当的工作行为;有的人才引进时,工作能力比较突出,但是因为单位没有相应的工作环境与人际环境支持,没有相应的激励机制与发挥作用的平台支持,因此难以把相应的工作能力转化为实在的工作业绩。实力与实绩无法统一,相互矛盾。

我国古代著名思想家王充认为,人才都是德行、才能出类拔萃的人。但是,他们能否施展才干,发挥作用,把自己的才能转化为实在的业绩,还有个机遇问题。他说:"操行有常贤,仕宦无常遇。贤不贤,才也;遇不遇,时也。才高行洁,不可保以必尊贵,能薄操浊,不可保以必卑贱。或高才洁行,不遇退在下流;薄能浊操,遇在众上"(《论衡·逢遇》)。

三、新人才观下的人才选拔与评价问题

人才的评价与选拔问题,实际上归结为评价与选拔的标准与方法问题。下面我们先来分析新人才观下的人才标准问题。

依据上述各种人才观点和能力特征的分析,我们不难发现,人才之所以不同于一般的人口、人员与人力,其区别之处就在于人才具备了较高的创造意识、丰富的知识技能与显著的工作业绩。因此我们可以用以下公式来描述我们的人才。

人才 = 丰富的知识技能 + 强烈的创造意识 + 显著的工作业绩

有了上面对于人才概念的讨论,那么我们应该用什么标准来选拔与评价人才,就十分清楚了。

全国人才工作会议认为,应该把能力和业绩作为衡量人才的主要标准,不唯学历,不唯职称,不唯身份。应该建立以能力和业绩为导向、科学的社会化的人才评价机制。坚持德才兼备原则,更新人才评价标准,克服人才评价中重学历、资历,轻能力、业绩的倾向。

为什么应该把能力与业绩作为选拔与评价人才的根本标准呢？因为能力与业绩既是人才的内涵，又是人才的外在形式。能力与业绩对于人才的揭示互为表里并且统为一体。其中能力是根本，业绩是标志。评价人才时，我们应该通过业绩考能力，透过能力看实绩。

实际上，把能力、实力与业绩作为人才的评价标准，并非现代的发明，我国古代早而有之。

公元前81年，西汉朝廷召开了盐铁会议，讨论中大夫丞相史发表了一系列的观点。观点之一是：自身长期处于贫穷下贱的人就是无能的人。人不能使自身富贵，怎能使人民富足，国家富强呢？因此，这种人不是人才。他说："挟管仲之智，非为厮之使也。怀陶朱之虑者，不居贫困之处。……夫禄不过秉握者不足以言治，加不满担石者不足以计事。儒皆贫羸，衣冠不完，安知国家之政、县官之事乎？""未有不能自治而能治人者也。故善为人能自为也，善治人者能自治也"①。

观点之二是：德行纯美的人还不算真正的人才，只有足智多谋，善于权断，能建立功名的人，才是真正的人才。他说："伯夷以廉饥，尾生以信死。由小器而亏大体，匹夫匹妇之为谅也，何功名之有？苏秦、张仪智足以强国，勇足以威敌，一怒而诸侯惧，安居而天下息。万乘之主莫不屈体辞而请交，此所谓天下名士也。夫智不足与谋，而权不能据当世，民斯为下也"②。

由此可见，大夫丞相史对于人才的评价，特别注重才能和功绩。他认为："廉如伯夷，信如尾生；由小器而亏大体"，身死沟渎而无闻，不能建立功名，像苏秦、张仪那样的人，"智足以强国，勇足以威敌"，方能成威震天下的名士。

能力与业绩是人才的客观标志与衡量标准，而评价与选拔，则是我们对人才采取的主观行为与态度，因此，在人才评价与选拔过程中，我们应该树立正确的观点与方法。对于能力与业绩的衡量，我们应该从人力资源开发学的视觉，树立系统观、动态观与战略性的人才观。毛泽东同志说过，"不但要看干部的一时一事，而且要看干部的全部历史和全部工作，这是识别干部的主要方法"③。

所谓系统观，就是我们对于能力与业绩的结构及其影响因素，应该

---

① 马非百：《盐铁论简注》，中华书局1984年版。
② 同上。
③ 毛泽东：《毛泽东著作选读》上册，人民出版社1986年版，第280页。

有一个全面的认识。系统的能力与业绩,应该包括知识、经验、技能、才能、成果、成效、成功与品德。品德本身对能力具有放大与缩小的作用。

所谓动态观,就是我们对于能力与业绩的水平及其影响因素,应该有一个变化的认识。动态的能力与业绩,包括知识、经验、技能、才能、成果、成效、创新意识与品德。人才的工作能力与业绩将随着环境因素的变化而变化,随着能力系统因素的改变而改变。强烈的创新意识与优良的思想品德,是保持人才能力与业绩水平持续提高的动力源泉。

所谓战略观,就是我们对于能力与业绩的发展及其影响因素,应该有一个历史与长远的认识。战略的能力与业绩,不但包括人才当前所具备的知识、经验、技能、才能、成果、成效,而且包括对人才将来可能具备的知识、经验、技能、才能、成果、成效的估计。强烈的创新意识与优良的思想品德,不但是保持人才过去与现在所拥有能力与业绩的关键因素,而且也是推动人才能力与业绩持续发展与更新的动力。

因此,我们认为,从人力资源开发学的视觉来看,战略的与动态的人才观,应该用下面的公武进行描述:

人才＝丰富的知识技能＋强烈的创造意识＋显著的工作业绩＋优良的思想品德。

品德,对于党政人才的评价与选拔来说,更是其评价过程中衡量的核心内容。

汉代王符认为,德不称其任,其祸必酷,能不称其位,其殃必大。

曹魏时期的著名人才研究专家刘劭提出了"以德御才"的观点。

北宋时期司马光说过,才者,德之资也,德者,才之帅也。因此他认为德才皆尽是圣人,德才皆无是愚人,德胜才者是君子,才胜德者是小人。

明代朱元璋主张人才评价与选拔,要以德行为本,文艺次之。

邓小平同志认为,党政干部的选拔,德是最主要的[①]。这里的德包括政治立场、道德品质与思想作风。衡量的标准有三条:一看是否坚决拥护党的政治路线与思想路线;二看是否大公无私,严守法规,坚持党性,根绝派性;三看有否强烈的革命事业心,政治责任心。[②] 同时还要看他的为民性,对人民的态度与对民族振兴的责任感。[③]

---

① 邓小平:《邓小平文选》,人民出版社1994年版,第286页。
② 王符著、汪继培笺,彭铎校正:《潜夫论笺校正》,中华书局1979年版,第194页。
③ 同上书,第372页。

实际上品德是一种能力系统中的重要因素。优良的思想品德能够扩大或者减小领导者在组织内外的影响力，进而扩大或者减小其实际权力，并最终对其领导绩效产生影响。品德高尚的领导，在组织中能够提高被领导者的服从度，进而提高领导效率。子曰，其身正，不令而行；其身不正，虽令不从。服人者，以德服为上，才服为中，力（权力）服为下。

科学标准确立之后，关键是选拔与评价方法。王符认为，君要选用贤才，不但要有求贤之心，还要有得贤之术。他说，"主有索贤之心，而无得贤之术"是难以选用到真正的贤才①。

"术"就是这里的评价与选拔的方法。主要是"明选"、"实贡"与"奉法选贤"。所谓"明选"就是按照科学程序与职位要求审慎选择；所谓"实贡"就是举荐人才要实事求是反映全部情况，不能弄虚作假；所谓"奉法选贤"，就是先立法，并严格执行②。

因此，我们应该从人力资源开发学的视觉、从健全职位规范入手，建立以业绩为核心，由品德、知识、能力等要素构成的人才选拔与评价指标体系。

我们认为，能力评价应该具有系统性与战略性，业绩评价应该具有公平性与客观性，品德评价应该具有群众性与动态性。

能力是人才的内在素质，需要我们借助于科学的手段，从表现领域的方方面面进行系统的测评。同时能力又是决定未来业绩的先决条件与基础，因此应该针对未来的战略目标来确定能力的价值与标准；业绩是人才的内在能力与外在条件相互作用的结果，包括一定的机遇与所处的环境条件，并非能力的直接表现。因此我们对业绩的评价，既要考虑现有的业绩水平，又要考虑人才的业绩历史与现实的条件；品德是人才素质中相对深层的东西，它的表现具有行为的分散性与特定场合的掩饰性。因此对品德的评价，要依靠人民群众，以群众观察的广泛性反映品德行为表现的分散性，以动态深入的考察方式克服特定场合下对掩饰性考察的不足。

应该建立分层分类的人才评价体系。党政人才评价，重在群众认可；企业经营管理人才评价，重在市场认可；专业技术人才评价，重在社会和业内认可。

---

① 王通讯：《人才学通论》，中国社会科学出版社2001年版。
② 叶忠海：《人才学概论》，湖南人民出版社1983年版。

应该改革人才评价手段,大力开发与应用现代人才选拔与测评技术,充分发挥评价中心技术、面试评价、心理测验、工作样本分析与履历分析在人才选拔与测评中的作用,努力提高人才评价的科学水平与技术含量。

要健全人才评价中介机构与改变评价方式。党政领导人才,由行政评价为主向以社会中介、包括民主党派、社会团体与人民群众评价为主转变;企业经营管理人才,由政府评价为主向以市场评价为主转变;专业技术人才,由专家评价为主向专家、顾客与实践综合评价为主转变。要科学测评与民意测验相结合;现代人员素质测评与传统组织考察相结合;素质测评与实绩考评相结合;历史成绩考评与发展潜能预测相结合;能力业绩评价与品德测评相结合。努力开创人才评价的新技术与新方法,为中国由人口大国向人才大国的转变做出应有的贡献。

总之,我们要以党中央提出的新人才观为指导,坚持以人力资源开发理论为导向,以工作实力与工作实绩为标准,注意人才能力的结构性与能力发挥的系统性,尽快建立以能力与业绩为导向的人才选拔与评价机制,使我国的人才选拔与开发工作更加科学、更加客观、更加公正与高效。

测评人才素质　致力人才开发
——人才素质测评浅谈[①]

人的问题是企业发展的关键,识别人又是人事管理工作的关键。对人才素质加以科学的测评,是识别人的好办法,它能帮助你了解公司员工或应聘者,不仅可以了解他的现有水平,而且可发现他发展的可能;不仅找到他最合适的岗位,而且为他安排最合适的搭档。

正如一句格言所说:"合适的人在合适的位置上。"

一、什么是人才素质测评?

什么是人才素质测评,目前众说不一,《人员测评的理论与方法》一书中认为,人才素质测评是指测评者采用科学的方法,收集被测评者在主要活动领域中的表征信息,针对人才素质测评标准体系作出量值或价值判断的过程,或者从表征信息中引发与推断某些素质特征的过程。这个解释较为抽象与本质,初学者不好懂。实际上我们可以从广义与狭义两方面来理解人才素质测评。

狭义的人才素质测评是指通过量表对人才品德、

---

① 本文为肖鸣政与温云云合写,原载于《中国人力资源开发》1998年第3期。

智力、技能、知识、经验的一种评价活动。例如智力测验、气质测定、品德测验等都是通过问卷选择题等量表形式来测评被试者的有关素质。

广义的人才素质测评,则是通过量表、面试、评价中心技术、观察评定、业绩考核等多种手段综合测评人才素质的一种活动。例如,我们想与某人交朋友,很想了解对方是否可靠,讲信用,值得自己交,因此想与他见见面,看他的言谈举止,与他合作干点小事,试探他的为人处世,问问他的周围知情人,了解他的过去。这一切都是属于考察评价活动,历时较长,如果把这些考察评价活动浓缩、提炼并加以规范化与科学化,在短时间内完成,则为人才素质测评了。

二、怎样进行人才素质测评?

这实际上是个测评方法问题。我们实践中常用的测评方法大致有心理测验、面试、评价中心技术、问卷调查、背景分析等。

1. 心理测验

例如:有4人一同等电梯,稍后电梯门打开,却有一个人没有进去,你认为这可能是因为_____。(限选一项)

　　A.他在等人　　B.电梯客满　　C.有讨厌的人在电梯中,故意错开

选择A项的人属于理智型,往往能选择有利自己的朋友交往,但也能相当顾虑到别人的立场;

选择B项的人能抑制自己的情感,不会任意耍性子,即使对方无理,也会按捺住性子不发脾气;

选择C项的人是喜怒易于色的人,对喜欢的人往往能和颜悦色与其相处,但情绪一不对劲就会翻脸不认人。

这是一种极为简单的问卷选择式品性测验。

又如,下面一个智力测验题:

一元钱可打3发子弹,3发都中可以奖一发。试问5元钱最多能打多少发子弹?

　　A.20　　　　B.21　　　　C.22　　　　D.23

类此测验中,被测试人对一个问题的解答多少带有点偶然性,但在被测者对大量问题的解答中则蕴藏着一定的必然性。

2. 面试

当我们想考察一个人的表达能力、反应能力、分析能力与控制能力时,我们的问题是,请你用3分钟的时间介绍一下你自己。

通过回答迟后性来测评被测人的反应能力;

通过回答的恰当性与重点性来测评被测人的分析能力；

通过回答的逻辑性、条理性、与用词的准确性来测评被测人的表达能力；

通过回答内容与时间把握运用的适当性来测评被测人的控制能力。

我们分别运用心理测验与面试技术在华中电网某发电厂、北京四达集团、海洋石油公司、人民大学、建设银行等许多企事业单位进行过人才素质测评，同时也对部分同事、家人作过测评，使他们发现了自己似乎觉察到一点但又不很清楚的素质特点。有人据此重新调整了自己的发展方向与生活行为，取得了较好的素质开发效果，同时也为企事业人事管理部门提供了人力资源开发与管理的科学依据与有益建议。

三、为什么进行人才素质测评？

进行人才素质测评具有以下作用：

1. 自我了解、自我设计与自我开发

每个人对自我并不是全部了解，更不是十分了解。马克思曾经说过，人到世间没有带着镜子，他总是习惯于拿群体当做镜子来了解自己，在他掌握了这种社会知觉之后，他便把镜子挪到自我内部。由此不难看出，每一个人都是通过他人来认识自我的。具体地说是通过他人对自己的评价或通过自己与他人的比较认识来认识自我的，一个人能否正确地认识自己，一是涉及自我的认识能力与他人对自己的认识能力；二是涉及自我潜能的表现是否充分，每个人都有许多素质难以找到合适的机会与场合表现出来。有一个同事到英国留学回来后深有感慨地说，中国人缺的是机会，不是能力。英国人许多事都不会干，不如中国人；中国人的能力找不到机会表现；三是有90%的潜力尚未被开发，长眠不醒。既然未被开发，也就不可能被人认识。而人才素质测评则是通过一定的技术设计，使人对自己的素质认识科学化与标准化，通过创设一定的情境让一个人的潜能得到充分的展现，从而达到自我了解、自我设计、自我开发与成才的目的。

例如：(1) 政府的青年人想下海，又怕游不过去；

(2) 高校的青年教师想当官，又怕自己不会耍手腕，当不长；

(3) 公司的老板想回归科研，又怕出不了成果；

这一些疑虑，实际上通过人才素质测评都能找到一定的答案。

2. 升学就业指导

中学生与大学生是从学校里来到学校里去，没有任何工作经验与专业经历,因此对于自己将来从事什么职业、学习什么专业比较合适,感到没有把握。即是让家长、教师自己来决断,也可能感到茫然无措。因此每当初高中毕业时,有许多家长问我,孩子是读技校还是升高中,是学文科还是学理科,是报考清华、北大、人大还是报考地方院校,是报考综合性大学还是报考专业性学校,是去国家机关好还是去公司好,是去高校科研所还是出国去?诸如此类的问题,均可以通过人才素质测评得到解答。

3. 企业人力资源开发

华中电网某发电厂锐意改革,实行减人增效。该厂本有职工1500人,但他们只要500人。为了有效地发挥这500人的作用,他们打算主副业分离,让一半人留在主业发电,另一半人去开发三产,主副业工资报酬相差悬殊,大家不愿去开发三产,都愿呆在主业,怎么办?厂长决定因事选人,适人派事,用好用准每一个人,因此请我们为他们进行全员素质测评,建立员工素质信息库,让那些开拓性强、业务素质一般的人去从事三产开发,而让那些业务素质较高的人留在主业。

4. 岗位配置

某石油公司1996年新分配60名大学生,对他进行了为期一年的系统培训,为了用好这些人,发挥他们的潜能与专长,故公司人劳部邀请我们对这60个大学生进行人才素质测评,并对他们的工作岗位分配提出意见,说明哪些人适合管理,哪些人适合生产技术,哪些人适合科学研究。

5. 招聘

公司的效益取决于选项好坏、资金多少、管理水平以及人才素质,而其中人才是关键,许多公司经营业绩分析表明,管理人员与职员的素质,决定着一个企业经营的成败。一个人的素质如何,决定着他会选择什么样的项目,决定他能筹集到多少资金,决定着他采取什么样的管理方法。同样的项目,不同的人去经营,效益不大一样。

北京中关村有家电脑营销公司,1993年急于想扩大业务,寻找高级销售人员,不惜成本到一家外企找到一位销售人员,月薪由4000元提高到7000元。主管认为此人在北京某大电脑公司任过销售经理,在外企从事销售部副经理,经历、经验都比较理想,故到公司后不但给7000元月薪,而且委以销售总管。但事与愿违,工作局面打不开,市场没有做好,三个月后只好让他走,3个月公司市场损失很大。因此他们后来招聘人员时都请我们去把关,使人才招聘的质量得到了有力保证。

试论人力资源开发的基本点
——兼谈人员素质测评的作用与运用①

科学兴国与两个转变实现的关键在于人力资源的开发,因此研究与开展人力资源开发工作目前已成为我国行政、科研与管理行业,乃至 21 世纪世界各国的热点。然而人力资源的基本点是什么,人们似乎并不清楚,对人力资源基本点的盲目性与模糊性,将可能造成整个人力资源开发的低效与浪费现象。因此本文对人力资源基本点以及如何运用素质测评提高人力资源开发的实效性的研究,对于正确制定我国人力资源开发策略,把人力资源开发从目前的粗放型转变到集约型上来,进一步提高我国人力资源开发的效率效果,有着重要的意义。

一、人力资源基本点的分析

所谓"人力资源的基本点",在这里是指人力资源结构的基本单元。它是人力资源开发的着眼点与目标

---

① 本文原载于《中国人民大学学报》1996 年第 5 期。

点,也是人力资源开发工作的出发点与落脚点。

什么是人力资源的基本点,以前似乎没有见到专门的论述。然而从有关"人力资源"及其"开发"的定义中,我们也不难知其大概,翻开现有的国内外学术专著,人们不难发现较为普遍的是下面这样的解释与定义:

所谓人力资源,就是能够作为生产性要素投入社会经济活动的劳动人口。人力资源分为现实的人力资源与潜在的人力资源两种类型。现实的人力资源通常指从事社会劳动的全部人口,而潜在的人力资源即是指目前具有劳动能力的全部人口。

根据上述定义,人们把人力资源率定义为:

$$人力资源率 = \frac{人力资源总数}{人口总数}$$

因此也把人力资源开发看做是对劳动力的预测规划,培养使用与配置管理。

由此不难看出,人们已把人力资源的基本点看成是"劳动力个体",是既成的可用的劳动力个体。这种个体的观点有助于我们对人力资源的计量、规划与安排,但却不利于人力资源的开发。试想,对于木材资源的开发与利用,如果我们以自然形态的"根"为开发基本点,那么就有可能出现大材小用,小材不用等资源浪费行为。我们只有按照加工需要,以木材的质料、形为基本点进行开发利用,才能做到大材大用,小材适用,有效开发利用。

因此本文主张把人员素质作为人力资源的基本点。把"人力资源"解释为劳动生产过程中,可以直接投入的体力、脑力、心力总和。体力指体质、精力与身体运动能力;脑力指知识、智力、技能;而心力指态度、品德及其他个性品质。把"人力资源开发"解释为是一种对每个人员每种素质最大限度的促进、改进与提高,使它们有机会得到充分的使用、发挥与发展的过程。

上述观点与解释不但更为本质合理,而且也有利于人力资源的深层开发与有效使用,有利于科教兴国与计划生育两项基本国策的落实。

1. 人的素质是劳动能力构成的基本因素

"素质"一词,不同学科、不同学者从不同角度有着不同的解释与引用。现代汉语解释为人或事物本来的特点或性质,意为本质。心理学把"素质"解释为人的先天的解剖生理特点。主要是感觉器官和神经系统方面的特点,而在人力资源学科中,素质可以解释为劳动者完成一定活动与任务所具备的基本条件与基本特点,包括知识、技能、态度、智力、品德与体质等因素。

那么劳动能力又是什么呢?马克思曾有过明确定义:"我们把劳动力或劳动能力理解为人的身体即活的人体存在的,每当人生产某种使用价值时所运用的体力和智力的总和。"从这个定义可以看出,劳动者的体力与智力,是劳动能力中的两个基本要素,然而在这两个基本要素中又有许多更为基本的子要素。这些子要素在劳动者身上能否发展,以及发展到什么程度,则有赖于劳动者既成的品德素质对它们的协调与促发。一个身材高大的人,如果缺乏吃苦耐劳的精神,他的腰力与躯干支撑力并不能取得最佳效用,相反,身体矮小的体操运动员,由于勤学苦练,腰力却很强。

实际上,马克思也在某种程度上暗示了这一点。在劳动力定义中,"总和"两个字是很值得我们深思的。这里的"总和"并不是对智力与体力的机械相加,而是对它们的一种有机组合。体力与智力的诸子要素,其本身是散在和独立的。它们是靠什么东西在劳动者身上得到统一组合与协调呢?回答是品德素质。品德素质实际就像一种有机胶合剂,把诸子要素凝聚在一起,形成整体的与实在的劳动能力,相同的体力与智力诸要素,因为劳动者品德素质不同,因而其"协调"与"合成"的方式就不相同,最后形成的实际劳动能力就有别。

当劳动形式由个体发展为社会化大生产的协作形式时,劳动能力的概念也就由个体的体力与智力总和,扩展为集体的体力与智力总和。在这种情况下,劳动者的品德素质的协调作用就更为重要。

劳动能力实际上是智力、体力与品德素质构成的因素系统,人力资源也是品德、知识、技能、智力、体力、性向潜能等因素构成的整体系统。

2. 劳动力个体是人力资源"基本点"的自然形态而非本质形态

人力资源可以看成是一个系统或集合。在这个集合或系统中,我们既可以以国家的人力资源为单位构成世界级人力资源系统,也可以地区或部门人力资源为单位,构成国家级人力资源系统。还可以个人为单位构成部门或组织内的人力资源系统。然而这一切都是以劳动力个体为单位元素,这种个体方式反映了人力资源独立存在的最基本形式。这种独立存在的基本形式只是人力资源开发基本点的自然形态而非本质形态。作为具有生命的活的劳动者个体的本身,并不等于劳动力资源,只有劳动者身上的知识、态度、技能、智力、体力、品德才具有劳动力资源的价值性。在劳动生产过程中,形式上我们是用一个人,但实质上我们却是用这个人的知识、才能与品质。这一点在招聘时很明显。对于合符岗位任职资格的所有应聘者,我们都会逐一考虑,而不论他性别、民族、信仰、肤色、出身如何。在这里我们注重的是应聘者的素质而非劳动者这个人。可以说,劳动者个体在这里,实际上只是劳动力的一种自然形态,而劳动者所具有的素质才是劳动力的本质形态。

3. 人员素质作为人力资源开发的基本点,有利于全面提高人力资源开发的效率与效果

传统的人力资源开发,一般是以劳动者个体为基本点的。因此,用人则要求这个人样样都好,求全责备。因而一方面造成人才难得的现象,另一方面却又因求全责备出现大量人才积压、人才浪费的现象,因为某一方面差而造成全盘否定不用的现象也为数不少。

传统的人力资源开发,因为是以劳动者个体为单位,注意的是人的个体形式人而非内在素质。因此在人力资源管理中出现许多任人唯亲、任人唯情、任人唯利、任人唯钱等不良现象。只要求职者与招聘者有关系,领导者看中了,喜欢,能力低一点也可以。否则最有本事,领导若看不上不喜欢也不用你。这不能不说是一种任人唯亲现象;有些人因为送礼多,送钱多,招聘者觉得有利可图,专业偏一点,素质差一点也照样录用。由此,许多人都形成了这么一种人事观念:领导与招聘人,说你行不行也行,说你不行行也不行。为此,有些人不是花力气去提高自己的素质与能力,而是挖空心思怎样去讨好领导与博得招聘人的好感,与人拉关系,到处托人情。这不能不说是一种对人力资源开发的扭曲与破坏。

4. 人员素质作为人力资源开发的基本点,是科教兴国的支柱

传统的人力资源开发是以个体为基本点而不是以素质为基本点,因此开发方式上只考虑规划任用、在职培训与配置管理,而没有把素质教育作为自己的重要方式。只重视职后的开发培训而不注意职前的素质培养,中小学与大学教育只是一种学历教育而未能真正纳入人力资源开发的系统中。这是长期以来导致我国只有人力资源的数量,没有人力资源质量的重要原因。

我们要对人力资源不同于自然资源的特点有一个清楚的认识。人力资源不像自然资源,是大自然赋予形成的。人力资源在一定程度上可以说是一种人造资源,它并非自然而然形成,而是需要家庭、自我、学校与社会多方面的教育共同作用。因此作为整个国家,我们不能只管成人后的开发,而不去进行成人与任职前的资源形成与建构,只砍伐森

林不营造森林,森林资源终究会枯竭的。人力资源也一样。我们要重视基础教育,重视职业教育,自觉地把中小学教育、大学教育与其他教育形式纳入到人力资源开发系统中,加大投资。只有加大投资才能加大开发,否则中国到时就只有人力资源的人口形式,而无人力资源的素质实质。

科教兴国已确立为我国的基本国策,然而科教兴国只有通过对人的素质的塑造与改造,通过素质的内化与吸收,才能发挥出兴国的威力。如果科学、科技与教育的作用不能内化与落实到人的素质这一基本点上,不能把科学技术转化为人力资源,那么科教兴国只能空谈。只有把人员素质作为人力资源的基本内核与基底,作为人力资源开发的基本点,科教兴国的命题才能真正成立。

把人员素质作为人力资源开发的基本点,还有利于计划生育提高全民素质这一国策的实现。

二、人员素质测评在人力资源开发中的作用

1. 人员素质测评是人力资源开发的基础

人力资源开发过程,包括对人力资源的勘探分析、目标计划、组织实施、效果评估等系统环节。人力资源开发的目的在于社会生产力的提高与劳动者的自身发展。人员素质测评不但有助于人力资源开发目的的实现,而且有助于人力资源开发过程的优化。在人力资源开发之前,进行人员素质测评,有助于人力资源正确的勘探与分析,寻找到适当的人力开发点,制定科学而可行的开发目标与计划,提高人力资源开发的针对性与综合性。在人力资源开发实施中进行人员素质测评,有助于开发工作的动态调控,提高开发的效率与效果。用人之长与优势互补是我们企业人力资源开发应遵循的一个原则。在人力资源开发告一阶段之后,进行人员素质测评,则有助于我们正确而科学地评估人力资源开发所取得的效果。

2. 人员素质测评是人力资源开发的重要手段

人员素质测评具有导向作用。测评实践表明,测评过程中哪种素质的权重或分值越大,哪种素质就备受人们重视;哪种素质的权重小,哪种素质就会被人轻视;哪种素质不测评,则人们就会逐渐忽视它。因此人员素质测评对人力资源开发的作用,表现为测评与开发相结合,以测评促改进,以测评促发展。

此外,人员素质测评本身就是一种人力资源开发的有效手段。评

价中心本身既是一种测评管理能力的手段,又是训练管理者技能的一种有效方式。

3. 人员素质测评是人力资源开发效果检验的"尺度"

从人力资源的结构上来看,人员素质是人力资源的内核与基底。因此对于人力资源开发效果的检验,也就只有通过人员素质测评来衡量;从人力资源开发评估的标准上来看,人力资源开发效果的好坏,不仅要看社会生产能力或个体劳动能力的提高程度如何,而且还要看劳动者自身各方面的素质发展如何。现代企事业的管理,要求以人为中心。如果人力资源开发的结果,仅表现为劳动能力的提高而没有劳动者自身的发展与满足,那么这种人力资源开发是不能算高水平的。人员素质测评既有助于对劳动能力的测定,又有助于对劳动者自身素质发展的了解。

4. 建立促成性素质测评模式,可以提高人力资源开发的效果

实践表明,建立促成性素质测评的模式,能够大大提高人力资源目标开发的效率与效果。

所谓促成性素质测评,是指人员素质测评实施的目的,不在于评定哪种素质好,哪种素质差,哪种素质有,哪种素质无,而在于通过测评活动激励与促进各种素质向既定的目标形成与发展。不难看出,这种促成性素质测评模式,实际上是一种以人力资源开发为目的,以素质测评为主导、联合各种管理活动为一体的综合开发新模式。因此它的效率与效果必然大大高于一般的目标开发形式。

三、人员素质测评在人力资源开发中的运用

如何在人力资源开发中,运用人员素质测评提高我们对资源开发的效率与效果呢?显然,有许多问题值得研究,但是其中最为主要的是要把握以下几个原则。

1. 全面测评与择优开发

所谓全面测评与择优开发即指要对全体人员进行测评,对所有素质进行测评,然后选择其中的优势人力资源开发,选择其中的特长素质进行开发。

自古以来大凡有两种人力资源开发观点。一种是选用人之长,不计人之短,另一种是苟求人无过,不看人之长。前一种自然是不拘一格开发人力,后一种则是求全责备,压抑人力,因此我们在人力资源开发中应择优开发。

择优开发,一是要选择个体身上的特长素质优先开发;二是要在群体中选择哪些优秀人才优先开发。

2. 发现不足与整体协调

所谓发现不足体协调是要通过人员素质测评,真正认识每个劳动者的不足之处,善于整体协调,取长补短,实现群体上的优劣互补,优劣相长。

众所周知,人力资源具有社会性,可塑性,人力资源既来源于社会又服务于社会,它们会在群体劳动中互相影响,互相增强,互相促进。日本著名企业家松下正治招聘员工时,十分重视整体协调开发的功效,他把员工的性格作风划分为善于思考的"文人型",富于进取的"武士型"与勇于拼搏的"运动员型"三种类型,并让他们在整个公司的员工比例中各占1/3,以达到公司人力资源整体协调开发的境地。

3. 分项诊断与综合开发

所谓分项诊断与综合开发是指人员素质的测评与问题诊断可以分项进行,以提高测评的精确性。但在人力资源开发中却要做到综合平衡。人力是由人员多方面素质综合而成的,各种素质无法互相替代,必须同时具备,不可偏废,因此必须坚持全面开发的观点,长期单纯地追求某一方面素质或人力资源的开发,必然会造成人力资源的畸形发展。

4. 统一标准与量材开发

所谓统一标准与量材开发,是指人员素质测评的标准应根据开发目标统一要求,但要根据测评结果的情况进行切合实际的开发。

量材开发的关键是通过对被测者长处、短处的科学分析,制定适当的开发目标与计划。王安石曾经说过,用人应该"使大者小才、长者短者、强者弱者无不适其所任者焉。其如是,则士之愚,鄙陋者,皆能奋其所知以效小事,况其贤能智力卓荦者乎?"这就是说,凡是给人安排了最能发挥其优势的工作,这个人工作起来也就最起劲,最能有所成就,而在获得成就的过程中他的优势素质又会在更高水平上有所发展。

量材开发还要做到宜"栋"则"栋",宜"椽"则"椽"。

量材开发不但要人尽其材,还要做到材尽其用,既不要小材大用,也不要大材小用,小材大用要误事,大材小用同样会误事。

5. 自我测评与外部强化

所谓自我测评外部强化,是指在人力资源的目标开发过程中,要进行自我测评,要通过自我测评,使被开发者对所应达到的目标有所认识,有所追求,把外在的开发目标内化为自我奋斗的目标。在自我测评基础上,还要进行外部强化,如果一种良好的素质得不到重用与发挥,得不到肯定与鼓励,那么这种素质就难以迅速地成长起来。因此,在人力资源的目标开发过程中应制定一些行政管理措施、人事任用措施、奖惩督导制度,以强化那些优秀的人力资源得到进一步的发展。

6. 他人测评与自我激励

所谓他人测评与自我激励,是指在人力资源开发过程中,不但要自我测评,而且要在自我测评基础上进行他人测评,让周围的同事、上级主管以及有关专家参与素质测评,保证测评的客观性、公正性与科学性。然而这种客观、公正与科学的测评结果,要让被测评者自我认识、自我接受,并在此基础上进行自我激励。仅有外部强化,缺乏自我激励机制,我们对人力资源的开发,则难以取得预期的效果。

7. 模糊测评与精心指导

所谓模糊测评与精心指导,是指在人力资源开发过程中,所进行的人员素质测评,应具有一定的弹性,不一定要按规定的要求严格核定。我们可以从鼓励的角度,适当放宽标准,只要被测评者正处于发展状态中,比以前有进步,我们就应予以肯定与强化。然而在开发指导上,却要求我们精益求精,细心策划,要针对每个人的具体情况和优缺点,进行有针对性的和具体的指导。使被开发者明确方向,清楚要求,心领神会,少走弯路。

8. 相互比较与职业发展

职业发展,也叫职业生涯的自我设计,它是一个计划、一个方案、一个过程。它使被开发者有机会评估自己的知识、技能、智力、态度、品德与体质、发展潜力与事业进展等情况,从而为个人事业目标的实现制订与调整具体的步骤。这一原则要求人力资源开发者,一方面要善于引导被开发者有效地利用人员素质测评的结果,把自己置于群体中互相比较,不要孤立地自我测评,这样才能正确地明确自己的长处与短处,拟定有效的职业发展计划。要善于引导被开发者对自己前后的职业发展进行相互比较,及时地调整自己的步骤。另一方面,还要引导被开发者进行自我开发。人力资源开发,不仅是主管对下属的开发,更重要的是要引导下属自我开发。因此要通过对职业发展计划拟定的指导与帮助,引导被开发者主动自觉地开发自我,形成内外一致的开发合力与效果。

总之,人的素质是人力资源的内核与基底,人员素质是人力资源的基本点,是人力资源开发的着眼点与目标点;开发与测评相互作用,人员素质测评是人力资源开发的基础、手段与调节杠杆。在当前市场经济条件下,社会生产日趋复杂化,人力资源的结构与成分也日趋多元化、复杂化与综合化,我们要提高运用人员素质测评开发人力资源的自觉性与主动性,这样才能在更高更新更科学的水平上来开发中国的人力资源宝库,信心百倍地面向 21 世纪,让中国屹立东方走向世界!

人才评价机制问题探析[①]

2003年12月18—19日,中共中央主持召开了新中国历史上第一次全国人才工作会议,颁发了《中共中央、国务院关于进一步加强人才工作的决定》(以下简称《人才决定》),确立了"党管人才"原则与"人才强国"战略,提出了科学的人才观与人才评价机制的问题。[②]

从人才评价机制问题的提出,至今已经5年有余了。然而,什么是人才评价机制?我们应该建立什么样的人才评价机制?如何建立人才评价机制?人们对于此等问题的认识仍然模糊不清。因此,本文将在对相关文献分析与问卷调查的基础上谈谈我们的思考与建议。

一、关于人才评价机制问题的观点

人才评价,一直是我们公共部门与企事业单位管理工作中的核心内容,是我们常说、常见与常用但却又

[①] 本文原载于《北京大学学报(哲学社会科学版)》2009年第5期。
[②] 《中共中央、国务院关于进一步加强人才工作的决定》,2003年12月26日。

是我们说不清、看不明与做不好的一项人力资源管理工作。人才评价,在理论上比较模糊,在实践上比较复杂。它既包括人才的工作潜力评价、工作实力评价、工作过程评价、工作业绩评价,又包括人才素质评价、人才行为评价、人才价值评价与人才绩效评价。

1. 人才评价机制的相关观点

人才评价机制,是人才评价工作的系统化与科学化发展。然而,关于什么是人才评价机制,目前比较明确的解释并不多见。我们系统查阅了相关文献,发现人才评价机制出现在标题中的论文大约有20篇左右,但是对于人才评价机制直接做出解释的几乎没有,间接做出解释的也只有极少数几位学者。游光荣从科技评价的角度认为,科技评价或科技评估,是根据委托者的明确目的,由专业性评价机构依据客观事实和数据,对与科技活动有关的行为所进行的专业化判断和衡量的评价。科技评价机制是实现科技评价功能的内在工作方式,主要包括评价制度、评价机构、评价对象和评价方法等。① 由此延伸,我们不难看出,人才评价机制实际上就是人才评价的体系,我们可以用图1来表示。

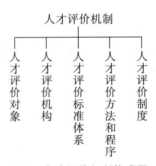

图1 人才评价机制构成图

孙伟、刘德权、付建平等人从分析人才评价机制社会化的运行模式角度提出,人才评价机制,就是充分发挥社会资源的作用,运用依靠社会化的形式和手段,对各类人才的品德、知识、能力和业绩进行评价的系统及其运行模式。② 我们认为这种社会化的人才评价机制具有以下特点:第一,社会化是人才评价机制的实现形式。社会化人才评价机制的核心是要实现人才评价的社会化。即不再将人才评价主体局限在行

---

① 游光荣:《建立健全我国人才评价机制势在必行》,《社会科学管理评论》2004年第5期。
② 孙伟、刘德权、付建平:《社会化人才评价机制研究》,《学习与实践》2005年第10期。

政管理部门范围内,而是面向全社会。评价主体中,既有政府机关的人员,也有社会机构,特别是中立的社会人才评价机构的参与;不再把评价活动局限在内部,必须与社会运行机制,特别是经济体制相一致,促使人才评价着眼于人才强国战略的全局;不再把评价着眼点局限在衡量价值上,要坚持把是否有利于促进人才的成长,是否有利于促进人才的创新活动,是否有利于促进人才工作同经济社会发展相协调。第二,多元化是人才评价手段的特点。在评价手段中不但要有考核性、选拔性的评价,而且还要有预测性、终结性评价;既要有传统的笔试测验,也要有现代测评手段。第三,全面性与分类化是评价内容的特点。评价内容中应包括现实能力、发展潜能以及实际绩效等各个方面,要突破用统一模式和尺度评价所有人才的局面。此外,这种社会化的人才评价机制还具有人才评价整体功能的最优化、人才评价活动的协调化、人才评价结果的公正公平化等特点。

周建标在"人力资源开发管理机制探析"的研究中,将人才评价机制定义为:应用现代心理学、管理学、计算机科学、行为科学及相关学科研究成果,通过相关技术,测量、了解、评价某一特定对象通常为人的知识、技能、能力、个性等的拥有及构成情况,并在需要时根据工作岗位要求及组织特性将最合适的人放在最合适的岗位上,实现最佳工作绩效。[1]

综合这20篇左右的文献,我们感到目前关于人才评价机制的解释,主要有三种。第一种观点认为,人才评价机制就是人才评价体系。持这种观点的人认为,评价机制是实现评价功能的内在工作方式,主要包括评价制度、评价机构、评价对象和评价方法等。[2] 第二种观点认为,人才评价机制就是人才评价系统及其运行模式。持这种观点的人认为,人才评价机制就是运用一定的形式和手段,对各类人才的品德、知识、能力和业绩进行评价的系统及其运行模式。[3] 第三种观点认为,人才评价机制是人才评价系统的一部分。持这种观点的认为,人才评价方法与人才评价机制是相互独立的两个部分。我们要进一步完善人才评价机制和评价方法,不断提高人才评价的科学化水平;要进一步总

---

[1] 周建标:《人力资源开发管理机制探析》,《中国经济》2007年第2期。
[2] 游光荣:《建立健全我国人才评价机制势在必行》,《社会科学管理评论》2004年第5期。
[3] 孙伟、刘德权、付建平:《社会化人才评价机制研究》,《学习与实践》2005年第10期。

结我们在评价机制与方法上的改革经验,完善人才评价机制。①

2. 人才评价机制是一种基于评价过程的人才开发与管理体系

以上关于人才评价机制的观点,虽然有合理之处,但是都存在一定的缺陷,没有把人才评价机制的本质特点予以全面与直接展现。

那么,我们应该如何来理解与把握人才评价机制呢?我们的观点是,一要尊重汉语本身的解释,二要把握《人才决定》的实际内涵。

按照《辞海》的解释,"机制"是实现某种功能的内在工作方式,包括其组成部分的相互关系,以及其间发生的各种变化过程的性质和相互联系。② 因此,我们可以把人才评价机制理解为实现人才评价功能的内在结构及其工作方式,主要包括评价目的、评价主体、评价客体、评价内容、评价方法和评价结果运用等。简单地讲,人才评价机制由4W和1H组成:参与评价活动的各方是谁,即谁委托评价,谁实施评价,为谁评价与对谁评价(WHO),为什么要进行评价或者评价目的是什么(WHY),在什么地方评价(WHERE),何时开始和结束评价或者评价的时间周期多长(WHEN),如何进行评价,即评价的流程方法是什么(HOW)。

《人才决定》中明确提出,要"建立以能力和业绩为导向、科学的社会化的人才评价机制。坚持走群众路线,注重通过实践检验人才。完善人才评价标准,克服人才评价中重学历、资历,轻能力、业绩的倾向。根据德才兼备的要求,从规范职位分类与职业标准入手,建立以业绩为依据,由品德、知识、能力等要素构成的各类人才评价指标体系。改革各类人才评价方式,积极探索主体明确、各具特色的评价方法。完善人才评价手段,大力开发应用现代人才测评技术,努力提高人才评价的科学水平"。

根据该《决定》,人才评价机制可以概括为:在职位分类和岗位分析的基础上,专业人才评价机构或人员通过制定合理的人才评价标准,构建以业绩为依据,由品德、知识、能力等要素构成的各类人才评价指标体系,运用主体明确、各具特色的评价方法和现代人才测评技术,对人才进行测量和评定并合理使用其评价结果的一整套科学的、社会化的机制。

---

① 刘京州:《深化职称改革创新评价机制为实施人才强国战略服务》,《人才瞭望》2004年第5期。

② 《辞海》,上海:上海辞书出版社1999年版,第3547页。

因此,我们认为,人才评价机制,是为实现人才评价功能、推进人才战略、发挥人才价值的各评价要素及其持续联动的运行系统。该运行系统包括:评价的目的、评价内容以及获取这些评价内容与实现评价目的的评价主体、评价方法与评价时间的选择、评价结果的运用等。人才评价机制不是静态的评价体系,具有动态性;不是孤立的评价活动,在人才开发与管理过程中具有整体联动性。人才评价机制是人才评价工作的系统化、动态化与科学化的发展形式,是基于人才评价过程的一种人才开发与管理体系。

二、关于组织人才评价机制设计的思考

通过上述分析,我们已经了解了什么是人才评价机制那么,我们应该在组织中建立一种什么样的人才评价机制呢?

1. 评价的基本内容

关于人才评价的内容,实际上就是人才评价过程中,我们用什么标准去衡量人才。历来有两种不同观点。一种观点是以成败论人才,另一种观点是以素质论人才。成败论人才观点认为,判断一个人是否人才,关键要看他或者她为社会、为组织所作出的业务与贡献。成者为人才,败者为非人才。实践是检验与评价人才的真正标准,业绩与贡献是衡量与评价人才的真正标尺。这种评价内容比较客观,容易得到社会的认同。但是,影响一个人业绩与贡献的因素是多方面的。一个人在时间工作中是成还是败,不是个人因素决定的而主要是社会大环境因素决定的。例如,2008年的金融风暴导致了许多外向出口型企业产出大幅度下滑甚至倒闭,我们不能够说这些企业的经营管理者就都不是人才了。因此,素质论人才的观点认为,一个人是否人才,不是看他工作中的成败,而是应该看他实际具备的素质水平。素质是人才的本质特性。评价人才应该相对人才所具备的知识、品德、能力与潜力来衡量。环境相同与工作条件相当的情况下,高素质的人才就一定会有高业绩与高贡献,低素质的人才就会是低业绩与低贡献。但是,也有人认为,素质与业绩、与贡献之间还存在态度的影响。素质高能力强但是没有业绩或业绩少、贡献少的人,也为数不少。因此应该综合论人才。评价的内容既应该看素质也应该看结果。

21世纪是一个崇尚个性与能力的时代,在考虑了人的全面发展的同时,更突出其综合素质和专业水平、从而真正做到唯才是用。我们应

该顺应这种时代的要求,倡导个性发展与能力至上的新理念,将能力素质作为人才评价的基础。发达国家的经验认为,在组织发展与竞争的过程中,业绩贡献也是至关重要的,整个国家的发展与竞争力来自每个公民的贡献与业绩;在人才评价的实践中,业绩贡献是至关重要的,因为只有业绩与贡献才能把你与其他人区别开来。平等竞争是社会评价人才的基本准则。这种评价观特别强调我们在做人才评价时,不能仅仅看文凭,看他读过什么大学,而是看他给社会究竟做出了什么贡献,有些什么业绩。他们感到,学历方面只能是人才能力很小的一部分,顶多只能表明它的潜能,关键是他在工作中怎样把潜能发挥出来,怎样把能力转化为我们组织、国家与社会所需要的业绩与贡献。人才评价标准是人才观的反映,是人才概念的深入化、具体化、操作化。人才评价标准的变化反映了人才观的变化。人才评价标准从唯学历、唯职称到重能力与潜力、凭业绩与贡献、看心态与品行,呈现出从单一走向多元的特点,也预示着更加科学、客观、公正的人才评价体系的形成。因此,我们的人才评价内容包括业绩、贡献、能力、潜力、口德与态度。

2. 评价的基本原则

我们所设计的人才评价机制力求坚持三个原则:一是坚持"人才无德不贵"的原则,把以德为先落实在人才评价之中,实现才为德所用。

实际上,人才如果只有优良的知识结构、杰出的能力与潜力是不够的。对于雇佣者来说,最希望的是人才所具有的知识、能力、潜力能够全部转化为他所需要的产出与收益,希望人才所具有的能力能够充分发挥出来,所具有的知识、经验与思想能够毫无保留地贡献出来。否则,就很可能是人才有价无用,人才有价不贵。因为人才的品德与态度对于他们的知识、能力与潜力的发挥起着决定性的作用。东汉人才学家王符的人才标准是"贤"与"忠"。他说,世非患无臣,而患其非贤。论士不患其非国士(奇才),而患其非忠。一个人才如果不贤不忠,不能全力以赴为社会为大众为组织谋福利,就缺乏为国家为组织所需要的价值。由此可见,人才的知识、能力与潜力决定着他有希望干什么与干成什么,而人才的品德与态度则决定着他实际想干什么与实际能够干成什么。人才价值的贵,有尊贵、宝贵与珍贵之分。爱国、爱党与爱组织之心是尊贵,事业心、责任心与自然心是宝贵,忠诚与奉献的精神是珍贵。因此,我们的人才评价要坚持德才兼备、以德为贵的原则。

二是坚持实绩论人才的原则,实现才为绩所量。我们主张综合评价人才,是要求在评价内容的设计上要注重素质与成果结合两个方面,包括条件、过程与结果三个层次。但是,其中我们坚持以成果为重,以业绩与贡献为标志。这样,一方面可以引导人才在努力培养自己能力的同时注重在实际工程中发挥自己的才能,另一方面又可以体现人才评价机制注重人才评价的客观性,表现人才价值的实效性与促进人才业绩的持续性。因为贡献是业绩效用的时间与空间的延续,因此我们在人才评价过程中要坚持以绩量才的原则。

三是坚持持续人才观原则,实现才为能所有。众所周知,人才的业绩与贡献来自他或者她的知识、经验、能力与潜力。一个人能否把自己的业绩与贡献长期保持下去,能否让自己的才能长期有活力,完全在于他所具备的知识结构、经验经历与能力潜力。其中,知识经历是基础,实际能力是核心,发展潜力是关键。一个人才是否真才实学,也在于他所具备的能力与潜力。所以,我们在人才评价过程中要坚持持续人才观、才为能所有的原则。

这种人才评价机制要求对人才的评价应放在整个社会的大范围内进行,按照统一的平台和统一的标准来评价和鉴别。如此才能保证人才评价工作的客观性、公平性与高效性,使我们对人才的评价工作真正符合实际并得到社会的认可。我们在调研阶段访问了254个调查对象,在问及被调查对象最看重的五项人才评价指标时,他们的选择项目依次是业绩贡献(81.51%)、品德(68.07%)、能力潜力(52.53%)、学历(42.02%)以及工作阅历和经验(43.70%)。这正好符合构建"业绩、贡献、能力、潜力、品德与态度为内容"的新型人才评价机制的宗旨。

3. 评价的基本体系

人才评价机制是在一定社会组织内实现人才价值、推进组织战略、实现人才评价功能的运行系统,包括各个构成要素及其相互之间联系与促进的整个系统。因此,人才评价机制可以包括构成要素与运行系统两个方面。构成要素包括人才评价的主体要素、标准要素、方法要素、程序要素以及结果要素,这些要素既相互区别又紧密联系与相互影响,它们的交互作用形成的各个动态系统,构成人才评价机制的运行机理,形成一个循环联动的系统。人才评价机制的核心是评价主体、评价标准与评价方法及其相应的三大系统的相互联动运行。

三、人才评价机制的特点分析

上述人才评价机制设计的思想,在于人才评价各因素之间进行联动、评价流程各环节之间进行联动、评价与人力资源其他环节之间进行联动。

上述人才评价机制具有以下特点：

1. 结构性

人才评价机制由构成要素与运行机理两部分构成。构成要素包括六大要素——主体要素、对象要素、标准要素、方法要素、程序要素、结果要素；六大要素通过六大循环往复运行的系统相连接成为一个有机整体。

2. 循环性

外层六大系统不断循环，从主体选择开始，首先根据评价对象来选择评价主体，然后确定评价标准，接着根据确定的评价标准选择评价方法与工具技术，按照要运用的方法、使用的标准来设计评价程序。如果评价不正确，那么我们将从主体选择开始重新进行检查与调整，这样，周而复始就进入了下一个循环系统。因此，评价机制具有循环性。

3. 联动性

在人才评价机制这个有机系统中，每一个构成要素的改变都会引起运行机理的变化。例如，对象要素的改变必然会改变主体选择系统与标准确认系统。标准要素的改变必然会使标准确认系统与方法设计系统以及程序优化系统发生变化。显而易见，人才评价机制具有联动性。

4. 实效性

在人才评价机制这个有机系统中，各种人才评价工作不再是零散的活动了，而是可以凝聚为人才开发与人才管理的效果；人才评价工作不再局限在评价的阶段之中，而是可以贯穿到对于整个组织战略目标的促进与实现活动中。

5. 评价主体多元性

在该人才评价机制设计中，强调评价主体的多元性。评价的组织者与实施者既有用人单位、管理机构与服务对象与同行专家，也允许社会机构、特别是中立的社会人才评价机构参与到评价中来。

我们在问卷调查分析中发现，大约70%的被试者认为上级领导或其他领导部门是人才评价的最佳人选；有将近一半的被试者认为本单位了解工作的群众应该参与到人才评价中来；下达工作的管理者和服务对象被选择的比例分别是37.82%和34.03%。此外，也有19.33%的被调查者同意外单位的专家参与人才评价，只有不到10%的被调查者选择不了解工作的群众来进行人才评价。这一结论恰恰说明评价主体正在朝多元化趋势发展。

6. 评价客体类别化

刘德权将人才评价机制划分为:党政人才评价机制、企业经营管理人才评价机制、专业技术人才评价机制。① 在该人才评价机制设计中,强调评价客体的分类化。对评价客体进行分类,即承认人才是相对工作来划分的,不同行业与领域的人才特征是不同的。人才评价的有效性是建立在人才评价的针对性上。我们在评价过程中应该区分不同的评价客体进行不同的评价活动。评价客体可以区分为党政人才、企业经营管理人才、专业技术人才、技能人才、高层次科技创新人才、农村实用人才等。

7. 评价内容易把握

关于人才评价的内容问题,实际就是评什么的问题。王通讯认为,我们不能只关注静态的学历与职称,而更应该关注动态的能力与业绩。② 在该人才评价机制设计中,强调评价内容的操作性。评价内容是指把抽象与广泛的"德、能、勤、绩、廉"人才评价内容,转化为具体可以操作的评价指标。③ 根据人才评价内容的操作性的要求,我们首先将人才评价的内容划分为三大模块:业绩贡献评价、能力潜力评价和品德态度评价;然后我们依次把这三大模块分解为项目、要素与标志、标度,再对它们进行量化。

在调查访问时,当问及在人才评价中被试对象最看重的能力素质是什么,按照被选择的比例依次递减的顺序,他们的答案是:思想品德素质90.34%、业务能力87.82%、知识和智力素质82.35%、心理素质60.92%、身体素质55.88%、其他素质4.2%。当问及在人才的业绩成果评价中应该注重哪些方面时,选择成果质量、任务完成情况、群众满意度三项的比例在60%—80%之间。该调查结果基本与人才评价内容的三大模块相吻合。

8. 评价手段易操作

在人才评价机制设计中,我们强调评价手段的易操作。评价手段易操作,要求领导评价与群众评价相结合的过程中以知情者为主,用人

---

① 刘德权:《人才评价机制研究》,《中国培训》2006年第10期。
② 王通讯:《人力资本优先投资战略》,《行政人事管理》2006年第4期。
③ 肖鸣政、Mark Cook:《人员素质测评》,高等教育出版社2003年版,第132页。

单位评价与社会评价相结合的过程中以客观者为主,专家评价与公众评价相结合的过程中以权威评价为主,客观评价指标与主观评价指标相结合的过程中以有效指标为主,过去情况与现在情况评价相结合的过程中以现在进步为主,素质评价与业绩考核相结合的过程中以业绩考核为主,定量评价与定性评价相结合的过程中以定量评价为主,集中纸笔评价与分散网络评价相结合的过程中以分散网络评价为主。

我们在对上海、安徽、甘肃等地进行调研时,对各地目前采用的评价手段及效果作了详细的考察,在调查中得出结论:按照被选择的概率,绩效考核、群众测评、平时组织考核、领导评价、下级评价、同级评价等评价方法使用频率依次递减,资格考试、心理测评、面试、情景评价等手段的受欢迎程度紧随其后。

9. 评价结果客观公正

在人才评价机制设计中,我们强调评价结果的客观公正。人才评价结果的客观公正是科学人才评价机制的重要内容。人才评价结果的客观与公正,要求评价主体评判的客观、评价过程的量化、评价结果的针对性与公正性。

人才评价结果的客观与公正,要求评价内容的全面性。评价内容应包括知识结构、经验经历、现实能力、发展潜力以及实际的业绩与贡献等各个方面,要突破用统一模式和尺度评价所有人才的局面。

10. 评价过程战略导向

在人才评价机制设计中,我们强调评价过程的战略导向性。人才评价过程的战略导向性,是指人才评价的标准、评价实施、评价结果与人才价值的体现要紧密地与组织的战略目标保持一致,在整个人才评价过程中体现组织战略的主导性。

一般地讲,人才评价过程的战略导向性,也是一把双刃剑。若评价所确立的标准符合组织战略目标与社会发展的趋势,则会产生正面的导向,有利于组织绩效与竞争力的提升,有利于社会人才的培养和成长。因此,该人才评价机制强调人才评价机制必须与组织战略目标及其运行机制、与国家发展目标及其运行机制、特别与社会经济体制相一致,促使人才评价着眼于人才强企、人才强校、人才强市、人才强省与人才强国战略的全局,营造出人才辈出、人尽其才的新局面。

总之,我们认为,人才评价机制是一种以促进人才战略实现为目标的人才评价工作的运行系统。在这种系统中,我们包括对业绩、贡献、能力、潜力、品德与态度的评价,是一种以用人主管与服务对象为评价主体、科学的与开放的人才评价机制。研究与建立人才评价机制的目的,在于解决人才评价过程中的"机制缺失与建立问题",在于解决人才评价如何从一个环节转化为一个体系,把相互离散的人才评价活动转化为联动的人才评价机制,把独立的人才评价工作与人才开发系统相互贯通,充分发挥人才评价的管理作用与开发作用。

当前人才评价实践中亟待解决的几个问题[①]

人才的本质属性是相对性、突出性、创新性与发展性。人才是相对于一般的人口来说的。人才是所有人口中素质突出的那部分人口,是所有人员中能力突出的那部分人员,是所有人力中业绩突出的那部分人力,是所有人中贡献突出的那部分人,是所有人中创新性强与具有良好开发前景的那部分人。因此,我们所研究的人才评价,就是一种对人的素质、能力、业绩、贡献、发展性及其价值进行认定、区分与促进的过程。人才评价包括人才工作评价与人才本身评价,人才群体评价与人才个体评价。本文主要研究人才个体的评价。人才评价,关键在于对人才的政治价值、经济价值、文化价值、管理价值与发展价值作出科学合理的判断,为国家与社会认识人才价值提供依据,为人才开发与管理工作提供标准,为组织发展与个人发展提供参考。

[①] 本文原载于《行政论坛》2012年第2期。

一、人情文化的影响性与法规建设的欠缺性

中国历来是个重视人际关系的国家,这种人情文化导致在人才评价时,对于自己的同事或领导的评价难以反映真实情况,从而影响评价的公正性和真实性。这主要表现在两个方面:一是在人才评价中非科学因素的介入导致评价结果失真①;二是在人才评价中过于重视官本位②,评价标准在很大程度上以官位高低论英雄。在调研中也反映了这一突出问题,在回答关于我国人才评价的缺陷这一问题时,约77%的被访者认为人才评价中的主观性太强,55%的被访者认为官本位思想对评价的公正性影响严重。③

如,在党政人才评价的民主评议中,这种人情文化表现比较突出。民主评议是为了更加客观公正地考察党政人才而实行的一种评价手段,是按照国家的方针政策,通过对党员的正面教育、自我教育和党内外群众的评议,以及党组织的考核,对每个党员在各项工作中的表现和作用作出客观的评价,并通过组织措施,达到激励党员、纯洁组织、整顿队伍的目的。但是,在实践过程中,民主评议存在的"三多三少"现象值得注意,即:评自己多,评他人少;评工作多,评思想少;评成绩多,评缺点少。党政人才的民主评议投票缺乏真实性,评议不能反映真实意图,存在拉票现象。以上问题主要是在民主评议的投票制度设计上的缺陷。党政人才群众认可,但在实际操作中群众多是他的下属、同僚(实际操作中执行知情原则,选择了下级党政人才)。他们出于种种考虑,评价结果都会产生偏颇。在评价对象的选择上,提名权由谁来掌握,评价主体怎么来选择,回避制度怎么建立,都是需要慎重考虑的问题。因此,特殊的文化背景导致评价结果有失公正。然而,另一方面,薄弱的法规政策导致评价活动缺乏规范。

我国至今尚无人才评价方面的真正意义上的法律与法规,也缺乏科学的行业标准。任何一种评价工具,无须批准与论证即可投入使用,评价工具质量鱼目混珠,造成评价结果失真。对于测评软件知识产权,也缺乏相关的法律法规予以保护,导致盗版猖獗。在人才评价的实施

---

① 王松梅、成良斌:《我国科技人才评价中存在的问题及对策研究》,《科技与管理》2005年第6期。
② 娄伟:《中国人才评价机制的尴尬》,《软件工程师》2007年第8期。
③ 数据来源于北京大学课题组2008年7月撰写的《人才评价机制调查研究结果报告》。

过程中,在不同的行业和部门,既出现对人才评价过分排斥的现象,也出现过分依赖的现象,同时还存在随意评价的现象①。

二、理论科学的虚弱性与技术手段的不足性

(1) 原创性极少,照搬国外理论。人才评价是人力资源管理的两大基石之一,理论建设的薄弱使得人才评价显得中气不足。在评价理论、评价方法和现实国情之间,对任何一种因素的过度忽视或过分强调,都将把人才评价引向误区。由于我国存在自己特殊的、深厚的人文环境和风俗习惯,如果照搬国外理论方法不仅会造成"淮南为橘、淮北为枳"的"水土不服"局面,甚至还会对人才评价的实际工作产生误导作用②。

(2) 科学性不足,缺乏定量研究。首先,缺乏基础理论的研究。人才评价手段的研究多于宏观理论的研究,这样使得人才评价在理论上显得"信心不足"。其次,以定性分析方法为主,缺乏足够的定量研究支持③。人们更偏爱传统的选人用人办法,而对以量表测评为主的人才评价的认识往往不全面和不充分。加之一些人才评价机构受利益驱使,不负责任地推广一些粗制滥造的评价软件,使人们更加怀疑人才评价的量化方法的有效性。

(3) 评价工具数量缺乏、质量不高,人才测评技术应用不广。在这次调研中,有将近55%的被访者认为人才评价手段及测评技术单一落后,人才评价的科学水平较低是我国人才评价机制的重要缺陷之一。④首先,目前我国人才评价工具的研制缺乏系统性,并且评价内容简单、评价手段单一,灵活性和兼容性都不高⑤。据统计,我国自主开发的人才评价工具只有少数几种,而美国等发达国家则拥有15000种人才评价工具⑥,尤其对品德、诚信度等这些难以量化的人才素质很少有评价

---

① 王雁飞:《企业人才测评问题思考》,《人才开发》2004年第9期。
② 朱飴华、张华初:《我国人才测评存在的问题及对策》,《中国人力资源开发》2004年第10期。
③ 易经章:《我国人才测评的研究现状与问题分析》,《人才开发》2005年第2期。
④ 数据来源于北京大学课题组2008年7月撰写的《人才评价机制调查研究结果报告》。
⑤ 朱飴华、张华初:《我国人才测评存在的问题及对策》,《中国人力资源开发》2004年第10期。
⑥ 金晓燕、王圣:《国有企业人才测评中存在的问题及其对策研究》,《现代商业》2008年第3期。

工具涉及。调研显示,绩效考核和群众测评是获选率最高的两种人才评价方法,平时组织考察次之,而心理测评、面试、情景评价受欢迎的程度则均在25%以下,明显说明专业的人才测评技术应用不广、不受欢迎。① 其次,人才评价工具也缺乏规范和质量认证,真正适用性的评价软件非常少②。因此,科学性的评价工具数量有限,质量不高。再次,我国现阶段人才评价的技术手段比较落后,无纸化测评在我国的人才评价中所占比重非常小,还是以手工操作为主,实行的还是"人海战术",效率低下,质量也得不到保证。

三、主体能力的有限性与评价标准的空泛性

(1) 评价主体缺乏专业素质。人才评价是集哲学、心理学、数学和管理学为一体的跨学科体系③。人才评价对评价者的知识结构、基本素质以及专业技能要求也较高。在美国,专业的人才评价人员,一般是在取得心理学或者管理学博士学位之后,经过专业考核才获得从业资格,任职期间还必须经过反复培训。我国目前虽然涌现了一大批优秀的人才评价人士,但从总体看,合格的专业性人才不足,硕士毕业的高层次专业性人才更少,全国每年在这方面的毕业生加起来不到50人④,严重制约了人才评价工作的发展。

(2) 评价主体缺乏多样性与多元化。调研显示,约73%的受访者所在单位是由上级组织人事部门和上级主管部门作为评价主体,而由其他部门、专家或中介机构进行评价的比例加起来仅占不到11%⑤,突显目前我国人才评价主体单一,多样性缺乏。这一问题在国有企业高级经营管理人才的评价和选拔上表现尤为突出。国有企业经营者的选拔和管理,大多沿用党政人才选拔和管理模式,评价主体单一,带有明显的行政色彩和计划经济的烙印。2003年,中国企业家调查组的系统调查表明,90%的国有企业经营者是由组织任命的,被调查者中有73.9%的人表示"不太满意"。对"企业经营者选拔任用制度改革"表示"很满意"、"比较满意"的分别占2.3%和23.8%,而认为"不太满意"、

---

① 数据来源于北京大学课题组2008年7月撰写的《人才评价机制调查研究结果报告》。
② 丁刚:《人才测评的若干问题》,《中国人力资源开发》2002年第2期。
③ 肖鸣政:《人才品德测评的理论与方法》,中国劳动和社会保障出版社2008年版,第60—65页。
④ 田效勋:《人才测评应用中的误区》,《中国人力资源开发》2001年第12期。
⑤ 数据来源于北京大学课题组2008年7月撰写的《人才评价机制调查研究结果报告》。

"很不满意"的分别占26.1%和4.9%;经营者对"职业经理人才市场培育"状况表示"不太满意"、"很不满意"的分别占30.9%和4.7%,这表明职业经理人才市场还不发达,经营者市场化程度还较低。我国国有企业经营者的选拔制度目前仍以"行政配置"为主要方式,经营者选拔还没有体现竞争、公平和有效的原则,这已远远不能适应市场经济和企业发展的需要,必须通过公开、竞争、公正和择优的原则改革任用方式,具体地说应当采用竞争选聘的方式进行选拔。而对于非公企业管理人才及国有企业非领导人才的评价,虽然有部分企业采用了360度评价,但总体上占的比例不大。而且就是这部分企业中,最终评价结果多数仍是由上级主管决定,普通评价主体所占权重非常小,很多仅是走个过场。

(3) 人才评价指标缺乏操作性。目前人才评价指标基本停留在"德、能、勤、绩"四个方面,虽然许多组织也根据岗位评价的需要,增加或细分了一些指标,但总起来讲仍存在很大局限性[1]。调研显示,实际业绩、内资素质以及群众反映是最常用的评价指标,这些都属于外显指标。[2] 而根据人才价值的冰山现象,内隐行为所产生的潜价值却占人才价值的80%之多;而且大多数指标都是静态指标,没有考虑人才素质的动态性。大量事实表明,目前岗位表现不错并不能保证他有能力胜任更高或更复杂的工作。

例如,党政人才评价指标不够明晰,操作性不强。首先,党政人才评价的内容里关于"能"的评价不够明确,很多地方政府的部门没有明确的工作分析和职位说明书,每个岗位所要求的素质——胜任力不明确,因此在评价过程中笼统概括,缺乏针对性,最终产生人岗不匹配的情况。其次,"绩"的评价主要通过述职报告来反映,过于笼统主观。不同部门的职能是不一样的,绩效也是不可比较的,不同地区的经济社会发展程度是不一样的,政绩评价也不能一概而论。不同地区的发展能力不一样,如何平衡东西部地区的差异成为亟待解决的难题。再次,"廉"的考核大多实行离任审计,导致人走了,才查处了很多问题,本来晋升却变成了下马,造成了人才培养的浪费。最后,评价标准比较抽象,指标烦琐、不全面。在政策素质、道德素质、遵纪守法方面,过于笼统和抽象、主观化,缺乏客观的数据。评价的体系不够健全,业绩为依

---

[1] 王胜利:《企业人才评价的系统性与模糊性》,《统计与决策》2007年第5期。
[2] 数据来源于北京大学课题组2008年7月撰写的《人才评价机制调查研究结果报告》。

据,品德能力为基础,心理素质、人格分析和体能方面都需要考虑进去。

(4) 人才评价指标体系的针对性较差。现代社会对人才素质的要求越来越精细化、多面化,并越来越强调组织自身特点对人才选拔的要求。过去那种一张评价量表包打天下的现象受到挑战,取而代之的是各组织纷纷要求根据不同岗位对人员素质的不同要求量身定做适合于自己的特定的人才评价标准体系。但迄今为止,我国在此方面取得的研究成果仍很少。调研显示①,70%的受访者认为"对于工作能力的考核缺乏具体指标,往往以与领导群众关系好坏来确定"已成为制约我国人才评价活动的重要因素之一。

例如,高层次创新科技人才评价标准不尽科学,影响评价结果。首先,评价标准的片面性与局限性。在选择评价指标的时候重点需要评价的是科研人员的真正学术水平、从事研究工作的深度、开展研究创新的能力,这些信息才是科研管理中想要知道而又难以获取的;而非那些一眼就能看出的统计数字,如一年发表几篇文章、发表刊物的级别,出版几部专著、哪个出版社,争取多少课题经费、课题级别等。单纯的统计数字最多只能说明科研人员的勤勉程度,并不必然代表其学术造诣和工作实绩。其次,评价标准的模糊性与主观性。现有的评价标准定性多、定量少,评价指标不够具体明确,在实际工作中难以避免个人主观因素的影响,导致评价工作自由裁量的空间较大。并且在一定程度上存在重学历、重资历的现象,容易以学历代替实际水平,以资历代替领导能力,以数字代替工作成绩。

四、评价方法的主观性与结果运用的低效性

(1) 人才评价的方法单一,主观性较大。由于我国在评价数据方面缺乏积累与相关收集的机制,人才技术开发不够,人才评价工具短缺,目前,在各类人才评价过程中,主要是依赖于平时的随意印象,依赖于评价者的经验判断。而且人才评价的方式大多都采用"分离式指标评价法",即制定出若干素质指标,采用专家评议等手段逐项评分,经过加权得出总分。这一模式的主要问题在于,仅进行了各评价指标的简单加和,割裂了各素质之间的有机联系,没有考虑它们之间相互作用所产生的综合效应。人才评价的上述问题在当前企业中是普遍存在的,

---

① 数据来源于北京大学课题组 2008 年 7 月撰写的《人才评价机制调查研究结果报告》。

在一定程度上造成了评价效度和信度偏低,乃至出现较大偏差,无法准确反映一个人的能力和素质状况。

（2）人才评价的过程烦琐,成本过高。目前我国人才评价领域采用的技术操作过程烦琐、复杂,对主试要求很高,且评价成本比较高。在农村实用人才评价调研中,我们了解到甘肃省农牧厅对本省的两个县作农村实用人才评价试点时,6名中级农业技师的评价工作就花了5万多元,在甘肃全省推行起来费用则更高。参与评价的对象获得相应职称之后,缺乏服务社会的平台与机会,影响人们参与评价的积极性。

（3）评价结果应用不足,人才价值难以实现。我国人才评价应用领域狭窄,人才评价的结果价值与市场价值缺乏转换机制。评价结果反馈不够,评价效果难以检验。在调查中问到如何改进我国人才评价机制时,受访者明确提出要增强评价结果的运用力度,建议能够将"评价结果与奖励相结合,形成能上能下,唯才是举"、"健全评价成果的应用机制,防止为评而评"。① 目前我国多数组织在人才评价的结果反馈和运用上,存在两个极端。一种是将评价结果束之高阁,人才评价不过走了个过场;另一种是过于强调人才评价的作用,在激励、选拔和晋升中,不参考其他因素,由评价结果决定一切,容易造成被评价者对于人才评价的抵触。

（4）评价流程规范有余,评价工作难以保障。目前我国的各类人才评价几乎运用同样的一种流程与步骤,这就导致人才评价的不当流程对评价结果产生不良影响,尤其表现在农村实用人才的评价上。目前大部分省份的农村实用人才评价的标准、方法、程序都是沿用专业技术人才的评价方法。这些方法中涉及太多定量的条件,条件台阶对于目前农村劳动力总体文化素质及生产力现实状况来讲,符合评定条件的人员十分有限。评价条件的刚性量化不利于农村实用人才的实践评价。对农村实用人才的基本素质和相关要求远远不同于专业技术人才的基本素质条件,用评价专业技术人才的标准、方法、程序去评价农村实用人才不仅要求过高,而且会造成评价的成本太高。例如专业技术人才一般都有较高的学历,受过良好的高等教育,而农民一般学历较低,很多连初中都没有毕业。像专业技术人才评价的程序一样,参与评价的农民要提交许多材料,相应也产生了较高的成本。农村实用人

---

① 数据来源于北京大学课题组2008年7月撰写的《人才评价机制调查研究结果报告》。

具有一个明显的劣势:工作生活环境相当简陋艰苦,一般没有现代化的基础设施和工作条件。因此,必须按照区别对待、分类管理的原则,对农村实用人才采取简单易行的程序进行评价,不宜照搬照抄专业技术人才和高技能人才的评价模式。比如有的地方在农民技术人员职称评定中,模仿专业技术职务评聘办法:首先是要求农村实用人才填写复杂的表格,整理一大堆申报材料,接着是层层审核把关,组织一群专家集中到宾馆评审,投票表决之后,才是发文、办证、颁证等。程序非常复杂,材料工作量十分繁重,费用相当高,时间拖得长,无论是工作部门,还是农村实用人才,皆有劳民伤财之感。其实,农民技术人员的职称,完全可以由人事部门会同相关行业主管部门通过简易程序进行认定授予,没有必要陷入烦琐哲学的泥坑。

五、评价观念的局限性与管理体系的松散性

(1) 人才评价市场化不足、社会化程度低。目前人才评价在欧美等发达国家已形成产业。据相关的调查表明,在西方发达国家,人才评价活动在人事决策领域运用频率为83%;在人才晋升领域运用频率为76%;在职业发展领域运用频率为67%;在职业咨询领域运用频率为66%;在人才成功计划领域运用频率为47%;在最初的应聘筛选中运用频率为42%;在人员安置咨询领域运用频率为30%[①]。而在我国人才评价的市场定位尚不明确。以往对企业人才的评价主要是由政府主管部门或政府授权的机构直接进行,引入社会和市场上的专业中介力量参与不够,市场化程度还很低。

目前我国尚未形成一个社会化的、令人信服的评价组织或机构。现行的评价组织均是依照某一需要进行的人才评价而由单位或部门组建起来的,担任评价工作人员的评价资格也是由单位或部门推荐确定的。其业务水平在一定范围内是出类拔萃的。但其他方面就不好把握了,如政策水平、综合能力、全局观念等,再加上"无记名投票"这一带随意性的评价方法影响,难以保证人才评价的公正性。以职称评审为例,专业技术职务评审委员会的组成专家在业务上均是出色的,其为人、做事也是相对公正的,但对职称政策的理解、对学科建设的需要就不一定准确了,同时在职称评审过程中因受人情、关系的影响,就难以保证评

---

① R. A. Baron, "Human Resource Management and Entrepreneurship: Some Reciprocal Benefits of Closer Links", *Human Resource Management Review*, 2003, 13(2).

审结果的公正性。

例如,企业经营管理人才评价专业机构有待规范,社会化程度急需提高。首先,专业评价机构的评价系统存在不足:评价目标不一致,目前专业评价机构主要服务于社会公众的自我认识,而企业需要为自身人才使用提供信息;评价项目针对性差,专业评价机构评价项目广泛,评价结果丰富,但与企业评价指标尚有一定距离,其中无关因子很多;部分专业评价软件本土化程度不够,而且软件本身必须及时更新升级,随时修正完善。其次,我国至今尚无人才评价方面的行业标准,任何一种评价工具,无须批准即可投入使用,工具的优劣难以判断。再次,中介评价机构评价结果的准确度受到质疑,社会化评价开展困难。

专业技术人才评价受到外来因素干扰,影响评价工作。首先,政府主导因素的影响。政府掌握着评价的指标,同时又对专业技术人才职称评定的审核拥有导向性的权力,从评价标准和程序的制定到实施都有行政介入,破坏了人才评价的客观公正性;其次,经济因素的介入。由于评价结果可以带来大量的科研资源,从而使人才选拔计划成了各个利益集团争夺的焦点,导致了经济因素的介入,以争取资源的数量代替评价标准。而职称评定的结果与个人的薪酬待遇相联系,有职称便意味着待遇等方面的改善。于是出现拉关系和暗箱操作现象,直接滋长腐败和不正之风。

我国人才评价机构的独立性较差。人才评价机构大致有两类,一是由全额、差额拨款的事业单位来充当,如考试中心等;二是由临时成立的机构来承担。这两种机构在经费来源和人事安排上都依赖于某一行政部门,在很大程度上仍然有计划经济的烙印。由于独立性不强,使评价机构的权威性和公信度受到影响。这种与政府部门千丝万缕的联系,一方面使评价机构在运作的过程中,难以摆脱各种因素的干扰,自律性较差;另一方面,这种政府部门直接管理评价机构的做法,也使得评价机构的服务意识难以跟上,并严重影响了人才评价机构的服务质量。因此,评价机构在经济、人事上应该逐步独立,积极创造条件,向社会中介组织过渡。要加强人才评价行业自律,并要引入竞争机制,淘汰那些不适应市场需要的人才评价机构,促进评价机构的管理科学与运作规范。

(2)人才评价责任机制不足,监督机制尚未形成。人才评价是一个系统工程,涉及许多方面与环节,任何一个方面的疏忽与责任缺位,都将影响整体的人才评价效果。目前人才评价的责任主要集中在组织人事部门、人力资源市场、具体用人部门与薪酬协会方面的相应责任没有得到激发与联动。人才评价与招聘聘用、薪酬待遇相互脱节,人才的评价价值、实际价值、市场价值与薪酬待遇四张皮,缺乏良性的转换机制,缺乏评价主体的责任与约束机制,缺乏良好而有效的监督机制。

专业技术人才评价后管理缺位。首先,缺乏对评价过程的监督。由于人才评价标准的不确定,同行之间密切的人际关系,出于共同利益的考虑使得内部监督缺乏力度;外部监督机制一般是由政府或科研管理部门建立专门的监督管理机构,对人才评价的客观公正性进行监督,但是目前外部监督也是缺失的。其次,缺乏对评价实践的管理。由于现有的评价工作多是政府行为,加上职称评价的终身制,评价后管理松散,使得有的人在获得职称后便停滞不前,不思进取,向国家向组织提出各种要求,高一层次的人才在能力、业绩方面还不如低一层次的人才,又反过来影响了人才评价的公正性。而这些问题给各级管理机构,尤其是人才匮乏的中西部地区,造成困扰却无可奈何。另外,在职称评定与薪酬待遇相连的大背景下,中西部地区还存在着评价后经费和管理难以跟进的问题,造成了基层管理者的困扰。

技能人才评价基础工作不配套。评价的标准、教材和题库的服务功能还不能满足需要;国家职业标准与企业岗位规范之间的结合问题未能得到很好的解决;理论知识考试的命题理论、试卷结构导致考评方式僵化,不能反映能力性考试的本质。

评价内外部各个环节联动不足,评价体系化尚未体现。目前,在我国的人才评价实践中,人才评价与培训、管理、使用和服务等环节脱节。在市场经济条件下,人才工作的主题是为改革开放、经济建设服务,因此应当把人才评价与人才培训、管理、服务和经营等结合起来,促进整体性人力资源的开发和完善发展。这方面的不足之处尤其表现在技能人才的评价上。

首先,技能人才评价与培养、使用、激励等环节没有形成有效联动,导致评价难以发挥应有的作用。技能人才评价应该作为岗位使用与待遇的依据,并能够引导劳动者参加培训,提高技能。但在实际工作中,评价工作还没有发挥应有的作用。其次,技能人才评价与使用、待遇相结合的激励机制没有形成氛围。国家提出的技能人才培训、考核与使用、待遇相结合的激励机制执行力不强,企业鼓励劳动者走技能成才、岗位成才之路的相关制度和措施不完善。

高层次科技创新人才评价的问题与对策[①]

　　高层次科技创新人才是指那些处于各种研究、开发性环境条件下，从事具体科研创新工作，具有较高身心素质，其成就在业内得到广泛认同和肯定，掌握目前先进技术和先进思想并引领创新，具有较强的研究能力、创新能力、扩散能力，并与目前所处环境相适应的高层次人才。

　　调查发现，我国科技创新人才主要集中在科研院所、高等院校。据抽样调查表明，60.8%的科技工作者集中在事业单位，国有企业或集体所有制企业中的科技工作者只有7.7%，科技人才队伍分布不够合理。高层次科技创新人才的分布基本上也是如此。构建高层次科技创新人才评价机制，对于实施人才强国与创新型国家建设，具有非常重要的意义。

---

① 本文为萧鸣政与张相林合写，原载于《第一资源》第19辑，党建读物出版社2012年版。

一、构建高层次科技创新人才评价机制的难点

(一)高层次科技创新人才评价战略目标导向的问题

高层次科技创新人才的评价要坚持正确的战略目标导向。人才评价是基于组织战略的,而不仅仅是为了提高效率和创造业绩。如果战略方向错了,只会适得其反。因此,在进行高层次科技创新人才评价之前,必先思考战略问题,首先是国家层面的战略,其次是结合国家战略的区域战略,再次是基于前者的组织战略。只有在这个基础上才能明确组织需要什么样的高层次科技创新人才,这些高层次科技创新人才需要具备什么素质和能力,怎么来评价这些高层次科技创新人才才能使他们为组织作出贡献。

从国家层面来看,《中共中央、国务院关于进一步加强人才工作的决定》提出,在人才评价方面,要建立以能力和业绩为导向、科学的社会化的人才评价机制。强调要根据德才兼备的要求,坚持群众路线,注重实践检验,构建以业绩为依据,由品德、知识、能力等要素构成的各类人才评价指标机制。目的就是要评价好人才,使用好人才,激励他们发挥聪明才智为国家建设作贡献。

从组织层面来说,一方面,不同组织在不同时期的发展战略不同,导致评价的内容和侧重点也是不同的。怎么去把握组织战略,这是一个很重要的问题。另一方面,从实际功能与目的情况来看,不同功能与目的的人才评价,其评价指标和内容也不同。具体来说,高层次科技创新人才主要有以下两个方面的功能目的:

(1)为选拔、引进、配置人才进行的评价,其主要目的是鉴别人才,评价高层次科技创新人才的综合实力,以及发展潜力。

(2)为诊断人才、评价绩效、人才开发而作出评价,其主要目的是评价高层次科技创新人才现阶段工作业绩的表现、基本状况、对环境的适应程度,以及工作存在的问题和困难。

(二)保证评价程序的有效性和公正性问题

所谓高层次科技创新人才评价主体的有效性是指:首先,评价人才的主体必须由一个熟悉该类人才评价程序的专家团队组成,同时按照人才测评专家预先设计好的测评程序进行;其次,这个团队的组成专家必须对该高层次科技创新人才所从事的研究领域有相对深入的了解,避免杂家评专家、外行评内行的现象,同时保证程序的科学性,这样才

能确保测评主体所作出的判断是有效的。

所谓高层次科技创新人才评价主体的公正性是指:测评主体要通过建立评委随机遴选制度、回避制度,避免与被评对象有直接利害关系的人员参加评审;防止行政因素、经济因素的介入,避免人才评价成为利益争夺的途径和手段。

因此,基于以上两点原则,在选择高层次科技创新人才评价主体的时候,首先应建立完善的制度,在人员组成方面尽可能邀请外部其他单位的专家组成评价团队作为评价主体,同时引入社会专业测评机构对评价过程进行设计和监督。这样既保证了高层次科技创新人才评价主体的有效性,又体现了公正性,从而为评价所要达到的目的奠定了基础。目前国外比较先进的做法是建立网络评价平台,匿名评选,既保证了信息传递的快捷、方便,也体现了保密性与公正性。

完全依靠中介组织和同行专家评价是否可以回避以前所存在的问题?会产生哪些新的问题?这既是实践中需要解决的难点和重点,也是需要继续研究的问题。

(三)基于人才分类构建人才评价指标体系问题

《中共中央、国务院关于进一步加强人才工作的决定》提出,要"建立以能力和业绩为导向、科学的社会化的人才评价机制"。这为改革和完善高层次科技创新人才评价机制指明了思路:以能力和业绩为导向,确立科学的人才评价标准,完善人才评价主体,创新人才评价手段。因此,在高层次科技创新人才评价过程中,应该建立以能力和业绩为依据,由品德、知识、能力、业绩等要素构成的人才评价指标体系。完善人才评价标准,克服人才评价中重学历、资历,轻能力、业绩的倾向,完善人才评价手段,努力提高高层次科技创新人才评价的科学化水平。同时坚持中央提出的"三个认可":一是群众认可,要坚持群众公认、注重业绩的原则;二是社会与业内认可,对高层次科技创新人才的评价重在社会和业内认可,把社会和业内认可不认可作为高层次科技创新人才评价的重要衡量尺度;三是市场认可,就高层次科技创新人才而言,重点在于把握从事不同科研类型的人才在"市场认可"这个评价的反应程度。例如应用型科学技术研究人才可以考虑通过市场认可,而基础理论型研究人才就不能简单地用市场去衡量。

首先,注意分门别类地评价人才,既有共性特点,又要把握特殊性,即模块性和可变性,这是对高层次科技创新人才评价指标体系构建的基本要求。其次,要基于人才特征、工作特点的研究,构建高层次科技创新人才评价指标体系和选择评价方法。最后,很多高层次科技创新人才分布在高校和科研院所,除科研活动之外,同时承担大量的教学、管理、社会服务等职责。高层次科技创新人才工作的多样性或交叉性,给评价指标体系设计带来难题。

(四) 基于科研规律合理规划评价周期的问题

高层次科技创新人才业绩成果具有独特性。这种独特集中表现在:成果周期的不确定性,成果价值的潜在性。因此,在高层次科技创新人才评价中,如果没有科学的周期设定,就会对被评者产生负面作用。太短的周期容易使被评价者急功近利,不利于产生高价值的成果;太长的周期又容易使被评价者产生懈怠,不利于提高效率。因此如何科学合理地规划评价的周期,是目前摆在高层次科技创新人才评价工作面前的一个难题。目前可以采用的方法主要有:

(1) 按科研项目预定的周期进行评价,简称项目周期制。

(2) 年限递增制。目前国外一些大学采用年限递增制评价教师。第一次评价周期为1年、第二次为5年、第三次为10年,最后为终身教授。

(3) 定期制,每2—3年进行一次评价,但评价的内容和侧重点应偏向过程和任务,以及对任务价值的评价。

总之,不同类型、不同目的的高层次科技创新人才评价的周期是不一样的,应该根据研究类型、研究项目的特点,科学合理地制定评价周期。

(五) 高层次科技创新人才评价实践中存在的问题

1. 评价的目的经常事与愿违

评价的目的本来是为了改进科研管理,激励高层次科技创新人才解决实际问题和进行学术创新,尽量出精品佳作、出重大成果,从而促进学术繁荣、科技进步,推动社会进步。但现实中,有的人才评价机制的目的不是激励高层次科技创新人才踏踏实实积累和研究学问、搞创新,而是尽量多发论文、多争取经费。毫无疑问,这有些舍本逐末,本末倒置。

2. 评价的内容与标准不够科学、具体

在选择评价指标的时候,重点需要评价的是高层次科技创新人才的真实学术水平、从事研究工作的深度、开展研究创新的能力。这些信息才是科研管理中想要知道而又难以获取的,而非那些简单的统计数字,如一年发表几篇文章、发表刊物的级别、出版几部专著、哪个出版社、争取多少课题经费、课题级别等。单纯的统计数字最多只能说明高层次科技创新人才的勤勉程度,并不必然代表其学术造诣、创新程度和工作实绩。

3. 评价标准比较模糊,评价结果不够准确

现有的高层次科技创新人才评价标准定性多、定量少,评价指标不够具体明确,在实际工作中难以避免个人主观因素的影响,导致评价工作自由裁量的空间较大。并且一定程度上存在重学历、重资历的现象,容易以学历代替实际水平,以资历代替科研能力,以数字代替工作成绩。对考察收集到的情况,表面性评价较多,深层次评价较少;主观评价较多,客观评价较少;静态评价较多,动态评价较少。

4. 评价方法与评价程序存在不合理现象

目前对高层次科技创新人才的评价,大致有同行评议法、科学计量法、经济分析法、综合评价法与人才测评法等,这些方法都从定性和定量的角度作出了贡献,但是没有一种完美的方法可以适用于各种要求的人才评价。一是评价方案的设计及评价活动的实施大多是凭借主体的个人经验进行,不同的人对评价目标的理解不同,评价工具的使用及评价结果的解释难免带上个人的色彩,评价结果往往难以完全一致。二是被评价的高层次科技创新人才的素质是抽象模糊的,其构成是极其繁杂的,且评价工具有一定的局限性,使人才处于一种测不准状态。素质是隐蔽在个体身上的客观存在,是一种内在抽象的东西,是看不见摸不着也说不清,但素质可以通过人的行为表现出来,我们不能对素质进行评价,但可以通过其表现的行为特征进行间接的推测和判断。① 因此,建立一套高层次科技创新人才评价机制和模型,对于满足不同测评需要将是具有建设性意义的工作。

在实际调研中我们发现,高层次科技创新人才评价工作大多是由政府组织实施,参与评价的主体比较多,如上海、安徽和甘肃等地普遍建立了外部专家库,引入外部业内专家参与评价。目前,缺乏高层次科技创新人才成果鉴定的中介组织,基本上还是政府统一组织,政府出面聘请外部专家,政府既是教练员,又是裁判员。这一状况影响了高层次科技创新人才的评价有效性。

---

① 廖碧波:《创新型人才评价体系的设计》,《素质教育与创新》2006年第5期。

二、建立高层次科技创新人才评价机制的思路与对策

(一)基于人才分类、创新投入—产出效率等维度,科学建构人才评价指标体系

根据全国人才工作会议的要求和高层次科技创新人才特点,综合文献研究结果,经过专家评议和审定,我们总结了一套立体评价指标体系(见表1)。

表1 基于人才特征、任务分析构建的高层次科技创新人才评价指标体系

一级指标	二级指标	一级指标	二级指标
胜任能力	1. 创新能力	创新投入	1. 组织提供的科研设施等硬件条件
	2. 高尚的学术道德		2. 组织提供的人员配备
	3. 政治观点与价值观		3. 薪酬待遇
	4. 奉献精神		4. 组织提供的科研经费
	5. 团队意识		5. 创新时间的保障
	6. 工作态度		6. 创新制度保障
	7. 创新潜力		7. 组织提供的个人生活条件
任务指标	1. 工作任务的内容	创新产出	1. 科研成果或科研项目数
	2. 任务的难度		2. 创新任务完成的数量和质量
	3. 任务的时间要求		3. 获得的科研经费
	4. 任务的成果要求		4. 获得的科研奖励
	5. 任务的数量多少		5. 科研成果的经济价值和社会价值
	6. 任务的重要性		6. 科研经费的使用(研发投入)效率
	7. 任务的安全性(失败对职位的影响)		7. 很好地履行发展与培养下属的职责

从工作分析、人员素质测评和绩效考核的角度出发,构建多维度的高层次科技创新人才的评价指标体系需要注意以下几点:

第一,淡化科研成果的数量,强化研究质量和市场转化。国外的学术期刊大都采用匿名评审,学界对刊物的地位或权威性判断尽管有共识,但并没有什么"核心刊物"一说,很多一流大学对学者也从来不搞量化考查。美国的很多大学,评价教授的成就主要有三个方面,即研究成果、教学和在院系内做出的服务。换言之,在科学研究的领域,没有一个必然的量化标准。科研成果实行量化管理,尽管取消了学术权威,大

家在数字面前人人平等。但是,过于讲究数量,其结果必然导致很多学者成了完成任务的拼搏者,而忽视了研究的质量,对于创新也就不会有真正的兴趣。

第二,把有项目,甚至有哪个等级的项目作为评审的硬条件,是极不合理的。要特别鼓励,至少不能歧视那些无项目、没有耗费公共资源却产出成果的学者。

第三,基于高层次科技创新人才特征、工作特点的研究,构建人才评价指标体系和选择评价方法。

(二)弱化政府的主导作用,大胆引进社会中介力量参与

评价主体的不公正性主要表现在人才评价中行政因素和经济因素的介入,阻碍了评价主体的客观公正性。从评价标准和程序的制定到评审选拔工作的实施,每个环节都有行政因素介入,助长了行政人员干涉科技人才评价"外行领导内行"的风气。经济因素的介入导致了以争取资源的数量代替评价标准,特别是科研管理部门官员的权钱交易,导致出现大批占有大量科研资源,却从来不作科研的中介人,许多具有真才实学的科技人才反而沦为打工者。[①]

因此,应扭转高层次科技创新人才评价中"杂家"评"专家"或外行评内行的做法,充分发挥同行专家在识才和选才中的主体作用,逐步实现与国际学术评价接轨。在大学教授的聘任过程中,同行专家的选择要从校内走向校外。[②] 在美国、加拿大大学教授的招聘和晋升程序中,同行专家的推荐评价意见起着至关重要的作用。一般来说,系主任将相应教授岗位应聘者的个人简历和有关材料寄送给国内和国际相关专业领域的知名学者,请他们就应聘人的学术水平和贡献作出具体的评价。每位应聘者一般需由10位以上的同行专家评议。只有每位专家都予以充分肯定,应聘人才有可能获得聘任。

政府主管部门在高层次科技创新人才评价中的职责定位应该进一步明确为:政策的制定者和制度执行的监督者。多采取民间评价、同行评价,不以刊物级别定论文水平。对于高层次科技创新人才的评价,政府在评价过程中的作用,要由主导转向引导,大胆引进社会中介力量的参与。

[①] 王松梅、成良斌:《我国科技人才评价中存在的问题及对策研究》,《科技与管理》2005年第6期。

[②] 同上。

（三）进行学科分类和高层次科技创新人才特征研究，逐步实现分类评价

首先，对不同学科的性质进行适当分类，使用不同的评价标准。其次，考虑到科技创新人才出成果有相对长的周期，应该放宽评价的时间尺度和数量标准。

（1）对高层次科技创新人才应该制定任务标准，而不应该单纯强调时间的限制，不应该过于强调工作时间和完成的任务数量。

（2）根据所承担的任务以及其研究的规律，合理制定评价周期，为高层次科技创新人才提供更好的、自由的、宽松的学术环境。

（3）在没有更好的高层次科技创新人才评价标准的情况下，还是要认真研究如何把量化的标准、程序等内容设计得更加合理和科学。

（4）基于高层次科技创新人才特征、工作特点的研究，构建人才评价指标体系和选择评价方法。

（四）完善评价流程和程序

下面的流程图（见图1）显示了一套完整的高层次科技创新人才评价机制，它包括评价需求者、评价主体的构成、评价指标的选择、评价对象和评价结果的运用五个部分组成，其中，评价周期仅限于考核、诊断性评价时考虑。

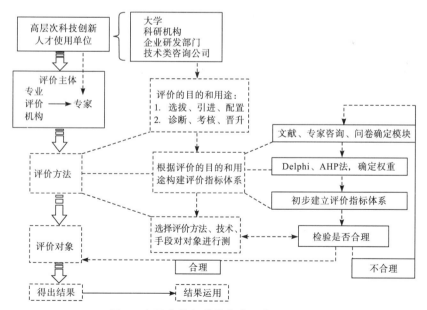

图1　高层次创新科技人才评价机制流程

参考文献

陈晓文:《基于知识的高校创新型人才测评指标及模型构建研究》,《中国高教研究》2007年第12期。

封铁英:《科技人才评价现状与评价方法的选择和创新》,《科研管理》2007年第28卷增刊。

李光红、杨晨:《高层次人才评价指标体系研究》,《科技进步与对策》2007年第4期。

李岚飞:《关于建立高标准科研人才评价体系的几点思考》,《教育科学》1999年第2期。

李思宏、罗瑾琏、张波:《科技人才评价维度与方法进展》,《科学管理研究》2007年第2期。

廖碧波:《创新型人才评价体系的设计》,《素质教育与创新》2006年第5期。

骆旭冰:《创新优秀领导人才的梯级培养机制》,《新视野》2003年第4期。

彭本红、陶友青等:《大学高层次人才胜任力的评价》,《统计与决策》2007年第8期。

邱妃:《国际化应用型创新人才评价体系构建》,《宁波大学学报（人文科学版）》2007年第6期。

邱均平:《金牌优先法则应用于科研人才评价的思考》,《图书、情报、知识》2006年7月。

宋丹、孙金伟:《关于创新及高层次创新人才的几点思考》,《辽宁教育研究》2004年第8期。

汪静媛:《基于文献计量方法的社科人才评价体系评析》,《图书馆工作与研究》2008年第3期。

王小琴:《高科技企业科技人才评价与激励》,《科研管理》2007年第28卷。

魏发辰、颜吾佴:《创新型人才的能力构成及其修炼》,《北京交通大学学报（社会科学版）》2008年第1期。

杨敏杰、肖利哲:《黑龙江省创新型人才综合测评体系的研究》,《商业经济评论》2007年第12期。

余绪缨:《对高层次人才评价中几个基本理论问题的新认识》,《高等教育研究》2006年第1期。

工作取样法：人才素质测评的新方法[1]

人才素质测评在现代人力资源管理实践中广为运用，无论是军队、学校、医院还是政府机关企业，都需要进行人才选拔、人员招聘、人员考评与职业能力鉴定等工作，其中对于素质的鉴别都需要实施人才素质测评。业绩我们可以直接觉察到，而一个人的内在素质，尤其潜在素质我们则很难直觉到，我们必须借助于测评手段才能把握。当一个人干过某项工作，我们可以通过考评确定他是否能胜任该项工作，而当一个人从未干过某项工作时，我们只有通过素质测评去推断他是否能干好。当我们断定他能干好该项工作时，我们才会选派他到这个岗位上去。

一、心理测验面临的批评

心理测验在人才素质测评中有着非常重要的作用，因此每当出现空缺职，需要招聘人才时，我们都要

---

[1] 本文原载于《中国人才》2001年第9期。

进行某种形式的心理测验。例如,一般的智力测验、能力测验与品性测验。通过这些测验来保证任职人员具备职位所需要和各种素质条件。目前这些测验大多是选择式的计算问卷方式,也有的是职业性向纸笔测试,在这些心理测验中,要求被测评者表现的各种行为与将来的实际工作行为并非一致,因而有效性受到怀疑。例如,对一名想成为国家机关公务员的应聘人进行的测评,一般是对他进行的心理素质测验或性向测验,这名公务员应聘人不需要进行任何管理工作的实践操作。20世纪60年代末,国外学者曾对上述传统的人才素质测评方法提出批评,他们认为,所测评的对象因素与实际工作所需要的因素存在较大的差异,认为有效的人才素质测评的对象因素,应该是选用那些与实际要求相关的因素。测评的对象因素与实际工作要求的标准之间应该具有一一对应的关系,被测评者所进行的反应活动及面临的环境应与未来的实际工作、与职位环境相同。因此自20世纪60年代以来,人才素质测评研究工作者一直在尽力开发一种新的测评方式。在这种新测评方式中,一方面要与传统的心理测验相区别,另一方面又要与实际工作的绩效标准相一致。这种方法即是本文所要介绍的工作取样法。

二、工作取样法及其原理

工作取样法是根据"从母体抽取的子样,具有近似母体的性质",这一统计学思想所建构的一种人才素质测评方法。在这种测评方法中,测评的对象因素是实际工作所要求的任职条件,测评的内容是未来实际工作任务的抽样,测评的环境是与未来实际工作相同的现场或模拟情景,测评的方法是先从未来实际工作相同的工作现场中选取足够量的实际工作行为样本作为标准,然后根据被测评者反应行为与抽样行为的一致性程序给出相应的分数。

假设某一公务员职位日常的具体工作任务有20项,那么我们可以从不同部室选择从事同一职位工作的25名公务员,他们实际的绩效水平不尽相同,然后观察他们在每项任务上的实际工作表现,从这20项任务中选择十分关键的10项任务并从每一项关键任务中确定若干不同的工作方法与行为步骤,给不同的工作方法与行为步骤赋予不同的权数,然后让被测评者重复操作这些关键任务,观察其操作方法与步骤,最后给每个被测评者一定的分数。

工作取样法不是只有现场行为操作一种,它有许多形式。概括起来,工作取样法大致有行为操作表现、书面语言表现、思维口头表现与情景模拟表现等四种类型,每种类型在实践中都有相对应用的操作形式,而且每种类型的效度系数也是不尽相同的,其中行为操作与书面语言表现最高,情景模拟最低。具体见下表:

类别名称	表现形式	平均效度系数
1.行为操作表现型	现场操作	0.39
2.书面语言表现型	笔试	0.40
3.思维口头表现型	会议讨论或答辩	0.34
4.情景模拟表现型	评价中心方式	0.28

三、工作取样法的特点分析

与心理测验相比,工作取样法具有显然不同的特点。心理测验的设计是按照以下路线进行的:职位分析——任务分析——所需心理素质——相关心理素质特征分析——抽象行为标志界定。

而工作取样法的设计则是按照以下路线进行的:

职位分析——任务分析——所需工作行为——实际工作行为表现差异界定。

比较上述两种设计路线,不难发现,两者基础相同,都是以职位分析与任务分析为依据,但所寻找的测评对象与依据不同,前者是抽象的行为标志与素质特征,而后者是具体的行为与实际表现;心理测验中间环节多,而工作取样中间环节少,比较直接。

与心理测验相比,工作取样法还有以下优点:

1. 让被测评者对所应聘职位的自我适应性进行评价。由于工作取样法的测评内容、测评情景与实际工作职位要求的一致性,被测评者身临其境,表现好坏直接给了自己对未来工作是否适应的判断;因此测评结果令人信服,自我接受性强,测评效度高。

2. 发挥了被测评者积极参与测评的主动性,有利于潜能与实力的展现,误差小,有助于激励应聘者的求职热情与表现干劲,因而信度较高。

3. 工作取样法还可以应用于工作分析,应用于职责任务分析与任职条件分析。

如果说心理测验是测评一个人素质的好方法,那么可以说工作取样法是测评一个人真才实学的好方法。但是工作取样法也有其缺点,例如,与心理测验相比,操作比较费时费力,相对麻烦一些。而且对于那些任务比较模糊,工作表现难以确定的职位,也很难直接应用。

总之,人才素质测评方法多种多样,有心理测验、面试、评价中心、工作取样、试用观察、书面考试、履历分析等,但它们大致可以归结为二大类:间接的特征行为测评与直接的工作行为测评。工作取样法则属于直接的工作行为测评,因此具有较高的效度与信度。

职业资格考评将引导职业教育社会化与自我化[①]

21世纪是知识经济的时代,中国的发展将面临新的机遇与挑战。中国是个人口大国,如何把人口包袱转化为人力优势,这是世纪之交摆在我们面前的一个重大问题。本文将就这个问题作点探讨。

职业资格是劳动人事管理部门对从事某一行业工作人员基本条件的客观规定,职业资格考评,则是对求职者与任职者是否具备从事某一行业岗位工作资格条件的认定与评价。职业资格既是岗位工作要求的客观形式,又是劳动人事管理部门对岗位任职资格的主观反映;既是求职申请者人力资本的现实形式,也是任职者职能水平的主客观反映。职业资格考评既是依据企事业内部岗位工作要求对求职任职者任职能力与条件的认定,又是根据行业规范对求职任职者本身职能条件的评价。

知识经济与科教兴国是中国今后的发展战略。党

---

① 本文原载于《中国培训》1999年第5期。

的十五大报告指出,要使我国的经济建设真正转移到依靠科技进步和提高劳动者素质的轨道上来。职业资格考评既能对劳动者素质进行鉴定与检查,又能对劳动者的素质进一步促进与开发。通过职业资格考评,有助于迅速有效地提高我国现有与未来各行各业劳动者的素质,保证每个劳动者的质量与规格符合岗位工作的需要,把科教兴国与知识经济的发展战略落在实处。因为科学技术作为推动社会经济发展的生产力必须具备两个方面的条件:一是需要科学家与工程师把科学技术知识物化为生产工具;二是需要职业技术教育培训大量的掌握现代科技知识,会使用先进生产工具的熟练工人、技术人员与管理人员。职业教育是为就业作准备的教育,技术教育是以传授岗位劳动中所需要的知识、技能与技巧为内容的教育。职业技术教育只是开发人力资源的一种手段,最后是否达到行业与岗位规范的要求,则需要进行职业资格考评。

职业资格考评也是现代企事业人力资源开发与管理的基础与核心技术。人员招聘、人员调配、人员培训与工资报酬等,都需要考虑任职者的职能资格与水平,需要以职业资格考评的结果为依据。

职业资格考评,是我们人口大国目前开发人力资源的最佳途径。

中国 100 多年的历史告诉我们,知识经济时代中国人力资源开发的最佳途径不在于学校教育,也不在于职业教育。早在 19 世纪末,以康有为、梁启超为代表的维新派就提出教育兴国的口号。他们指出,才智之民多则强国,才智之士少则国弱。西方资本主义国家之所以富强,不在炮械军器,而在穷理劝说。中国之所以贫弱,主要在教育不良,缺乏人才。因此欲任天下之事,开中国之新世界,莫亟于教育[①]。然而时至今日 100 多年过去了,中国的教育仍然进展不大。目前我们正为普及 9 年义务教育而奋斗,12 年义务教育与高等教育大众化的目标还较为遥远。主要原因是中国的人口太多,教育经费的增长远远满足不了教育发展的需要。即使中国将来大量投入教育经费,实现了 12 年义务教育甚至高等教育大众化了,仍然解决不了中国人力资源开发的问题。因为无论是中小学教育还是高等教育都属于基础素质与专业素质教育的范畴,学校教育解决的是素质形成而并非现实劳动力开发的问题。有人说出路在于职业教育。1903 年 11 月清政府颁布的《奏定学堂章

---

① 参考毛礼锐等:《中国教育通史》卷四,山东教育出版社 1988 年版,第 260 页。

程》指出,兴办实业学堂,振兴农工商各项实业,为富国裕民之本计。1917年1月至3月,黄炎培在考察日本、菲律宾及南洋各地教育之后,深有体会地指出:"今后之富国政策,将取径于职业教育。"①但职业教育屡屡兴衰。其原因有二:一是因为职业教育知识面较窄,而青少年的发展向往广阔无限,大多数不愿过早地限定自己的发展方向接受职业教育;二是职业教育培养出来的学生专业基础不宽,且技术不够精深,适应的行业有限,难以满足社会经济建设中瞬息万变的市场需要。职业教育的滞后性与市场需要的超前性之间的矛盾长期以来难以磨合。笔者认为目前我国人力资源开发的捷径既不是普通教育也不是职业教育,而是要尽快建立职业资格考评的制度与体系。学校教育的时空是有限的,而人的劳动能力的发展是无限的,学校教育只能给人文凭和素质的基础,而无法解决水平与实力的鉴定问题。因此长期以来文凭与水平,学历与实力的矛盾无法得到解决。开展职业资格考评,可以给个人的水平与实力以公平认定,并予以职业资格等级证书的外显标志;另一方面社会的实现需要是有限的,这种有限性具体体现为一定企事业单位岗位编制的数量限制,但是人的能力发展是无限的。因此长期以来,岗位需要的有限性限制并制约了人力的发展,造成了许多人力资源的隐性与显性浪费,这一点在机关与高校最为明显。机关的领导职位数量是有限的,高校的教授职位也是有限的,但职员、教师的能力与资格水平的发展却是无限的,而且不同的人所发展的速度与水平也是不同的,但目前的人事管理却是按部就班,对每个职位的晋升都要求有一定的年限,对每个职位的设置都有一定的数量限制。职务级别越高,职位数量越少。一旦高级职位上有人,那么下级职位上的人再有能耐与水平也不能及时得到晋升,一直要等到上级职位的人退休或转调才有机会。这显然极大地压抑了下级任职人员自我开发人力资源的积极性与主动性。导致一些下级人员要么选择被动消极等待,要么外流求发展。如果实行职业资格考评制度,对每个任职人员的资格水平予以及时的认定与评估,予以资格水平等级证书的外化标志,则一方面可以让每个人职业能力的水平与实力及时得到社会的承认,从而能够激励个人职业能力的进一步发展;另一方面职业资格考评制度的建立,对限制职位数量的现实人事制度也不会产生任何副作用。同时还为一些高职

---

① 吴玉琦:《中国职业教育史》,吉林教育出版社1991年版,第83页。

低聘不满的人外流与招聘单位提供了方便与依据,这极大地解决了岗位设置有限与人的能力发展无限的矛盾问题。建立职业资格考评体制,不但弥补了目前学校教育与人事管理对人力资源开发的不足,改变了传统的以文凭资历认定职业资格的做法,而且还开拓了获取职业资格的新渠道,把学校教育的机制扩大到社会上,让职业能力培训的教育社会化和自我化,极大地提高了个人在职自我开发职业能力的主动性与积极性,通过自己现实的职业生涯来开发自己的职业能力,有利于学习社会的形成,有利于知识经济的发展,有利于个人职业能力的自我转向与发展,有利于资格更新和对资格持有者的及时认定,变学校文凭与资历的一元资格认定为社会职业资格考评的多元认定。创造了一种对终身学习成果及时予以恰当评价的形式,使学习机会伴随人的一生成为现实。同时也减缓了高考对青少年学生的不良压力,使高考不再成为取得高级谋职资格的唯一道路。职业资格考评的体系建立包括三大相互联系的子系统。一是培训教育系统,这个子系统担负着对职业资格形成的过程指导,以保证职业资格的质量并为其进一步提高提供指导;第二个是考评子系统,这个子系统要求考评方法科学,考评指标准确,实施操作方便;第三个是利益保障子系统,要求对职业资格及其考评建立相应的法律维护,把职业资格作为一种人力资本,并与实际利益报酬挂钩。这种利益报酬包括名誉、晋升与在工资中有一定的兑现。具体地说,要以法律形式立项,通过工作分析建立起一套行业与岗位的任职资格考评标准与水平等级,选择一些像银行、税务等国民经济中的关键行业及学校中没有设置的专业优先试点考评。职业资格考评的内容除基础知识外,重点放在职业岗位所需要的品性与能力上。考评时过程考评与结果考评相结合,由行业协会掌握考评标准,保证考评质量,政府不要直接参与。

总之,知识经济时代中国面临的最大机遇是人力资源的优势,但人力资源的优势并非现成的而是需要我们尽快尽早去开发,中国人多教育经费有限,学校教育与职业教育都解决不了中国的现实问题。职业资格考评是适合我们人口大国开发人力资源的捷径。

绩效考评与管理中的十大问题[①]

绩效考评是绩效管理中最常用到的技术之一,但无论在国外还是国内,无论是公共组织还是私有企业,绩效考评都面临着失败的威胁。这种失败主要表现在绩效考评工作走向形式化,员工普遍不满,考评无法取得应有的预期成果。一位管理权威甚至认为,绩效考评是组织管理中的七大致命疾病之一。[②]

大量失败案例的存在和理论解释的苍白无力使部分人对绩效考评本身的存在价值产生了怀疑,国外甚至出现了一些小规模的关于取消绩效考评的讨论。[③]

绩效考评实践中所存在的问题并非绩效考评本身的问题,而是对于具体的方法和技术的选择和使用不当的问题。通过对于大量文献资料的归纳和对已知的绩效考评受挫现象和原因的分析,笔者认为,绩效考评

---

① 本文为肖鸣政与杨京涛合写,原载于《中国行政管理》2007年第6期。
② R.韦恩蒙迪、罗伯特·M.诺埃:《人力资源管理》,葛心权等译,经济科学出版社1998年版。
③ Kirsten Sandberg:《到底要不要绩效考核》,《经理人》2006年第7期。

实践受挫或者说失败现象,可以归纳为以下 10 个问题。

一、绩效考评指标设计的全面性与关键性之间的矛盾协调问题

一些观点认为,企业绩效考评指标设立过于简单,仅仅对工作质量、数量和合作态度进行考评是不够的,还应对原材料消耗率、能耗、出勤及团队合作等方面综合考虑,逐一评估;认为个人绩效考评效标的选择定位不全面。① 目前绩效考评的效标分为特征性效标、行为性效标和结果性效标,分别考查能力、态度和业绩三个方面,相应制订的考评标准要根据职位特点对三个方面综合考虑,而不能只侧重某个方面,否则即使考评指标覆盖很全面,也无法达到绩效提升的目的。② 这些观点都支持绩效考评指标设计需要全面化。

而另一些观点认为,追求指标体系的全面性、完整性一直是误区。一个绩效考评指标体系中如果既包括生产经营性的定量指标,又包括工作态度与思想觉悟等一系列定性指标,这种过分强调绩效考评指标的全面性实际上是绩效管理执行效度差的关键原因所在。③ "考评内容不可能包括被考评岗位的所有工作内容,考评应选择岗位工作的主要内容进行,不可能面面俱到。"④ 这实际上是主张绩效考评指标设计的关键性而反对绩效考评指标设计的全面性。

二、绩效考评指标的稳定性与组织发展的运动性之间的协调问题

绩效考评指标决定了考评活动的方向,也体现了组织发展的战略目标要求。这就要求考评指标必须清晰明确,在一个考评周期内保持稳定。同时,在绩效考评实施过程中,组织结构调整、市场变化等内外部因素导致的变化不断出现,组织的战略目标需要相应调整,因此由战略目标分解而来的部门和个人业绩指标也要发生相应的变化,这就要求绩效指标具有一定的灵活性。我国部分组织对目标变动把握不当,很容易走向极端。有些组织目标变动过于频繁,一方面使员工不清楚组织未来的发展方向,也看不到自己未来的职业生涯目标,失去了努力

---

① 佚名:《绩效考评缘何失败?》,《人才资源开发》2006 年第 5 期。
② 吕霖:《浅谈绩效管理在企业导入时遇到的问题》,《人口与经济》2004 年第 10 期。
③ 孙桂泉:《论绩效管理效度差的原因与对策》,《经济论坛》2005 年第 6 期。
④ 吕永红:《绩效考评中难点问题的思考》,《经济师》2006 年第 1 期。

工作的动力,这种变化使组织最初的战略目标成为一纸文书,被束之高阁。① 另外一些组织则恰好相反,考评体系缺乏弹性,考评指标长期不变,根本难以适应组织发展和外部环境变化的需要。② 这些问题都需要我们在实践中具体把握。

三、绩效考评标准的刚性与员工个人感受的柔性之间的协调问题

实行绩效考评的一个重要目的是通过考评奖优罚劣,进而将考评产生的外部压力转化员工的内部动力,最终达到绩效改进与能力提升的目的。在这种制度安排下,员工的紧张不安、缺乏安全感和人际关系紧张等问题几乎是不可避免的。为了保证公平性,绩效标准需要具备刚性特点,保持客观明确,真实反映绩效;同时员工的承受能力有限,是柔性的,压力过大必然招致员工的不满和抵触。但是,绩效标准又不能完全按照员工意愿来制定用降低标准来博得员工的满意,否则组织的绩效不但不能通过绩效考评得到提升,反而会不断下降。

四、绩效考评标准的一致性与工作职位特殊性之间矛盾的协调问题

绩效考评的一个目的是对于所有职位进行绩效的横向比较,因此要求考评结果具有可比性,这就要求绩效考评标准必须一致。"对任何一个企业而言,在企业内部建立统一的绩效考评标准,为同层次的员工提供一致的竞争基础,不仅能够保证考评系统的公平性,而且可以实现企业所有部门的一致目标,可以对员工形成一种激励,促进企业发展。"③但各个工作职位之间又存在明显差异,各有特点,具有特殊性。因此,建立统一的绩效考评标准并不符合各部门的实际情况。然而,为不同部门设立各异的考评标准,又有可能造成组织内部矛盾。例如,生产部门以降低成本为目标,致力于减少库存;而销售部门的目标之一就是保证及时交货,自然希望库存越多越好。两者的目标不同对库存的态度也就不同,对于部门内部绩效考评的指标也就必然不同。

五、绩效考评方法与组织文化之间的协调问题

考评方法的选择和使用必须注意组织文化的影响,绩效考评只有

---

① 孙小云:《目标管理失败的原因及对策探讨》,《当代经理人》2005年第16期。
② 霍林、马意飞:《绩效管理实施中的问题和解决办法》,《经济论坛》2006年第2期。
③ 杨勇:《数说绩效管理之难》,《企业管理》2006年第12期。

营造适合组织特性的良好的组织气氛,才能保证组织成员创造出高绩效。而现有的绩效考评方案所使用的技术大多引用了西方经验,对国内企业特殊的组织氛围和文化认识不够,缺乏深入研究。概括地讲,在中国式的组织内部,员工"不患寡而患不均",非常注重薪酬的内部公平性,同时重视集体绩效、人际关系的考评,习惯将年纪、资历和职级等也纳入绩效考评的因素中。而作为现代绩效考评技术发源地的美国,组织内部通常有着较为完善的责、权、利体系,薪酬与考评状况紧密相连,薪酬公平性较高,因此其保密性也得到较好的贯彻。① 在这两种组织文化存在巨大差距的组织中运用基本相同的方法进行绩效考评,效果显然会不尽相同。同时,绩效考评的实施也不能对组织中存在的一些不良文化一味迁就,而应当扮演积极角色。

六、绩效考评方法的科学性、系统性与实用性、可操作性之间矛盾的协调问题

无论是在层级众多、结构复杂的传统组织,还是在层级较少的现代扁平化组织中,绩效考评都需要一套完整的考评方法体系做保障。组织规模越大,管理系统越庞大,绩效考评方法体系也就越复杂。在这方面,组织是无法自己选择的,在一家大型企业使用一套适合小企业使用的简单方法进行考评是无法想象的。绩效考评方法的科学性和系统性往往意味着复杂性。但是绩效考评方法的复杂性将直接导致其实用性和可操作性的降低。考评方法越复杂,对方法的使用者要求越高,对组织的适用条件要求也越严苛。过于复杂的考评方法,可能导致"管理人员花费在这方面的时间较多,造成部分管理人员开始厌烦此项工作,对此项工作产生了抵触心理"。② 由此产生的弄虚作假、投机取巧活动不可避免,绩效考评的实际效果也就难以保障。

七、绩效考评人力资源部门主导与相关部门主动参与之间的协调问题

一些观点认为,将绩效考评的任务过多地划归人力资源部,会导致其他的管理者置身事外,令人力资源部疲于应付,使绩效考评形式化。

---

① 曾晓东、李明德:《谈文化差异对人力资源管理的影响》,《商场现代化》2005年第9期。

② 刘洋:《绩效考评在实践中的问题》,《企业活力》2002年第10期。

这样的形式主义会打击员工的积极性,使员工和管理者都极力回避绩效考评。因此,"人力资源部应作为服务性的职能部门,在绩效管理过程中只负责组织、支持、服务和指导的作用,而不是绩效管理的主体"。① 但是,由工作部门来主导绩效考评也是有缺陷的。工作部门自己进行绩效考评时,"部门管理者同时担任了裁判和教练的角色,考评过程极易受到他们主观因素的干扰"②,考评结果的有效性难以保障。毋庸置疑的是,无论人力资源部门还是工作部门,对绩效考评工作的正常开展都是不可或缺的,但如何把握它们在主导权上的参与程度需要更加仔细考虑。

八、个人绩效考评与团队绩效考评之间矛盾的协调问题

绩效考评指标的制定,一般是对于组织战略目标进行分解,从组织分解到部门或团队,最后落实到个人。理论上,组织绩效、部门绩效、个人绩效是自上而下的三个层次,设计时只需严格按照纵向分解思路逐级分解组织管理目标即可,但在实际操作中,某些工作的绩效结果并不一定会在员工个人的工作绩效中体现,而是通过部门绩效予以反映,尤其是协调性工作或需要合作才能完成的工作。如果只考评员工个人绩效,"必然埋没其对部门或团队的贡献,忽视对团队与部门绩效的责任感,相对削弱整个部门的凝聚力和战斗力,现代管理所提倡的员工之间的团队协调与配合也将受到极大的挑战。"③对于那些存在大量需要团队合作才能完成的创造性项目的高科技组织,考核团队绩效比考评个人绩效显得更加有效。但团队绩效也不可能取代个人绩效。考评个人绩效有利于明确员工个人的工作绩效,不仅可以为个人的福利、晋升、薪酬等相关情况提供依据,而且能够防止滥竽充数和"大锅饭"情况的产生。团队绩效的考评作用是有限的。在同一个团队,不同员工由于工作角色、工作职责、能力、努力程度的不同,实际的工作绩效也是有差异的,如果仅限于团队层面的考评,忽视客观存在的内部差异,绩效考评也是不公平的与不客观的。因此,二者之间的协调就是值得关注的又一大问题。

---

① 李芝山:《绩效管理失败原因面面观》,《人才资源开发》2006年第5期。
② 胡惠平:《HR绩效管理缘何败在"绩效"上》,《现代企业教育》2005年第9期。
③ 吕永红:《绩效考评中难点问题的思考》,《经济师》2006年第1期。

九、绩效考评实施频率高与低之间的协调问题

考评周期越短,意味着考评越有效。首先,企业的绩效考评就好比设备的自我检测反馈系统,考评的频度越高,就越能及早地发现和解决问题。其次,员工的工作表现是逐月不同的,考评周期越短,考评结果受考评者近因效应的影响越小,客观性和准确性越高。再次,由于激励需要及时性,随着考评频度的提高,考评的激励效果将迅速上升。① 但是考评周期越短,同时意味着考评次数增多,考评者的工作量和考评难度加大。如果超过了企业经营的具体状况和企业管理的实际水平,不但会造成不必要的人力资源浪费②,而且会造成绩效考评工作实际上难以认真开展,最后只能敷衍了事。实际上,管理界和学术界对绩效考评频率并没有形成同一标准,既有年度、半年度、季度和月度考评,也存在每周考评甚至每日考评,实践中需要我们具体把握。

十、绩效考评的公开性与员工个人隐私权保护之间的协调问题

绩效考评因为缺乏透明度经常受到被考评者的指责。一是考评项目和标准缺乏公开化和明确化,员工根本不清楚自己的目标和努力方向,更不知道自己在绩效管理中所扮演的角色以及组织对他们的期望;二是考评程序不够明确和公开,员工根本不清楚除了直线管理者还有谁有权力评价他们;三是考评结果不够公开透明,如果组织同时实行薪酬保密措施的话,对于员工来讲,考评并没有带来什么鼓励和动力。沟通和相应的信息公开确实十分重要,但是其中的一些细节问题需要受到重视。哪些信息应当公开,哪些应当保密;哪些信息的公开既能有效刺激后进者又可鼓舞先进者,同时还不会对员工造成不必要的伤害;哪些问题可以与员工沟通,哪些又需要保密来保证管理的有效性,这些问题都值得我们仔细考虑。

信息公开与组织内部环境也有密切关系,一个氛围良好,人们互相尊重个人隐私的组织和一个员工关系紧张的组织,后者显然更需要注意保密性。

总之,理解和认识了上述绩效考评实践中的十个问题,也就在一定

---

① 段波:《企业绩效考评急需澄清的五个问题》,《企业活力》2003年第10期。
② 刘永安:《企业人力资源绩效考评存在的问题及解决对策》,《商场现代化》2006年第9期。

程度上掌握了绩效考评最基本的矛盾,这能够帮助考评者在绩效考评实践中避免因绩效考评行为失"度"而导致的各种问题出现,能够帮助考评者时刻保持清醒的头脑,不要矫枉过正,从一个极端走向另一个极端,从一个错误走向另一个错误。因此,本文的研究对于组织的绩效管理人员来讲具有重要的现实借鉴意义。

国有企业经理人考评问题初探[①]

长期以来,从中央到地方政府都十分重视对国有企业经理人才队伍的建设,一直把国有企业经理人作为党的"三支干部队伍"的重要组成部分,在管理上基本套用对党政干部的管理模式。面对经济全球化和我国加入WTO带来的新挑战,通过科学的考评,选拔任用一批政治上靠得住、经营管理能力强、能够在市场竞争中创造一流业绩的高素质领导人才是国有企业建立现代企业制度,应对经济全球化挑战,进一步增强核心竞争力的内在要求。为此,继续套用党政领导干部考评国有企业经理人的办法,已明显不适应形势发展的要求。那么,从国有企业管理的体制上和机制上来讲,当前国有企业经理人考评工作还存在哪些问题呢?本文做一些初步的探讨和分析。

[①] 本文为萧鸣政与谢华合写,原载于《中国人才》2003年第4期。

问题一：目前尚未建立起区别于党政领导干部的国有企业经理人管理办法，尤其是没有建立起针对国有企业经理人的考评指标体系。

这个问题存在的原因是多方面的。首先，国有经济的发展正处在建立社会主义市场经济模式的导入期，对企业经理人的制度约束机制尚未完全形成。我国确立发展社会主义市场经济不过十年左右时间，而以美国为主的西方国家自1891年泰勒创造科学管理理论后，就开始重视并进行了长达一百余年的对企业及企业管理者效绩评价方法的研究和实践，即使如此，纵观国内外的实践活动，也普遍缺少公认的科学的企业经理人考评指标体系。随着我国国企改革的不断深化，对企业经理人的考评与其他制度的创新一样也在积极的探索之中，对国有企业经理人套用党政领导干部管理办法，难以根据企业及经理人特点进行有针对性的考评也是这一历史阶段的必然。尽管我们在干部人事制度改革方面取得了一些成果，其中包括前不久颁布的《党政领导干部选拔任用工作条例》，但此《条例》适用的对象只是党政机关领导干部。其次，国有企业经理人市场尚未建立，市场约束机制尚未形成。"新经济"的到来，国与国之间、企业与企业之间的较量最终将演变成人才素质高低和争夺人力资源的较量。企业经理人作为人力资源的重要组成部分，作为企业经营管理专家、经济行为的组织者，以独有的创新力、洞察力和统率力，为企业发展不断创造交易机会并为其指明方向。这样稀缺而宝贵的资源急需建立相应的经理人市场而实现其价值，而建立一套科学完善的国有企业经理人考评体系是对经理人"定质定价"的基础和手段，与建立和培育经理人市场是相互制约、相互促进的关系。调查表明，不能科学地甄别企业经理人优劣、正确地选拔任用企业经理人已成为影响其发挥作用的主要原因（见表1）。

表1　影响企业经理人发挥作用的主要原因

备选答案	选答案者占总样本比例(%)
激励不足，积极性没有真正发挥	63.26
考核考察、选拔任用制度	37.11
产权不清与资产管理体制	35.26
市场体系不健全	25.36
自身素质与能力不适应	20.00

注：摘自《中外管理导报》1999年9、10月合刊，第21页。

问题二：从管理体制上看，对国有企业经理人考评的主体仍不十分明确。

这一问题表明，国有资产出资人的职能尚未完全到位。产权明晰、权责明确、政企分开，管理科学是现代企业制度的基本特征。然而到目前为止，据不完全统计，仅就 53 家中央直属重要骨干企业而言，仍有 60％多还未建立起真正意义的现代企业制度，法人治理结构也不同程度地存在着体制上不完善或不规范的地方，出现了"所有者虚位"和"管理者错位"，直接导致了考评主体不清，责任分散，管理成本过高等后果。由于许多国有大型企业集团是从过去的国家行业主管部门转制组建的，传统的行政管理方式方法不可能在短期内退出，新的产权管理体制也不可能在短期内建立起来，不同程度地造成了出资人权利不到位，即"所有者虚位"。同时，出资人的相关职能没有很好地整合，多头管理、多头考核、多头评价的现象仍较为普遍。目前，从中央到地方政府直管国有企业，其资产出资人的职能都是由各级政府的多个部门分头行使，如财政部门管资产、组织部门管任免、企业工委管党建、经贸委管生产经营、纪委管纪律监督等。国有企业经理人普遍感到，没有一个完整的行使出资人职能的部门，企业遇到重大问题不知道找谁，有关部门对企业既管又不管，部门之间职能分割，缺乏有效率的沟通协调，给企业的总体印象是："上边多位，下边缺位"，"管班子管人"与"管资产管事"没有有机的结合，造成了"管理者错位"。另外，由于管人与管资产分离，参与企业经理人业绩考核的国资管理、企工委、纪检、审计等部门实际上只是在为组织部门任免企业领导人员、为各主管委办局确定企业领导人员薪酬等提供参考性意见。这种做法虚化了国有资产管理部门的国有产权代表地位，让企业领导人员觉得真正决定自己命运和报酬的是组织部门和各归口管理单位，很难真正发挥国有资产管理部门对企业领导人员的监督约束和激励作用。

问题三：注重对企业绩效的评价，缺少对企业经理人业绩的评价。

这个问题存在的原因也是多方面的。首先从观念上讲，是"重事不重人，管事不管人"的传统思想与管理模式的延续。不论是计划经济时期以实物产量为主体的考核办法，还是改革开放以后以利润总量指标为核心的考核办法，都只包括财务性评价指标，不包括非财务性评价指标。随着企业目标从利润最大化发展为股东权益最大化，财务性指示的许多局限性在实际应用中暴露出来。2002 年 2 月，财政部等五部委根据《国有资本金效绩评价规定》联合出台了《企业效绩评价操作细则》

(修订),该细则以财务指标评价为主(权重80%),结合企业经营管理方面的其他指标(权重20%),对企业经营效绩进行综合考评,使我国在客观、公正、科学地考评企业效绩方面前进了一大步。但笔者认为,企业经营效绩不能完全等同于企业经理人的业绩,企业与企业经理人是两个紧密相关但又有着本质区别的主体,考评经理人,既要考评其所经营企业的财务经济指标,又要考评经营管理水平特别是企业的战略性经营管理水平、核心竞争力培育水平,更要看企业经理人素质及其个人在其中的作用、贡献。其次从操作层面上讲,国有企业主管单位与企业经理人的信息不对称,存在许多重要却难以定性、量化的考评内容,增加了建立科学考评指标体系的难度。目前,国家对于国有企业还没有建立明确的、自上而下的任期目标和年度经营目标。因此,在许多情况下,是企业干到什么程度就算什么程度,考核评价缺乏"标准",基本上由企业经营者自己说了算。此外,现有的企业效绩的评价指标体系也不太完整,对国有企业承担的一些有时甚至是大量的社会性职能以及在这方面的贡献难以准确描述,对企业所处的外部环境和管理基础,以及经营者的素质、努力的程度和经营业绩均缺乏客观、公正的评价,评价结果往往与企业领导人员所做贡献不对称,出现了"数字大家用、业绩大家分"的"大锅饭"的现象。同样,也就不能回答某一时期从财务指标上看经营业绩相当的一批企业,经过几番较量(竞争)后,有的生存了下来,得到发展,有的却关门、倒闭、破产。深层次的原因,就不能给企业领导人员指出努力的方向,对其任免、奖惩的依据也就难以把握。

问题四:国有企业经理人考评程序欠规范、考评方法比较单一。

这个问题我们用"自增强理论"可以得到较好的解释。该理论认为,自增强机制的形成是由于系统建立的成本较高,一旦建立就不易改变,再加之学习效应、合作效应和适应性预期,使得系统逐渐适应和强化这种状态。也就是说,一个系统可能由于前期历史的影响(路径选择)而进入一个不一定是最有效率的均衡状态,这个均衡状态一旦被选择,就会不断地重复选择下去,从而形成一种"选择优势"。考评机制和方法的形成亦是如此。此外,从考评的某些程序看,不尽合理,如对企业经理人任期目标完成情况是在自我申报材料审计的基础上实施考评的。一方面,尽管有审计部门的严格审计,但也是对局面报告材料的审计,很难保证其申报材料的真实性、准确性;另一方面,这种考评程序给人的感觉是只关注企业经理人的业绩结果,很少或根本不关注其经营管理过程及自身能力素质。从考评方法上看,目前基本上是套用传统的考察党政领导干部的方法,主要通过民主测评和个别谈话进行评价。考察材料形成了固定套路,定性语言多,定量分析少,面面俱到多,突出特点少,缺乏个性和可比性,缺点概括得过于简单,一两句带过,还要抹去棱角,限定程度,说明不了问题。

总之,我国对国有企业经理人考评问题的理论研究与实践活动正处于积极探索阶段,对国有企业经理人的经营业绩量化考核工作才刚刚起步,已经成熟或可资借鉴的办法不多,加上国有企业的管理体制、管理方式仍处在不断调整与改革中。对上述问题的解决要通过建立完善现代企业制度、培育企业经理人市场、形成企业外部评估机制、完善监督与约束机制等一系列与考评制度相配套的工作,这无疑是一项现实性和挑战性极强的创新活动。

人才强国战略实施中的党管人才原则[①]

人才强国战略是我国新形势下发展的重要战略构想,党管人才原则是 2003 年全国人才工作会议中提出的一项基本原则,实践至今已经快五年了。然而,为什么要坚持党管人才原则,无论在理论上还是实践中,我们有些人还存在着种种疑惑与不解,为此我们有必要从理论方面进行必要的探讨,这对于全面实现人才强国战略与建设人力资源强国,具有非常重要的意义与作用。

一、党管人才原则提出的背景分析

2001 年在《2002—2005 年全国人才队伍建设》中,中共中央第一次明确提出了实施人才强国战略的设想。2003 年 5 月中央政治局会议再次提出,要大力实施人才强国战略,努力为全面建设小康社会提供强大的人才保证。同年 12 月,中共中央、国务院在《人才工

---

① 本文原载于《北京大学学报(哲学社会科学版)》2008 年第 5 期。

作决定》中,进一步把实施人才强国战略的工作提高到关系党和国家事业发展全局的重要地位,并明确地规定实施人才强国战略是新世纪新阶段人才工作的根本任务。

在这里,强国是指不断提升我国国家核心竞争力和综合国力,完成全面建设小康社会的历史任务,实现中华民族的伟大复兴。人才是指有一定的知识技能,能够进行创造性劳动,为社会主义事业作出贡献的人员。我国正处于社会主义初级阶段,不断满足人民群众日益增长的物质文化需要,在较长一段时间内都将是我们党和政府工作的重点。所以,强国是我国的根本任务。在这一过程中,无论是社会主义物质文明还是精神文明建设,都需要高素质的人才作为载体,因此"人才"是"强国"的保障,"强国"是"人才"战略的方向。人才强国战略就是要培养一大批能为国家、为人民做出贡献的人才,依靠人才来达到强国的目的。

《人才工作决定》在提出实施人才强国战略的同时,强调必须坚持党管人才原则。

坚持党管人才原则,是我党适应全面建设小康社会的新任务,按照完善社会主义市场经济体制的新要求,根据党所处历史地位的新变化,着眼于改革和完善党的领导方式、执政方式以及为提高党的执政能力所作出的重大决策,是保证人才强国战略实施工作沿着正确方向前进的根本保证。

党管人才原则,从根本上说就是党兴人才,目的是更好地统筹整合和规划人才发展与国家发展之间的关系。党管人才就是党要在宏观上、政策上做好统筹,通过协调和服务来做好支持人才强国战略实施的工作,通过把各方的力量整合起来,统一到服务于人才强国战略的实施的目标上来。

从宏观层面来说,人才强国战略工作是一项长期性的、具有全局意义的重要工作。需要站在国家的高度,纵观历史和全球的发展,进行长远的规划。而党管人才原则,主要是抓总牵头,从宏观上发挥党的领导核心的作用;合理统筹,从全局的高度来规划人才强国战略事业的发展。

从政策层面来说,人才强国战略的制定和实施本身就是党的深化人才科学认识、规划人才工作大政方针的具体体现。党管人才原则,主要是在把握人才工作规律的基础上,明确人才工作发展方向,指导人才强国战略工作大政方针的制定。

从管理层面来说,党管人才原则,主要体现在管协调、管服务,体现在我们党发挥协调各方的职能和优势,整合各方力量,把人才工作所需资源都统一到落实人才强国战略这一目标上来。

因此,党管人才原则的内涵是,在人才强国战略实施工作中,党要管宏观、管政策、管协调、管服务,重点做好制定政策、整合力量、营造环境的工作,努力做到用事业造就人才、用环境凝聚人才、用机制激励人才、用法制保障人才,全面引领与保证人才强国战略目标的实现。

二、坚持党管人才原则的历史必然性

按照比较政治经济学的理论,所谓发展型国家有如下特点:持续的发展意愿;具有高度自主性的核心经济官僚机构;紧密的政商合作;有选择的产业政策。

韩国是发展型国家的一个典范。1950年,韩国的人均收入仅有146美元,与尼日利亚、肯尼亚和埃及等国相仿。1994年,韩国的人均收入5400美元,在100多个发展中国家和地区中名列前茅。而从1965年到1990年,韩国平均增长率达到9.82%,排世界第二位。韩国在60年代的成功发展是其面临的国际政治不稳、经济和军事竞争带来的副产品。60年代,严峻的军事对峙态势使得韩国国内各个阶层"安全逻辑"大于"经济逻辑",韩国是集体行动能力非常强的一个国家,无论是高层官员还是普通百姓都能团结起来致力于发展经济。换言之,正是高度竞争的国际军事环境促进了政府官员的国家概念与集体行动,使他们产生了以军事安全为基础的"发展意愿",使韩国政府坚持持续地指导经济发展,并不被特殊利益集团左右其发展战略和政策。

80年代后,韩国所处的军事环境从紧张走向缓和,再加上全球化浪潮兴起后,美国大打新自由主义大旗,从政治上、经济上加大对东北亚的压力,结果使得韩国官员的"安全逻辑"消解、国家意志瓦解。"经济逻辑"越强,"安全逻辑"越弱,国家就越无法进行统一行动。与此同时,60年代以来韩国政府扶持的大型企业实力已经十分强大,对国内政治的干预逐渐活跃。另外一个重要原因是六七十年代韩国留美归国人员已经开始进入国家的管理层。这些人才接受了西方的先进教育,具有良好的管理知识,但价值取向、品德态度与本国的国情脱节严重。其"经济逻辑"主导的价值观念是西方国家的制度环境的产物,所以这些人执政就必然产生"水土不服"的问题,结果这部分回国人才制定的政策多使政府放松对国家经济的掌控权,进一步加重了其国力衰败的程度。

韩国发展的经验教训表明：一国的人才如果想最大限度地促进国家发展，必须同时满足两个条件：一是众多人才的集体行动问题必须解决，也就是人才从事的领域虽然是多样化的，但努力方向应该以围绕如何发展国家为核心。二是众多人才在基本的文化价值观上，应该尽可能趋同，这是社会政治整合稳定的前提。

我国属于发展型国家。随着我国对外开放的程度加深，信息传播全球化、网络化，思想舆论环境日益复杂化，以及我国社会阶级阶层结构深刻变化，人们的观念也越来越趋向于多元化。这有好的一面，如有助于形成民主的氛围，但也产生了潜在问题，即经济利益的导向使更多的人对爱国主义、共产主义、社会主义的重视程度有所淡化。这可能影响中国在未来集体行动的能力，特别是会对一些国家层次战略的实施产生负面影响。因为宏观的国家战略是以未来较长一段时间内国家、国民的整体利益为出发点的，在逐步推进过程中，往往会损害部分地区、部分人、部分部门的局部利益，而"经济逻辑"的影响变大，可能会使受影响的集团采取各种手段，阻碍国家战略的顺利实施。在这一背景下，如何在"经济逻辑"的强大冲击下保证我国人才的集体行动能力便成为十分紧迫的问题。

从另一方面来看，如果高素质人才没有树立为国家奋斗的意识，没有为人民服务的态度，不能将国家利益放在个人利益至上，不能抵御西方国家中腐朽的意识形态，不具备防范发达国家的和平演变的警觉，那么，就不一定能成为中华民族复兴的栋梁之材。韩国的经验教训深刻说明了这一点。因此，必须保证我国的人才在基本的价值取向上符合最广大人民的利益，保证其集体行动的有效性，使其在大是大非问题上认识统一，这就使"党管人才"作为人才强国战略系统中不可或缺的部分成为必然。

党管人才原则，就是要通过中国共产党这个核心力量，把全国人才的努力方向集中在实现中华民族的伟大复兴这个目标上来，把全国人才的文化价值观，建立在人才强国战略上。

纵观历史，西方大国在腾飞初始阶段，都曾经依靠持续的、超前的人才战略规划以及人才制度加速创新发展。在1846年以前英国政府曾经长期奉行重商主义，持续地对经济进行干预。尤为引人注目的是，英国政府在这一时期除了竭力减少外汇外流外，还曾经严格控制本国在纺织行业从业人员流动到西欧其他国家，并大力引进各类人才包括杰出的科学家和技能高超的工匠来促进本国的科技水平的发展。美国1871—1913年对英国的赶超,包括经济总量超过英国,1920—1992年日本的经济发展超过美国。这些国家经济高速发展的背后都是具有共同的特点,这就是实行人才强国战略,人才开发优先国家经济发展的战略。①

三、坚持党管人才原则的国情特殊性

我国是发展中的社会主义大国,正行驶在经济高速增长的道路上。但我们也不能不看到,中国的发展还存在一些不能回避的制约因素。比如,人口众多,经济基础相对薄弱,区域发展不均衡等。我国任何方针、政策、战略的制定和实施都要考虑这些因素。人才强国战略的制定同样要考虑这些因素。我们在实施人才强国战略时,要把党管人才原则结合起来。

中国国情的第一个方面是人口问题。人口众多,这既是我国经济发展的有利因素,也是不利因素。根据国家统计局2007年2月28日发布的《中华人民共和国2006年国民经济和社会发展统计公报》,2006年年末我国总人口为131448万人。② 人口问题是我国发展过程中将长期存在的问题。2003年温家宝总理在美国哈佛大学演讲谈了人口的"乘除法":人多,不发达,这是中国的两大国情。中国有13亿人口,不管多么小的问题,只要乘以13亿,那就成为很大的问题;不管多么可观的财力、物力,只要除以13亿,那就成为很低很低的人均水平。我国人口基数庞大,耕地、水、能源、矿产等重要资源的人均拥有量都比较低,环境和资源对于庞大人口的承受能力越来越有限。这样的国情决定了中国只能走资源节约型发展道路。开发人力资源,大力建设和利用好人才优势,是我国实现持续发展的必由之路。人口和资源的现状要求我国改变过去高投资、高消耗的增长方式,转变到依靠人力资本投资、智力资本增值的增长方式。这样的趋势也是我国经济和技术发展所必然要求的。

同时,人口众多也是中国发展的一个有利因素。庞大的人口意味着庞大的市场规模和丰富的人力资源储备。随着我国社会经济的发

---

① 张本波:《发展教育事业推动我国经济和社会加速转型》,载《宏观经济研究》2004年第2期。

② 2http://news.xinhuanet.com/ziliao/2003-01/18/content-695553.htm.

展,巨大的市场能量将逐步释放,这是中国经济在未来实现持续增长的重要驱动因素。人口众多也意味着可开发人力资源的庞大基础。而要实现庞大的人口向人才资源的转变,关键在于人力资源开发的规划和投入。这是具有战略意义的长远规划和投资。人才资源的积累将是未来推进可持续发展的内在力量。以卢卡斯、罗默为代表的新经济增长理论指出,在资本、非技术劳动、人力资本、新思想等这些生产要素中,人力资本和新思想是在开发经济条件下,实现持续增长的动力。要走出人力资本存量低于经济增长的陷阱,只能依赖于人力资本的投入。党和国家敏锐的把握了这样的趋势,做出了"人才资源是第一资源"、"发展科技教育和壮大人才队伍,是提升国家竞争力的决定性因素"的重要论断,并提出了人才强国战略。党和国家把人才放到战略资源的地位,并在近些年制定了多种配套的政策和措施来落实人才强国战略。在开发人力资源的过程中,需要坚持党管人才原则。坚持党管人才原则,可以发挥我们党的领导核心作用,从战略布局上,开发好人才资源,把众多的人口从发展的制约因素转变成为经济发展的不竭动力,切实落实好人才强国战略。人才资源的开发需要有初期的大量投资和战略规划,而这样的工作通过作为领导核心的党来实施,坚持党管人才,更有利于我们落实人才强国战略。

中国国情的第二个方面,就是地区发展的不平衡,城乡发展不平衡,区域发展不平衡。目前我国实行的是市场配置机制。然而,市场机制在配置人才资源的作用还没有充分发挥的同时,已逐渐地显现出人才流动的极大不均衡性。发展较快的东南沿海地区、京津塘地区等由于经济实力相对雄厚,提供的待遇比较优厚,每年都能吸引大量人才。与此相反,像中西部省份欠发达地区由于自身条件制约,每年都有大量人才流失。

人才资源的数量和质量的分布差异,是城乡差异,东西部差异的一个重要表现,同时也是产生差距的原因之一。而且在最近几年,随着人才流动的加快,这样的趋势愈发的显现出来。这样又造成了新的发展不平衡。发展快的地方人才聚集越多越快,而在发展相对落后的西部与农村,却吸引不到人才,难以留住人才。人才缺失,又加剧了发展不平衡的趋势,如果任由这种情况发展会造成恶性的循环。而且出现强者越强,弱者越弱的"马太效应",这种情况依靠市场的力量来在短期内是难以改变的。人才强国战略的一个重要内容就是,通过各种途径为农村和西部地区建设起能够促进当地社会发展的人才队伍,引导人才向农村和欠发达地区流动。通过人才增强地区发展的能力和后劲,改变城乡发展不平衡的现状,缩小城乡之间差异,这是人才强国战略的一个重要目标。

坚持党管人才原则,可以发挥中国共产党的绝对权威作用,加强对人才资源流动趋势的适当调控与整合管理,使各个地区的社会经济发展都能获得足够的人才支持,可以调动各方力量和资源,增加农村和欠发达地区的人才存量和质量,通过人才工程实现均衡发展与和谐发展,保障人才强国战略的实施与实现。

中国国情的第三个方面,就是中国共产党的伟大作用。作为马克思主义和中国工人运动相结合的产物,中国共产党的诞生使中国革命有了领导核心和科学的指导思想。从诞生之日起,中国共产党就承载着领导民族独立、人民解放、国家繁荣富强和人民共同富裕的重任。以毛泽东为代表的中国共产党领导全国人民取得了抗日战争的伟大胜利,建立了新中国,进行了社会主义改造运动,使我国社会的经济结构产生了根本变化,并大大解放了社会生产力。以邓小平为代表的党的第二代领导人带领全中国进行了世人瞩目的改革开放,从根本上提升了我国的综合国力。以江泽民为代表的党的第三代领导人,与时俱进,高瞻远瞩地提出了"三个代表"重要思想,进一步回答了什么是社会主义、怎么建设社会主义的问题。以胡锦涛为总书记的党中央又在此基础上提出科学发展观和以科学发展观为指导思想的一系列重大国家战略,特别是人才强国战略,大大提高了国家的战略地位与实力。

邓小平同志认为,中国共产党是把全国人民组织起来,达成思想和意志统一的主导力量,是政治整合系统中最关紧要、起决定作用的因素,在我国政治整合系统中处于核心地位,没有共产党的领导,肯定会天下大乱,四分五裂,"从根本上说,没有党的领导,就没有现代中国的一切"①。

中国国情的第四个方面,就是体制外人才不断增加。目前中国的人才结构已经打破了过去国有体制一统天下的格局,随着我国非公经济的大力发展,体制外人才数量增多。体制外的从业人员包括企业管理人员和专业技术人才的数量近年来增长较快,而传统的我党贯彻的"党管干部"原则并不涵盖这一部分人员,导致体制内外人才流动的障

---

① 《邓小平文选》第二卷,人民出版社1994年版,第266页。

碍,造成无法及时有效地将其纳入到社会经济的整体发展的规划之中。这使得一些部门所需求的人才在招不到的同时,一些有技术、有技能的人才又无处去,产生了人才资源的极大浪费。坚持党管人才原则有助于把体制外的人才纳入到人才强国战略实施的系统中发挥作用。

中国的历史进程清楚表明:党对国家各项事业的管理与各项事业的繁荣昌盛有着紧密的直接关系。因此,我国未来的发展也必须以党的领导为核心。在21世纪的新时代,人才强国战略是我党带领全国人民建设小康社会的又一壮举。人才强国战略是促进我国更快更好发展的重要手段,是国家层级战略中的重要组成部分,为国家各项事业提供了最核心的力量,因此,中国共产党应该在这一战略上发挥统领协调的作用,也就是党管人才。通过党管人才原则,党委能够统筹规划、统领协调各个党政部门的人才工作的部署和进展,从而保障人才强国战略实施。

四、坚持党管人才原则的国际环境要求

人才强国战略的提出,正是科学分析时代特征和我国社会主义现代化建设所处的国际环境而形成的理论成果。

今后一个较长的时期内,世界的基本态势将是一个超级大国与多种力量并存。世界多极化趋势在曲折中发展,大国关系总体保持稳定。这在客观上为中国的发展提供了一个较为有利的国际安全环境。经济全球化成为一个世界性的主题,也是我国发展所要面对的重要环境因素。经济全球化对世界产生了深刻影响,世界经济在不平衡中增长,能源资源的国际竞争日趋激烈。经济全球化也推动了区域一体化的发展。区域一体化是各国应对经济全球化形势下的国际竞争的重要手段。截至2005年1月,在世界贸易组织备案的有效双边和多边贸易协定已达160多个。伴随着全球经济自由化和市场化改革的浪潮,各国的贸易和投资联系空前加强。国际贸易持续发展,统一大市场逐渐形成。伴随经济全球化的是世界的多元化。不同文化、民族、宗教和发展模式在竞争中共处,在交流中发展。尽管存在各种冲突,但越来越多的国家认识到包容文化多元性的必要,多种形式的交流与沟通对各国相互了解、友好合作起着重要的推动作用。

面对当今社会政治经济文化等发展的总体态势,世界各主要国家都把科技进步和创新以及培养、吸引和使用优秀人才作为国家的战略选择。在"十一五"时期,我国如果抓住了机遇,利用有利的国际环境,

建设起强大的人才队伍,广泛学习和借鉴各国先进技术,就能够利用后发优势实现社会生产力的跃升。否则,没有基于自主创新的核心技术和知识产权,我们将难以突破发达国家及其跨国公司的技术垄断,还会拉大与先进国家的发展差距。

激烈的综合国力竞争和国际人才竞争,向我们提出了严峻的挑战。经济全球化和文化多元化,从客观上要求执政党扩大人才管理的范围,提高人才的质量,抓紧时机确立有利的国际地位,为下一步的发展打下基础。人才强国战略正是准确把握了这样的国际环境,确定了以人才为根本,把人才作为增强我国竞争力的关键战略因素。面对复杂的国际形势,需要我们的党作为领导核心,站在全局的、战略的高度,分析应对复杂的国际形势,从方针上、政策上引导我国人才强国战略工作的实施,有效调动一切有利的资源,把人才强国战略落到实处。因此,只有坚持党管人才原则,才能使人才工作具有这样的战略性与全局性,才能够直接应对越来越激烈的国际竞争。

五、坚持党管人才原则的发展机遇要求

在人才强国战略实施过程中坚持党管人才原则,是抓住和用好重要战略机遇期的客观要求。

国际政治经济的深刻变化使当前的国际形势为我国的发展提供了一个可能的稳定环境。而且,世界经济的国际分工体系、货币体系和市场体系的结构性变革,为新的经济强国的崛起提供了难得的发展机遇。从国际经验和发展经济学规律看,人均CDP达到1000美元,是一国或地区获得新发展的重要战略新起点,如果把握得当,经济可以迅速起飞。这样的内外形势使20世纪的头20年成为我国发展的关键战略机遇期。重要战略机遇期的提出,要求我们从战略的高度认清面临的机遇,抢抓机遇,用好机遇。抓紧和用好有利的环境因素,把握好关键的战略机遇期就需要在有限的时间内,调集各种资源为我国的社会和经济发展服务。

正是因为这样的有利条件对一个国家来说非常重要,而且稍纵即逝,所以才被称为战略机遇期。我国要在重要战略机遇期的有限时间内取得应有的发展,就必须抓紧配置和使用好我国的人才资源。而只有通过党管人才这条途径,才能在有限的时间内按照人才强国战略的要求,对我国的人才资源做出战略性的部署和运用。只有把党管人才与人才强国战略结合起来,在实施人才强国战略中坚持党管人才原则,发挥我们党的政治优势、组织优势和群众基础的优势,才能在有限的机遇期内充分发挥人才资源的优势,把握好难得的战略机遇期。

在做出把握好战略机遇期这样的战略决策时,充分发挥好党管人才原则中管宏观的具体要求,用全局性、战略性的眼光来规划人才资源,从宏观上把握人才资源的配置和运用,是我们党在战略机遇期所肩负的历史性责任。为了把握好战略机遇期,我们党提出了以人才为本的人才强国战略。落实好这一战略就是为了在机遇期中以人才促进国家经济的发展。在这个过程中,坚持党管人才原则,就是要集中力量,抓紧时间利用好机遇期的条件,以人才为动力实现社会和经济的快速发展。时间有限,资源有限,不是任何单一的力量就能促成人才资源充分发挥作用的,只有把实施人才强国战略和坚持党管人才原则结合起来,才能在宏观上对人才资源做出战略性的配置和运用。因此,在实施人才强国战略过程中坚持党管人才原则,是抓住和用好重要战略机遇期的客观要求。

综上所述,当前是我国发展的重要战略机遇期,而人才是决定我国在这一阶段以及未来发展中成败的关键所在。实施人才强国战略,为我国新时期的社会经济发展奠定了科学的战略目标。无论从在中国的现实国情看,还是从发展机遇看,无论从世界历史的经验还是国际环境看,所有这些情况都告诉我们,实施人才强国战略应该与坚持党管人才原则相结合,在实现人才强国的战略实践过程中,必须坚持党管人才的原则。实施人才强国战略与坚持党管人才原则两者相互联系,相互统一,相互促进。

关于当前人才市场的剖析与思考[①]

随着社会主义市场经济的确立,人才市场继物质与资金市场之后,在我国广泛兴起。然而人才市场当前的发展却出现了一些不尽如人意的地方,使有些人转希望为沮丧,产生了种种疑问。人才市场的兴起生不逢时还是压根儿不合理?是按一般市场规律发展还是应该有自己的独特性?它目前遇到了哪些问题,应该如何去解决?这些都是当前完善人才市场中亟待解决的问题。

一、发展的内在机制剖析

要促进人才市场的协调发展,首先必须摸清人才市场发展的内在机制。

1. 市场经济改革的社会要求,是人才市场发展的政治背景

人才市场作为人才流动关系与现象的总和,80年代初期就在我国出现了,1980年上海、安徽与江苏的

[①] 本文原载于《中国人民大学学报》1995年第2期。

一些地区与单位,进行过人才招聘的尝试,至1984年人才市场在全国各地得到了迅速发展。据资料统计,1984—1995年,江苏省各人才交流服务机构共接待89880人次,流动人数达15017人;广东省1984年流动人数达11000万余人,上海市1985年流动人数达19000人,浙江1986年流动人数达16000人。1988年,全国各地的人才交流服务机构已初具规模,深圳等特区的正式人才市场已经形成。1989年后一度处于停滞萎缩状态,直到1991年后人才市场才又逐渐复苏发展。自从党的十四大以后,正式明确了建立社会主义市场经济体制的改革目标后,人才市场立即得到了空前的发展。全国各地纷纷建立了正规的人才市场。北京1993年就先后召开了二次规模甚大的全国人才交流会。

2. 社会主义市场体系各要素市场间的相互协调是人才市场发展的客观要求

社会主义的市场体系,是由生产资料市场,消费资料市场、信息市场、技术市场、资金市场、房地产市场、劳务市场、人才市场等要素市场共同构成。其中人才市场、资金市场与以生产资料、消费资料为主的物质市场,是整个社会主义市场体系中的三大骨干市场。目前我国的物质市场与资金市场已有相当广阔的发展范围,从管理到布局,从理论到实践都有相当的经验与成就,然而人才市场在我国却还是处于方兴未艾的状态。三大要素市场发展的不平衡以及人才市场的明显滞后反差,已严重地影响了整个社会市场体系的全面发展。人才是国家的宝贵财富,不是商品,不能进入市场的观念严重地阻碍了人才市场的建立与发展。因此消除陈旧观念,迅速发展人才市是完善社会主义市场机制的客观要求。

3. 人事制度改革的需要是人才市场勃发的动因

计划经济体制下形成的人事管理制度,把每个人划分为干部、工人两大类,分配到固定的职位、岗位上,长期不变。有道是"一配定终身"。单位与个人均没有任何选择的余地。尽管岗位及职位要求发生了变化,提出了新的要求,但人员却无法流动,这不但造成了人才的极大浪费,而且阻碍了市场经济的发展。因此随着政府职能的转换与企业转换机制的需要,人事制度的改革势在必行,要求尽快建立起与社会市场经济发展相适应的市场调节机制,实现人、财、物三大资源的合理配置。

众所周知,人、财、物三大资源必须相互结合为一个有机整体,才能产生出实在的经济效益。让它们在当前市场机制统一的调节下,才能发挥越来越大的效益。如果我们只让财、物进入市场,把人才仍然置于计划或非市场的调节下运行,那么人财物三大要素的相互作用显然很难协调,形成不了合力与共振,最后势必影响人事管理的效率与效果。因此建立人才市场是市场经济对人事管理制度改革的必然要求。

4. 实现人才资源的优化配置是人才市场发展的目的

设 X_1、X_2……X_N,是社会生产的 N 个因素,其中 X_N 为人才因素。从哲学角度来看,X_1、X_2……X_{N-1},中的每个因素都处于不断变化之中,这种变化是全时空的,无所不在,无时不在。在这个 N－1 个因素中,其中一个因素的任何变化都将可能导致整个社会生产体系的整体变化。显然,由此产生的整体变化的概率会随着因数个数 N 的增大越来越大。但是,从数学的角度来看 N 是有限的,尽管 X_1、X_2……X_{N-1},等 N－1 个因素会不断变化,但每当它们变化之后,我们总可以找到一个相应的 X_N 状态,使它们与所有的生产系统因素处于一个优化组合系统,这实际上也是传统计划经济体制下人事管理计划配置的数学模型。然而事实表明在市场经济发展的今天,社会生产体系中因素的变化越来越频繁,这种整体变化的频繁性、急骤性与合时空性,使我们对人才因素 XN 的计划配置变得越来越相形见绌,越来越不协调。其原因何在呢?笔者认为原因主要在于计划配置的静态性与被动性。建立人才市场,人才因素 X_N 与其它 N－1 个生产因素,通过市场机制的作用,将可以实现主动调节与动态配置的有机统一,达到优化配置的目的。然而值得指出的是,并非所有的人才市场都可以实现对人才资源积极主动与动态调节的配置,只有那些在科学的人员素质测评信息调节下,机制完善的人才市场,才有可能达到动态优化配置的目的。

二、人才市场的特点与形式

"市场"即指交易商品的固定场所。在经济领域中"市场"既泛指商品流通的整个领域。马克思在《资本论》中指出"市场即流通领域"。因此人才市场可以理解为是交流人才的整个领域。有了以上的解释,我们不难发现人才市场具有以下几个特点:

1. 人才是一种特殊的商品

人才要进入市场,成为交易流通的对象,则首先必须承认它是一种商品。人才是否是商品呢?笔者认为,人才作为人的一种属性。主要是指人的才能,是一种高级形式的劳动能力,它具有价值与使用价值。它的价值主要体现在他人或其本人在习得或养成该才能过程中的总消费,而使用价值主要体现在生产过程中效率效果的提高上。舒尔茨的

"人力资本论"对此曾给予了充分的肯定。人的才能属于主体所有,虽然有些才能可以进行自我服务,在自我作用下产生效益,但有些才能却难以自我施展,形成效益,它必须投放到其他主体所属的领域中才能发挥作用,形成更佳的效益。这就是说人的这些才能必须进入流通,与其他主体所属的有关领域对象相结合,才能发挥其使用价值的作用,实现其固有的价值。因此从这点上来看,笔者认为人才是一种商品,但是它却是一种特殊的商品。

与生产资料市场、消费资料市场、金融市场以及信息、技术市场中的商品相比,它的载体具有主动性。人的才能依附于人本身而存在,随着人体的消亡而消亡。人本身对流体具有支配主宰作用,但是才能作为一种流体却又具有一定的独立性。人才市场中流通的对象可能只是人的某些才能,而不是全部才能或整个人。人才流通领域中流体与载体的这种既相互独立又不可分离的矛盾现象决定了人才是一种有别于其他的一般性商品。资金流通中的流体是资金,其载体可以是货币、黄金外汇、证券等。但无论哪一种载体,它们都是被动的,载体对流体并不是有主宰作用。人才载体的主动性、情感性、生命性、需要的隐形性以及制约因素的多方面性,决定了人才决不能像一般商品那样进行简单的交易。

人才这种商品也不同于劳务与一般的劳动能力。虽然劳务流通中流体是劳务,劳动力市场中的流体是人的劳动能力,其载体也是活生生的人,具有主动性,但是劳动力更多地带有体力性,而人才明显地具有智力性。劳务则随着流通的发生而发生,随着流通的结束而结束,是一种在劳动活动中形成而又无法储藏的商品,而人才则不然,它客观地存在于主体的人身上,并且具有可复制性,交换后既不会被消耗也不会被转移,只可能被扩大。

2. 人才市场并非只受一般市场规律的制约

人才市场与其它市场一样,遵循着市场运行的一般规律,具有一般市场的共性,服从于竞争性、平等性、自主性、求利性与经济调节的法制性等原则,都是再生产全过程的中间环节,反映着供需关系。但是由于人才商品的特殊性,决定了它并非只受一般市场规律的制约。人才市场中流体与载体的不可分离性使整个人体必须随着他的才能的流通而流动。由于人的需要是多方面的(心理学研究表明人的基本需要至少有7种),因而尽管才能的交换关系非常单一而明确,供求的矛盾也较简单,但是因为制约才能载体因素的多方面性,而往往使许多人才市场交而不换，通而不流。一般市场上的供求机制与价格机制对市场运行的控制是非常有效的。这两种机制对人才市场同样发生作用。因此有人认为供求机制是人才市场的动力机制，人才市场的运行是由供求关系的变动而引起的。如果没有供求机制的启动，人才市场就无法运行。但是这两个机制对于人才市场的魅力比起一般市场来说小得多。我国的老、少、边地区，长期以来严重缺乏人才，渴求人才，而且西藏、新疆、内蒙等边远地区的工资也较一般内地为高，按供求关系机制调节，应该会有大量的人才流动而去，出现所谓的良性流动，但事实上出现的却是被人们称谓的"逆流"现象，各类专业技术人才大都是从经济相对落后的地区流向发达地区，从农村流向城市，从小城市流向大城市，从边远地区流向内地。广东、海南的工资比起北京来说高得多，公司工资比起一般事业单位工资高得多，如果按价格机制调节的结果，应该是越有才能的人越往广东海南去，但事实却表明，大部分有才能的人仍然是集中在京、津、沪。由此可见，人才市场的运行并非仅由一般市场价值规律所左右，还有心身各种需要满足的综合制约。在基本物质生活需要得到满足的基础上，自身价值的实现与精神享受是最主要的需要调节机制。

3. **人才市场不同于一般形式的市场**

一般形式的市场典型代表是那种集市贸易市场，它们有着固定的场所，人才市场的形式却并非如此。虽然有时它也采取人才集市等方式，但数量十分有限。常见的形式有以下几种：

(1) 人才交流（服务）中心。这是隶属于人事部门的常设机构，目前从国务院人事部直至省、市、自治区、地、市、县、各大中型企事业单位都有这类机构，它是目前国内人才交流的主要市场。

(2) 人才（智力）市场。这是以深圳特区为代表，创办的一些人才市场实体，是一种有固定场所、固定管理人员、设施较为齐全的常年开放的人才市场。目前不少省级市发达地区都在人才交流服务中心之下设有这种人才市场。

(3) 人才资源库。人才资源库，又称人才银行、人才库、人才交流网等。这种人才市场的特点是，通过信函、电话、计算机联网等形式，搜集人才供求信息并直接为双方服务。

(4) 人才介绍所。人才介绍所，又称人才红娘，人才就业信息中心。这种人才市场主要借助电视台、广播电台、报刊、杂志等大众新闻媒介为人才供求双方提供服务、牵线搭桥，北京电视台即设有《人才红娘》

栏目。

(5)人才经营公司。这是一种专门为人才供求双方需要服务的经营公司。公司既为求才者猎取人才"送货上门",同时又为供才者寻呼用户,使其适所,目前沈阳即有一家猎头公司。

(6)人才交流洽谈会、人才集市交流大会。这是一种不定期开放的短期性人才市场。供求双方直接见面,便于洽谈成交、规模大、时间效率高。但限于场所及交通等因素,成交效果也受到较大影响,得不偿失。

上述人才市场形式与一般商品市场形式相比,具有替代集市交流的特点。所谓替代集市贸易,即指让非商品本身的其他表征形式,代表商品本身参与市场交流。人才由于它与载体不可分离,具有主动性,制约因素复杂,不可能像一般商品那样,被任意地聚集与流动,比较难以聚集。1993年北京的全国人才市场首届交流大会,全国各地都派了代表团来招聘人才,但限于地点在北京,进入会堂的人绝大多数是北京市人,故成交较多的只是北京市的招聘单位,广东等沿海地区次之,其他各市尤其是老、少、边地区招聘到的人数寥寥无几。这就说明,人才集中的直接性交流(大会形式)只能限于局部地区,要举办跨地区、跨部门的人才交流市场,还是应充分发挥其替代的作用。目前进入人才市场的替代物,国内外有录音、录像、简历、档案、计算机内库存的信息,可视电话网等。

三、人才市场发展的困境与出路

人才市场在我国兴起的时间并不长,可以说还是刚刚起步,常言万事开头难。目前人才市场的发展遇到不少实际问题。

1. 同地怕泄流,异地怕盲流

人才市场在人们看来还是一件新生事物,还受着旧观念与旧体制的双重约束。一方面,谁要是想流动就难免会被认为是"个人主义严重","无视组织纪律","喜新厌旧"与"不道德"等;另一方面由于与人才流动相关的干部人事制度和政策还不健全,国家没有相应的法律条文,流动的个人及接受单位既没有选择权又缺乏社会的保护与保障,因此想在同一城市中联系流动,往往怕泄露自己想流动消息最后流不成反被"老板"炒了;对于异地联系,虽然"老板"知道可能性少些,但又怕情况不熟,盲目流动招致不良后果。

解决这种双重困境的办法是,应尽快立法,允许个人有择业权,单位有择人权,双方有合同制约,流动受法律保护。户口、住房、档案、工资、福利、职称、保险、煤气、子女上学、家属就业等社会保障问题由单位化走向社会化。同时鼓励一才多用、一人多职,各用所长,能尽其所。

目前的用人体制是一人只用一才,求一才则只聘一人。实际上一人往往具有多才,一才也可多用。许多人呆在一个单位往往是多才难施,专长难尽,吃不饱,但又怕到别的单位去"讨吃"。一日为尼终生念经。造成人才的极大浪费与闲置,因此应允许人们在做好本职工作的前提下,适当兼职,充分发挥自己的才能。

2. 各不见实,互相疑虑

由于人才市场的流体大多是替代物,例如,"人才情况登记表"、"人才需求信息表"等,供求双方往往不是直接见面,而是通过第三方——人事部门或人才交流服务人员等"经纪人"发生关系,供求双方都无法在短期内验证与鉴别所填情况与信息的真伪,而且一旦成交,碍于情感与面子,不能像一般物品那样"辞退",因此往往出现渴相求又相疑,难成实交。

欲解决这一困境,可以采取法制与经济保证等措施。供求双方与中间经纪人相互间,均应履行一定的法律制约与经济制约,保证替代物所示情况的真实性,否则将处以法律与经济的双重制裁。

3. 一见钟情,多重制约

在人才市场与交流过程中,供求双方往往有一见钟情之感,人才适得其所,用者恰取其长,可谓"男才女貌"、"天生一对",但是却往往因为生活环境,家属子女就业与上学,医疗保健与住房等因素无法满足双方的要求,往往最后只好忍痛割爱。例如上海"某博导"认为他到南方某城最能发挥专长,而该单位也感到接受这位"博导"能给单位带来极大效益,但终因家属子女不习惯该城环境而告吹。

解决这种困境的可能对策是,一方面各地要尽力建立公共的社会保障体系,建立较为完善的服务设施,缩小地区之间的差异,另一方面允许跨地区短期的流动与借用,对于老、少、边地区,应轮换交流,有成绩者可以先换,无成绩者可以延留。

4. 不试用怕虚假,试用怕上当

目前许多企事业尤其是私营企业,因为对人才情况不甚了解,常要求求职者试用一段时间后才作最后定夺。但被试用者却因为对试用要求不清楚,合格与否全凭雇主一方决定,怕做了一段时间的"苦工"最后还得不偿失,上当受骗。事实上确实有个别用人者,往往在试用期间,给以低报酬,低待遇,最后只留少数、解雇多数,由此获利。

解决这种困境的对策是,建立法制,试用期双方受法律保护与经济制约,组建工会与人才协会,辞退应有充分理由并经工会或人才协会认同。同时建立人员素质测评机制,对各级各类人才的素质与水平,进行全面测评,给供求双方以信息反馈与诊断,减少市场调节中的自发性与盲目性,增强求职、雇用的自觉性与准确性。

5. 人才难求其所,雇主难求人才

尽管目前人才市场各式各样到处都是,但是无论雇主还是人才者本人,都感到求才者难寻所求之才,而供才者难找适才之所。以致兴致勃勃而来,失望扫兴而归,影响市场的繁荣发展。

解决这一困境的可能对策是,应该建立几个稳定的跨地区跨省市的全国性大型人才市场,这些市场应该分布合理,设施配套,有识才、选才、养才、育才、训才与护才一体化的服务功能,它应该有法人资格,成为有权威性的独立实体,笔者建议,应尽快以各大区或中心城市为基地,联各省地市县的人才库、人才市场为一体,建立全国性或国际性的人才市场网络,这样既可以增强现有人才市场的功能又可能提高人才市场的效益,可视电话人才交流网则是其中一种有发展前景的人才市场系统。

总之,人才市场的出现,大大促进了整个社会主义市场体系的全面协调发展。人才市场有着自己的特点与规律,我们不能以一般的市场形式与方法来培育与发展人才市场,而要遵循其特定的规律与机制。

关于我国人才市场建设的问题与思考
——基于人力资源服务业发展的视角①

人才市场是我国社会主义市场经济体制下一个重要的要素市场。多年以来,全国人才流动与人才市场工作坚持以构建社会主义和谐社会和科学发展观为指导,不断加强人才市场建设,更加充分地发挥市场在人才资源配置中的基础性作用,人才资源开发与配置服务能力进一步增强,在经济社会发展中的作用日益突出。2002年11月,中共十六大提出"加快发展现代服务业,提高第三产业在国民经济中的比重"。而人力资源服务业作为现代服务业的组成部分,以其前所未有的速度在全国迅速扩张,对经济发展以及我国人才市场的完善做出了突出贡献。2007年3月,国务院发布《关于加快服务业发展的若干意见》,明确提出要"发展人才服务业,完善人才资源配置体系","扶持一批具有国际竞争力的人才服务机构","人才服务业"第一次被写入国务院文件。党中央、国务院高度重视人力资源

---

① 本文为萧鸣政与李冷合写,原载于《中国人才》2009年第11期。

市场与人力资源服务业的发展。2008年12月,中共中央总书记、国家主席胡锦涛同志在辽宁考察时专门视察了沈阳人力资源市场及其服务情况。2009年3月30日,国务院总理温家宝在湖北武汉考察了"起点人力资源市场"及其服务情况。大力发展人力资源服务业是实现人才强国目标的历史责任和重要战略目标,它已成为扩大就业、促进创业的必然要求,是促进我国人才市场建设工作中的一项迫在眉睫的重要任务。

一、人力资源服务业对人才市场建设的作用与价值

1. 人才市场与人力资源服务业的基本理解

人才市场是按照市场规律对人才资源进行配置和调节的一种机制,是人才流动中进行智力交换关系、交换行为和交换场所的总和。建立和完善人才市场是完善社会主义市场体系的重要环节,它是社会主义市场体系的重要组成部分;建立和完善人才市场也是转变政府职能的需要。从国家和社会来看,人尽其才是人才整体效益的最佳模式,而这种模式在市场经济体制中只能通过市场来实现。

人力资源服务作为一个产业,指的是生产和提供人力资源服务产品的众多经济单位的集合。在这里,人力资源服务业,是指为人力资源的成长、管理、开发等实践活动提供服务的组织与个人及其相关的业务活动体系。就目前情况来看,一般包括人事档案服务、人事代理服务、人才信息网络服务、猎头服务、人才派遣服务、人才测评服务、人才培训服务、人力资源管理咨询服务,以及人力资源业务流程外包服务等服务活动。这种服务既包括直接提供的劳务与咨询服务也包括间接提供的产品研发与商品贸易服务。

2. 人力资源服务业对人才市场建设的作用与价值

(1)人才与人力资源的关系决定了人力资源服务业在人才市场建设中的价值与作用。

从单位个体的人来说,人力资源,又称劳动力资源或劳动力,是指能够推动整个经济和社会发展、具有劳动能力的人口总和。人才,是指具备一定的知识文化水平或者技术能力,在一定社会条件下能进行创造性劳动、做出较大贡献的人。人才既包括优秀的知识分子,又包括技能超常的能工巧匠、艺人和"领袖",还包括意志超常的"英雄",是社会需要的、能够为社会建设、进步与发展作出一定贡献或者高素质的人,是人力资源中的优秀部分与高绩效部分。

正是因为人力资源与人才的这种包含与被包含关系,才使得人力资源服务业在人才市场建设中的作用更加重要:

第一,人力资源服务业有助于将普通的人力资源转变为高层次的人才资源。人力资源服务业就像一名"伯乐",可以从众多普通的人力资源中发现具备发展潜力和培育价值的人员,从而通过人力资源服务手段将其开发、培养、发展成真正的人才。

第二,人力资源服务业有助于将真正的人才纳入人才资源的范围之内。虽然人力资源包括了人才,但是在现实生活中,由于环境等多方面限制,导致许多具备一技之长、可以为社会做出贡献的人才被埋没了。这就需要人力资源服务业发挥自身的作用,将这些人才识别、选拔出来,并且给予他们可以发挥自己能力的岗位与平台,真正使他们纳入人才资源的队伍,得到发展和发挥。

(2)人力资源服务业的经营范围决定了其对人才市场建设的作用与价值。

中国人力资源服务业经过二十多年的发展,服务产品与经营范围已经从最初的人才派遣发展到现在的九个大类产品系列,涵盖猎头及人才中介、多渠道招聘、人才(劳务)派遣、人才测评、人才培训、管理服务、信息调查服务、数据处理服务、人力资源管理咨询,形成了完整的人力资源服务价值链。正是人力资源服务业的这种经营范围与产品形态,导致了人力资源服务业对人才市场的重要作用与价值:

第一,人力资源服务业是人才市场的产品与内容支撑。如前所述,人才市场是人才供求双方进行信息交换与共享的"空间",人才市场的根本目的是为用人单位及人才本身提供各种服务,而这些服务形态都来自于人力资源服务业的产品。正是因为这些服务,才使得人才市场具备了实体的内容。

第二,人力资源服务业的水平高低直接影响人才市场的质量好坏。人才市场所进行和提供的服务,归根结底是属于人力资源服务的范畴。因此,人力资源服务整个行业服务水平的高低和服务质量的好坏,会直接影响到人才市场所提供的服务,从而影响到人才市场的建设和完善。

(3)人力资源服务业在人才市场中的主导地位决定了其在人才市场建设中的重要作用与价值。

人力资源服务业是现代服务业的重要组成部分,具有极强的成长性和广阔的市场前景,也是现代服务业中最年轻、最具活力的行业之一。

正是由于人力资源服务业为人力资源提供的多样化服务,决定了其在为人才提供交流、交换、配置等服务场所的人才市场中占有非常重要的主导地位。

第一,人才在人才市场中的主体地位决定了人力资源服务业的主体地位。人才作为人才市场的供给方,必须确立其主体地位并得到有效加强。人才主体必须借助于人才市场这个载体,有效实现人才主体和用人单位之间的匹配。为满足与保证人才在人才市场中的主体地位,就需要有为人才提供服务的人力资源服务业进行载体。正是因为人力资源服务业对于人才的各种服务,才能够保障人才的主体地位,因此,人力资源服务业在人才市场中占有了重要的主导位置。

第二,人力资源服务业在人才市场中的导向作用、平台作用与窗口作用进一步加强了人力资源服务业的主导地位。导向作用——为人才求职做好导向,为用人单位招聘人才做好导向;平台作用——以人才市场为依托,进一步搞好人事代理、人才中介等服务;窗口作用——宣传的窗口,优质服务的窗口。总之,通过三种作用,凸显与加强了人力资源服务业在人才市场中的主导地位与重要作用。

正是因为人力资源服务业的发展对于人才市场建设的重要作用和意义,因此下面在探讨人才市场的建设和完善问题时,主要从人力资源服务业发展的角度来进行分析与思考。

二、人才市场建设的现状、问题与原因

1. 人才市场建设的现状

经过20多年的发展,我国人才市场已经成为社会主义市场经济体制下一个重要的要素市场,基本确立了在人才资源配置中的基础性地位,初步形成了"政府引导、市场导向、规范管理、服务为本"的基本格局。尤其是近年来,在强调人才强国的大背景下,人才市场的作用日益凸显。可以说,人才市场为人才的合理流动、最优配置、科学考评、高效培训、强效保障提供了重要的平台与机会。

首先,人才市场规模逐步壮大,特点趋向鲜明。目前,已初步形成了以有形市场和无形市场相结合、以政府人事部门所属人才中介服务机构为主体、其他人才中介服务机构并存的多层次、多元化的人才市场服务体系。人才市场有形与无形兼备的特点以及政府所属、行业所属、民营和中外合资并存的格局,适应了服务对象的差异化,最大限度地满足了不同服务对象的需求。

其次,人才市场管理逐步规范,制度趋向完善。2005年,原人事部根据《行政许可法》的要求,对《人才市场管理规定》和《中外合资人才中介机构管理暂行规定》进行了修订,进一步健全了人才市场管理制度。2005年11月,原人事部印发《国务院所属部门人才中介服务机构管理办法》和《全国性人才交流会审批办法》,对原来的规定进行了修订。截至2006年年底,全国共建立人才市场执法机构359个。2004年、2007年,原人事部两次就加强人才招聘会管理,做好招聘服务下发通知。各地也积极开展人才市场检查活动,有效地开展人才市场监管工作。

再次,人才市场门类逐步齐全,作用趋向全面。经过多年的发展,现在我国的人才市场已经不像建立初期的人才市场那样功能比较单一,现在的人才市场逐步与人力资源服务业建立紧密联系,以人力资源服务业提供的多样化产品形态,来完善人才市场的功能与作用。比如以前的人才市场更多的是人事档案的保管与交流,人才招聘的中介,而现在逐步发展成涵盖人才招聘、人才交流、人才配置、人才测评、人才培训、人才的管理咨询等多方面内容在内的全方位的服务体系。

2. 人才市场存在的主要问题及其原因

目前我国的人才资源存在着"相对性短缺"的现象,即人才既多又少,既短缺又使用不当,许多人英雄无用武之地,作用和价值没有得到充分发挥,形成了对人才的浪费。从人力资源服务业发展的视角来分析,目前人才市场建设中主要存在以下几个方面的问题:

(1) 认识存在片面,观念陷入误区。

观念上陷入误区,缺乏对人力资源服务业的合理认识。主要表现在两个方面:第一,没有认识到人力资源服务业对人才市场的重要作用,甚至不了解人力资源服务业的内涵与内容,导致在实践中忽视人力资源服务业的价值,无法充分发挥人力资源服务业的作用以促进人才市场的建设。第二,对中介、猎头服务存在偏见。中介和猎头组织提供的服务,是基于拥有一批人力资源开发与管理的专业人员,以专业的视角和眼光来帮助第三方处理人力资源管理相关委托事宜的工作。可见,中介和猎头服务是人力资源管理专业性、科学性和高效性的有力保证。然而,现在社会上对于中介和猎头服务仍然存在偏见,认为他们是在"钻墙角"、"打擦边球"。以上种种认识上的偏见都导致了对人力资源服务业发展的阻碍。

(2) 政策不尽全面,法规震慑不足。

人力资源服务业政策法律体系不尽健全,需要重新梳理、调整与完善。目前我国的人力资源服务业和人才市场,都存在着政策多、法规少的问题。法律与政策就像行业发展的"手"和"脚"一样,对人力资源服务业和人才市场起着支撑作用,缺一不可。法律有着比政策更强的威慑力,而政策又有着比法律更加鲜明的导向力。

(3) 监督力度不够,管理有待完善。

人力资源服务行业存在着秩序混乱、缺少监管的不良现象。尽管近年来政府出台了不少政策法规以促进人才服务业与人才市场的建设,但是从实际情况来看,政府易于监管的是合法经营、执业规范的人才中介服务机构,而对于那些擅自开展人才招聘、人才中介业务并且无照经营的中介服务机构,却没能有效监管。因此,社会上就出现了不正当竞争、违背职业道德、发布虚假信息、损害应聘人才利益等不良现象,极大程度地搅乱了市场运营秩序,也影响了人力资源服务业的整体发展。

(4) 专业程度不高,人员能力不佳。

目前的人力资源服务业普遍缺乏专业的人力资源管理人才。从专业的角度看,真正是人力资源专业毕业的从业人员不多,多数是其他专业改行从事人力资源工作,缺乏与人力资源管理相关的专业学习或培训经历,这些与其从事的人才工作以及服务对象都是不相适应的。

三、进一步完善与改进人才市场建设的建议与策略

人才市场的建设和完善,需要从政府到用人单位再到人才本身方方面面的共同努力,而归根结底,由于人力资源服务是人才市场的载体与内容,因此,人才市场的建设与完善,从专业性的角度出发,就是要加强人才市场的作用、完善人才市场的功能、提高人才市场的质量,这一系列做法都是要求人力资源服务业取得发展与完善。因此,我们应该以人力资源服务业的发展来带动人才市场的建设和完善,具体的对策与建议如下。

1. 提高认识,改善观念,正确看待人力资源服务业

第一,加强舆论宣传,利用各种新闻媒介广泛宣传发展人力资源服务业、完善人才市场建设的重要意义,提高人才市场在配置人才资源方面的作用。着重宣传有关人力资源服务业与人才市场的政策和法规,使人才市场意识深入人心,打消一些人对人力资源服务业与人才市场的疑虑,为人才市场的建立创造良好的社会环境和舆论环境。另外,发展人力资源服务业,将人才引入市场,还需要人们的思想意识不断更

新,向市场经济转变。竞争是商品经济的活力所在,只有不断强化竞争意识,将人才主动投入市场,才能从根本上稳定队伍,优化人才结构,不断提高人才素质,最大限度地发挥人才作用。

第二,增强对人力资源服务业发展的重要性与紧迫性的认识,深化发展目标和战略举措,按照发展目标定位,实现政策突破。国家各级人事部门、劳动和社会保障部门对现行的人力资源服务方面的法律政策进行协调梳理,找出其中存在的不统一、不协调的问题并加以消除与改进,再根据新的形势和要求进行创新和突破,建立与完善符合我国人力资源服务业发展的和谐统一的法律政策体系,推进我国人力资源服务业的发展,从而最终达到完善我国人才市场建设的目的。

2. 制定法规,完善政策,有力指导人力资源服务业

加强人力资源服务行业信用体系的建设。当今人才市场上还存在着很多不诚信的现象,比如学历造假、无证经营人才中介机构、发布虚假招聘信息等不良现象,在日益吞噬着业已建立的人才市场。市场经济的基本底线和原则就在于诚信,人才中介要诚信,用人单位要诚信,人才找工作同样要诚信。人力资源服务行业的信用体系建设可以从两个层次入手:

第一,强化法治,加强对人力资源服务业的法律规范与制度管理。政府应出台专门针对人力资源服务行业的法律规范,而人力资源服务业作为一个独立行业,也应该尽快出台自己的行规,并且充分发挥行业协会的作用,加强自我监督与约束。而具体到人才市场,也应该"以法治市",以法律、制度等为手段,切实做好人才市场法律、法规、规章和有关政策的立、改、废工作,规范人才市场的行为,为人才市场的健康发展提供制度保障。具体而言,要规范人才市场中介组织的法规;要规范人才市场主体行为的法规,如规范用人单位招聘、辞退的法规,保障应聘者权益的法规;要保障和监督人才市场正常运行的法规,如《人事档案管理办法》、《人事代理规定》等。通过法规的规范、指导、调节作用,促进人才市场的发展。

第二,加强市场道德建设,普及"利人利己"的行业行为道德标准。尽可能地减少市场的不确定性,减少契约的不完全性或局限性,制定人力资源服务业和人才市场的道德规范,特别是市场诚信的道德建设,建立信用的社会评价机制,建立资信评估机构和资信评估机制。

3. 改善监管,建立机制,科学管理人力资源服务业

第一,推进人力资源服务业主体突破,促进人才市场的"大市场"体

系建设。首先,推进人力资源服务业主体突破,从而实现区域互补。推进人力资源服务业国有企业与外资、民营合资参股,发展股份制经济,支持企业上市、收购和兼并,促进形成若干规模化、集团化、品牌化运作的人力资源服务企业集团,形成跨领域、跨行业、跨区域的经营格局,引入竞争机制,打破行业和市场垄断,提升服务等级。在主体范围得以突破与拓宽之后,注重推进人才的区域互补。由于沿海地区人才流动集聚性强,人力资源服务机构要为中西部地区人才的流动与互补性服务弥补由于各地人才需求信息不对称带来的不平衡性。其次,促进人才市场的"大市场"体系建设,提升对周边城市和地区的辐射力。完善人才市场服务体系建设,逐步建立覆盖全市、辐射周边的人才市场网络,建立统一的人才基础信息库,搭建开放共享的人才资源信息服务平台;积极推进人才市场的区域合作,加强与全国重点区域、重点市场和重点高校的合作与交流,加快建立各类人才互动合作平台,为人才跨单位、跨行业、跨地区流动创造条件,保证人才流动的开放性和有序性。

第二,要在人才管理体制的改革中引入市场机制、竞争机制和服务机制,使人才这个生产力中最积极、最活跃的因素真正活起来,做到人尽其才,才尽其用,更好地适应和满足经济建设对人才的需求。通过发展人力资源服务业,将人才引入市场,促进人才更大程度上地走向商品化,扩大社会主义市场体系的范围。

第三,要将人力资源服务业深刻融入人才市场的建设中,形成人才市场服务体系,并充分发挥其功能。从实际出发,逐步建立全方位、多功能、多层次、大容量的人才市场,扩大人才市场的覆盖面;充分发挥海外人才市场、全国性人才市场、省市和本地人才市场的储存、开发、培训、保障等服务功能。总之,人才市场作为劳动力市场的高级部分,必须随着市场经济的发展,不断调节和拓展其服务功能,并向更深、更远、更高的层次发展。

第四,提高人才市场的信息化程度。人才资源的信息化和网络化是人才市场扩展的有效载体,人才信息市场化与人才市场信息化是知识经济时代对人才市场建设的客观要求,"信息型"人才市场是人才市场建设的发展趋势。因此,要加强人才市场服务网络的建设、信息化建设以及重点信息联网,积极推动各类人才市场与劳动力市场联网贯通,提高信息利用率和市场服务的信息化水平,使人才信息实现区域间的共享;重点培育和发展高层次的人才市场,力争在服务领域多元化、服务内容多样化上创新服务水平,打造各具特色的人力资源服务品牌,营造诚信为本的人才服务环境。

4. 注重培训，提高素质，有效改善人力资源服务业

人才工作是一门科学，也是一门技术。因此，专业性对于人力资源服务业的发展以及人才市场的完善具有最为重要的意义。而要保障服务的专业性，就需要一批提供专业服务的专业性工作人员，即从业人员的职业化建设。因此，在加强从业人员的职业化建设方面，应该做到以下几点：

第一，重视人才引进，多渠道招才引智力，实现人力资源服务业的"引进来"战略。将引进人才的范围延伸向还未，从国内外著名大学、科研院所与机构中引进各类人力资源管理方面的专业人才，积极吸纳归国人才。一方面在引进人力资源管理专业人才的同时，也要注意对其他相关专业人才的引进与培养工作，要注重培养和引进属于自己的人才资本理论专家、软件开发和网络管理专家、通晓国际惯例的专门人才。

第二，加强人才服务机构之间的交流与对接工作，实现人力资源服务业的"走出去"战略。与国际人才交流机构全方位对接，加强与其他国家和地区人才交流机构的交流机会，相互学习，取长补短。

第三，构建各层级的人才市场专家型团队，在各个层级的人才市场中，从人力资源服务业引进的人才中，网罗一批专业性强、实践经验丰富、诚信度高、熟悉市场规律的人才组成人才市场专家团队，指导该地区、该层级人才资源的流动、配置、交流等工作。

第四，注重对现有从业人员潜力的挖掘和能力的培训。定期或不定期地对现有人力资源服务业从业人员进行知识更新与能力提升的培训与教育，提升从业人员专业水平与综合素质，并且注意人才市场工作人员的合理使用和科学管理。

综上所述，人才市场对于市场经济的发展和整个社会的进步具有重要作用，而人才市场的建设和完善又与人力资源服务业的发展息息相关。通过发展人力资源服务业，形成专业化、体系化、制度化、规模化的人力资源服务业，将有助于人才市场建设的不断完善与发展。

发达国家职业技术人才开发的经验及启示[①]

社会就业结构的科学合理配置,不仅需要高学历人才,更需要大批的高素质的职业技术劳动者。有资料表明,西方发达国家经济之所以能够高速增长,除了拥有高水平的科学理论专业人才外,还拥有一支高素质的、熟练掌握现代化技术的劳动大军。然而,中国目前职业技术人才,特别是高技能人才严重缺乏,找100个大学生不难,找一百个高级钳工却是难上加难。据劳动和社会保障部最新报告表明,目前我国城镇企业共有技术工人7000万人,其中高等级技术工人不足5%,与发达国家40%的比例相去甚远。

职业技术人才,是指在生产一线熟练掌握专业技能,在关键环节发挥重要作用,能够解决操作难题的人员,包括高级工、技师和高级技师等。劳动和社会保障部在总结职业和技能发展规律的基础上,将职业技术人才分为技术技能型、复合技能型和知识技能型,他们

---

① 本文为肖鸣政与马芝兰合写,原载于《民主》2006年第1期。

是推动技术创新和实现科技成果转化不可缺少的重要力量,在提高产品和服务质量,提升企业竞争力,推动经济发展过程中发挥着生力军作用。推动"中国制造"走向世界,促进我国经济发展,离不开职业技术人才的贡献。分析西方国家特别是发达国家对职业技术人才的认识、理解、培养和运用上的理念、机制和措施,对于已经加入 WTO 的我国不无裨益。

1．职业教育的方式和侧重点各有不同

(1) 高等职业院校专门承办。

美国职业技术教育的方法灵活多样,由于劳动力市场的动态性,所以职业教育与培训也应是动态而不是静态的。社区学院对居住在学院所在地区的持有中学毕业证书的学生,或中学未毕业但通过了州中学最低水平测验的学生,以及 18 岁以上的本地区的任何公民,凡申请入学的最后都予以录取;社区学院和职业技术学院的专业设置原则是本地区缺少什么样的人才即开设什么专业,以满足本地区经济发展的需要;学员学完该课程后,可以继续升学,也可以再学专业知识,毕业后就业。

在日本,职业技术人才的培养任务由高等专门学校承担。在专业设置上,高度重视市场变化。根据市场需要设置专业,立足现有资源完善专业,与企业合作办专业。企业参与专业设置,以人才市场为导向设置专业。以职业岗位需要为标准设置专业,以高新技术直接相关的职业岗位设置新的专业。日本的专业设置职业性、适用性强。高等职业教育与劳动力市场相结合;有超前意识,预测未来的发展;结合高新技术的发展与应用设置职业教育专业。

在新加坡,职业技术教育由四所理工学院承担,专业以社会行业需求而设立,如南洋理工学院设 24 个专业,完全是社会多行业岗位急需人才。另一特点是有超前意识,建立未来的专业,采取超前培训,"以明天的技术,培训今天的学员,为未来服务"。政府明确提出,职业教育专业设置一定要有强烈的超前意识和市场意识,能否通过有效的积极的措施,主动而不是被动地适应乃至于促进国家经济的发展,应该是一个国家或地区发展职业教育时首先必须考虑的问题。职业技术教育不能消极地等待国民经济发展的召唤,而必须以一种超前的眼光,针对未来的技术发展,尽可能地做到超前的专业培训,从而主动地引导产业结构的不断提升和国民经济整体素质的不断提高,奠定最重要的人力资源基础。

(2) 企业、社会共同承办。

德国的职业技术人才开发实行"双元制":即学校与企业相结合,以企为主,理论与实践相结合,以技能训练为主,校企合作,双方共同培养技术人员。进入职业学校的学生,95%的人都是事先通过与工厂签订合同,首先成为工厂企业的学徒,再送进相关职业学校当学生;学徒学成之后,培训合同便无约束力,他可以留在本厂工作,也可去其他工厂企业就业。这种"双元制"的职业教育制度,对德国经济的发展起了很大的作用。

在英国,为了培养企业适用的高等职业技术人才,许多学校实行了"工读交替"的合作教学体制,这便是人们常说的"三明治"教学计划:学生中学毕业后,先在企业工作实践一年。接着在学校里学完两年或三年的课程,再到企业工作实践一年。合格者再在企业度过一年学徒期,由企业部门指定导师给予指导。

澳大利亚也实行工读交替的合作教育:高校在工程技术人才培养工作中,越来越重视与企业界的协作,校企双方共同开展合作教育。在合作教育中,学校与工厂企业双方都参与学生课程的编制和检查,以及学生毕业设计的选题和评审。工厂企业的管理人员、技术人员和学校老师一起,共同承担培养开发工作。学生在学习期间,到工厂企业接受各种生产实习锻炼。

(3) 企业自己承办。

除了上述的专门职业技术院校的教育,日本的公司,从最小的单一车间到综合性大企业,无不自觉地把办学当作经营活动的重要内容。企业学校开设的都是适应本企业特殊需要的专业理论与实际技术方面的课程。目前,日本的这类企业出资自办的学校正演化为向社会开放的职业高中、中专和职业大学,它表明日本的各企业正向教育领域渗透。

2. 重视职业培训,保证员工技能的更新和对新要求的良好回应

美国许多企业在企业内开设以不计学分为主的短期培训班,进行与本企业职工有关的技术培训,这种在职培训,一是对新职工进行岗前培训,使之获得从事本职工作所需要的知识与技能;二是在采用新技术、新工艺或推出新产品时,先培训一部分骨干,再由他们去指导其他人;三是培养技术工人的后备力量,使技术工作后继有人。其特点是密切联系本企业生产的需要,注重实效,使职工在本职工作中跟上生产发展水平。此外,许多企业还自己办学,进行授予学分的在职培训。

3. 重视从农村中挖掘职业技术型的人力资源

德国非常重视农村人才的职业教育,其农业职业学校和专科学校实行企业与学校配合、理论与实践相结合的办法。对农民进行的教育,由企业承担大部分费用和责任,来提高受训者的技术能力。毕业后发给"绿色证书",获得经营农业的资格,可享受国家优惠贷款和支持。还有各种专业技术培训班。

英国同样如此,全国有 200 多个农业培训中心,负责对农民和农业工人进行职业培训,以提高他们的农业技能,每年约有 1 万多名农村青年,基础教育毕业后,除有 1/5 升学接受大专教育外,其余都要参加 2 年以上的不脱产的农业培训。对已有一年实践的青年农民也要进行两三个学分培训,毕业后分别发给普通高级农业证书。

法国在重视农村职业技术人才的培养方面,有其独到之处。每个县都有一所国立农业技术中学和 1~2 所农业技术培训中心,全国约有 350 所,其中私立约 200 所。其经费来源,由农业部拨给校长和教师工资,地方自筹学校设备和基建费用。每个学校都有实验农场,培训期间由国家和有关企业团体支付学生一定报酬。按不同年龄和文化程度,授以不同等级的职业技术教育。政府还利用广播电视及农业刊物等向农民普及推广先进技术。

比较分析上述相关材料,我们从世界各国的职业技术人才开发经验中,可得到以下一些启示:

1. 经济和高新技术的迅速发展是职业技术产生和发展的直接动因

20 世纪 70 年代,世界上一些经济发达国家与地区,由于新兴工业部门向传统工业部门的挑战、产业结构的调整、生产方式的转型以及新的管理制度的引进等原因,导致生产一线迫切需要补充大批既懂理论又具有较高操作水平的职业技术应用型人才。这是普通高等教育培养出来的人才所不能满足的。为此各国产业界强烈呼吁大力发展高等职业教育,培养高层次的职业人才。其次,由于高新技术与经济的迅速发展,急需大量各类职业技术人才,而长期以来,世界各国的传统大学重学术科研,且学制较长、专业结构单一,因此仅靠原有大学已远远不能满足目前的需求。因此,应该适当投资各级各类职业技术教育培训,建立起企业、社会与政府各种不同类型的职业技术开发体系,才能满足社会对不同类型人才的需求。

2. 树立务实的理念,把职业技术人才的开发、培养放在社会需要的长远发展格局中

欧盟曾制定了预测未来的职业技能要求方案,并加以实施,从而能够主动适应未来的发展。职业技能要求,不但要预测未来的专业发展趋势及对职业的影响,而且要预测消费者的需要、全球化及市场竞争等变化情况下的经济如何发展。我们对职业技术人才的开发,要特别注意适应劳动力市场的需求,职业界人士与专业界应该建立有效的沟通机制,以保证职业技术人才更适应市场的要求。

3. 政府重视,法规健全是职业技术人才开发的重要保障

发达国家职业技术人才的兴起,有力地促进了各国社会经济的发展和产业结构的调整,因而得到了各国政府的重视和支持,纷纷制定政策和法规以及增资拨款来保证职业技术人才开发的实施和发展。德国、美国、澳大利亚等国政府,都对职业教育予以极大的重视和支持,有的还以立法和制定政策法规来保证职业技术人才开发和确立职业技术人才的价值地位,这为我国尽快建立职业教育法,大力发展职业技术人才开发事业提供了可借鉴的经验。

例如,韩国政府为培养职业技术人才,十年来采取了一系列优惠政策:①政府成立了一个专门从事职业技术教育的研究咨询委员会,进行理论研究,制定职业技术教育大纲和编写教材;②职业技术教育的经费除政府拨款外,还成立了"职业教育发展基金",要求企业向政府交纳一定金额作为职业技术教育发展基金;③政府采取一系列优惠政策吸引学生报考职业高中,如职高生比普高生有更多机会取得奖学金和补助等。

对于"学而优则仕"的传统思想影响根深蒂固的我国来说职业技术教育的立法与政策优惠,是非常必要的。

总之,中国的经济社会发展需要各种人才,目前职业技术人才的短缺要求我们积极借鉴世界发达国家的先进经验,尽快建立起中国职业技术人才开发的科学体系。

当前区域人才开发合作的成果、问题与对策[①]

近些年来,伴随着经济全球化、人才国际化、区域经济一体化的进程,在中央关于树立科学发展观、科学人才观、构建和谐社会、统筹区域发展等重要思想的指导下,区域人才开发合作也日渐受到各级政府及相关组织的重视。区域之间通过各种方式的接触,加深相互的联系与了解,先后出台了一系列关于人才开发合作的政策和措施,为寻求有效的区域人才开发合作方式做出了不断的探索,并取得了较为可喜的成绩。然而,在人才开发的合作实践过程中也出现了一些问题,本文将在总结经验的基础上与大家共同分析问题,寻找对策。

一、区域人才开发合作的意义与成果回顾

实施区域经济协调发展战略,推进区域经济一体化建设,对于我国的社会稳定、民族团结和经济持续发

[①] 本文为肖鸣政与金志峰合写,原载于《中国人才》2009年第2期。

展具有重大作用,对于和谐社会建构具有重大意义。区域经济一体化发展必然带动支撑其发展的各种资源的聚集和一体化发展,人才资源作为经济社会发展的关键要素之一,其开发实践必然会伴随区域经济一体化的发展而发展。可以说,区域人才开发一体化是区域经济一体化发展的内在要求,同时也是进一步推动区域经济发展的重要动力。与此同时,区域间经济发展及产业结构的差异,决定了人才需求结构和人才供给结构的差异,决定了不同区域在人才供给方面具有各自的优势和劣势。一般来说,在一个越是狭小的区域内部,人才的供需越是难以平衡。要缓解这种不平衡,最有效的途径之一就是加强区域间的人才开发合作,通过优势互补,以期在更广阔的空间内合理配置和充分利用人才资源。因此,近年来我国各地进行了广泛的区域人才开发的合作实践,出现了不同的合作形式,取得了一定的成绩。

(一)类同型的人才开发合作

类同型的人才开发合作,是指处于同一行政区域内或者经济发展水平类似的几个地区(省区或市县等)之间的合作,如长三角、东三省、中部省区、西部省区等区域内部的人才开发合作,也包括同一省内各市县之间和市内各区县之间的合作,这种类型的人才开发合作被称为区域性人才开发合作。

2003年7月份,江浙沪两省一市的19个城市签署了《长三角人才开发一体化共同宣言》,启动长三角人才开发一体化进程,并已经在三大方面取得实质性进展:深化人才开发合作工作机制,拓展人才开发合作空间,适时推动培训新项目的开发。

2005年3月,东北三省在哈尔滨联合举办振兴老工业基地东北三省联合人才交流大会。此外,三省还签订了人才市场一体化合作协议,计划实现专业技术职称、专业技术考试成绩和人才中介机构人员资格互认,三省之间按照统一开放、优势互补的原则,不断推进资源共享和服务贯通,逐步形成统一的人才开发服务体系。

2005年9月,中部六省(山西、河南、湖北、安徽、湖南、江西)在郑州共同主办了首届"中国·中部崛起人才论坛",搭起了中部六省人才开发与合作的平台。2006年12月,中部六省通过了《促进中部地区崛起六省人才共同行动宣言》与《中部六省高层次专业技术人才开发合作协议》。两个文件按照"优势互补,合作共赢,总体推进,重点突破"的原则,商定了中部地区人才交流与合作的政策框架,进一步明确了中部地区人才交流与合作的发展方向。

2008年1月,国务院批准实施《广西北部湾经济区发展规划》,北部湾的开放开发进入快车道,人才成为关键。北部湾地区的人才开发合作正式启动。

(二) 地缘性人才开发合作

地缘性人才开发合作,是指分属于不同行政区域或经济区域但地理位置上比较接近的几个省区、市县之间的人才开发合作。由于传统的地缘性因素,使得它们之间在经济发展、资源配置及人才资源等方面有着较密切的联系,同时还拥有通过交流共享而实现区域经济和人才一体化的天然便利。这些地区逐渐认识到区域经济合作的内在性,开始突破区域限制,把区域人才开发合作的目光放到了所属区域之外。

2004年6月,内地9省区(广东、广西、海南、云南、贵州、四川、湖南、江西)政府行政首长和港澳两个特别行政区行政长官在广州签署《泛珠三角区域合作框架协议》,建立了人才服务合作联席会议制度,此后还建成了区域网联系统,使得区域内人才市场网站数据库资源能够为各方实时共享。

2007年8月,晋冀鲁豫四省交界区十三市就建立人才开发一体化合作机制签署了区域人才开发一体化合作协议。根据协议,十三市将在链接人才网站、轮流或联合举办跨省市的人才交流、逐步试行异地人事代理业务、开展跨省市的社会化人才培训、互派专家参加高级技术研修班的学术交流活动等方面加强合作与交流。

2008年7月,河北省承德市、内蒙古赤峰市、辽宁省朝阳市、内蒙古锡林郭勒盟(简称"三市一盟")在承德正式签订了《"三市一盟"区域人才开发合作框架协议》。

(三) 跨区域人才开发合作

跨区域人才开发合作,是指分属不同类型与不同地缘的省市、县、乡之间的人才开发合作。在各种区域人才开发合作之中,最具战略意义的当属东、中、西部的跨区域人才开发合作。东、中、西部人才尤其是高素质人才从东到西呈现由高到低的梯度分布,中等教育文化人口在东部、中部分布比重差距较小,且都略高于全国平均比重,与西部差距较大。这种人才分布极不均衡的现状,迫切呼唤着东、中、西部之间的人才开发合作的加强。这些年来,东、中、西部相关省市在加强跨区域人才开发合作的方式上进行了积极探索。

2005年3月,东北三省与长三角地区三个省市人事部门在哈尔滨签署《"东三省"与"长三角"人才开发合作协议》,这是我国人才开发领域的第一个跨区域合作,标志着我国人才开发由地缘性区域合作向跨区域战略性合作迈进。

2006年10月,在原国家人事部的大力支持和倡导下,"第三届中国西部人才论坛暨西部地区首届网上人才交流大会"在西安隆重举行。陕西、甘肃、宁夏、青海、新疆5省区和新疆生产建设兵团人事厅(局)与江苏、浙江、上海3省市人事厅(局)签订了《西北地区与长三角地区人才开发合作交流框架协议》,全面开启了两个区域人才开发合作的大门。

2007年4月,新疆维吾尔自治区人事厅分别与上海、江苏、浙江三省市签署了《人才开发合作交流会议纪要》。2007年6月,青海省与京、沪、苏、浙在西宁签署《人才开发区域合作协议书》,标志着青海省人事人才工作正式融入发达省份区域人才开发一体化格局。

二、区域人才开发合作中存在的问题及原因分析

由于我国计划经济体制的影响仍然存在,区域人才开发合作时间还比较短,合作整体尚处于起始和摸索阶段,缺乏成熟的制度及可资借鉴的现成经验。因此,虽然在实践中有了一定的进展,也取得了一些成绩,但是也存在一些问题。其中有些问题具有一定的普遍性,值得我们去了解、分析和研究。

(一) 区域人才开发合作中存在的问题

在区域人才开发合作中存在的问题中,比较普遍出现的问题,大致可以归纳为以下六个方面。

1. 政府唱独角戏,企业及其他组织参与度较低

一些区域在进行人才开发合作时,完全由政府部门大包大揽,大唱独角戏,制定政策、召开联席会议、签署协议等。而真正的用人单位特别是一些民营企业却很少参与,很少有反映问题、献计献策的机会,至于人才开发合作的商讨和决策过程则更是被排斥在外。区域人才开发合作,摸索了多少年,仍然走不出"政府建高地,企业看高地"的老路,在一些地区甚至成了部分领导追求"时尚"、宣扬政绩的面子工程。

2. 政策缺乏系统性

各政府部门和相关组织之间在实施区域人才开发合作过程中缺乏有效的沟通和协调,所制定的人才合作与人才开发的政策措施相互割裂,缺少联系、呼应和衔接,缺乏整体观念、全局观念和系统性。总的说

来,有些区域的人才开发合作,缺乏稳定有效、虑长谋远的一系列政策、制度和规则体系。

3. 重制定,轻落实,政策缺乏连续性

人才开发合作方向确定之后,必须继之以具体的、切实有效的行动措施,要通过各相关部门、相关组织之间的持续沟通、联络、协调,对已经议定的事项进行密切的跟踪和监督,才有可能确保落实到位。然而,当前很多区域人才开发合作工作中,或多或少地都有着重开局、轻后续,重短期、轻长远的问题,呈现出象征性、临时性、阶段性和短期性的特征。往往在会议开完、协议签完之后,所形成的文字便被束之高阁,没有相应的与之配套的具体措施方案去落实会议的精神和协议内容。

4. 贪大求全,急功近利

部分地区虽然形式主义问题不太突出,在合作框架制定之后,确实也采取了后继的行动,制定了一系列落实方案。但一个时期只能解决一个阶段的问题,一个部门只能解决合作战略中相关的一部分问题。然而,很多落实方案往往面面俱到,大到人才政策的调整,小到网站建设的技术性问题,内容上无所不包,时间安排上更是寄希望于"毕其功于一役",短时期内解决所有问题,但结果却是哪一方面都得不到真正落实,哪一项任务都不能真正完成。

5. 重引进人才,轻培训开发

一些区域在与其他区域的合作中,区域经济合作的地位要远高于区域人才开发合作,对于招商引资极其重视,而对于人才开发合作方面的相对关注度则要低得多,这种情况在一些经济欠发达区域表现得尤为突出。而在区域人才开发合作中,又将精力过多地放在人才的引进方面,而对于短期内难见成效的教育、培训等人才开发工作积极性不高,对于现有人才,也是"只管使用、不管培训"、"一次充电终身放电"。

6. 地区保护主义现象较普遍

地区保护主义产生的直接原因是每一个地区都害怕本区的经济要素大量流出,担心区外产品对本区域同类产品造成冲击,抢占了本区域的市场,从而影响本区域利益。区域人才开发合作中的地区保护主义则主要表现为在引进其他地区人才的同时,通过各种地方性政策法规,防止本区域人才的流出。在现实的区域人才开发合作中,这种地区保护主义在不同地区都不同程度地存在着。但总体上来说,一些经济落后地区和欠发达地区由于人才吸引度较低,在区域人才开发合作中这种地区保护主义倾向相对更突出一些。

（二）区域人才开发合作中所存在问题的原因分析

以上所述的区域人才开发合作中所存在的问题，原因是多方面的，有思想和观念上的，有机制和体制上的，也有的是由于区域之间的客观差异所造成的。

1. 政府职能转变不到位，政府角色错位

在市场经济条件下，政府与企业、市场、社会对经济发展承担不同的分工，发挥不同的作用，它们的角色各不相同，政府应当侧重于引导、规划、调控、监督，而非执行。然而在现实中，我国政府虽已提出加快实现政府职能转变，但目前这种转变尚不到位，在区域人才开发合作中则更多地体现在大包大揽、全盘包办上。

2. 政府机构设置还不尽合理，部门职责交叉与权责脱节

改革开放以来，虽然我国前后经历了五轮政府机构改革，当前又正在进行新一轮的机构改革，但政府机构依然存在一定程度的权力交叉、责任不明、权责脱节等现象。在行政实践中，缺少全局观念，效率较低，各部门之间难以在工作中做到必要的衔接、协调和配合。效率低下，就会加剧区域人才开发合作中落实不到位的问题；缺少全局观念，则使得区域人才开发合作的政策缺乏系统性。

3. 地方官员绩效考评中"GDP 主导论"仍然存在一定影响

在我国，政府官员绩效考评近年来受到中央政府的高度重视，在政府管理实践中，官员绩效考评也不断在进行着改革，取得了可喜的进展。但"GDP 主导论"影响的消失，不太可能一蹴而就，这需要一定的时间。在区域合作中，与引进人才相比，招商引资能在短期内带来当地 GDP 的增长；与人才开发相比，直接引进人才能在相对较短的时期内见到效果。人才教育、人才开发，是一项长期工程，"十年树木，百年树人"，真正见到效果少则数年，多则十数年甚至数十年，对现任官员在短短几年任期内的 GDP 政绩没有贡献。这种考评，自然会引导地方官员在管理工作中急功近利，重引资轻引才、重引才轻开发。同时也在一定程度上导致区域人才开发合作中重制定、轻落实的问题。

4. 部分官员思想观念落后

由于区域之间经济发展不平衡，人才流动呈现出从落后地区向发达地区流动、从中西部地区向沿海地区流动的局面，即所谓的"孔雀东南飞"。对于经济落后地区和欠发达地区而言，这些地区的人才比率明显偏低，实行人才开发合作对于他们来说无疑是把原来紧闭的大门打开，让人才流动变得毫无障碍，本来已经少得可怜的人才极有可能一涌

而出，纷纷流往经济发达地区，使原本已经落后的人才状况更为恶化。一些官员受传统的地方主义观念和小农意识的影响较深，思维上过度囿于现有的行政区划，对于地方利益过于敏感，缺乏"双赢"、"共赢"的意识，对于上述人才流动现象甚为担心。这些官员在区域人才开发合作中往往心存疑虑，存在抵触心理，担心实行人才开发合作、资源共享之后，会造成大量的人才流失，让合作各方"共赢"变成经济发达地区的"独赢"，出现强者更强、弱者更弱的格局。这样的担忧，导致了区域人才开发合作实践中的地区保护主义出现，影响着合作的深入开展。

三、关于推进和完善区域人才开发合作的对策建议

针对区域人才开发合作中出现的一系列问题，结合导致这些问题深层次原因，笔者认为，要真正推进、完善和落实区域人才开发合作，目前各区域政府及相关组织应该在以下方面做出努力。

（一）积极推动行政管理体制改革及地方官员绩效考评改革

认真贯彻落实深化行政管理体制改革的意见和国务院机构改革方案，坚持以转变政府职能为核心，建立适应市场经济条件的职能体系，理顺部门之间的关系，明确其职责划分，为区域人才开发合作行政效率的提高提供体制上的保障。另外，要想从根本上解决地方官员在区域人才开发合作中的急功近利、重引资轻引才、重引才轻开发的现象，必须对地方官员的绩效考评进行改革。从长远来说，考评主体、考评内容和指标体系、考评程序与方法、考评结果运用等各个环节都要进行大的变革，但眼前当务之急是要改变考评指标中单纯 GDP 的决定性地位，可以在引入绿色 GDP 概念的基础上再引入人才贡献率；在计算 GDP 时考虑所耗费的资源和环境等因素，同时还可以增加人力资源开发投入比和高层次人才贡献率、行政效率提高指数等涉及区域发展潜力的指标，或调高这些指标所占的比重。

（二）建立区域人才开发合作的运作机制，正确处理政府、市场、企业和社会各界的关系

在区域人才开发合作中，要建立政府引导、市场运作、用人单位主体、社会参与的基本运作机制，正确处理政府、市场、企业及社会各界的关系，充分调动各方的积极性。政府通过职能转变，在合作中要起到宏观引导和调控监督作用；要充分发挥市场在人才配置中的基础性作用，通过市场运作的模式，逐步推动区域人才开发合作，引导人才向特色产

业和优势产业集聚；企业是区域人才开发合作的主体,是具体的执行者,要积极鼓励和引导合作区域内企业之间加强协作,依据各自人才需求情况,设立相关联络机构；此外,还要充分调动各类社会组织及劳动者个人参与合作的积极性,将合作变成全社会的主动行为与自觉意愿。

（三）加强区域人才开发合作政策的系统配套及工作的衔接

区域人才开发合作是一项系统工程,需要建立一套系统的完整的配套体系,这套体系应该包括相互接轨的四大子体系,即人才政策体系、人才市场体系、人才开发体系和人才服务体系。为保证合作中各区域、各部门之间的协调配合,建议建立区域人才开发合作中的协调机构,此处所提的协调机构有两种,一种是参加合作各区域之间的联络协调机构,可以通过联席会议及会议轮值制度等方式,逐渐发展到常设的实体；另一种是单个区域内部各职能部门之间的协调机构,由人力资源部门牵头设立工作协调领导小组,加强各部之间的协调沟通,以确保各部门在制定政策措施及实际工作中的衔接协调。

（四）在合作中要把握关键,循序渐进

制定区域人才开发合作计划之前,要理性审视合作各方现实情况,充分考虑各方基础的差异,分析各方的潜在的优势与劣势,确定合作中的难点和重点。打好这个基础,设计合作方案时才有可能把握住关键环节,结合这些关键环节,将合作工作划分为一定的阶段,每个阶段、每个时期的工作都应该有所侧重,在这个阶段只需重点确保落实某些政策,完成某些项目,解决某些问题。解决问题要由浅及深、由易到难,切忌贪大求全,急功近利。通过这一系列的工作推进和项目合作,各方不断磨合,再逐步将这种合作固定化、常态化,最终建立长效的合作机制。

（五）建立区域人才开发合作中的利益平衡机制,创新人才共享方式

各个区域都是相对独立的经济利益主体,均有着独立的利益追求,要想在区域人才开发合作中消除地区保护主义现象,协调各方利益,真正实现"共享共赢",必须建立一套能兼顾合作各方利益的平衡机制,形成有约束力的利益分配协议。为了进一步打消经济落后地区和欠发达地区的顾虑,需要改变传统的用人观念,探索新的用人渠道,创新用人方式,强化人才资源共享意识,在用人上要树立"不求所有,但求所用；不求常住,但求常来"的新理念,除通过政策、环境、服务等大力吸引人才之外,还可以通过借助"外脑"的方式达到不为我有的人才能够为我

所用，对于一些急需的却又无法在短期内引进的，或虽急需但不必专职任用，或专职任用成本过高的，可以聘请其担任政府或企业的管理与技术顾问、邀请讲学或进行项目方面的咨询与合作等。发达地区在吸引不发达地区人才的同时也应该有支援与回报的行动。

（六）搞好人才服务体系建设，加强人力资源服务业的跨区域合作，为区域人才开发合作提供服务保障

区域人才开发合作体系包括人才政策体系、人才市场体系、人才开发体系和人才服务体系。在这几大体系中，任何一个都不可偏废。但相对来说，目前区域人才开发合作实践中，对于人才服务体系的重视程度要弱一些，在此有必要强调一下。对于一个区域来说，不管其观念如何超前，政策如何宽松，其它工作做得如何到位，如果人力资源服务工作跟不上，最终就不可能真正集聚到高层次人才。要大力加强区域内各个人才市场的联系，强化人才市场之间的合作与互动，通过相互代理的异地人才招聘、人才派遣、人才租赁信息咨询等服务项目，搭建共同的人力资源服务平台，消除区域性障碍，形成统一的人力资源服务体系。

总之，我国区域之间发展的不平衡需要区域人才开发的合作来促进，区域人才开发合作的实践活动，需要我们继续发扬成绩，改进不足，积极探索，为进一步促进我国各区域经济社会的持续发展与和谐发展提供良好的人才支持与坚强保障。

关于北京市属地人才开发战略的几点建议[①]

属地人才是按照属地化管理原则户口档案、社会保障、计划生育、生活居住等归属所在行政区管理的各类人才。

北京市属地化管理单位包括中央各部门及地方政府或企业驻京机构、国有企事业单位、外资企业、驻京高校及科研院所等。这些属地化管理单位中,集中了行业中很大比例的精英,属地人才的数量和质量都是全国其它地区所无法比拟的。因此,如何开发与利用这些属地人才促进首都经济社会又好又快地发展是一个特别值得我们思考的问题。

一、北京市属地人才队伍的基本特点

1. 人才数量比较充足

北京作为首都的特殊功能,使得中央国家机关党政机关和社会团体比较密集。北京地区的党政人才总

[①] 本文为萧鸣政与肖志颖合写,原载于《中国人才》2009年第2期。

量达 18.44 万,在京、沪、深三地区中居于榜首位置。根据 2000 年全国第五次人口普查资料,党政人才总量占到就业人才总量的 12.49%。通过对问卷统计分析,被调查人员中 73% 的人认为单位党政人才数量充足,仅 27% 的被调查者认为单位党政人才数量不够充足。从上述两组数据分析,不难看出从数量上讲,北京市党政人才队伍还是比较充足的。

2. 属地人才队伍的综合素质全国最高

北京市属地人才集中了我国党、政、军、经济、科技、文化、教育等领域的杰出精英。这些属地党政人才不仅具有丰富的社会管理和公共服务知识,又是善于治党理政的高级公共管理人才,有一大批熟悉国际国内市场、具有现代管理知识和能力的高级经营管理人才以及具有世界眼光、通晓国际惯例与规则、具备先进的专业知识和较强的创新能力及跨文化沟通能力的国际化人才。

北京地区在人才资源的绝对拥有量、人才层次、人才培养能力等方面。都具有相当的优势。到 2005 年,按照北京市人事部门现有统计口径计算,北京地区人才已经达到 206.8 万人,中央单位人才 60.6 万人北京市市属单位各类人才 89.4 万人。非公经济单位人才 56.8 万人。到 2010 年,北京市党政人才、专业技术人才、经营管理人才总量将达到 230 万人至 235 万人,年均增长 3%,比目前的 202 万人增加 30 万人。

北京地区拥有全国 1/4 的重点高校、1/3 的研究生院、1/3 的国家重点学科和国家重点实验室,所有的国家一级学科和 97% 的国家二级学科,培养博士生规模占全国培养量的 1/3,培养硕士生规模占全国培养总量的 1/5,是全国最大的教育中心和人才培养中心。北京市创新性科技人才资源丰富,人才整体素质优良,北京人才资源总量、人才密度均处于全国前列。两院院士、长江学者、在站博士后、留学归国人员、突出贡献专家和享受政府特殊津贴的科学家、工程师、教育家、艺术家以及卫生、新闻、法律和哲学社会科学领域的高级专家拥有量在国内也处于领先水平。

3. 属地人才与首都发展的联系日益密切

按照人才属地化管理的原则北京市政府依照有关法律或法规性文件,对所管辖区内的各级党政机关企事业单位、非政府组织等人力资源管理中的某些内容如户口档案、医疗保险、计划生育、组织与劳动关系等履行管理职责。

在属地化管理原则下,北京市属地党政人才和属地科技创新人才与北京市方方面面的关系越来越密切,也越来越关注和关心首都经济社会发展,乐于为首都发展出谋划策。

这种密切的关系,是北京市能够做好属地人才开发的有利条件。

二、目前北京市属地人才开发存在的问题

2008年3—5月,我们组织相关人员对300多名北京市的属地人才进行了问卷访问调查。此次调查与访谈共设计了62道问题。调查数据经使用SPSS统计工具分析之后,发现北京属地(科技创新)人才开发存在的问题主要有以下几个方面:

——北京市人才政策环境存在的主要问题。

针对北京市人才政策环境的调查主要涉及:用人观念、用人机制、人才引进政策、人才评价考核机制、人才激励措施、人才培训开发、人才服务与保障,资金与技术等方面。

300多人抽样调查的结果显示,北京市用人观念滞后的占37.37%,用人机制不灵活的占62.28%,缺乏有效的人才引进政策的占29.50%,人才评价考核机制不完善的占27.4%,缺乏有效的人才激励措施的占50.53%,认为人才培训开发不足的占35.9%,认为人才服务保障滞后的占38.43%,认为开展工作的资金与技术支持不足的占14.23%。

——人才结构不平衡,尤其缺乏高级管理人才、高技能人才和复合型人才。

调查者认为,目前北京人才结构不合理,最缺乏的人才类型依次是:高层管理人才、复合型人才、高技能实用人才、法律与管理人才、现代服务业人才、文化创意人才、信息产业人才,金融与经济专业人才等。

——引进和留住人才还存在较多的制约因素。

通过调查,79.3%的人认为北京的高房价以及住房条件差是影响北京市人才引进和留住人才的主要因素之一,其次分别是工资低,城市环境差、交通条件差、缺少发展机会,资金技术支持不足等。

在保留北京市属地人才方面,资金与技术支持以及发展机会,社会保障等因素不是最受关注的,而住房、城市环境、户籍政策以及与之密切相关的工资待遇普遍受到被调查者的关注。

——科技创新人才的培养受到多方面的制约。

北京市属地科技人才培养主要受以下因素的制约。按照影响大小依次是:教育体制约束学生的创造力(占49.37%),国家激励科技发

展的政策(占24.68%)、科技方面的资金投入(占15.82%)、百姓对科技创新产品的市场需求不高(占9.18%)。

——科技创新人才在创新过程中遇到的困难较多。

被调查者认为,目前,北京市科技创新人才在创新过程中遇到的主要问题是:科研经费不足(87.54%)、科研信息缺乏(23.49%)、研究时间得不到保证(23.1%)、科研设施较差(20.23%)、缺少创新伙伴(18.51%)、科研成果转化较难(58.36%)、科研制度不完善(37.01%)、生活环境较差(22.42%)、继续深造机会较少(28.47%)。

——属地人才培训开发方面存在不足。

从被调查者反馈回来的信息看,北京市属地人才认为最近两年内获得的培训机会普遍不高,其中,获得培训时间少于1个月的占到了55.87%。

——属地党政人才参与北京市经济与社会发展的深度不够。

部分接受调查的属地党政人才或科技创新人才,认为参与北京市经济与社会发展的潜力还很大,希望得到更多的支持和鼓励。在对北京市人事局和北京市科委有关领导的访谈中他们也有同感,普遍认为需要加大支持力度吸引属地人才更好地参与首都发展。人才环境是人才安定工作的后台保障,也是评价人才工作开展的重要评价指标之一,然而在现状分析中发现目前还存在诸多问题。

三、关于属地人才开发的建议

1. 继续优化人才环境,科学规划和搭建人才事业平台工程

人才环境中存在的问题仍然是阻碍人才队伍建设的主要因素之一,因此应该继续加大人才环境的建设具体措施的落实有以下两方面:

一是整合分布在首都不同系统、不同部门、不同领域的各类人才资源。根据中央和地方各级政府在京单位人才资源高度聚集的特点,按照"多种形式、多方协作、互惠互利、共同受益"的思路,鼓励支持市属各单位聘请中央在京单位人才到重要岗位兼职或者挂职,为首都培养专门技术人才和高级经营管理人才。

二是针对首都发展战略需要争取国家有关部门更多的政治、经济等资源支持。人才政策不够灵活是目前北京市党政人才工作开展的一大障碍,这里有客观的原因,即身处首都北京人才政策受到较大的限制,可以多借鉴国内外其他城市的优秀经验对现有人才政策进行合理的调整和完善。

2. 搭建和完善北京市创新人才交流平台

进一步拓宽人才引进绿色通道,积极引进拥有自主知识产权、掌握尖端技术的专业人才,创新人才引进评价手段,健全完善人才引进政策。加强留学归国人员创业园区的建设,引进符合首都发展方向的紧缺急需人才。注重在实践中培养、锻炼和选拔人才,为科技创新、经济发展和社会进步提供强大的人才保障。

对于紧缺人才,市政府应该加强与人才所在单位、部门的联系,在留京户口指标、住房、创业基金等方面给予更大便利,为人才提供更多挂职锻炼。

保持属地高校、院所与当地政府之间信息畅通,人才与科研设施等资源共享,一方面倡导和支持属地科技创新人才成为各级政府进行科学决策的智囊团,推动地方经济和社会发展;另一方面,促进属地高校科研院所与社会的联系,为属地人才提供更多的教学科研新课题,大大提高科研工作的针对性和实效性。

3. 突破机制瓶颈,加快以企业为主体的产学研结合

创新能力与科技资源不相匹配的根源,在于缺乏资源与应用互动的有效机制,不打破机制瓶颈,问题将长期存在,资源优势就无法转化为竞争优势。要通过科技政策、科技计划的导向和示范带动,大力支持和引导院所高校与企业、基础研究与产业应用、科技条件与企业创新需求、研发资源与实业资本之间的多种形式的结合。力争全面形成以企业为中心的,更加灵活高效的新型产学研结合机制和发展模式。

4. 建立与完善北京市科技创新人才"资源池"

所谓"属地人才资源池"就是指经过一定的鉴别程序,把符合北京市经济与社会发展需要的属地人才储备起来,形成一个动态管理的资源库,根据需要可以方便地从资源库中挑选合适的人才。人才"资源池"的建立与保持一般有:制定组织所需人才的标准(能力和素质要求)、人才推荐与自荐、人才甄别、审批、建档以形成人才"资源池"、人才管理与开发、人才使用与考核、人才淘汰与更新等环节。

应由北京市科委牵头建立属地人才"资源池",这是更好地甄别管理与合理使用北京市属地人才的良好举措,有助于实现人力资源共享,最大限度地避免人力资源的浪费,提高人员的使用效率。

5. 改善创新环境与条件

为了更好地调动属地人才参与首都经济与社会建设的热情与积极性,必须大力推进体制创新、技术创新、管理创新,优化自主创新的环

境,为科技人才提供更为舒适的科研环境、科研条件与生活环境。

6. 优化创新服务环境

按照《北京市国民经济和社会发展第十一个五年计划发展纲要》的有关规定,北京市在属地科技创新人才开发中,应切实从以下几个方面进一步优化创新服务环境:

第一,完善自主创新的政策法规体系,为提高自主创新能力和建设创新型城市提供保障。

第二,构建全市统一的技术交易、企业融资、信息交流等平台,形成比较完善的创新基础设施体系。

第三整合专业服务资源,围绕科技研发、企业融资信用担保、孵化转化,法律服务等环节,健全社会化、市场化的中介服务体系。

第四,加强知识产权保护,建立知识产权评估制度,鼓励发展知识产权中介服务机构,严厉查处和制裁各种侵犯知识产权的行为,及时有效地处理知识产权纠纷,维护良好的创新环境。

素质教育人力资源开发观
——兼谈现代人力资源开发与传统人力资源开发[①]

素质教育一般认为是一种就业前的基础教育或普通教育,而人力资源一般认为是就业后的事情,一般人们很少把这两者联系起来考虑。实际上个别有识之士已经认识教育与人力资源之间的关系,教育是人力资源的奠基工程,是人力资源的第一次开发。因此本文从人力资源开发的角度对当前素质教育实践中的问题谈谈我们的意见,仅供大家参考。

一、素质教育不要与应试教育相对立

什么是素质教育,虽然众说不一,但比较权威的解释认为,素质教育是对应试教育的否定。素质教育是以促进学生身心发展为目的,以提高国民的思想道德、文化科学、劳动技能、身体心理素质为宗旨的基础教育。相对立的,应试教育则是以考试得分为手段,以把少数人从多数人中选拔出来送上大学为唯一目的、片

---

① 本文为肖鸣政与温云云合写,原载于《东北师大学报(哲学社会科学版)》2000 年第 9 期。

面追求升学的教育①。这种解释与观点也为绝大多数的学者与教师所接受,也是目前我国教育行政部门推行与实施素质教育的指导纲领。然而这种解释有些地方似乎值得商榷:其一,学校教育是否只限发展而非选拔;其二,高等教育与中等职业教育是否非素质教育。

对于第一个问题的回答,显然要对其予以否定。我们国家目前还是发展中国家,目前九年义务教育尚未完全普及,高中与大学只能允许少数人进入,尤其进入大学和研究生学习的人数就更少了。如此看来,初中教育、高中教育以及大学教育目前都肩负着选拔的重任,国家将要启动的全国1000所高中示范校(北京市大约30所),其教育的选拔功能可能将重于发展功能,因为将来人们评价这些学校的重要指标仍然是看它的升学率,这部分学校无论怎样管理,其教育的主要目的必然是以把少数人从多数人中选拔出来,把不同学习水平的学生相互区别开来送上不同层次的大学为己任。如果这些学校不以升学教育为特点,它们就失去存在的价值。至于其他一般高中,虽然它们升学教育的力量不如示范校,学生中能选出上大学的人不如示范校多,但是它们仍然不甘落后,会积极努力,尽可能争取多从广大学生中选拔一些人上大学,争不到全国示范校,争取到地方示范校也可以,再从地方示范校慢慢与全国示范校竞争。

再说初中学校,虽然要求与示范校的高中脱钩,目前采取的办法是,扶持薄弱校建设,学生实行就近入学,以缩小与拉平校际差异,实际上这种拉平与缩小差异的做法更会激起校际之间的相互竞争,因为初三升高中要进行统考,学生可以择校,优等生进入示范校,二流生进入一般校或职业高中,三流生将被淘汰。任何一位家长都希望自己的孩子初三之后能上示范校,接受良好的教育,将来顺利进入大学深造。家长的这种要求与希望将迫使任何一所初中学校追求升入示范校的人数与比例。由于薄弱校得到大力扶持,校际之间的差异缩小,办学条件与实力相当,因此初中学校之间的竞争将会比今天更趋激烈。初中教育将仍然是选拔学生进入级别不同的高级中学接受不同层次的教育,因此高等教育没有普及之前,学校的选拔功能依然存在,选拔功能依然存在,应试教育就依然存在于学校教育之中。如果把素质教育看做是应试教育的对立面,那么同一学校就难以同时存在不相容的两种教育,最后我们只能说小学教育是素质教育,而其他阶段的教育将很可能还是

---

① 柳斌:《四谈关于素质教育的思考》,《人民教育》1997年第6期。

应试教育。

在当前的素质教育解释中,似乎只把素质教育限于基础教育之中,而把高等教育、中等职业与专业教育排除在素质教育之外。因为基础教育的通常解释是指普通中小学教育。这样就产生了文中所提出的第二个问题,高等教育与中等职业教育或专业教育是否非素质教育?对于这个问题,理论与事实也将要予以否定。众所周知,终身教育的观念早已于20世纪70年代提出,随着终身教育观念的提出,每个人的教育并不是随着中等职业教育或高等教育的完成而结束,大多数人不再认为所接受的中等职业教育或高等教育将是自己最后一次教育机会,并由此去为任何专业或职业选择课程。因此参加工作后的继续教育也并不只限于提高职业能力,而是要教育人们怎样做好一个父母与公民,怎样以艺术的方式进行消费与生产,怎样正确地理解世界的变化以及这些变化对于我们每个人的影响①。由此可见,素质教育将是一个终身的过程,我们目前的中等职业教育或专业教育以及高等教育,应该说它们至多是一种专业素质教育,仍然属于素质教育的范畴。从大学生与中专生或职高学生毕业后求职的现状来看,许多学生所从事的职业也并非自己所学的专业,许多学生一生中要变换好几种职业,尤其在当前或今后我国产业结构需要不断调整的市场经济形势要求下,中等或高等教育更不应该成为狭窄的专业教育,而应该成为一种比较宽泛的职业素质教育。因为教育培养人才的长期性与相对市场需要的滞后性,决定着学校教育永远难以满足现实社会瞬息万变对人才的需求,学校教育与市场需求的变化永远是一条难以填平的鸿沟。用非所学、用非所长在所难免,而且许多有成就的军事家、政治家、管理专家与学者也并非出自自己所学的专业。因此在1998年5月北京大学百年校庆上,江泽民同志提出,高等学府尤其是像北京大学这样的高等学校要成为培养高素质创造性人才的摇篮。在我们即将步入知识经济时代的今天与明天,中等职业教育与高等教育要以培养职业素质与高素质人才为己任的意义非常明确。我国曾主管教育的李岚清同志也一再强调,作为步入社会工作而准备的中等职业教育与高等学校教育无法为学生一生准备一切,学习应伴随人的一生,学校主要应教会学生如何学习。②

---

① 〔美〕B.S 布卢姆:《教育评价》,华东师范大学出版社1998年版,第2—3页。
② 舒尔兹:《人力资源的特殊性与作用》,《人力资源发展跨文化论》,上海百家出版社1991年版,第219页。

因此就学校教育而学校教育来解释什么是素质教育,难以走出素质教育与应试教育对立的迷谷,难以走出素质教育即为中小学教育的误区。有些人总认为中等职业教育与高等教育是为职业生活准备的专业教育,因此专业越分越细,教育越来越专,最后有的专业大量学生分不出去,有的专业学生供不应求,供求矛盾越来越尖锐,因此我们有必要从人力资源论的角度来分析与问答什么是素质教育的问题。

二、素质教育是人力资源开发的基础工程

从人力资源论的角度看,教育是人力资源开发的一种重要途径与方法,素质教育即是教育者对受教育者素质与潜能开发与提高的过程。在这一过程中升学教育与发展教育同时并存于学校教育之中,学校教育一方面要促进学生的身心发展,提高个性修养,另一方面要帮助与指导学生通过各种考试,升迁到更好更适合自己的学校与班级中,接受自己所想受到的教育,使自己获得优化与充分的发展。在这里,学校教育中的发展与选拔功能同时得到确认而并非自相矛盾。学校教育建立在承认学生先天素质存在差异的客观现实基础上,要求因材施教、因人施教、因群施教、因班因校施教,使每个学生找到适合自己发展的班级与学校,最大限度地得到发展与改变。素质教育在这里被认为是一种按照人力资源结构理论与要求对学生身心进行塑造与改造,使之更具人力资源价值与功能的过程。中小学教育是人力资源开发的基础工程,而中等职业教育与高等教育则是人才资源职业定向开发的基础工程。

所谓人力资源开发,即是对一个人劳动能力的培养、促进、改进与作用发挥的过程,是生理控制、心理培养、人事结合与管理的整体发展。开发被认为是终身的过程,是从胚胎优育到夕阳工程的过程,这种人力资源开发与传统意义上的人力资源开发解释有所不同。传统人力资源开发观认为,人力资源是一定区域范围内16岁以上的具有劳动能力的全部人口。因此人力资源开发的对象是健康完整的劳动力人口,年龄要求16岁以上,残废人与16岁以下的人口,不能参加劳动的服役军人、在押犯人与在校学生均不属于人力资源对象范畴。因此人力资源开发被认为是对16岁以上具有劳动人口的使用、调配与在职培训的过程。这种传统意义上的人力资源开发观点带有一定的狭隘性,缺乏经济活动的整体观、现代观与人力资源的基础观,把中小学教育、中等职业教育与高等教育排除在人力资源开发的系统之外。实际上军人及其工作对整个国民经济的贡献是不可否认的,一方面没有军人的国防与

保卫作用，社会经济生活就无法正常进行，就要受到极大的影响；另一方面许多部队直接参加交通工程建设，在水灾、火灾等灾害到来时发挥了突击队作用，保卫国家财产，直接挽回了许多经济损失，从反面来看他们也产生了直接的经济效益。还有的部队直接办企业与农场，自给自足，减少国家财政拨款，从一定意义上来说，也产生了直接的经济效益。监狱犯人也有许多直接参加了生产劳动，在生产劳动中一边改造自己，一边产生一定的经济效益；作为中小学生与在校的中专与大学生，虽然他们不属于劳动力的范畴，但他们的身心素质如何将直接影响到毕业后参加社会工作的效益与质量。人力资源理论研究表明，接受不同层次与水平教育的人将在国民经济活动中产生不同的经济效益。就初等教育（即小学教育）所产生的收益率（对提高农民生产效益所作的贡献）而言，据1980年世界银行统计，韩国为7%—11%，泰国为14%—15%，马来西亚为25%—40%。由此可见，同样是初等教育，但由于教育的思想与要求不同，在不同的国家所产生的经济效益是不尽相同的。即是在同一国家中同样的学生，因在不同水平的学校与教师下接受不同的教学，最后在工作中也将产生不同的经济效益。实践表明，同样的工作由不同素质的人去操作，最后产生的效益是大不一样的。人的素质及其基本能力的形成大部分在中小学时期就基本确定而并非16岁以后。就人力资源论来看，舒尔兹认为，读写能力是任何民族人口的人力资源质量的关键成分。①"印度狼孩"的事实表明，中小学时期是形成读写等语言能力的关键时期，一旦这一时期没有打好基础，则以后任凭人们怎样努力也将事倍功半，收效甚微，中小学形成的基本素质又是16岁以后直接劳动能力形成与发展的基础。因此我国的人力资源开发的工作应及早进行。从小孩开始，把中小学教育作为人力资源开发的基础工程来抓，把整个教育纳入到人力资源开发的系统工程中，这样教育为社会经济建设服务的功能将更为明显。素质教育将会为更多的人接受并深入人心，我们教育中的无效行为也将大为减少，有利于增强每个教育工作者、家长与学生本人努力提高自身素质的责任感与自觉性，有利于提高他们自我开发的积极性与主动性。

传统人力资源观把16岁以下的人口排除在人力概念之外，认为一个人只有成年之后，他的劳动能力才开始形成，此时进行开发才有意

---

① 毛礼锐等：《中国教育通史》第4卷，山东教育出版社1998年版，第260、272页。

义。这种观点有它的合理之处,然而这种人力资源开发观多少带有被动性,它把人力资源的形成看做一种自然现象,看做自然过程。树木只有成材后才能利用,人也只有成年后才能开发。这种成年后的人力资源开发观使我们的人力资源开发长期徘徊在低谷中,出现人力资源数量过多质量不高的反差现象。大家知道,中国国情中最为突出的特点就是人口众多,基数过大。人口众多素质不高,对于经济发展来说是一种劣势,是一个包袱。人口具有消费性与经济性的两重性,只有高素质的人口才能把我国人多负担的劣势转化为经济性人力的优势。要改变这种现象,也要求我们对人力资源的开发必须及早开始,从娃娃抓起,从遗传基因的控制与优化配置开始,充分发挥家庭基因、学校教育的前期开发作用,集生理系统开发、心理系统开发与能力系统开发为一体。人力资源的形成不同于自然资源,它具有关键期与最佳期,许多素质形成的关键期与最佳期都在成年前期,应及早促成,主动开发。因此我国许多有识之士早就提出重视中小学的素质教育问题。早在19世纪末20世纪初,以康有为、梁启超为代表的维新派就提出了相当深刻的见解。康有为、梁启超曾明确指出:"才智之民多则国强,才智之民少则国弱。"西方资本主义国家有富强的原因,"不在炮械军器,而在穷理劝说"。中国所以贫弱,主要是教育不良,缺乏人才。因此"欲任天下之事,开中国之新世界,莫亟于教育"。"欲求新政,比兴学校,可畏知本矣。"认为学校教育任务有十,一立志,二养身,三治身,四读书,五穷理,六学文,七乐群,八摄生,九经世,十传教。

目前,国际竞争日趋激烈,经济竞争与综合国力的竞争实质是科学技术的竞争,而归根到底是人才及其素质的竞争。如果说农业经济时代的国力标志是看所拥有的人口与土地数量,工业经济时代国力的标志是看所拥有的铁矿、石油等自然资源的多少,那么今天以高科技为代表的知识经济时代的国力标志,则主要看所拥有的高素质创造性人才的多少。高素质的创造性人才并非大学所能为,主要靠中小学教育之基础,要从小抓起,从中小学素质教育开始。因此,中小学素质教育是把12亿人口变成中国经济发展人力优势的基础工程。

素质教育是人力资源开发的基础工程,是对学生现有素质的改造、组合、重塑与创造的过程,要力求在素质培养上多花工夫。在注重创新素质教育的同时不要去否定传统的"双基"教学,在取消统考的同时不要放松课堂教学质量的评价,在注意教师学历提高的同时更要注重创新素质的培训。如果取消统考不提高教师的教育素质,教师仍然是老方法老方式教学,那么我国的教育质量将可能出现滑坡;如果只取消初中升学考试,而对高考中考不作根本改革,创新性素质教育终将受挫;如果仅仅拉平校际差异,忽视人际差异,缺乏人才素质测评与激励机制,那么我国的大批优秀人才将很难脱颖而出。

三、建立人才素质测评机制,实行教培用酬一体化的人事管理

素质教育并非对以往基础教育的全盘否定。笔者认为问题解决的关键在于尽快建立人才素质测评机制,实行教培用酬一体化的人事管理制度。素质教育的效果最后应该沉淀与体现在人才素质上,而人才素质的多少与高低,只能依靠测评加以认识。类似品德、学习能力与创新才能,依靠目前的考试形式是不行的。目前的考试形式只适合于知识理解、判断、分析等简单能力的浅层测试。

所谓人才素质,是人才完成一定任务与改造具备的基本条件与基本特点,是形成绩效及继续发展的前提,包括生理素质与心理素质两个方面。在心理素质中包括文化素质、品德素质①、智能素质与其他个性素质。人才素质具有稳定性、模糊性、综合性、可塑性、差异性、表出性、可分解性等特点。② 人才素质测评则是通过量表、面试、评价中心技术、观察判定、业绩考核等多种手段综合评判人才素质的一种活动③。

在美国,一些大学录取新生除知识考试外,常采取测评的方式考查学生的素质。例如哈佛大学招收学生,一般采用面试方式来测评学生的素质,并以此作为录取与否的依据。面试考官并不懂考生所报考的专业,他只是跟考生们单独面对面地聊天,让他们有个愉快的谈话经历,同每个人大约谈一个小时,然后写出面试报告,包括考生的知识能力、课外特长、个人品质以及与众不同的特点等。考官在面试中看重的不是考生的考试分数,而是整体素质,例如看是否有组织领导才华、是否热心公益、积极参加造福人类的社会活动,是否知识面宽,爱好广泛,有特长,能吃苦,有独立生活能力,有进取精神等。所以面试后有的原来考试分数第一、二名的考生未被录取,而有的考试分数仅是中上水平

---

① 肖鸣政:《试论品德测评量化问题》,《东北师大学报(哲学社会科学版)》1994年第1期。
② 肖鸣政:《人员测评的理论与方法》,中国劳动出版社1997年版,第2—6页。
③ 肖鸣政、温云云:《测评人才素质,致力人才开发》,《中国人力资源开发》1998年第3期。

的反而被录取了。我国有些高校对保送生的录取也进行过一些"综合能力测试",试验表明这种素质测评比考试更为有效。

邓小平同志早在1978年全国教育工作会议上就指出:"考试是检查学习情况和教学效果的一种重要方法","当然也不能迷信考试,把它当作检查学习效果的唯一方法。要认真研究、试验,改进考试的内容和形式,使它完善起来"。笔者认为完善当今考试内容与形式的方向就是尽快建立起人才素质测评的科学机制。人才素质测评与目前的统考不同,其测评结果并不意味着对与错,是与非,有统一的标准答案不可,它是一个舞台,能让每个学生的素质与潜能都在这里得到充分的展现。有了科学的人才素质测评机制,还要实行教培用酬一体化的教育体制与人事制度。所谓教培用酬一体化的教育体制与人事制度,是指学校与学校之间,班级与班级之间,小组与小组之间要拉开教学水平的差异,承认学生素质差异,实行双向浮动选择制,鼓励学习竞争,既允许学生与家长根据素质测评结果选择适合的教学水平与学校,也允许学校与教师根据素质测评结果选择学生与适当的教学水平与培养方案。既允许从低水平向高水平选择流动,也允许从高水平向低水平淘汰流动,实行优生优教,差生适教,以优促差,整体优化开发。学生毕业后,则要根据素质测评结果实行优生优用优酬,差生适用适酬,改变目前人事管理中重学历轻能力,重资力轻实力,重文凭轻素质的用人制度与晋升制度。要依据人力资源理论,高素质的人委以高职位的工作,给以高水平的培养与付以高水平的报酬,既要论功行赏,又要论人论质行赏,既要论能提拔又要因人开发。笔者曾访问过一些中小学教师与专家,他们一致认为,如果对学生的品德体质智能不建立起科学的测评手段,仍然像目前这样,招工晋级评优升学最后都是以学生考试分数为标准,那么素质教育就只能是一种美好的口号而落实不到具体的教育工作中,教育规律就只能任人践踏与违背。因此尽快建立人才素质测评的机制,实行教培用酬一体化的人事管理是解决全面推行素质教育的关键与保证。

博士生创新素质的教育与培养[①]

博士研究生教育是高等教育的最高层次。如果说大学阶段注重的是专业基础教育,硕士阶段强调的是专业知识与能力的掌握,那么博士阶段突出的则是创新素质的培养与创新活动的实践。"创新是一个民族进步的灵魂,是国家兴旺发达的不竭动力。一个没有创新能力的民族难以屹立于世界先进民族之林。"这是江泽民同志多次强调的。我国博士生教育质量与世界发达国家相比,最大的差距是创新精神与创新能力的教育与培养。本文所要探讨的就是如何进行博士生创新素质的教育与培养问题。

一、把好入学选拔关,发掘创新潜能

如果说我们的本专科生教育正在迈向大众化,那么博士生的教育将在很长一段时间内仍然是精英教育。也就是说,博士生的教育只有少数素质较高、专业

[①] 本文原载于《学位与研究生教育》2005年第8期。

能力强的人才有机会享受。因此，入学选拔是保证博士生教育质量的基础，是提高研究生教育效率的关键，是搞好博士研究生教育的第一关。

1. 从笔试与面试过程中发掘创新潜能

博士生的选拔，目前主要是笔试与面试。对于社会学科的学生，笔试题目一般是2—3道综合性考试题。如何从短短3个小时的答卷中与半个小时左右的面试中考察考生的创新潜能并非一件容易的事。

社会科学考生的答卷与理工科考生答卷的要求不尽相同，数学的"1+1=2"是唯一正确答案，但如果一个学管理的考生答卷完全照搬书本上的标准答案，而未融入自己的思考、见解，对这类考生的创新思维潜能应该质疑。因此，我们给考生的评分规则是：完全按照某个专家书上与报刊文章回答的给60—65分；综合2—3位专家观点进行回答的给66—70分；综合3位以上专家观点回答并且有所发挥的给71—75分；综合3位以上专家观点回答并且自己有独立思考的给80—85分；综合3位以上专家观点回答、自己有独立见解并且论证规范的给85—90分；综合3位以上专家观点回答、自己有不同观点并且论证合理的给90—95分；综合3位以上专家观点回答、自己有相反观点并且论证严密的给95—100分。

经过面试可进一步考察考生的思维能力、分析问题的能力以及创新能力，可以了解考生是否具有投身科学的事业心，是否具有脚踏实地、刻苦钻研的精神，这些非智力因素对成就一名优秀人才也是不可或缺的。但是，如果面试把握不好，则容易走过场甚至被一些表面现象所迷惑，误认为能言善辩滔滔不绝的人是有培养潜能的，表现紧张反应滞后的人就智力低下。实际上，历史上许多像陈景润式的科学家都是大智若愚的。因此如何做好博士生的面试工作至关重要。

2. 考察学生的研究能力

要在博士阶段出创新成果，必须掌握一定的研究方法和具备一定的研究能力，这在硕士阶段就应该培养。未出过任何科研成果的考生很难说他已具备一定的研究能力和已掌握一定的研究方法。对考生硕士阶段的论文、研究成果的考察了解，是博士生入学选拔时导师不可忽视的环节。

3. 学生的学历背景、专业基础与工作经历并同考虑

学科间的融合与交叉是当今科学技术发展的特点与趋势。人力资源开发与管理这门新兴学科与教育学、心理学、社会学、经济学等学科

都有密切关系。在招收博士生的时候,我们一般不局限于人力资源方向的硕士,而是从更宽泛的学科背景中去发掘考生。例如除欢迎具有管理学基础的考生报考外,我们还特别欢迎本科或者硕士阶段具有哲学、数学、政治学、心理学、经济学、教育学、社会学、历史学等学科背景的学生报考。由于管理学科的实践性、应用性都很强,因此,在考虑考生学历背景与基础的同时,我们还比较注重考生的阅历和工作经历。

此外,我们还要考察考生的培养潜能、创新素质、思想品德、外语能力与总体印象等。

二、改革教学模式,奠定创新基础

博士生培养的第一个阶段是知识学习,而合理的知识结构与启发性的教学方式,是创新能力培养的基本环节。

1. 以"宽口径、厚基础"构建研究课题的知识结构

"宽口径、厚基础"是针对博士生的研究方向或者研究课题来说的,是相对的,是培养知识广博、视野开阔、基础扎实、专业精深的优秀博士生的前提。围绕博士生研究的方向与课题,构建合理的知识结构,处理好"博"与"专"的关系,直接影响到博士生下一阶段的课题研究与学位论文质量。"博"与"专"是辩证统一、相得益彰的,"专"源于"博",只有在相对广博知识的基础上才能真正达到专业知识的精深;而"博"又得益于"专",当对所学专业知识达到足够深度时,对相关、相近学科会有触类旁通之效,对所研究的问题才有新思想与新观点。研究生教学管理部门应与博士生导师共同研究制订博士生的培养计划。导师可为博士生开列"精读"与"泛读"清单,指导并督促他们的学习。同时也要结合各学生的学习基础,适时调整课程计划。由于交叉学科与边缘学科的不断出现及各学科研究方法的相互借鉴,目前在博士生当中普遍认为在课程设置中应加大方法论性质类课程的比例,对此,我们导师及教学管理部门应予以重视。

2. 改进课程教学方式

我国著名的教育学家王逢贤教授,在博士生课程教学中创造了一套独特的"问号教学法"。王先生认为,本科阶段主要是"句号教学",即给学生传授正确无误的知识;硕士阶段主要是"逗号教学",即提出问题,指明方法,把结论留给学生自己去完成;而博士阶段则是"问号教学",即通过问题引导学生独立发现与解决更多更难的新问题,把问号拉成惊叹号,得出前人没有或与众不同的新结论。实践证明,这种启发

性的教学方法,有助于使博士生迅速地从学生角色进入研究者角色,深入学科前沿,提高科研创新能力。此外,在注重基础理论课程教学的同时,还应结合各专业实际,采取研讨课、自我研究、实践教学等多种不同的教学方式,发挥学生自主学习的积极性,培养学生勇于探索、敢于创新的学习风尚。

三、抓好学位论文,培养创新能力

学位论文是博士生培养的重要环节,学位论文的选题是博士生科研工作的起点,是完成高质量学位论文的关键。选题的过程同时也是对博士生创新意识、创新精神培养的过程,导师要不断地引导、鼓励学生进行创造性思维,敢于选择前人未曾涉及的领域,一个具有创新意义的博士学位论文选题的确定,对于发挥博士生在研究工作中的积极性和创造性是个有力的推动。但要完成一篇具有创新价值的学位论文还要历经艰苦卓绝的努力。

1. 尊重学生的研究兴趣和学术个性,激发创造力

导师在指导博士学位论文选题时,还要尊重学生的研究兴趣,兴趣是最好的老师,对某一问题的浓厚兴趣,往往能够转化成研究工作的一种内在动力,并由此激发出空前的创造力。全国优秀博士学位论文获奖者在交流经验时,有些人就谈到因对某一学科领域某一前沿问题的浓厚兴趣,从而产生了强烈的探求和创新欲望。我国已故著名数学家陈景润先生也正是基于对哥德巴赫猜想的极大兴趣,直至痴迷,全身心投入这一世界难题的攻克之中,以常人难以想象的超常毅力和超复荷的工作,最终取得了举世瞩目的成绩,摘取了数学皇冠上的一颗明珠。导师在指导博士学位论文时还要尊重学生的学术个性并考虑他们已有的学习工作基础,要因材施教,对他们进行个性化指导,而不是统一"整编"。充分发扬学术民主,支持博士生独立选题,支持他们自己选择研究方向,启发、引导、鼓励他们大胆创新。

2. 注重学科融合与交叉,孕育创新能力

数学的发展对传统的经济学带来了挑战,计算机科学的兴起与会计学结合产生了电算化会计,管理学、经济学、教育学等多学科的思想渗透到传统的人事管理活动中产生了现代人力资源管理。学科之间的融合、交叉、渗透创造了新的边缘学科、交叉学科及新的学科生长点,这些学科的边缘、交叉处犹如一座待开垦的矿产资源,有待于我们的科研工作者去发掘。这也正是科研课题和博士学位论文选题不竭的源泉。

能否选择一个具有创新意义的课题,关键在于前面所说的博士生是否具有广博的知识结构,开阔的学术视野。除注意博士课程设置外,还要充分发挥综合性大学学科专业较齐全的优势,让学生利用学校的学科环境资源来形成自己所需的知识结构。

作为博士生导师,一是要帮助学生合理构建知识结构;二是自身除必须具备深厚的专业知识外,还必须拥有宽广的相关学科知识。这样才能对学生在跨学科选题和跨学科研究过程中,真正发挥指导作用。这些年来,我们在人力资源开发与管理方面的教学与研究实践中,特别注意教育学、心理学、数学等多学科的基础学科交叉性。教育学研究的是关于人的培养、促进与素质发展的科学。其研究对象、方法、手段和人力资源开发与管理学有许多相似之处,完全可以借助相关的研究方法与研究成果来研究新兴的人力资源开发与管理学。心理学是研究人的心理现象发生、发展规律的科学。而人力资源开发的对象是人的素质,主要是心理素质。所以也可以运用心理学的研究方法与研究成果来丰富和发展人力资源开发与管理学科。而数学为人力资源的定量化研究奠定了坚实基础。我们常把自己研究经历中所得到的启示告诉学生,不断地帮助、鼓励和要求我们的学生拓宽知识视野,选修跨学科课程,选择跨学科研究课题,力争培养复合型创新人才。

3. 引导学生参加社会实践,培养创新实践能力

创新源于社会实践,服务于社会需要,同时也被社会实践所检验。作为管理学科的博士生导师,自己必须投入科研第一线,尽可能带领学生深入社会生产实践,使理论研究与社会实践有机结合,在实践中不断发掘新问题,不断检验自己的研究经验。这往往是成果创新的切入点,是创新能力的生长点。研究生教育,应该在巩固基础上加强应用。面向经济社会需要的科学研究实践,是培养研究生创新能力的必要过程。人力资源开发与管理是一门应用性比较强的新兴学科,20世纪80年代中期才传入我国,中西方文化的差异,各国管理的不同背景,使我国人力资源开发与管理不能完全照搬西方一套,应建立切合我国实际的一整套人力资源开发与管理的理论与方法体系。这些年来,我们带着学生深入到北京、深圳等全国许多省市的许多企事业单位及政府部门进行人力资源开发与管理的咨询服务工作,将理论研究成果服务于基层管理的需要。我们的一些博士生学位论文选题正是源于我们的社会实践。同时,我们又要求他们把课题研究与社会实践紧密结合,并将研究成果拿回到实践中进行实证检验。我国的大部分学生是从学校到学

校,一部分导师也是如此,较少有机会与社会生产实践接触。一些博士生完全凭文献资料做研究,这样出来的学位论文很可能是闭门造车,没有应用价值,更谈不上创新。美国高校则非常重视老师与学生的实践能力的培养。哈佛商学院鼓励老师用20%的时间到社会一线兼职,为政府、企业提供咨询服务。我们认为哈佛的经验值得我国高校借鉴。北京大学大力倡导并积极为教师创造各种实践的机会。

高校、社会也要为博士生进行社会实践搭建平台。清华大学水利专业的一名学生,在作博士学位论文期间到黄河水利委员会挂职研究。他的学位论文是在实践到理论再回到实践这样的互动模式中完成的。他的理论研究成果最终在黄河流域得到了实证检验,同时研究成果又直接服务于黄河的水治理。这种人才培养模式对博士生创新思维与创新能力的培养是非常有益的。然而社会给我们提供的平台非常有限,清华这位学生可谓是众多博士生中的幸运者。高校在探索博士创新教育时,应拓宽与社会实践相结合的途径,可在全国范围内选择一批富有活力的企事业单位、政府部门作为博士生长期固定的实践基地。可通过社会调查、挂职研究等多种形式,使博士生的理论研究与社会实践结合起来,培养符合社会需要的高素质创新人才。

博士学位论文的指导,是项系统性工作。导师既不能"越俎代庖",也不能"放任自流",导师除指导、帮助学生选好题,制定好研究计划,及时解决研究过程中的疑难问题外,还应尽可能为学生完成学位论文提高物质帮助。优秀的研究生导师不应该只关注研究生写作是否规范、能否通过答辩与按时毕业,更应该关注研究生的思维方式是否过于常规老套,有没有在内容与架构上超越现有成果,或者从另类角度上对问题进行研究、在更高层次上有新认识。

四、营造良好校园文化,拓展创新素质

要保证创新能力的持续发展,必须培养与开发相应的创新素质。创新素质是创新能力产生与发展的基础。良好的校园文化,是创新教育的原动力。校园文化是学校历史的积淀,是学校学术风范、目标追求、个性魅力的长期凝练。校园文化的主体和核心是优良的校风和学风。校园文化对师生的人格塑造、价值取向、学术风气、思维方式、道德情感有着无声的浸染和无形的感化。校园文化的培育与弘扬,是博士生创新教育的精神原动力,北大"勤奋、严谨、求实、创新"的学风,清华"自强不息、厚德载物"的校训,激励了一批又一批莘莘学子。走进中外

一流的大学,我们似乎可以感觉到弥漫在整个校园里浓厚、活跃的学术氛围,正是这种浓厚、活跃的学术氛围萌动着创新思想,这正是博士生创新教育不可或缺的良好氛围。博士生参加各种学术交流,是开阔学术视野,激发科研兴趣,提高学术水平,产生创新思维的重要途径,这是课程学习和学位论文研究难以取代的,一流大学与一般大学的区别往往就在于此。北大光华管理学院院长,我国著名经济学家厉以宁先生常说:北大的MBA不只是光华管理学院培养的,是整个北大在培养。为什么清华、北大培养MBA备受社会的关注和认可,独特校园文化的培育不能不说是个非常重要的因素。

科学的价值观和科学的精神,对博士生的创新教育也十分重要,据浙江大学对该校全国优秀博士学位论文获奖者的调查发现,几乎所有接受调查的论文获奖者都把具有强烈的事业心、勤奋刻苦、甘于寂寞作为他们取得成功的主要因素。"宝剑锋自磨砺出,梅花香自苦寒来",劳其筋骨、饿其体肤、空乏其身是成就大业的必经之路。做学问是件非常清苦的事,必须有坚定的信念,不畏艰难的精神及全身心的投入,才不会为各种诱惑所动,才能顽强地坚持下去。据教育学研究表明,非智力因素对成功所起的作用达到80%,要培养具有创新精神、创新能力的优秀人才,非智力品格的培育不可忽视。同时导师的言传身教及潜移默化的影响也不可低估,一些做出杰出贡献的优秀博士生正是在导师人格魅力的感召下,传承了导师科学严谨、求真务实的治学作风,不畏艰难,坚持不懈的治学精神而成就了一番伟业。

总之,博士生创新素质的教育与培养是一项艰巨的任务和一项系统的工程,需要导师、学生、学校、社会多方的共同努力。

参考文献

黄飞跃:《谈研究生创新能力的培养》,《学位与研究生教育》2004年第3期。
伍一军:《研究生创新思维和创新能力的培养》,《学位与研究生教育》2003年第7期。
萧鸣政:《人力资源开发学》,高等教育出版社2002年版。
肖鸣政:《言导身导文导》,《学位与研究生教育》1994年第2期。
张振刚:《中国研究型大学知识创新的战略研究》,高等教育出版社2003年版。

从人力资源开发视角看大学生就业难问题①

高校毕业生是我国宝贵的人力资源。大学生就业问题是1999年以来困扰我国社会的人力资源配置问题。今年,因美国次贷危机引起的全球金融危机迅速蔓延到实体经济领域,全球经济出现衰退,我国经济发展面临着"新世纪以来最困难"的局面,我国大学生就业难问题就更加突出了。2008年12月,温家宝总理就坦言,他最担心忧虑的一件事就是大学生就业问题。如何认识大学生就业问题并进一步深入挖掘其背后存在的原因,使大学生这一宝贵的人力资源得到合理有效的开发,是我们当前迫切需要思考的问题。本文试图运用人力资源开发的相关理论,从人力资源开发的视角来分析我国大学生就业难问题,并提出相关的建议。

---

① 本文为肖鸣政、陈昊与肖全英合写,原载于《中国人才》2009年第4期。

一、大学生就业问题的表现

1. 就业形势严峻,供需总量失衡,就业压力逐年增大

2003年是中国大学生就业的一个分水岭,自1999年高等教育扩招以后,2003年以来大学毕生就业压力骤增,初次就业率和供需比日趋下降。据教育部统计,2001年,全国各类高校毕业生待业人数约34万,2002年37万。到了2003年,大学生待业人数骤增到63.67万,比2002年上升72%,2004年更是高达75.6万。2007年,全国普通高校毕业生达到495万人,待业人数突破100万。2008年高校毕业生达到559万,待业人数达到112.9万。而2009年,全国高校毕业生更将达到约611万,约占城镇新增劳动力总量的一半以上,就业压力空前加大。

2. 女生、非重点高校、基础学科三大群体就业问题突出

在大学生就业问题上,不同群体就业难度不尽一致。首先是女大学生就业难问题明显。近年来,我国高校女生的数量逐年成倍增长。据统计,其增长率占在校学生总数的比例从38.31%增加到43.95%。劳动力市场供大于求的现实加大了毕业生之间的竞争,就业空间狭窄为用人单位人为地提高就业门槛、设置性别限制提供了条件,女性大学生在就业中普遍遭受歧视已是一个不争的事实,女性大学生成为就业大军中的弱势群体。其次是非重点与地方高校大学生的就业问题。就业状况呈现院校类型性差异,直属高校、部委高校、地方院校在本科毕业生层次上就业率差距较大。研究生就业率普遍较高,表明研究生的就业环境较好,直属高校就业率和部委高校就业率的差异并不显著。而在本科生层次上,不同性质的院校有较大的差异,用人单位选人时会优先考虑重点高校。

其次是过去的部委高校,地方高校学生一是很难进入北京、上海等大城市,二是很难进入名企、高薪行业。专科生的就业环境则较为严峻,现在无论是何种类型高校培养出的专科生就业率都较低,教育部近期公布的数据显示,专科生一次就业率仅为54%,与本科生一次就业率85%相差悬殊,大量待岗大学生出现在专科院校。

再次是不同学科就业的差距问题。文科专业学生比理工类学生就业难度更大,以往热门专业大学生过剩。据教育部近期公布的44所直属高校按学科门类统计的就业落实率从高到低依次为:医学92.08%、教育学87.88%、理学85.54%、农学84.75%、历史学80.09%、哲学

75.98%、经济学74.11%、文学74.05%、法学69.49%。从就业情况统计中可以看出,工科、理科类初次就业率比较高,人文社科类学科是毕业生初次就业率较低的学科,以往的热门专业如经济学、法学、管理学由于招生人数激增,导致大学生过剩,热门专业学生成为就业困难群体。

  3. 地域间、企业间供需不平衡,结构性就业问题凸显

  目前,大学生就业难问题很大程度上是结构问题。

  首先,由于我国的区域性经济发展不平衡,城市与农村、沿海与内地、东部地区与西部地区仍存在较大的经济差距。大中城市、沿海地区、东部地区经济实力雄厚,发展活跃,人才环境良好,对大学生有很强的吸引力,绝大多数毕业生选择在这些条件优越的城市地区就业。广大的内地和西部地区人才奇缺,西部大开发和中部崛起战略的实施更使人才重要性凸显,大学生却很少愿意选择西部和基层就业,本专科生及研究生就业人数最少的六个省市区依次是西藏自治区、青海省、宁夏回族自治区、内蒙古自治区、贵州省和海南省。

  其次,大多数毕业生的眼光更多地停留在大型国企、外企上,但绝大多数国企已进入减员增效、相对平稳的阶段,国家公务员更是大热状态,外企在这几年一直是呈门槛越来越高、所需人数越来越少的态势。

二、大学生就业问题的原因分析

  1. 我国社会改革转型进入攻坚阶段,劳动力需求减少

  传统产业、国有企业、事业单位和行政机关是接收大学毕业生的主体。但是,当前我国国民经济结构正在进行战略性调整,传统工业企业发展目标正在由数量扩张调整为追求质量和效益,因此需要转岗分流,对毕业生需求的数量减少、增员空间不大;随着"大部制"政府机构改革的深入,政府机关需要大幅度精简,不可能大量接收大学生。而且从中央到地方的历次机构调整中,分流人员基本上是在事业单位中找出路,而事业单位由于经费紧张、编制的限制等原因本身也面临着精简问题,尤其是近年来各省市都相继出台了事业单位改革的相关政策,进一步压缩编制,限制各事业单位进人的名额。与此同时,国有企业由于经营体制原因,经济效益普遍不佳,其本身沉积着大量的冗员,每年需向社会排放相当数量的富余人员,不可能去大量接受大学生。种种情况表明,大学生就业需求减少。

2. 国内人才市场求职期望与人才需求错位

大学生的求职期望集中在大中城市、热门行业和热门岗位上。根据历年统计年鉴可知,东部地区每年接收毕业生数量占毕业生总数的70%左右,而中西部地区仅占30%。政府部门、大中型国企是大多数毕业生向往的工作行业。2008年,为了限制应届大学生报考公务员,国家公务员考试50%的职位要求"有基层工作经验",但大学生报考公务员的热情丝毫不减,报考人数创下历史新高,相关职位报考比例令人咋舌。中西部、农村等欠发达地区求贤若渴,但招聘大学生人才却"颗粒无收"。以辽宁为例,2007年,全省到县以下基层就业的毕业生只占毕业生总数的4.4%,全省44个县法院多年来没有新进一名法学类本科毕业生。全省2/3的大学生挤在沈阳、大连,成为"都市漂族"。

3. 大学生人才开发的相关体制转变不到位

国家人力资源开发的主要方式之一是教育。1999年以来,我国高等教育经历了从"精英化"向"大众化"的改革,其中最突出的特点是高等教育的办学规模不断扩大,"扩招"和"并校"成为关于高校最热门的话题。但是"大众化"并非等同于普通高校的"扩招"。高等教育改革中,高校缺乏独立法人地位,自主性不强,发展动力不足,师资开发机制不健全,与社会发展的脱节日益加剧。"扩招"后培养出来的大学生人才在人格结构、知识结构、心理素质、能力结构和价值取向上出现种种欠缺,这些是导致其就业难的内在因素。因此,大学生就业难的根源在于国家的高等教育体制改革不到位,高等教育不能满足社会主义市场经济发展的迫切需要。

在计划经济体制下,"统招统包"加上一系列的社会用工制度、户籍、档案、社会保障等制度构成了国家大学生人才资源开发的一系列制度安排。这一制度的最大特点是国家计划,统一分配。与计划经济体制相匹配,"统招统包"是国家宏观调控人才流向、主导人才开发、实现人才资源优化配置的重要制度安排,它为国家重点建设项目和单位的发展提供了人才保障,为边远贫瘠地区输送了大批优秀人才,保证了国家人力资源开发对国家经济社会发展的有力支持。但是,社会主义市场经济体制的建立和发展,必然要求改革"统招统包"。"自费上学、自主择业"已成为大学毕业生的就业体制。这一体制的本质在于国家运用市场机制,遵循实现人力资源的最优化配置原则,以求达到人才资源的合理利用的目的。然而,因为各种原因,与"自主择业"相配套的户籍制度、档案制度、社会保障制度等其他配套制度尚未建立。一方面,这些制度的缺陷限制了人才的自由流动与就业信息渠道的畅通,另一方面,又将统一的全国人才市场人为地二元分割为发达地区第一劳动力市场(主要是指东部及沿海大中城市)和欠发达地区第二劳动力市场(主要是指西部、内地中小城镇及农村),这种划分无形中导致了大学生择业行为的产生,同时也固化了大学生的自由流动,使得大学毕业生、用人单位不得不考虑这些旧有制度的限制所带来的成本,这就导致部分大学毕业生出现了"毕业即失业"的尴尬:既失去了计划分配的保障,又没有获得选择的自由。

4. 高校教育与市场需求脱节,大学生主观因素影响就业

高校是国家大学生人才资源开发的主要承载体。北京大学厉以宁教授曾提出这样一个观点:教育有一项重要功能,即有效解决结构性失业和就业问题,在教育事业没有相应的发展、教育结构未作相应调整的条件下,劳动力结构与经济结构之间不相适应的情况是不会消除的。"人找不到事"和"事找不到人"的矛盾仍将继续存在。我国高等教育"大众化"改革的不彻底扭曲了高校组织开发大学生人力资源的功能。

首先,高校培养开发方式不合理,这主要体现在高校招生、专业设置和教学模式上。招生和专业设置不是以社会需求为本,不是以学生就业和发展为本,导致培养出来的学生与社会的需求脱节。由于高考填报志愿风险不对称,学生只有一次选择机会,而学校可以多次招生,所以专业设计不是以市场需求为指导,而是以开设专业的成本收益率为导向。这就导致了开设成本较低的文科、社科类专业过度膨胀,而市场需求较大的工科则由于试验成本、设备成本较高而开设较少。这直接导致了文科毕业生供大于求,而工科毕业生供不应求的结构性问题。另外,我国高等教育总体上依然延续过去传统的教育模式,即重视知识灌输,缺乏素质教育和能力培养,许多学校专业划分过细,培养出来的一些毕业生知识面窄,学习能力和适应能力差,同时普遍缺乏社会实践能力和实际操作能力。我国的教育体制总体上仍以应试教育为主,不少大学生们从小学到大学,已经形成了有好的学习成绩就是好学生的思维定式,在学习过程表现为重书本知识,轻实践锻炼,能力素质欠佳。这显然不能适应用人单位的需要。

其次,高校对于就业指导重视不足。现阶段我国高校就业指导经费投入少,专业人员短缺,方法单一乏味,职能不全,还停留在计划经济时期"统招统包"机制的职责定位上,明显不适应现阶段大学生、企业的需要。

再次,大学生们择业观念落后,不能适应社会需求。我国已经进入大众化教育阶段。但多年来,"天之骄子"、"精英人才"等观念严重地左右着大学生的择业观。不少学生想着一毕业就有国家干部的身份,或者一毕业就到高级技术专业岗位或高级管理岗位上工作。"大众化"意味着接受高等教育成为大多数人的权利,普通大众均可进入大学深造,因此,大学毕业生的就业与普通老百姓一样,要公平地参与社会竞争。因此,高等教育大众化后,一部分大学生通过竞争,可能成为社会精英,而一部分大学生必然将从事与大众化相适应的普通工作,成为基层工作者。

5. 宏观经济环境不乐观,出口导向型企业影响深,大学生就业"雪上加霜"

2009年,因2008年美国次贷危机引起的全球金融危机迅速蔓延到实体经济领域,全球经济出现衰退,世界经济前景暗淡,资本大幅缩水,我国主要贸易伙伴国家的居民消费信心指数大幅下降,进口需求滑落,我国经济发展面临着"新世纪最困难"的局面。我国东南沿海等地出口导向型企业深受影响,出现了罕见的民工提前返乡潮和部分企业裁员、倒闭的现象,如全球最大玩具制造商之一——合俊集团旗下两工厂倒闭,6500名员工面临失业。2007年,我国的民营企业吸纳了34.2%的大学毕业生,民营企业倒闭,对大学生就业的影响可想而知。同时,由于国内国际因素影响,国内经济由增长过快、价格结构性矛盾迅速转变为经济增长趋缓、短期内面临着经济快速下滑的风险。宏观经济环境严峻,经济增长下滑,首要影响的就是就业机会减少,这使得我国原来就不乐观的大学生就业问题雪上加霜。

三、应对大学生问题的策略建议

通过以高等教育开发来实现人才的培养、塑造与发展,是国家进行人才资源开发活动的主要手段。高校与大学生个人通过教学与掌握专业知识,提高素质能力,以求培养的人才在合适的岗位上为国家社会作出贡献,这是学校与学生的共同愿望。因此,从人力资源开发理论的视角来看,高等教育就是国家、高校、个人等各个层面形成合力来实现人才的培育、塑造与发展的过程。虽然我国大学生就业难的原因是多方面的,但是主要的原因还是在于国家、高校、大学生个人等各个层面的人力资源开发没有主动与我国社会经济迅速发展的客观要求相适应。

1. 中国政府的开发策略

在当前金融危机蔓延、我国就业形势十分严峻的背景下,党和国家已经把大学生就业摆在就业工作的首位。2009年1月19日国务院办公厅发出了《关于加强普通高等学校毕业生就业工作的通知》,要求把高校毕业生就业摆在当前就业工作的首位,采取切实有效措施,拓宽就业门路,明确了七项举措力推大学生就业。这七项举措包括:(1)采取生活补贴、纳入社保以及学费代偿等手段鼓励和引导毕业生到城乡基层就业。(2)取消直辖市以外的落户限制,鼓励毕业生到中小企业就业。(3)鼓励骨干企业和科研项目吸纳和稳定高校毕业生就业。(4)落实税收优惠、小额担保贷款及贴息等,鼓励和支持毕业生自主创业。(5)提供免费就业信息,强化毕业生就业服务。(6)完善离校未就业毕业生见习制度,提升毕业生就业能力。(7)完善大学生失业登记,建立和完善困难毕业生援助制度。政府的这些政策支持符合人力资源优化配置的市场原则,对正在辛苦找工作的大学生真是"雪中送炭",相信短期内能刺激大学生就业难局面的好转。

政策支持治标,治本还需体制转型。首先,继续改革高等教育制度。确定高校的合理定位,科学核定高等教育规模,稳步推进高等教育人才开发模式和专业结构设置等改革;其次,要加快推进户籍制度和档案管理制度改革,打破我国城乡二元经济体制,形成城乡统一的、自由流动的全国劳动力市场;最后,社会保障制度改革。要统筹就业和社会保障政策,扩大社会保障覆盖面,将全体社会成员纳入社会保障体系。加快建立适合农村、中小企业、非公有制单位的社会保险形式。唯有扫清制度障碍,才能突破劳动力市场二元分割的局面,促进人才资源自由流动,培养适应社会经济发展需要的高素质人才,实现人才资源的优化配置。

2. 我国高校的开发策略

(1)突破原有的人才培养开发模式,顺应市场需求调整高校专业结构和课程结构设置。

随着毕业生就业市场从"卖方市场"向"买方市场"转变的完成,原有的人才培养开发模式已经过时,人才培养开发模式必须充分反映社会需求,专业课程的设置应避免专业重复、口径狭窄。尤其是应用性学科,更应该充分考虑人才的市场适应性。培养计划的确定应从实际出发,根据岗位的要求确定必然具备的知识与能力结构,再根据这种结构来设计专业的课程结构和教学模式,强化实践环节,突出能力培养。以培养学生的就业能力、创新能力、创业能力为重点,突出实践教学,切实转变人才培养模式和机制。

(2) 加强就业指导,完善和强化高校的人力资源开发功能。

高校要将就业指导工作摆在与教学、科研同等重要的地位,并强化就业指导中心的信息、咨询、指导、中介等服务职能。首先,就业指导中心要参与高校专业设置、课程建设、教学改革、人才培养模式等方面的研究与决策;其次,应加强大学生就业指导的机构与设施建设,要按一定的师生比保证专职工作人员的数量,形成一支校、院、班有机结合的就业指导服务队伍;再次,要加强就业信息网建设,加强市场调研,系统地收集与整理大学生就业相关制度和政策信息、收集与整理社会职业需求信息和全国各专业毕业生情况信息、收集与整理毕业生学习、社会实践及奖励等个人信息;最后,完善大学生就业指导内容和职能。学者黄敬宝认为大学生就业指导内容应该包括"开设就业指导课程、进行就业观教育、提供心理测定与求职咨询服务、举办就业培训班、提供职业模拟实践机会、组织召开和参加招聘会、建立实习与就业基地等"。

3. 大学生自我开发的策略

目前毕业生就业市场的激烈竞争,实际上是毕业生个体之间能力与素质的较量。大学毕业生要把握就业的主动权,就必须注重自身能力的培养与素质的全面提高,同时就业形势的变化要求大学生必须及时更新就业观念,使自己的思想从陈旧的条条框框的束缚中解放出来,积极主动地适应新形势。

(1) 转变就业观念,做好职业生涯规划。

大学毕业生转变就业观念应从以下几个方面入手:首先,建立正确的价值观。社会的转型要求大学生重塑就业观念和改变职业生涯规划。当代大学生,既鼓励个人奋斗和个人价值的满足,同时还要强调承担一定的社会责任。其次,适当降低就业期望值,将客观的社会需要与主观的个体需要相结合。就业期望值不能过高,应不同时期、不同就业环境而自行调整,使自己的就业期望值更加符合社会市场,从而及时顺利的走上工作岗位。再次,变就业为创业,开拓职业生涯新的天地。要放弃一劳永逸的念头,要树立工作即是创新开始的职业意识。最后,树立终身学习的观念,为将来打造全新的自我。只有不断学习,与时俱进,才能适应瞬息万变的市场环境。

(2) 针对市场需求,全面开发自身综合能力。

大学毕业生要想在择业、就业中处于有利地位,就必须努力培养和提高自身的各方面的素质。具体来说,用人单位考核大学毕业生综合素质主要侧重两点:毕业生在校期间学习成绩和毕业生在校期间的社会实践经历。这两方面的考核将直接影响到毕业生择业的结果。因此在校大学生应首先树立正确的学习态度,改善学习方法,提高学习能力,形成良好的专业素质及合理的知识结构;其次要广泛参与社会实践和素质拓展活动,增强自己的组织能力、社交能力、创新能力、动手能力和适应变化的自我发展能力,不断提高自身的社会适应能力;最后在高年级阶段要有针对性地进行岗位实习,积累相关的工作经验。

(3)掌握择业技巧,求职中抓住每一个机会。

在具备了一定的理论知识、能力和素质之后,能否被某一家用人单位顺利录用,还需要毕业生在应聘开始之前进行大量的有计划的准备工作,同时也需要具备一定的择业技巧。这主要包括做好职业生涯规划,明确职业目标;精心设计简历,主动收集和了解用人单位的信息;掌握面试技巧和方法等。

总之,大学生就业难的问题,是一个综合与复杂的问题,因此需要政府、学校与大学生个人的综合努力来解决。

21 世纪,世界人才战争急[①]

为什么一向比较排外的德国最近积极办理国外信息人才的长期居留权?为什么日本最近对外国人的政策发生急剧的变化?为什么美国的5项职业移民政策中,有3项都是关注专业技术人才?这些问题预示着21世纪世界人才争夺大战将更趋激烈。

一、世界各国人才短缺,发达国家尤其严重

据美国信息技术协会 2000 年 8 月发表的报告,今年美国各行各业创造了 160 万个信息技术岗位,其中大约 1/3 的岗位涉及技术支持,但有大约一半的岗位空缺,找不到合适人选。高新技术人才最为密集的地区——美国硅谷近年来出现人才短缺现象。据美国技术协会的最新调查,美国目前大约有 1000 万人在从事信息技术,其中 50% 从事高科技工作,占全国劳动的 3.5%,从过去的 6 年趋势来看,未来 5 年美国的高科技人员在现有基础上,将至少还要增加 30%,从事高

---

① 本文原载于《中国人才》2001 年第 1 期。

科技行业的辅助工人将至少还要增加 120 万。硅谷是美国信息产业中心，集中了美国 96% 的半导体公司，是知识经济的发源地之一。硅谷一带人才短缺比例高达 10%，估计有 34.6 万个信息职位空缺。这预示着美国正面临着"人才危机"。人才短缺在其他国家也有所显现。在日本，今后 10 年科技人才将短缺 160 万到 445 万，其中最为紧缺的是信息技术人。在欧洲，到 2002 年仅网络人才就将短缺 60 万人。有关资料表明，德国目前的信息技术人才短缺总数至少在 7.5 万人，1999 年开始，"德国职业训练联盟"开始了一项紧急职业训练计划，希望在 2005 年前训练 25 万名高科技人才，但是远水救不了近火，因此一向移民十分保守的德国最近实行以长期居留权吸引外国信息技术人才，德国"联邦工作局"2000 年 3 月专门开设了一个网络征才热线。

二、知识经济到来，人才大战日趋激烈

上述各国出现的高新技术、特别是网络技术人才的严重缺口，引起了这些国家政府的警觉，他们更加重视以"短、平、快"的方式从其他国家特别是发展中国家抢人才、挖人才，形成了一场波及全球的人才争夺大战。据美国总统克林顿 2001 年 5 月向国会提出的一项人才引进计划，在 2001 年至 2003 年，美国引进高科技人才的数量将从目前的每年 11.5 万人增加到 20 万人。德国总理施罗德 2000 年 3 月 13 日宣布，德国将出台一系列有关从国外招聘信息技术人才的新政策，"尽快"招聘 2 万名外国信息技术人才。5 月 31 日，德国内阁通过了向从非欧盟国家引进的信息技术人才发放"绿卡"的规定。英国在 2000 年预算中提出，放宽向以信息技术为主的人才发放劳动许可证的限制。英国 2000 年 7 月发布的科技与创新白皮书提出，每年拨款 400 万英镑，用于增加 50 名一流科学家的工资。芬兰对掌握先进技术的高收入外国人征税的最高税率已减至当地人的 58%。日本的外国人政策最近发生急剧性的变化，对各种人才留日放宽政策，大大简化国外国人留学手续。他们计划采取各种措施，使外籍科研人员占科研人员总数的比例在今后几年达到 30%。加拿大加快了信息技术移民的步骤，把技术移放首位，移民时间大大缩短。2000 年 7 月，南非政府决定修改移民法，放宽对外国人才的限制，以促进南非经济的进一步发展。新加坡总理在国庆 35 周年的国庆献词中指出："我们要做的事情很多，但是人才不够。因此，只好引进环球人才。事实上，许多国家都在公开招揽外人才，它们因此放宽移民管制，吸引更多外国银行家、工程师和技师，以加

强它们的经济竞争力。"他们特别强调新加坡人掌握信息技术的重要性。他说:"数码知识将带来界限分明的分水岭,大多数的新加坡人都站立在分水岭的正面,只要我们加倍努力,就会有更多的人能越过分水岭,享受新经济所带来的好处。"

因为随着知识经济时代的到来,人类知识总量4年左右翻一番,世界科技发展日新月异,经济和社会需求层出不穷,而人才的教育培训却具有一定的滞后性与周期性,无法赶上知识经济时代迅猛发展的步伐。世界各国面临着"人才大饥荒"。特别是早发达国家的信息技术人才和生物技术等高技术人才的需求越来越大,由此引发的世界人才大战在所难免,而且将日趋激烈。有关专家预计,目前信息技术人才的短缺只是一个前奏,随着基因技术、生物工程和航空技术的发展和产业的升级,世界各国高新技术人才的缺口会越来越大,对高新技术人才的争夺会越来越激烈。

三、人才争夺失衡,世界各国贫富差距更加扩大

知识经济的发展一方面使传统产业的劳动力过剩,另一方面又使高新技术人才严重短缺。这一现象在美国尤为显著。有关资料表明,1997年美国新毕业的英语博士失业率达8.8%,政治学博士失业率达7%。人才争夺的结果,将使发展中国家的高科技人才流失变得越来越少。知识经济时代,人才是一个国家经济实力的支柱与象征。发展中国家能否发展以及发展到什么程度,关键在于它们是否拥有足够的人才数量与质量。

世界经济的发展大致可以划分为农业经济;工业经济与高科技经济。所谓高科技时代,也称知识经济时代,即指财富生产依赖的主要对象不再是体力与大工业时代中的机械技术,而是以电子为代表的现代高新技术。经过100多年世界工业经济的发展,自然资源相对缺乏,而人口资源相对过剩。依靠机械技术的粗放型原材料加工,不但大量浪费自然资源,造成环境污染,而且附加值较低,带来经济发展的不平衡,因此,联合国提出了可持续发展道路的要求。如果说农业经济时代生产力中的第一要素是体力型的劳动力,工业经济时代生产力中的第一要素是自然资源,包括石油、矿石、煤炭等能源,那么知识经济时代生产力中的第一要素则是高素质的人才。农业经济时代提高一个国经济实力的根本基础在于不断地拥有与开发劳动力人口,因此农业经济时期战争的目标是掠夺人口,尤其是强壮劳动力,西方贩卖奴隶的活动也一

直进行到19世纪末。工业经济时代提高一个国家经济实力的根本基础在于不断地拥有与开自然资源,因此19发世纪以来世界各国战争的主要目的是掠夺或保卫自然资源,那么即将到来的知识经济时代,提高一个国家经济实力的根本基础是什么呢?显然应该是不断地拥有与开发人力资源,尤其是高素质的人才。因此目前世界各国纷纷把高素质人才资源的开发与引进,作为21世纪发展的重要战略目标。

为了适应知识经济的发展,同时控制世界各国人才争夺带来经济发展的不平衡,在21世纪,联合国应该采取一些实质性措施。首先,应该向发达国家、尤其是那些人才争夺的赢家征收一定的人才使用税收,用于增加补偿发展中国家的教育投资。尤其是要大力支持中国、印度等人口较多国家的人才培养。这样才能解决这些国家内部需要与外部争夺的需要;其次,发达国家要重视做好全球人才预测和规划,尽早尽快培养自己所需的各种人才,尽量不要从不发达国家中争夺人才;再次要提倡、鼓励并监督发展中国家办教育,培养培训人才,帮助发展中国家人才建设,使它们能同等享受知识经济给他们所带来的发展机遇与利益。

改革开放 30 年中国人才政策回顾与分析[①]

2008 年是中国改革开放 30 周年,30 年来,中国走过了很不平凡的道路,各项建设和各项事业都取得了跨越式进步,国家正在向着全面建设小康社会而迈进,为世界所瞩目。"中国式奇迹"的创造者主要是人,中国的人才政策,在改革开放三十年间,也同样取得了历史性的突破和进步。

一、中国人才政策体系和改革开放 30 年来的变迁

人才政策,在这里是指与发挥人的才能与作用相关的一系列政策与法规,是政府为了发挥人才的作用,对人才的培养、开发、利用等活动作出的规定和采取的措施与行动,主要包括教育政策、就业政策、激励政策等。中国国家人才政策体系从纵向上看主要分为四个层次,即由立法机关全国人大及常委会制定的相关法律;由行政机关颁布的行政法规;由国务院所属部门发

[①] 本文为肖鸣政与韩溪合写,原载于《中国人才》2009 年第 1 期。

布的部门规章和由部委所属部门制定和下达的各种规范化文件。从横向上看,主要有党政人才、企业经营人才、专业技术人才、其他人才四个系统体系构成,内容涉及人才培养、选拔、使用、考核、奖惩、工资福利、流动、退休等各个方面。

改革开放以来,国家共制定出台人事人才方面的指导性政策和相关的法律、法规、文件近1000件,初步形成了有中国特色的人才政策体系框架。总体来看,改革开放后人才政策主要走过了三个阶段,即以拨乱反正为先导和以人才解放为主要特点的改革开放初期(1978—1992年),以科教兴国战略为主导和以人才地位提升为主要特点的有中国特色社会主义建设时期,以人才强国为战略导向(1992—2003年)和"以人为本,建设和谐社会"为主要特点的全面建设小康社会时期(2003年至今)。

从改革开放后国家级法律法规(不包括指导性文件和地方政策文件)数量看,1978—1992年共出台47件,1993—2003年共出台271件,2003年之后共出台164件,总体呈现波动增长的趋势(如下图所示)。

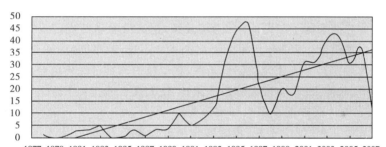

图1 改革开放后人才政策数量趋势

数据来源:《最新人力资源与人事管理法规全书》,法律出版社2007年版。

(一)改革开放初期(1978—1992年)

这段时期,国家从"文革"混乱的秩序中得到恢复,政治上实现了伟大转折,工作重心转移到经济建设上,社会经济得到快速发展。拨乱反正使人才得到解放,全社会兴起"尊重知识、尊重人才"的风气,人才政策取得前所未有的进步。人才政策的总体特征是人才重要性开始体现,流动性开始实现,各项人才管理工作逐步走入正轨。

1. 人才重要性凸显

从"文革"的教训出发,第二代领导集体认识到人才工作的重要性,强调尊重知识、尊重人才,"要重视知识,重视从事脑力劳动的人,要承认这些人是劳动者",提出"知识分子的名誉要恢复";1978年全国科学技术大会重申知识分子是工人阶级的一部分,摘除臭老九的帽子;1984年《关于经济体制改革的决定》中提出"采取有力措施提高知识分子的社会地位,改善知识分子的工作条件和生活待遇"、"起用一代新人,造就一支社会主义经济管理干部的宏大队伍"。

思想上的解放带动了人才队伍的建设。以恢复高考为先导,高等教育得到迅速恢复,国家制订《学位条例》,实行自学考试、恢复和建立教材编委会,加强师资培养等;针对科技人才制定并实施《科研津贴暂行办法》,破格晋升一批有贡献的中青年科技人员,培养出自己的博士生,积极选派留学人员等,改善了文革造成的青黄不接的局面;《科技和教育体制改革的决定》,推动了后备人才的培养和管理。

2. 人才流动加快

人才流动率是衡量和评估人才使用质量的重要因素,是优化资源配置、开发人力资源的必然要求。计划经济体制下国家统一调配人才,市场经济要求人才实现流动。《关于科技人才合理流动的若干规定》、《关于加强边远地区科技队伍建设的若干政策问题的报告》、《关于科技人员业务兼职若干问题的意见》等政策,把人员流动的规定放宽,引导人才合理流动;1987年国家开始兴办人才市场,颁布《劳动就业服务企业管理规定》,为人才流动创造条件,在单位内部推行优化组合、合同聘任制等,破除束缚,实现人才自由流转,使大批人才找到了合适的岗位。

3. 人才管理逐步实现科学化

从统一的"国家干部"模式逐步细分出各类人才,并出台了分类管理政策。《关于实行专业技术职务聘任制的决定》在全国得到推广,自此职称评定一直沿用到现在,对专业技术人才的培养和评价起到了决定性的影响作用;初步实施了劳动合同管理,推行绩效考核与管理。《企业职工奖惩条例》开始关注绩效,《工人考核条例》、《全民所有制事业单位辞退专业技术人员和管理人员暂行规定》的出台使管理逐步走向理性与科学,人才可进可出、可上可下。

(二)有中国特色社会主义建设时期(1992—2003年)

以邓小平同志南方讲话和党的十四大为标志,中国进入了建设有中国特色社会主义阶段,"尊重知识,尊重人才"得到了进一步深化和发展,人才地位不断提升。这一段时期的政策特点是人才被视为所有资源中最宝贵的资源,树立全面的人才观和建立制度保障。

1995年《关于加速科学技术进步的决定》强调科技人才是第一生

产力的开拓者,做出科教兴国的战略决策,要培养造就一批科学技术人才。同年的"百千万人才工程",计划到20世纪末造就大批科学家、学科带头人,加速人才成长步伐。2000年全国人才总数达到6360万。"十五"计划首次把人才战略和科教兴国战略摆在同等重要的位置,提出"人才是最宝贵的资源",要开发人力资源并营造良好的人才环境,把人才问题提到前所未有的高度。《2002—2005年全国人才队伍建设规划纲要》把"人才强国"战略作为国策长期实行,并先后出台一系列政策法规予以配套。《职业技能鉴定规定》中建立了技能人才评价机制;《劳动法》具有单行法和劳动保障领域基本法的双重效力,在调整劳动关系、保障劳动者基本权益方面意义重大;《职业指导办法》、《职业培训试题管理规定》、《职业教育法》,规范人才培养的各种措施和办法;《劳动力市场管理规定》、《职业介绍服务规程试行》等政策,规范人才市场,拓展人才的流动和选择环境;《关于进一步深化普通高等学校毕业生就业制度改革有关问题的意见》放宽大学生户籍办理渠道;《关于为外国籍高层次人才和投资者提供入境及居住便利的规定》为外籍人才引进提供便利;出于对人才的关怀,从1994年开始出台关于劳动关系的建立、解除、解除后的补偿等相关政策。2002年第一部《职业病防治法》颁布实施,被称为2002年最具有人文关怀的人才政策,能够有效保证劳动者对于职业环境的知情权。

(三)全面建设小康社会时期(2003年至今)

党的十六大的召开标志着中国进入了全面建设小康社会阶段,十六大明确提出"尊重劳动、尊重知识、尊重人才、尊重创造"的人才工作方针。对人才内涵作出全新界定:"只要具有一定的知识或技能,能够进行创造性劳动,为推进社会主义物质文明、政治文明、精神文明建设,在建设中国特色社会主义伟大事业中作出积极贡献,都是党和国家需要的人才"。2003年全国第一次人才工作会议对新形势下人才工作做出全面部署,人才强国战略开始进入新高潮。人才政策总体呈现出新高潮,凸显了"以人为本",充分尊重人才,不断创新管理体制的特点。

《中共中央、国务院关于进一步加强人才工作的决定》确立"党管人才"原则,坚持"以人为本",实施"人才强国"战略;提出了科学的人才观,形成了科学的甄选、培养、评价和使用人才的机制;建立了完善的人才市场体系;进一步完善了激励和保障机制等。这个以党和国家意志出现的最高层次的人才战略规划,对这一时期人才政策起到了纲领性的指导作用。以此为契机,各级有关部门相继出台政策,其中2005年

4月27日公务员法正式颁布,于2006年1月1日正式实施。与其相关的配套法规也陆续出台,如《公务员奖励规定》、《公务员培训规定》、《公务员考核规定》、《新录用公务员任职定级规定》、《公务员调任规定》、《公务员职务任免与职务升降规定》等。2007年6月29日,《中华人民共和国劳动合同法》正式颁布,并于2008年1月1日正式实施。而2008年9月19日《劳动合同法实施条例》的正式公布则使劳动合同法有了实施细则。新阶段内,这几部重要的法律法规成为我国人才政策体系中的绚丽篇章。

二、30年来中国人才政策及其实施中存在的问题

改革开放30年来,中国的人才政策取得了前所未有的进步,但是其中也还存在着一些有待改进的问题与不足,主要表现在以下几个方面。

(一) 层次性不高

总体来看中国现有人才政策体系中政策比重大,法律法规比重相对较小,虽然已经初步形成了法律政策体系,但是与"人才强国"的战略地位和社会经济的发展仍然不相适应,立法进程比较滞后,层次比较低,体系仍不完整。在2000年《立法法》颁布之后,由全国人大制定的法律只有《公务员法》、《劳动合同法》、《就业促进法》等几部,在原国家人事部的众多政策文件中,属于规章的只有《人才市场管理规定》。这有多方面的原因。首先是由于立法的严肃性而导致法律出台的长周期性;其次,中国的立法程序还处于不够成熟阶段,影响了立法的及时性;再次,也是由于中国长期以来形成的"重政策、轻法律"的行政惯性,造成整个社会法律意识淡薄。虽然在行动力上政策的效率更高,短期作用明显,但是,政策的变动性较大,不能实现长期地稳定地实施。进行人才立法,就是要遵循人才工作规律,总结实践中的人才政策,将规律和政策翻译成法条,以法律的神圣与威严保证对规律的遵循和政策的实施。因此,人才政策需要上升到法律层面,需要变成国家的制度来确保人才政策的长期实施。同时,由于我国目前缺少高层次的人才基本法的规范和引导,因此诸多人才单行法律法规、国家法律法规和地方规章政策之间存在互相冲突的问题,也限制了人才政策的体系化进程。

(二) 政策配套性不足

配套性政策是就国家的人才方针政策、法律法规,考虑地区部门差异和社会经济发展阶段的特点,在实施细则上作出的部署,是国家人才政策法律法规得以顺利有效的实施保障。改革开放以来,国家出台了大量法律政策条文,但是与之相对应的实施细则、法律规范、政策指导却相对匮乏。《公务员法》实施已经三年,但尚有涉及公务员辞职辞退、聘任制公务员等15个配套法规仍在制定过程中;我国的人才评价发展相对缓慢,在具体的操作实践中,一直没有突破性的进展,评价理论依据匮乏、评价内容和方法比较落后。《决定》提出要建立社会化评价机制,但是到目前为止,相关的社会化的人才评价缺乏政策引导和政策依据;良好的激励政策有助于吸引人才、开发人才潜能、留住人才、创造良好的竞争环境,在人才竞争日趋激烈的今天至为重要,但是至今都没有相关的专门性政策与之相配套,原则性政策多于配套的措施性政策,造成了政策执行难度大,只是停留在表面上。

(三)操作性有待提高

所谓操作性,是指政策的内容可以直接用于指导实践行为,并可以借助某种技术手段从质和量两个方面进行验证。国家人才政策,在实施中要针对各个地区、各个部门和各支人才队伍的实际,因地制宜,因时制宜,因人而异。同时,在具体操作层面要做到有规划、有落实、有监督,最终使宏观政策发布和具体落实形成体系。而受到传统政策观念的影响,中国的人才政策往往呈现出"有指导政策,无实施对策"、"有政策发布,无政策评估"的局面。前者是指国家宏观的指导性政策非常明确,但是限于种种主观和客观环境的限制,具体的实施细则出台较慢,造成政策没有配套,无法让人才切实的感受到政策的照顾和优惠,也无法引导人才工作的进一步开展;而后者则表现在对于政策的落实缺乏及时有效的评估和检查,或者评估方法流于形式,这便有可能造成政策只是停留在纸面而没有起到真正的作用,无法实现对政策执行绩效的管理。此外,实体政策的数量要远远大于程序政策的数量。三十年来出台的大量法律法规政策,绝大多数是针对人才工作单项主体的,对于政策实施的具体规划、政策实施的过程、政策效果的考评等相关程序性政策关注比较少,疏于政策监督。

(四)政策前瞻性有待加强

当今世界的竞争在很大程度上可以归结为人才的竞争,有效的培养、甄选、使用、留人政策是每个国家在竞争中占据优势的基础和前提。因此要求国家人才政策的制定具有一定程度的前瞻性,能够根据国内外形势的变化和中国人才的发展特征做出预测和判断,针对不同人才的具体特点,引导他们朝着最佳的方向发展,在竞争中获得优势。目前的人才政策较多体现了"事后原则"而缺少"事前预测",长于对现有政策法律法规的修补而短于针对未来发展趋势作出超前规划,即便是有的地方性政策具有一定的超前性,往往会因为相关政策缺失而造成援引困难、配套难度大而难以实施。之所以会出现这样的困难,一方面是由于中国的国际化水平尚有待提高,亟须对国外成功的人才政策进行研究与借鉴,并对国内外人才形势作出及时的分析和预测,以出台相应的措施;另一方面是人才政策的制定前提往往停留在解决目前人才建设领域最突出的问题,而对适应未来发展趋势关注不足。

三、中国人才政策未来发展的展望

人才政策的主要作用是引导人才适应未来的挑战,或指导人才管理确立自己的工作行为方向与方式。全国人才工作会议召开以后,中央组织部、原国家人事部和多个相关部门出台了大量的政策文件,初步建立起人才发展的和谐政策环境,推动了中国人才工作的进步与发展。但是需要看到的是,2008年世界金融危机下经济放缓使得社会就业压力增大,国际竞争日趋激烈,使中国人才工作面临着新的挑战,如何引导全社会应对国内外变化,适应竞争和挑战,成为未来中国人才政策的目标之一。

基于改革开放以来中国人才政策发展的得与失和国外人才政策的经验,中国未来成功的人才政策,需要把国内外经济社会发展的相关因素联系起来,需要与经济社会发展战略相协调,并随着时代的发展而与时俱进。在具有前瞻性的同时把制度化、法制化、人性化和相对稳定性与动态相结合。具体来看,主要应该关注以下几个方面:

(一)进一步拓宽政策的咨询渠道

进一步拓宽政策的咨询渠道,是在程序上保证政策法规的合理性和科学性。美国联邦不仅在政府部门和有关专门机构内聘用了大量的专业人员和政策专家,而且与大学、专业团体、私人部门等社会各界的专业人员与政策专家有着密切的联系和良好的合作关系。一个成功的政策的制定需要广泛咨询各方面的意见,这是政策制定科学化和民主化的保障之一。未来的人才政策的制定仍然需要广泛地征求专家的意见,需要制定较为全面的专家咨询政策,对包括政策范围、咨询委员会的任务、咨询的程度与方式、咨询专家和委员的任期等内容作出制度化规定,使之常规化、规范化、程序化。

(二) 以市场为导向,继续推进人才市场化进程

以市场为导向,是在政策法规的指导原则上分清政府和市场的作用,充分发挥市场机制,推进人才发展市场化进程。美国的人才机制中,市场处于基础地位,人才的数量、配置均由市场决定,人才的评价也由市场完成。同时,人才可以在政府、高校和社会间自由流动。人才中介机构有公办的和民办的两类,遍布美国各地的人才中介机构达数千个之多。因此,我们应该通过法制化建设,杜绝人才歧视、促进人才培养、录用的市场化配置功能,强化对各类市场运作的监管,理顺人才市场秩序,促进人才资源市场良性健康发展。降低人才流动壁垒,创新人才流动模式,鼓励人才在东西南北之间、产学研之间、城乡之间无障碍流动。

(三) 建立健全人才政策法律体系

人才立法是建设社会主义法治国家的重要措施,也是依法落实人才强国战略的基本要求。根据中国人才的特征和发展规律,对人才发展中急需解决的、具有战略性意义的问题积极制定相关法律法规。如户籍管理、人才安全、人才评价、人才激励、社会保障、移民、人才市场管理等方面进行立法并随之配套相关的法规、规章办法予以落实,形成完整的覆盖面广泛的人才法律政策体系。具体措施包括:一是制定全局性的人才基本法,使之上升到法律法规层面;二是梳理、整合、加工现行的行之有效的人才政策;三是要针对人才队伍特点,分别制定相关的法律法规,不同人才的法律体系。

(四) 创新评估机制,监督政策实施

在政策落实方面要及时有效地进行评估,使评估成为检验政策执行的有效说明。在评估中发现问题并敦促解决,促进政策的有效实施。在评估机制上积极引入第三方评估,发挥社会和专家团体的作用,使评估更具有客观性。加强政策落实评估能够有效地监督人才政策的落实情况,避免政策流于形式。

(五) 鼓励地方进行探索

打破原有的政策从上到下的传导机制,在政策允许的范围之内,加大地方自主性,鼓励地方对人才相关领域的各项政策进行差异性和前瞻性的探索和尝试,总结地方经验,为国家相关人才政策的制定提供实践性参考和先验检查,从而实现政策法律从上到下和从下到上的双向

机制。

　　从第一届全国科学大会唱响"科学的春天"到 2003 年第一次全国人才工作会议部署"人才强国"战略,从响亮提出"科学技术是第一生产力"到大力倡导"尊重劳动、尊重知识、尊重人才、尊重创造",从臭老九到被作为第一资源而得到全社会的尊重和爱护,纵观 30 年的人才政策,可以看出随着社会经济的进步,中国对人才和人才重要性的认识不断深化,人才地位不断提高,人才政策逐步走向法制化、科学化和专业化,针对性和操作性越来越强。但是中国正处在社会经济的转型期,人才政策规范化的时间比较短,相比于日趋激烈的人才竞争,对比国外成功的人才经验还存在着很多的问题和不足,所以中国的人才政策走向成熟还需要经过一段时间的发展。未来人才政策的制定要结合中国转型时期的具体国情并吸收国外和各地方的成功经验,在具有前瞻性的同时走向制度化、法制化、人性化,在保持政策的相对稳定性的同时实现动态发展,切实对人才培养和可持续发展起到引导作用,促进人才国内外竞争力的增强,逐步实现我国从人口大国走向人力资源强国的宏伟目标。

第二部分
人才品德测评与开发

导　读

　　本部分主要探讨人才的品德测评及其开发的问题。首先,介绍了人才品德的概念和价值。指出品德是对人,包括对待上级与下属、对待左右与同级,对待国家与组织的行为特征与倾向;在内容上,包括在思想、政治、道德、法律与个性心理方面所表现出的稳定的行为特征与倾向之总和,包括德性与德能两个方面;说明了品德在现代人力资源结构及其开发中的作用,认为传统人力资源开发中的"智力开发"观具有较大的狭隘性,目前就人力而人力开发的"能力开发"观具有很大的局限性,品德是人力资源结构中的核心部分,在现代人力资源开发与管理中具有关键作用、导向作用、动力作用与协调整合作用,是发挥个体与群体主观能动性的关键因素。其次提出了人才品德测评的理论。论证了品德测评的可能性,即思想品德是一种具有一定的质和量的客观实体,不但它的结构具有稳定性,而且它的表现具有一定的规律性。同时,测量的技术随着科技革命的到来正在迅速发展,已经找到了一些具有一定效果的测量方法;本部分系统阐述了品德测评的必要性、实质、功能、内容形式等基本理论问题,并从人力资本的角度思考,认为品德是一种具有经济功用的生产资本,是一种社会资本,其绝对价值较高,对人力资本具有增值作用,人才品德的资本性具有定性、定量与模糊三种变量形式,具备可测评的条件,测评的内容主要表现为耗费价值与使用价值两个方面。最后,本部分介绍了人才品德测评的方法。指出品德测评量化中的问题并提出了相应的对策;介绍了刘劭的品德测评思想、具体的 FRC 品德测评法、OSL 品德测评法,用实例分析,将品德操行评定理论化、数学化、操作化;本部分还以品德测评在领导干部测评中的应用为例,讲解了基于品德测评的人才开发,指出品德测评不仅仅在于对领导干部品德行为的养成效果进行评定,而且这种有组织有计划的品德行为测评本身具有开发的功效,能够对领导干部的行为养成进行反馈、调节与引领。

本部分要重点掌握人才品德的概念与维度,了解品德在人力资源中的关键作用,理解人才品德测评的理论,尤其须掌握品德测评量化的具体方法,了解品德测评的在人才开发中应用。

试论品德在现代人力资源结构及其开发中的作用
——兼谈品德与"情商"的关系[①]

品德是一个人用来调节与处理对己对人对事的稳定行为特征与倾向,在外表现为行为态度与行为特征,在内表现为个人信念与行为准则。对人包括对待上级与下属、对待左右与同级,对待国家与组织的行为特征与倾向。在内容上,包括在思想、政治、道德、法律与个性心理方面所表现出的稳定的行为特征与倾向之总和,包括德性与德能两个方面。

品德是心理素质的一个部分,是个性中的核心。品德与"情商"相互交叉,"情商"是品德水平的一种标志。

众所周知"情商"(Emotional Quotient),是心理学界针对智商(Intelligence Quotient)提出的。如果说智商是对一个人才能水平的一种特定测评与标志,那么情商则是对一个人品德水平的一种特定测评与标志。

---

① 本文原载于《中国人民大学学报》1997年第7期。

如果说智商表明的是关于一个人处理理性问题的力量水平,表明的是关于一个人处理事物关系与科学问题的素质标志,那么情商表明的则是关于个人处理情感问题的力量与水平,表明的是关于个人处理人际关系与社会问题的素质标志。美国耶鲁心理学家彼得·沙洛维(Peter Salovey)认为情商包括以下五个方面的内容:

1. 认识自我的情感的素质。这是情商结构中的基石,一个人如果不能随时地了解自己的真实感受,必然沦为感觉的奴隶,容易冲动,遇到紧急与重大问题不知所措。

2. 妥善控制与调节情感的素质。一个人要善于自我安慰,摆脱焦虑与不安,善于克制冲动与延迟满足。

3. 自我激励持之以恒的素质。一个人要善于把情感专注于某一目标并保持高度的热情,这是一切事业成功的动力。

4. 认知他人情感的素质。这具体表现为同情心。一个人要善于体验他人的感受与需求,并给予及时帮助,要具有利他精神与同情心。

5. 克制与调节他人情感的素质。一个人要善于克制与调节情感,具备这方面素质的人,一般都有较好的人缘关系,人际关系和谐,并具有一定的领导能力[①]。

以上五个方面可以概括为对人对己情感的洞察与体会的素质以及对人对己情感的克制与调节的能力。培养这两方面的素质与能力,实际上一直是我国几千年来德育的目标与宗旨,它们最后都沉淀在受教育者的品德之中。例如儒家德育要求中的"智"、"仁"、"勇"、"义"、"礼"、"温"、"良"、"恭"、"俭"、"让"、"宽"、"信"、"敏"、"惠"、"孝"、"悌",道家德育要求中的"无为"、"朴"、"慈"、"柔"、"厚"、"实"、"静",现代德育要求中的"节操性"、"诚实性"、"正直性"、"同情心"、"服务性"、"爱国心"、"自主性"、"自省性"、"公德心"、"责任心"等目标内容,都充分体现了"情商"的内涵与特征。

从品德内涵与起源的考查来看,品德与"情商"也是一致的。汉代许慎在《说文解字》中曾解释说:"'德',外得于人,内得于己。从'心','直'声。""德"字的上面一半为"直",不是我们今天指的曲直的"直"字,而是"得"的假借字,"得"则是"直"的假借义与声。清代段玉裁的《说文解字注》也说:"内得于己,身心自得也;外得于人,谓惠泽使人得也。"

---

① 柏华:《EQ情商》,中国文史出版社1997年版,第3—4页。

由此可见，"德"字本身，包含着"身"与"心"、"人"与"己"、"内"与"外"等两方面的要求①，显然这与"情商"的内在要求是一致的。因为内得于己，外得于人，关键在于对人对己情感的洞察体会与调节控制。此外，中国学者对于人的素质一般是采取德、智、体三分法。体即体质，智即知识能力，包括经验与技能在内。除此之外其他素质均属于德的范畴。由此可知，"情商"也属于品德范畴。

那么品德在人力资源结构及其开发中具有哪些作用呢？要回答这个问题还必须再说明什么是人力资源。笔者认为人力资源即在劳动生产过程中，可以直接投入体力、脑力与心力的总和。包括品德、知识、技能、智力、体力、潜力与经验等②。品德在现代人力资源结构及其开发中具有以下几方面的作用：

1. 统领协调作用。我国学者一般认为人力即劳动能力。关于劳动能力，马克思曾有过明确的定义："我们把劳动力或劳动能力理解为人的身体即活的人体存在的，每当人生产某种使用价值时所运用的体力和智力的总和。"③从这个定义可以看出，劳动者的体力与智力，是劳动能力中的两个基本要素，然而在这两个基本要素中又有许多更为基本的子要素。这些子要素在劳动者身上能否发展，以及发展到什么程度，则有赖于劳动者既成的品德素质对它们的协调与促发。一个身材高大的人，如果缺乏吃苦耐劳的精神，他的体力与躯干支撑力并不能取得最佳效用；相反，身体矮小的体操运动员，由于勤学苦练，体力却很强。

实际上，马克思也在某种程度上暗示了这一点。在劳动能力定义中，"总和"两个字是很值得我们深思的。这里的"总和"并不是对智力与体力的机械相加，而是对它们的一种有机组合。体力与智力的诸子要素，其本身是散在和独立的，它们靠什么东西在劳动者身上得到统一组合与协调呢？显然是品德素质。品德素质实际就像一种有机胶合剂，把诸子要素凝聚在一起，形成整体的与实在的劳动能力，相同的体力与智力诸要素，因为劳动者品德素质不同，因而其"协调"与"合成"的方式就不相同，最后形成的实际劳动能力就有别。

---

① 《简明古汉语词典》，云南人民出版社1985年版，第86页；余光：《德育原理研究对象初探》，《华东师范大学学报》1987年第4期。

② 萧鸣政：《对人力资源开发问题的系统思考》，《中国人力资源开发》1994第6期；《试论人力资源开发的基本点》，《中国人民大学学报》1996年第5期。

③ 《马克思恩格斯全集》，人民出版社1972年版，第23卷，第190页。

当劳动形式由个体发展为社会化大生产的协作形成时,劳动能力的概念也就由个体的体力与智力总和,扩展为集体的体力与智力总和。在这种情况下,劳动者的品德素质的协调作用就更为重要。

协调作用有时还表现为补充作用。在一定的工作岗位上,品德的优势可以弥补智力、学历与技能方面的不足。常言道"勤能补拙"。学历知识水平较低的人往往会以服从、合作与勤快的品质取得主管人员与同事们的认同与好感。

2. 动力作用。品德的实际效用既体现在受教育者对自己行为的修养上,又体现在对社会他人的影响上,既体现在品德方面,又体现在对学习、工作与身体的改善方面,既体现在精神方面,又体现在物质方面。如果一个人集体观念淡薄,过多地考虑个人利益,对待工作就可能缺乏主动性与积极性,固有的智力与体力的发挥就会受到很大影响,在工作岗位上表现出来的劳动能力就很差,难以胜任自己所担负的工作。关于动力作用,古人也有所认识,例如从孔子开始诸多学者就一直重视"志"的作用。这主要是由学校德育目的本身决定的。任何国家、任何民族、任何学校的德育,其主要目的都应该是两个。一个是培养受教育者的做人之"德",以符合本社会、本阶级或本组织的需要。另一个是培养受教育者学习之"德",为教育及其日后成长服务。而"志"对这两个目的的实现均至关重要。"志"也是品德结构中的核心因素,孔子认为"志于道"者会"谋道不谋食",会"耻恶衣恶食",即不会去贪图个人的物质享受①。墨子认为"志不强者智不达"②。北宋张载认为"志大则才大,事业大","志久则气久,德性久。""德薄者终学不成。"北宋司马光在《资治通鉴》里认为"才者德之资也,德者才之帅也。"朱熹认为:"士之所以能立天下之事者,以其有志而已。"宋代陆九渊认为:"志大坚强有力,沉重善思。"③

从国外科学家及目前社会对什么东西能给人以力量的评价中,也说明了品德在现代人力资源结构及其开发中的作用。过去人们崇尚培根说的一句话,知识就是力量,后来人们又崇尚托费勒说过的一句话,知识的知识就是力量,即善于获得知识与理解知识的智商就是力量,而目前人们崇尚的一句话是善于为人处事的情商才是力量。

---

① 萧鸣政:《品德测评的理论与方法》,福建教育出版社1995年版,第107页。
② 同上书,第109页。
③ 同上书,第124页。

3. 核心作用。品德在人力资源结构及其开发中具有核心作用。北宋时期司马光在纵观前朝历史的基础上,于《资治通鉴》中指出:自古昔以来,国之乱臣,家之败子,才有余而德不足,以至于颠覆者多矣。因此,他认为德才全尽是圣人,德才兼亡是愚人,德胜才者是君子,才胜德者是小人。在这里司马光明确提出了品德在人力资源结构及其开发中的核心作用。指出了在才与德之间,德对人才的成长、对人力资源的开发具有决定性的核心作用。司马光的"君子"与"小人"也需要从人力资源论的角度来解释才能说清楚。这里的"君子"与"小人"均属人才范畴,但"君子"是"大才","小人"是"小才",也就是说在一个人的人力资源结构中,如果他的品德发展落后于才能,那么他将来的成就有限,才能的发挥有限,不能得到充分的发展,不能成为栋梁之材。如果他的品德发展优于才能的发展,那么他的才能就能得到充分的发挥,得到进一步的发展与提高,将来会有较大的发展,能够成为栋梁之材。

这一观点如果从现代心理学关于情商与智商对一个人事业成功贡献的研究来解释,就更为明确了。我们把情商看作是品德水平的特定指标,而把智商看做是才能水平的特定指标,现代心理学研究表明,一个人的成就中至多只有20%归诸智商的贡献,而80%归于情商的贡献。心理学家霍华嘉纳(Howord Garder)说过:"一个人最后在社会上占据什么位置,绝大部分取决于非IQ因素。"现代社会中,"很多IQ160的人为IQ100的人工作"[①]。

现代企业管理研究也表明,随着高科技高文化的发展,劳动者的品德素质在生产中的作用将日趋重要,21世纪以后,有人预测,人力资源开发的重点与关键,将是开拓进取、协作竞争、敬业尽职、务实求效等品德素质。

4. 关键作用。品德素质在人力资源结构及其开发中的关键作用,从古至今一直为企业家、政治家与人力资源管理专家所关注。在人才选拔与人事考核中,品德往往被视为关键因素与标准。春秋初期管仲在《立政》篇中说,君子所审者三:一曰德不当其位,二曰功不当其禄,三曰能不当其官。汉代王符在《潜夫论忠贵》中指出:"德不称其任,其祸必酷;能不称其位,其殃必大。"汉代董仲舒认为,选贤取士要量材而授官,录德而定位[②]。清朝的康熙皇帝在24位王子中物色接班人时,也

---

① 柏华:《EQ情商》,中国文史出版社1997年版,第11—13页。
② 毛礼锐等:《中国教育通史》卷二,山东教育出版社1986年版,第165页。

是以德为先,以德为主,他说,观人必先心术,次才学。心术不善,纵有才学何用？又说,事君者果能以公胜私,于治天下何难！若挟其私心,则天下必不能治。因此他最后选定的接班人是四王子雍正,而不是才能出众的八王子与十四王子。察举、九品中正与科举开初,对人才选拔,无不是以德为主,以德为先。

  在人事考核中,古今中外主考者也都是以德为主,以德为先。诸葛亮的"七观法"与唐太宗的谋臣魏征提出的"六观法"都是针对品德考评提出的。先秦时期的大计考课,秦汉时期的"刺察"考课、"五善五失"考课,魏晋南北时期的"五条郡县法",隋唐时期的"四善二十七最"考课,宋、元、明、清时期的磨堪考课,考察与京察考课,无不是以德为先,以德为主。所以中外企业家在管理过程中都非常注重儒家的伦理文化作用。

  由此可见,品德是人力资源结构中的核心部分,在现代人力资源开发与管理中具有关键作用、导向作用、动力作用与协调整合作用。

  因此,我们不难发现传统人力资源开发中的"智力开发"观,具有较大的狭隘性,目前就人力而人力开发的"能力开发"观,具有很大的局限性。长期以来,人们一直认为人力资源的核心是人的智力,因此人力资源开发基本上限于对人的智力进行开发。后来,人们对智力有了进一步的认识,发现智力主要是通过先天遗传基因而获得的基础能力,人们对它的后天改变是十分有限的。早在2500多年前,中国先哲孔子就说过,唯上智与下愚不移。人们认识到后天可开发的对象是在劳动过程中形成的劳动能力,是人们通过经验获得而逐渐形成的能力。智力是劳动能力形成的基础但并非主体,对人能力的发展仅仅是一个必要条件而并非充分条件。目前任何一个企事业单位,招聘人才使用人才,都是看其工作能力如何,这是无可非议的,因为只有工作能力才能为我们创造出财富与成果,但是在人力资源开发与管理过程中,我们却不能为工作业绩而限于能力开发,唯工作能力而就能力范围进行开发。这种唯工作能力而能力开发的模式,实践证明具有很大的局限性,是导致目前众多企事业组织人力资源开发与管理高投入低产出、投入长效益短的重要原因。品德素质本身虽然并非劳动能力,但是历史与实践却表明它是形成与发挥劳动者劳动能力的主要因素,劳动者的品德是他劳动能力中的核心资源,因此从人的品德素质方面开发人的劳动能力将为21世纪人力资源开发与管理拓开了一个新空间。

思想品德测量可能性之探讨①

思想品德的评价问题一直是教育学与管理学中极想解决而又一直没有得到很好解决的问题,多少年来,人们一直期望找到一种定量的评价方法,尤其是近几年来,不少研究者在这方面做了许多探索性的工作,然而却遇到了不少困难和挫折,因而人们产生了种种疑问,其中最大的一个问题就是:思想品德能测量出来吗?我们知道,评价必须以测量为基础。因此,这个问题不解决,有关思想品德的评价问题就很难得到科学的解决,为此,本文就这方面作了些探讨。

因为思想品德的测量涉及思想品德本身的特点、结构、表现及测量技术等几方面的问题,所以下面从四个方面来阐述自己一些粗浅之见。

一、思想品德是一种客观存在的实体

思想品德测量之所以可能首先是因为它是一种客观的实体。具有客观的物质基础与客观的内容。

---

① 本文原载于《教育论丛》1987年第3期,此处有修订。

思想品德就是一个人的政治思想与道德品质的简称,它并不是一种不可思议和无法捉摸的东西。从起源来说,它产生并发展于社会的现实、人体的生理和心理,这三者构成了整个思想品德的客观基础。

一个人出生于世,只是一个生物的实体,没有附带任何的思想品德。他或她所具有的思想品德都是后来与周围社会环境的互相作用与人的互相交往中逐渐形成和发展起来的。首先,思想品德是起源于家庭。主要是起源于家庭的经济地位、政治地位、社会地位以及家庭主要成员思想品德的影响(包括动态的教育与静态感染与模仿)。新精神分析派在解释 Harts horne 等人的研究结果认为,人的品德早由父母的影响在家中形成了。其次,思想品德是发展于以学校为主的周围环境。柯尔伯格认为,儿童的不当行为,除了很大程度上是决定于情境因素外,同时也跟儿童人格发展的自我力量和道德概念的发展水平有关。随着教育水平的不断提高,学生先前已形成的那些道德品质或政治思想就与当前以学校为主的环境影响互相作用,并结合着自己的个质特点形成了各自的政治观、人生观、道德观和世界观。当学生走上社会后,随着各自的社会经历,他或她头脑中先前已形成的思想品德会不断地与现实环境的影响相互作用,不断地产生新的品德或新的变化,然而任何一个人对社会现实只要经过相当一段时间的接触、比较,就能对它形成一定的认识。同一认识只要经过多次的反复,就会变为自己的观点。最后,总会把他或她的思想品德稳定于自己头脑所反映的世界中。因此,一般人到了 30 岁左右,思想品德就比较稳定,这时,他们已形成了比较稳定的世界观、人生观、幸福观以及道德信念等。

以上分析说明了思想品德的形成具有社会现实这个基础,然而这个现实基础是人体之外的客观实在,它不能自动地进入到人的头脑中去影响或规定他或她的思想品德形成。因此,思想品德的产生与发展一定还有其他物质作用,这就是人体的生理基础和心理基础。人主动地通过自己的感官,在接收外界环境的各种信息过程中,引起了身体的一些生理机制变化,产生了某种心理过程,并把它们各自以不同的意识储存于自己的大脑之中。由于外界信息在头脑中不断地积累、组合,经过无数多次的反复就形成了思想品德的认识、信念或理想,形成了反映社会的政治、经济、反映党和国家的方针政策和社会关系的思维模式或观点,使认识变为行动,行动变成习惯,思想情感和行为综合为信念或理想。正是因为人是这样在生理的基础上通过其心理作用,主动地把一定社会的政治思想、道德规范和道德原则反映到人的意识形态中,并与其个性融合一体,才形成了比较稳定的思想品德。

由此可见,思想品德产生并发展于客观存在的周围环境、生理基础以及心理过程。这三者的客观性就决定由此而形成的思想品德的实在性。实际上,思想品德是一种客观的存在物,是客观社会的个体化。这种客观存在的东西是由客观的社会环境以及与这种社会客观要求相一致的评价标准来决定的。对于思想品德评价的标准来说,在一定社会中也是客观的。这种客观性就是要求社会中的任何一种思想品德都必须对社会的发展、对该社会占主导地位的政治思想要起促进作用。个别人对某种行为的评价可能具有偶然性,但通过社会舆论和组织表现出来的评价却能反映一定社会的政治、经济、传统和文化对人行为与思想的客观要求,它是具有客观必然性的。因此思想品德,尤其是组织或整个社会所提倡的那种思想品德,它们是对客观存在的道德关系与一定社会的政治思想的概括和总结,个人的思想品德则是个体的人按照社会的评价标准结合着自己的个性特点,对它们的具体表现。这些客观存在着的东西蕴含于每个人的言论和行为中,蕴含于具体的个性特点之中,这样,我们就有可能通过他或她所经历的环境以及其生理、言论行为等方面来测量他或她的思想品德,众所周知因果关系是一种高度相关的关系。如果说人周围的环境因素及其生理、心理上的需求是思想品德形成的因,则就可以通过因的测量推测出思想品德这个果来。如果人的言论、行为及其个性特征是思想品德的载体,则就可以通过测量这些载体中有关组成该思想品德的蕴含量来分析和确定思想品德的各种成分及其比重。总之,思想品德是一种客观存在着的意识形态,任何客观存在着的东西总会通过一定的方式反映出来,因而我们总是可以用一定的手段来测量思想品德的。

二、思想品德具有稳定的结构

思想品德测量可能的第二个理由,是因为它具有相对稳定的结构。

一个客观存在着的事物,如果没有稳定的结构,那么它的形式或性质将会是瞬息万变的。这样我们对它的测量就可能是可望而不可即。因此,有必要对思想品德的结构进行必要的分析。

首先,思想品德的产生与发展是一个心理过程,它是由外界的环境的作用和个人的需要所引起的,在个性调节下所产生的一个心理过程。为了把认识中低级的层次与在此基础上形成的高级的层次——信念相区别,特别地把它看做是一个知、情、意、行、信的过程。在这里,知是对一定社会、政党和组织的政治、思想、制度、策略、方针以及道德规范、道德原则等的感知、理解和接受,它是道德与政治认识的初级形式;情是对它们的态度,它包括了道德情感与政治态度,意是拥护国家和政党的方针、政策、制度等,或实现某种道德与政治行为所表现出来的意志;行就是按照它们的要求所采取的行为,是知、情、意、信的具体表现和外部标志。信就是在前面基础上建立起来的信念,它是道德与政治认识的高级形式,是整个思想品德结构中的本质要素。

任何一种思想品德的形成,都是从这个人具有一定的知开始的,随着知的不断深化与实际体验,逐渐地形成了情。然后这种情又激励着意和行的产生,最后产生信念。当然,实际的形成过程并不是这么单纯,而是一个循环往复的螺旋发展过程,是相互交织进行的。而且,在这一过程中,由于人与外界环境长期地相互作用,有的道德知识和政治观念,经过一段时间就被淘汰了或改变了,有的则因为在许多次的循环中,都与外界事实、现象和舆论相一致,或者得到了自己情、意、行、信的支持而升华为道德与政治上的信念或理想,变成了稳定的思想品德。

由于外界的社会环境包括教育,不断地给人以新的信息,社会的政治、思想、方针、策略、制度以及道德规范不断地对人提出新的要求。因此,作为反映客观社会的思想品德随时随地都可能会增加新的知、情、意、行、信的成分。如果把同一种思想品德的知、情、意、行、信看成一个彼此流通的循环体,那么在一个人思想品德的整个体系中,这些循环体彼此交织重叠,位于不同的相位。例如,在向某个人刚刚开始法制教育的同时,先前有关一个人应遵守纪律的知可能已转为他的习惯了,而更前一些时候关于遵守社会公德的知识可能已转化成了他在日常生活中行动的准则或信念。这样,任何人的思想品德在任何时候,都会有知、情、意、行、信的因素存在。它们层次分明,相互渗透、相互统一。这就是说从心理形式的分析来看思想品德中,知、情、意、行、信这五个部分始终是存在的,它们的结构是非常稳定的。

其次,从思想品德形成的内容来看,又可以把它划分为政治观点或政治态度、伦理道德、思想意识和世界观(包括对自身的人生观)等三个方面。这三方面的内容与相应的知、情、意、行、信综合在一起,表现为人们的政治品质、道德品质、思想品质。

再次,从思想品德智能方面的结构来看,还可以把它划分为:评价能力、学习能力(即道德智力)、应用能力(包括自我教育的能力)等三个层次。

如果我们把心理方面的划分看成一个维度,把内容方面的划分看成一个维度,把智能方面的划分看成一个维度,则每个人的思想品德就是由它们所构成的三维空间中的一个集合。这个集合具有横、纵、深的立体结构,如图所示:

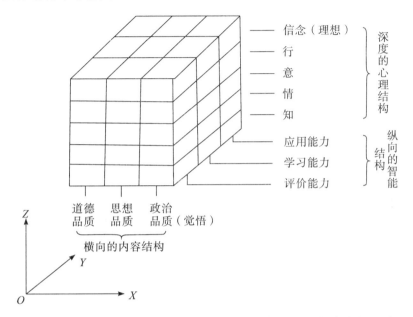

思想品德的完整结构由上述三个维度决定,这三个维度的因素我们可以概括为内容的"德性"、心理的"德行"与智能的"德能"。然而思想品德并非各个结构因素的简单相加,而是按一定关系组合而成的统一体与有机体,它们互相交织在一起。知、情、意、行、信每一要素中都包含了具体的政治、思想和道德等内容,而每一方面的内容中又都具有知、情、意、行、信不同层次的结构,然而这些要素的产生与发展又都必须有相应的智能因素作用,实际上思想品德的测量就是着眼于那些持续而稳定的品质,然而保持这种品质连续稳定的动力因素就是智能方面的因素。

思想品德这种结构在个人生活的任何空间任何时间中都存在,因而具有稳定性。这种稳定的结构就使我们有可能对其中的各种结构因素进行测量。

物质由于确定了它的元素种类及组成的各种原子、离子、基团或化合物就使得我们对它的定量分析和测量成为现实。智能,由于布鲁姆分离出了它的各个层次结构,则使能力成就测量得到了迅速的发展。

因此，有了对思想品德结构性的了解，不仅使我们的测量能把握对象的实质和它的各个方面，而且还将使我们的测量更具有客观性、准确性和可靠性。

三、思想品德表现具有规律性

思想品德测量可能的第三个理由是它的表现具有规律性。虽然思想品德是一种客观实在，具有稳定的结构，但是如果它外在的表现形式我们无法把握，或者说我们确定不了它表现的规律性，则也很难对它进行测量。因此，有必要分析思想品德表现的规律性。

我们已指出了思想品德具有稳定的结构性，然而这种结构特征是一种内在的东西，不像自然界中的有形实物，它不是能够全部被我们直觉到。由于思想品德产生的客观基础的广泛性、制约因素的复杂性以及形成过程的长期性，它们的表现具有一定的间接性。一般，人们的思想品德是通过对当前情景的意识后，经过一定的考虑或潜思考后以一定的行为态度表现出来的。因此，各种思想品德与其行为表现不是一一对应的必然关系，一种行为可能表现了几种有关的品德因素，而几种行为却可能出自于同一种品德的因素，然而这种表现的复杂性充其量只能增加测量工作的复杂性，而决不能因此否定思想品德表现的规律性。任何一种思想品德的形式都是人们在接受社会环境与教育的交互影响下，产生一系列心理的过程，是一个量的积累过程，当这种量达到一定的程度后，就要引起质的变化。这种质的变化就必然会改变人们的精神面貌和道德行为，同时，人是一种灵敏度很高的理智动物，对于外界的每一种刺激，必然会立即作出不同的反应，即使由于某种内外因素压抑的作用，当前情况下不能立即表现出来，过后他还是会以一定的方式表现出来的。因此，人的思想品德总会通过一定的行为方式表现出来。例如，总会在闲聊、意见、作品、表演、行为、表情、兴趣、爱好等等中表露他内在的思想品德，这是因为，人的思想品德是一种心理过程的产物，心理过程作为一个开放系统，按照系统论耗散结构的观点（从热力学第二定律出发提出了开放系统的非平衡态热力学），当一个人思想品德中的知经过多次循环往复后，成为当前坚定的信念或理想时，不表现出来是不可能的。这就是说，思想品德具有表现的必然性，这是所要分析的第一个规律。

所要分析的第二个规律是思想品德表现的经常性与一致性。

思想品德是个人在一系列行为中所表现出的那种比较稳定的特征

和倾向。它作为个人行为态度中的稳定物是指某个人在某一实践活动领域的全部行为、某一活动时期以至一生的全部行为或态度都比较相同的某种特征与倾向。换句话说,是个人行为与态度在时间与空间上的统一物。在这种统一物中,信念或理想是本质性的东西,它在整个结构体系中居于统帅地位。它使人们意识到什么事情要去做,什么事情不要去做,而当他或她无意中发生了一些越轨性行为时,就会受到良心的驱使或良心的责备。总之,它起着一种规定性的作用,这就是说,思想品德规定了个人行为态度的一致性。规定了在不同时间,不同场合下所发生的行为具有一种相同的性质。不仅如此,而且这种思想品德一旦有表现的机会,它就会自动地表现出来。由于社会活动、家庭生活、组织工作是多方面的,所有这些方面对人的要求是多层次的、大量的和连续的,因而作为客观现实反映的思想品德,它的表现也必然会是多方面的、经常的和反复的。

所要分析的第三个规律就是思想品德表现行为中的关键性与表现场所的有限性。

行为:众说不一,有的人认为行为是指可以观察到的肌肉和外分泌腺的活动,是身体某一部分的运动,以及由泪液、唾液、汗液等表现出来的状态。也有人认为:行为就是人类所产生的反应。这里所指的行为是由思想品德支配、具有内在动机的和有意义的行为。

在人的行为当中,有一般的行为与关键的行为,有显露行为和潜在行为。由于思想品德的形成是一个长期反复的过程,是一个量变到质变的过程。因此,在这一些过程中所表现出的行为,它们先后所代表有关思想品德的程度是有所不同的,有的行为主要是生理性的行为,有的行为是一时感情的冲动的表现。而有的行为则是出于被迫的,然而在某个时期中,在某些特定的场合中总有某种能真正说明其主导思想品德存在的行为,这种行为就把它叫做关键性行为。例如在生死关头、在个人利益与集体、他人利益发生冲突的场合中所发生的行为,常常就是一些关键性的行为,这种关键性行为的存在为我们测量思想品德提供了突破口,然而我们还要注意从一般的显露行为中去把握潜在的行为,这样才能使思想品德的测量具有客观性并增加效度。

要测量某种思想品德,除了找到其关键性行为外,更重要的还要掌握它的发展趋向,以保持我们测量结果的有效性,要预测某种思想品德是否能继续发展下去,关键在于对个人行为的全面了解。而一个人思想品德表现的场所是否集中和有限将会影响到我们能否对他或她行为的全面了解。

实际上,一个人思想品德的表现场所总是有限的。目前世界上,寿命最长的是 130 岁,这种有限的时间,显然限制了思想品德表现的数量。另一方面,人的生活是有一定规律的,生活的场所也是有限,一般来说,学龄前儿童,绝大部分时间是生活在家庭或邻里,而学生的生活时间大部分在学校,因而其思想品德的表现也就主要集中在家庭与学校里了。走上社会参加了工作的成人,其绝大部分的时间是在工作区、住宅区与社交圈,因此思想品德的表现也就集中在工作区、住宅区与社交领域,由此可见,任何一个人的思想品德其表现的场所具有集中性与有限性。思想品德这种表现的有限性、集中性和关键性就给我们进行抽样分析提供了可能,使我们能充分地把握思想品德的实质,达到客观地反映其本质的目的。

综上所述,思想品德表现的规律性为测量提供了可能。其中,表现的必然性提供了测量的可能性;表现的经常与一致性,保证了测量的可靠性,表现场所的有限性和集中性加强了测量的客观性。

四、测量技术正在不断发展

思想品德测量之所以可能的第四个理由是技术正在不断发展。要发现事物表现的规律性和反映它的本质,在很大程度上也取决于测量技术的发展如何。古代,虽然微生物照样存在,人们却无法发现它,20世纪,脑电波同样存在,人们却不知道。因此,我们有必要从测量技术发展的历史的回顾及其展望来说明一下测量的可能性。测量,史蒂文斯曾给它下了定义:广义上来说,测量系根据法则而分派数字于物体或对象的过程,换句话说,思想品德测量就是根据某种法则,用数学对人的行为(这里的行为是前面定义了的行为)进行描述。因此,测量首先与数学密切相关,测量技术的发展是随着数学及其描述的范围的发展而发展的。

数学的整个发展过程大致为:数字产生的原始段——常量数学——变量数学——模糊数学。计算方法发展的大致过程为:离散的数字算式——整体的变量运算(积分、矩阵运算、极限运算)——机器的综合运算(运用计算机进行初等、高等、逻辑、模糊等运算),数学描述的范围因此由数学问题、发展到工程技术,再到生物、医学等领域,现在已深入到人文学、教育心理学、社会学等文科领域,数学所描述事物的程度的不断深入,使测量的技术获得了迅速的发展。测量已由对事物的表面的现象描述深入到了对事物内部结构的分析,由单项指标的判断已发展到全面参数的综合。

其次,测量的技术与测量中的法则或方法密切相关,测量的发展取决于方法的科学化。测量的方法,由原始的直观比较(认为地球比太阳大)发展到静态的数值度量(身高、体重的度量),现已发展到对事物动态的变量分析或现象的模拟探测(因素分析与人工模拟)。由直接的度量已发展到间接的反射。

再次,测量的技术与科学技术的发展紧密相关,测量技术的发展也取决于相应科技的发展。

随着人类历史的发展,科学技术不断发展,因而测量的技术也不断发展。测量的技术已由肉眼的视觉发展到采用电子仪器的放大与折射,由单独的宏观比较发展到微观分析与宏观综合结合的系统分析法。而且正在向黑箱辨识、功能模拟、反馈控制等试探与预测技术方面发展。随着第四次科技革命的"浪潮"到来,随着信息社会的出现,可以肯定,我们的测量技术将会出现难以想象的变化,将会达到更为客观,更为精确的标准。

所以,测量技术各个方面的发展已使测量学达到了一个相当先进的阶段,为思想品德的测量提供了种种可能的途径和方法。

现在,随着统计学与模糊数学的发展,在思想品德的测量中又出现了参数描述与综合评判等测量方法。例在《教育研究》1983年第10期《论人的思想品德结构》一文中,提出了参数分法,利用权重或隶属度、统计中的偏差、加权平均数等数学方法或数学知识给出对思想品德的定量测定。在《华东师大学报》(教育科学版)1984年第4期中《模糊数学在教学工作质量数量化及其综合评判中的应用探讨》一文中,作者提出了应用模糊矩阵对思想品德进行测评的方法。

而且,随着多元统计知识、电子计算知识的普及,我们甚至可以在总结前面各种方法的基础上,根据思想品德表现的规律利用统计分析进行测量,可以根据表现的集中性与场所的有限性,抽取有代表性的样本点来观察、记录各种事实与原始行为,尤其应注意那些关键性的事件与行为。然后根据表现行为按经常性与一致性进行归类。根据结构因素稳定性进行数据分析,求出各种因素的比例,最后根据思想品德制约因素的复杂性等,还要进行一定的误差分析,这一系列的工作都可以通过计算机来进行,甚至观察、记录也可以利用录像和录音机来代替。

综上所述,思想品德是一种具有一定的质和量的客观实体,不但它的结构具有稳定性,而且它的表现具有一定的规律性,同时,测量的技术随着科技革命的到来正在迅速发展,人们已经找到一些具有一定效果的测量方法。因此,测量思想品德不仅可能,而且只要我们努力去探索,一定可以找出一种切实可行、理想而又客观的方法来!

参考文献

〔美〕柯尔柏格:《道德发展与道德教育论文》,哈佛大学出版社1973年英文版。
〔苏〕巴拉诺夫主编:《教育学》,人民教育出版社1979年版。
〔苏〕彼得罗夫斯主编:《普通心理》,人民教育出版社1981年版。
韩树华:《论人的思想品德结构》,《教育研究》1983年第10期。
罗国杰主编:《马克思主义伦理学》,人民出版社1982年版。
南京师大教育系编:《教育学》,人民教育出版社1986年版。

试论品德的资本性及其测评[①]

德与才是个体中最为重要的两种素质。才能是个体身上的一种人力资本,这是早有定论的事情了,品德是否是人力资本呢?这个问题决非一个纯学术的理论问题,而是直接涉及人力资源开发与管理的实践,涉及人力资源开发与能力建设的对象问题,影响到报酬因素分析、企业德育与思想政治工作价值评估等实际问题。因此,关于品德资本性问题的研究,对于人力资源开发与管理来说,具有重要的理论意义与实践意义。

一、关于品德与资本的基本分析

品德是否资本,这是我们首先要回答的问题。为了分析品德的资本属性,我们应该先分析什么是资本,什么是品德。这是论述品德资本性的理论基础。

(一)品德及其特点

品德是一个人用来调节与处理对己、对人、对事的稳定行为特征与倾向,在外表现为行为态度与行为特

[①] 本文原载于《中国人民大学学报》2006年第9期。

征,在内表现为个人信念与行为准则。在对象上,包括对待上级与下属、对待左右与同级、对待国家与组织,以及对待工作、对待自己的行为特征与倾向;在内容上,包括在思想、政治、道德、法律与个性方面所表现出的稳定行为与倾向之总和,包括德性与德能两个方面。

品德作为个体对人、对己、对事的稳定行为特征与倾向,主要是德育工作的结果与结晶,是德育工作者包括父母、朋友、老师、同事、长者与组织领导的政治思想教育工作的结果,是自我修养的劳动结晶。它主要具有以下特征:

1. 品德的影响因素的复杂性。在品德形成与发展的过程中会受到来自内外多种因素的影响,其外部影响因素归纳为以下几个方面:(1)个体生活和成长的社会存在和社会意识,包括个体所处社会的经济制度、政治制度、主导意识形态以及各种思想文化。(2)个体居住地的自然条件、文化环境、日常生活与生产方式等社区环境影响。(3)个体经常参与各种户外社会活动。(4)个体从事学习或工作的组织影响。(5)个体所在的家庭及其成员的影响。(6)媒体与网络信息的影响。上述各方面因素的影响是错综复杂的,有的相互对立,有的相互制约,有的相互促进,但其中的社会影响具有决定作用,家庭与组织的影响具有主导作用,而其他因素的影响具有辅助作用。

2. 品德形成的矛盾性。由于品德形成过程中影响因素的复杂性,决定了其形成过程的矛盾性。一般来说,在品德形成过程中,存在着以下矛盾:(1)国内影响与国际影响的矛盾。我国加入WTO后,随着全球经济的一体化,世界上各种不同的意识形态与思想,不可避免地要影响我国现已确立的政治思想与意识形态。(2)组织与环境影响的矛盾。(3)家庭影响与组织影响的矛盾。(4)主管教育者要求与受教育者自我需要的矛盾。(5)现有品德体系与新品德影响之间的矛盾。

3. 品德形成的反复性。品德的形成过程是一个由知、情、意、行、信组成的发展过程,即先理解有关德育要求,产生相关的情感与意识,引发规范的行为,获得相应的信念,只有当个体反复地实行某一行为,并根据经验和实践,深信自己所依据的规范与要求是正确的,以及成为真正的信念,成为支配其行为中经常性的、稳定的特征时,我们才能断定他形成了新的品德素质。如果其中任何一个环节受到不良影响或中止,都会引起品德培养工作的重复性。尤其是当品德形成过程中要克服、矫正某种不良积习时,更是如此。事实表明,要改变个体已形成的一些不正确的观点、态度与不良行为,往往是一个艰巨的、长期的、反复的过程。

4.品德形成是一个长期的过程。在品德形成过程中,影响因素的复杂性、矛盾性与形成过程的反复性,决定了品德形成的长期性与艰巨性。一般来说,品德的形成过程要经历内化、适应与外化三个阶段。其中内化过程又要经历服从、认同与融化三个阶段。按照社会心理学家凯尔曼的观点,所谓服从,即表面接受他人或集体意见和观点,强迫自己的行为表现与他人或集体保持一致;所谓认同,即在思想、情感与态度上接受他人或集体的要求,积极主动地与他人或组织保持一致;所谓融化,即在思想观点上与他人或组织要求自觉保持一致,并将自己的这种行为习惯与信念同自己原有的观点、信念融为一体。

(二)资本及其形态

关于资本,目前大概有两种不同的解释。一种观点认为,资本是掌握在资本家手里的生产资料和用来雇佣工人的货币,是能够带来剩余价值的价值。资本家通过资本剥削工人,取得剩余价值。这是一种社会关系分析观点。另一种观点认为,资本是由生产过程生产出来再用于生产过程的特殊要素,它与原始的生产要素诸如土地、矿藏等自然资源不同,既是一种投入品,又是经济社会的产出品,例如金融资本。因此这是一种生产要素分析的观点。笔者认为,所谓资本是一种能够给一定组织带来新生经济价值的东西,它可以是实在的物质形态,也可以是无形的精神形态或社会关系。它需要通过一定的劳动付出取得或交换得到,具有相对价值与绝对价值两种特征。相对价值由具体的运用环境决定,而绝对价值由获取时的抽象劳动决定。

资本通常可以划分为金融、物质、人力与社会四种形态,也可以划分为货币资本与商品资本,生产资本与商业资本、借贷资本,固定资本与流动资本,有形资本与无形资本等不同形式。一般来说,劳动创造财富,其中流动资本通过预付使劳动成为可能,固定资本则通过提高生产效率而使劳动更加便利,所以资本积累不仅导致劳动量的增加,而且还将提高劳动生产率。货币资本的收入是利息,实物资本的收入是租金,人力资本的收入是工资。[①]

---

① 冯子标:《人力资本运营论》,经济科学出版社2002年版。

二、品德的资本特点

基于上述分析,笔者认为,品德具有资本性的特点。

1. 品德及其形成过程的特征决定了它是一种绝对价值较高的资本。品德影响因素的复杂性使德育工作的复杂性绝对化,品德作为德育工作的结果将凝聚高负荷的劳动投入;品德形成的矛盾性与反复性决定了德育工作的艰巨性,决定了品德培养要吸取大量的抽象劳动消耗;品德形成过程的长期性,决定了德育劳动需要大量消耗时间、人力与物力,决定了品德是一种高存量的资本,在品德中沉积着社会、组织、家庭与个人大量的物质资本与时间资本的消耗与转换,包括众多人的心血与损耗。

2. 品德是一种社会资本。社会资本是客观存在的,同样的100元钱,对于一个上市公司的老板的价值决不同于一个普通消费者的价值。美国的社会学家科尔认为,由于某些利益的关系,部分或全部资源处于利益主体者的控制之下,利益主体者为了实现各自的利益,相互进行各种交换,甚至单方转让对资源的控制,其结果就形成了持续存在的社会关系,这种社会关系不仅是社会关系的组成部分,同时也是一种资本,这种资本就是社会资本。社会资本一般表现为社会交往中的权威关系、信任关系、信息网络等。它也是一种生产性的资本,它使得实现某种无它就不可能达到经济增长的目的成为可能。

品德正是用以调和个人与他人之间矛盾并力求建立一种相互信任、相互尊敬与亲密关系的素质,品德高尚的人总是能得到周围所有人的尊敬与爱戴,即所谓德高望重。因此品德是一种社会资本。良好的品德可以大大改进与促进我们的工作效率与效果,提高劳动生产率。在一个高等学校中,具有良好关系的资深教授可以得到许多教师的主动帮助,而他也会经常得到其他教师的求教,因此他可以完成超出他个人全部时间与精力所允许完成的工作量,在这里,这位资深教授所具有的社会资本,通过他的人格因素、学术地位与社会关系,增加了他自己原有的工作能力,大大提高了工作的效率与效果。

3. 品德是一种具有经济功用的生产资本。西尼尔曾指出,即使在我们目前的文明程度上,大不列颠的智力与道德的资本,不仅在重要性上而且在生产能力上,已远远超过了它所拥有的全部物质资本。①

道德即相对社会生活中的一种规范、原则、准则以及人类行为本身（行动的动机、活动的结果）、情感和判断的总称。包括道德意识与道德关系,它在个体身上即表现为品德的一部分。在这里,西尼尔明确地提出了道德资本的概念。显然,西尼尔认为道德是一种非物质的资本,他认为国家税收的绝大部分来自利润。但在所有利润中,物质资本的贡献不到 1/3,其余 2/3 均来自包括道德在内的非物质资本。品德像知识、技能一样,它们是一种力量,是整个社会财富的来源,而远不止是财富本身。马歇尔在《政治经济学原理》中特别强调指出,青年人责任意识的普遍增强,使国家财富增长中很大一部分从物质资本投资转向个人资本投资,从而大大增加了国家收入,并提高了全体人民的平均收入水平。后来,庇古在《社会主义和资本主义的比较》一书中更为明确地指出,在所有投资中,最重要的是对人的健康、智力和品德的投资。由此可见,品德具有经济功用,是一种通过精神形式产生力量的生产性资本。

4. 智力与体力决定人力资本的现实形态,而品德决定人力资本的可能形态。人的体力是劳动的生理基础,没有它劳动就成为无本之木,人力资源的作用就无从发挥,因此它决定着劳动能否进行;人的智力是劳动的核心能力,它决定劳动的复杂程度,决定劳动可能进行到哪一级别;品德是劳动的动力与精神基础,它决定劳动的速度与方向,决定着劳动的实际效果,决定劳动实际能达到什么样的结果。

人类的社会生产劳动可以划分为体力型与智力型两种。体力型是指以体力支出为主的生产劳动。智力型是指以思维能力支出为主的生产劳动。无论是体力型还是智力型,在两种生产劳动中,品德素质的参与是必不可少的。随着知识经济时代的到来,体力型劳动越来越让位于智力型劳动。对于智力型的劳动生产,我们还可以进一步把它区分为再现型（重复型）、改造型与创造型三种形式。人的劳动经验与技能的提高是有限度的。因为人们的劳动经验与技能,主要是属于一种再现型智力劳动成果。再现型的智力活动本身就规定了其难以逾越的成果界限。虽然每个人在生产劳动实践中获得的经验与技能与别人的会有所不同,带有一定的改良性,但从整体上看,这些实践中获得的经验

---

① 李建民:《人力资本通论》,三联书店 1999 年版。

与技能并没有扩大人类总体智力的运用范围,而只是对已有的人类总体智力的运用与改造。然而,这种再现型与改造型的智力劳动水平的提高又是无止境的。这似乎像数学中的无理数 $\sqrt{2}$ 一样,无论小数点后保留多少位,$\sqrt{2}$ 永远达不到 1.42 的值。但小数点后每多一位,则后面的数总是要比前面的大,而且这种增加的趋势是无止境的。然而,如果有品德因素的积极参与,那么再现型与改造型智力劳动水平的提高,其速度就会大大加快,接近 1.42 的时刻就会提前出现。对于创造型智力劳动来说,如果缺少品德因素的积极参与,那么即便是创造型的智力型劳动,最后也不会有太多的突破与创造。因此,智力与体力只是人力资源的必要部分而非充分部分,只有包括品德在内的德、智、体相结合的人力资源,才是完备而充分的人力资源。

具体地说,人力资本除了智力与体力外,还包括世界观、人生观、思想觉悟、劳动态度、道德信念、志向等因素,而且这些品德因素不但决定着体力与智力的发展水平,而且还决定着体力与智力作用发挥的方向与具体水平。在特定时期内,一个人的劳动能力是一个客观存在的确定量,但这种相对确定的量,其能力发挥程度可能大不相同。这两个量之间的差异,往往取决于劳动者的思想道德素质。① 具有良好思想道德素质的劳动者,会有较高的积极性,这种积极性可以使劳动能力得到充分诱发与激励,也可以使劳动者劳动能力得到不断的再生产与提高,创造出新的更高的劳动能力。劳动者的劳动积极性还影响着物质资本作用的发挥与利用,劳动积极性高的人可以不断改变物质资本的性状及其利用方式,挖掘出物质资本的新的潜力与效果。

5. 人力资源管理的实践证明,品德是非常重要的人力资本组成部分。

古今中外的人力资源管理实践大都证明品德在人力资源结构中的重要地位,证明品德是人力资本的重要组成部分。

人力资源的客观载体是人。人的知识、技能、体力或健康,当它们独立存在而不与一定的职位需要相结合时、不与一定的生产资料和生产需要相结合时,只是一种素质而并非人力,更不是资源。只是当人的知识、技能、体力与一定的生产资料和生产需要相结合并能满足相应的要求时,它们才真正成为一种人力资源。在长期的人力资源管理实践

---

① 鲁洁、王逢贤:《德育新论》,江苏教育出版社 1994 年版。

中,古今中外的许多仁人志士都认识到品德对于生产劳动的重要性。

春秋战国时期,管仲提出了德、能、功与位、官、禄的人力资源管理思想。他认为,一个人的品德水平决定他可以在什么职位上工作;一个人的能力大小决定他在同一职位中可以承担什么样的官职,做什么样的事情;一个人在工作中的功劳决定他最后能得到什么样的俸禄,享受到什么样的报酬。

汉代王符提出了人力与职位不相称时德祸能殃的思想(相当于今天的人力资源配置思想)。他认为,德不称其任,其祸必酷;能不称其位,其殃必大。换句话说,他认为,当一个人的品德与职责任务不相符时,其结果是给国家、给组织带来残酷的祸害;当一个人的能力与水平要求不相符时,其后果是完不成相关的工作,给别人与领导带来很大的损失。显然,品德不良与能力低下相比,所造成的危害要大得多,严重得多。因此后来北宋时期的司马光提出了宁用愚人、不用小人的思想。他在总结分析历史上用人治国的经验教训后,于《资治通鉴·周纪一》中写到:"……才德全尽谓之圣人,才德兼亡谓之愚人,德胜才谓之君子,才胜德谓之小人。凡取人之术,苟不得圣人,君子而与之,与其得小人,不若得愚人。何则?君子挟才以为善;小人挟才以为恶。挟才以为善者,善无不至矣;挟才以为恶者,恶亦无不至矣。愚者虽欲为不善,智不能周,力不能胜,譬之乳狗搏人,人得而制之。小人智足以遂其奸,勇足以决其暴,是虎而翼者也,其为害岂不多哉!夫德者人之所严,而才者人之所爱。爱者易亲,严者易疏,是以察者多蔽于才而遗于德。自古昔以来,国之乱臣,家之败子,才有余而德不足,以至于颠覆者多矣!"

虽然品德与才能是我们人力资源结构中最为重要的两种因素,但相对不同的时期,对它们的要求又有所不同。唐代宰相魏徵在《贞观政要·卷三》中指出:"今欲求人,必须审访其行,若知其善然后用之。设令此人不能济事,只是人才力不及,不为大害,误用恶人,假令强干,为害极多。但乱世惟求其才,不顾其行。太平之时,必须才行俱兼,始可任用。"

在人力资源管理实践中,人们发现品德对不同级别的职位要求也是不尽相同的。对于一个处于重要领导职位的人才选拔,要特别看重其品德如何。在品德中,主要看其政治品质如何;而对一个一般工作人员来说,则对政治品质不要过多去要求,在其品德中,主要看其思想品质与道德品质如何,着重考查其能力。

显然,古今中外人力资源管理思想与实践都证明,品德是人力资本中的关键部分。

6. 品德对人力资本具有增值作用。

品德的实际效用,既体现在受教育者对自己行为的修养上,又体现在他对社会、对他人的影响上;既体现在品德方面,又体现在对学习、对工作与身体改善等方面;既体现在精神方面,又体现在物质方面。如果一个人集体观念淡薄,过多地考虑自己的利益,对待工作就可能缺乏主动性与积极性,固有的智力与体力的发挥就会受到很大影响,在工作岗位上表现出来的劳动能力就较差,就会难以胜任自己所担负的工作。关于品德的动力作用,古人也有所认识,例如,从孔子开始,诸多学者就一直重视"志"的作用。这主要是由学校德育目的本身所决定的。任何国家、任何民族、任何组织的德育,其主要目的都应该是两个。一个是培养受教育者的做人之"德",以符合本社会、本阶级或本组织的需要。另一个是培养受教育者学习之"德",为教育及其日后成长服务。而"志"对这两个目的的实现均至关重要。"志"也是品德结构中的核心因素,孔子认为,"志于道"者会"谋道不谋食",会"耻恶衣恶食",即不会去贪图个人的物质享受。墨子认为,"志不强者智不达"。北宋张载认为,"志大则才大,事业大","志久则气久、德性久","德薄者终学不成也"。司马光在《资治通鉴》中认为,"才者,德之资也;德者,才之帅也"。朱熹认为,"士之所以能立天下之事者,以其有志而已"。宋代陆九渊认为,"志大坚强有力,则沉重善思"。

总之,品德对于智力与能力具有强化或抑制作用,具有动力与热情效用,具有增值作用。

三、品德的资本性测评

品德的资本性测评,涉及品德的资本性测量、评价与定价三个方面。其中测量是基础,评价是关键,定价是目的。测与评是为确定品德素质的价值或价格服务的。品德的资本性测评,在经济学中主要表现为人力资本定价问题。因此有必要对相关的理论作一简单介绍。

(一) 现代人力资本定价理论

现代人力资本定价理论表现为两种模式,一种是马克思的劳动价值理论,另一种是个人收益计算理论。根据劳动价值理论,人力资本价值决定着人力资本的市场定价,而人力资本的价值是由劳动力形成、维持与发展过程中所需生活资料的价值所决定的。马克思说:"劳动力的价值,就是维持劳动力所有者所需要的生活资料的价值",包括"生产劳动力所必需的生活资料的总和,要包括工人的补充者即工人子女的生活资料"。而且,"教育费",包括在生产劳动力所耗费的价值总和中"。① 由此可见,马克思对人力资本定价的主要依据,就是劳动力形成、维持与发展过程中所耗费的价值总和。也就是说,主要依据资本的形成费用来确定资本的具体价值。

以贝克尔为代表的个人收益率计算理论认为,"惟一决定人力资本投资量的最重要因素,可能是这种投资的有利性或收益率"。② 只有当投资收益率 Y' 不小于银行利息率 Y 时,人们才会愿意投资,邹至庄与李彬等人利用此理论,计算了中国的收益率。他们得出结论:中国农村人力资本个人投资收益率为 4%,城市为 3.5%;从性别上看,男性为 3.1%,女性为 3.8%;从阶段上看,初等教育为 11.42%,中等教育为 5.76%,大学教育为 2.96%,硕博研究生教育为 4.28%。笔者认为,人力资本价值 C、投资量 V 与投资收益率 Y' 的关系可以描述为:

$$C = \sum_{i=0}^{n} V_i (1 + r_i')^{n-i}$$

其中 n 为投资的第一年至最末一年的总年数,V_i 为第 $i+1$ 年的投资量。实际上,这里的人力资本价值 C 也是一定时期内所有费用及其投资收益的总和,计算比较精确与全面一些,但基本思想与马克思的理论还是一致的。

(二)品德资本性测评的可能性

品德资本性是否可以被测评,主要看其是否满足以下三个条件:(1)品德资本性是否客观存在;(2)品德资本性是否可以被认识与观察;(3)品德资本性是否可以被比较与确定。

根据前面关于品德资本性特征的分析可知,品德的资本性是客观存在的。按照唯物辩证法的观点,客观存在的东西,必然具有数量与质量的形式,其数量与质量形式可以相互转化,质量可以通过其数量形式的表现来把握。

就品德资本性的变量形式来说,主要有三种基本形态,即定性、定量与模糊三种变量。对于这三种变量,我们采用类别、顺序、等距、比例、模糊等量表,足以对它们进行比较与确定,并据此反映品德资本性在数量与质量上存在的各种差异。由此可见,品德资本性这一特定对

---

① 马克思:《马克思恩格斯全集》第 23 卷,人民出版社 1972 版,第 194—195 页。
② 贝克尔:《人力资本》,北京大学出版社 1987 年版,第 42 页。

象能够被测评。

实际上,从品德资本性本身来看,它具备了测评的条件。品德的资本性表现为获得过程的耗费价值与当前情况下的使用价值。不同个体品德形成过程中实际耗费的价值是不尽相同的。同一个人身体上不同的品德素质,在形成过程中实际耗费的价值也是不同的。对于一个性格内向的人来说,在培养他待人热情与工作认真这两种品德素质的过程中,所耗费的价值是绝对不同的。不但这两种品德素质所耗费的价值不同,而且它们相对劳动过程的实际使用价值也不会相同,对于这两方面的差异,我们不但可以从定量的角度进行区别,还可以从定性的角度进行区别。

(三) 品德资本性测评的内容与测评的方法

品德资本性测评的内容,主要表现为两个方面,即耗费价值与使用价值。耗费价值,包括为形成、维持与发展该品德,持有者本人与培养者直接耗费与间接耗费的价值总和。例如损失的时间、因承受的痛苦与压力而带来工作上的损失,以及其他为形成该种品德素质而产生的各种直接消费损失。使用价值包括相对组织与领导的忠诚价值,相对工作的负责价值,相对同事的合作价值,相对客户的吸引价值,相对自己工作能力的促进价值,相对亲属的热爱价值。对于上述品德资本性价值的测评,应该实行测、评、定三分离。"测"主要反映品德资本性的客观存量与流量价值,"评"主要反映品德资本性的主观存量与流量价值,"定"主要根据品德作用中的当前环境,确定品德资本性的使用价值。这种使用价值量是相对的,与"测"、"评"的结果不一定相同。

品德资本性的耗费价值,又称品德资本性的内在价值,可以通过前述公式计算。

品德的使用价值,又称品德资本性的外在价值,可以通过市场确定或依据品德资本性的内在价值、市场供求情况、相对组织与职务的实际作用综合确定。具体确定的方法一般是主观的评估或模糊综合评判。品德资本性的总价值最后可以由下列公式综合:$P = \pm C + BM$。其中P为品德资本性的总价值,C为品德资本性的内在价值,M为品德资本性的外在价值,A与B为相对于C与M的加权数,$A + B = 1$。

总之,品德是一种人力资本。在人力资本中,品德又是一种具有高内在性价值的资本,它与知识、技能、体力、健康等资本的形成过程相比,影响的因素更为复杂,矛盾更为错综,难度更大,花费的时间更多。智力与体力决定着人力资本的现实价值,而品德则决定着人力资本的可能价值,虽然品德资本性的测评更为复杂与困难,但我们可以通过一定手段对它们进行测定、判定与确定。品德资本性的确定与测评方法的确定,不但使人力资本的定价更为完整、完善与有意义,而且更为重要的是,品德资本性的确定从根本上肯定了德育工作与政治思想工作的价值,开拓了人力资本投资与能力建设的新途径与新领域。

试论刘劭品德测评的系统思想

品德能不能测评？怎样测评？这是当前经济改革大潮中劳务市场人员素质测评中遇到的一个难题，也是教育深化改革中遇到的一个难题，人们对它看法不一，有褒有贬，众说纷纭。

品德能否测评以及怎样测评，实际上古人早有所论。然而在诸子百家中，对这一问题研究最为深刻和系统的要算刘劭了，一对于刘劭的有关思想，虽然有过一些文章研究过，但专门从品德测评方面对其标准、方法等进行较为深入系统探讨的文章似乎很少见到。故本文从原文出发，结合现代品德测评的需要，本着实事求是的原则，对刘劭品德测评的标准与方法进行了较为系统的探讨，想以此介绍一些有关我国古代品德测评的思想与方法，供广大读者参考。

什么叫品德测评呢？在正文开始之前必须简单解释一下，否则本文就会成为"牵强附会"之作了。所谓品德现代已不再限于道德品质的范围，而是指包括思

---

① 本文原载于《河北大学学报》1993年第3期。

想、政治、道德、法制、个性心理等素质在内的一切品质了。所谓测评也不是量化评定,而是指包括观察、谈话、测验等其他收集品行信息方式在内的评价活动。它是把最终的比较与判断建立在客观事实资料的搜集、测量与分析上,并把分析判断的结果采用语言或数量的形式进行定性或定量的转化与解释,由此来反映个体品德的实际状况。

一、刘劭品德测评的标识及其分析

刘劭认为人的形体是由元气、阴阳、五行所形成,人的德性也是"资于阴阳","禀之自然"。"物生有形,形有精神",因此可以通过人的外部表现形式来考查其内在的德性,进而刘劭提出了以"五物"量材,以"九征"考德的思想。他说:"若量其材质,稽诸五物。五物之征亦各著于厥体矣。其在体也,本骨、金筋、火气、土肌、水血,五物之象也。五物之实各有所济,是故骨植而柔者,谓之弘毅,弘毅也者,仁之质也;气清而朗者,谓之文理,文理也者,礼之本也;体端而实者,谓之贞固,贞固也者,信之基也;筋劲而精者,谓之勇敢,勇敢也者,义之决也;色平而畅者,谓之通微,通微也者,智之原也。五质恒性,故谓之五常矣。""性之所尽,九质之征也。然则平陂之质在于神;明暗之实在于精;勇怯之势在于筋;强弱之植在于骨;躁静之决在于气;惨怿之情在于色;衰正之形在于仪;态度之动在于容;缓急之状在于言"(参考《人物志·九征第一》)。这就是说,要想测量人的德性素质,则应该去考察其身体上的骨、筋、气、肌、血。骨骼挺立而柔软者,气度宏大,意志坚强,具有仁的素质;气色清朗者,有条不紊,具有礼的素质;体肌端正而结实的人,坚贞不移,具有信的素质;筋键强劲而精健的人,显得勇敢,具有义的素质;血色平和而畅达的人,具有智的素质。要想判定一个人的德性,观察其神明、精气、筋健、骨骼、血气、面色、仪表、容貌、言语等九种特征就可以了。德性的所有规律都体现在这九个方面的征象上。

刘劭在这里继承了东汉末年考评人物之余风,同时适应当时魏制"九品中正"量材授官的实际需要,试图从人的外部特征—生理结构、体貌、言语、行动等方面,寻找考核、鉴定德性的有效途径,这不能不说是一种很有价值的思想。虽然他所选择划定的"五物""九征"及其判定法则不尽合理科学,但他这种由外探内,化繁为简的思想却具有现代人格测评的思想。在现代人格测评中,有一种被称之为表出的人格测评研究。它是第二次世界大战后才兴起的一种测评思想。其最简单的假设是:所有的人都会以各种外部形式放射出其内部隐蔽的东西或未知的东西,这些东西会影响其他所有的人,因此人们能够从中感知到那些隐蔽或未知的东西是什么。"五物"与"九征"实际是表出测评学中的标识。测评者通过这种简单的标识去判定被测的对象。

二、刘劭品德测评的主要方法及其分析

刘劭选定的"五物"与"九征",这些测评标识的性质决定了德性测评的方式主要是"观"、"视"与"论",因此,刘劭提出了"八观"、"五视"及"接论"的测评方法。

所谓"八观":"一曰观其夺救,以明间杂。二曰观其感变,以审常度。三曰观其志质,以知其名。四曰观其所由,以辨依似。五曰观其爱敬,以知通塞。六曰观其情机,以辨恕惑。七曰观其所短,以知其长。八曰观其聪明,以知所达。"(参考《人物志·八观第九》)。

"八观"具体的解释许多书都已有说明,为探寻其测评真谛,笔者尝试进行了自己的探讨。

"观其夺救,以明间杂。"其意为:观察分析救济行为表现时的主导因素,能弄清其真假实质。刘劭认为,在人的行为背后,善恶因素相杂,当善的因素弱于恶的因素时,恶的情感就占主导地位,行为者就会当善不善,以至出现一些救济行为中的矛盾表现:见可怜则流梯,将分与则吝啬,慈而不仁,睹危急则侧隐,将赴救则畏患,仁而不恤。处虚义则色厉,顾利欲则内荏(柔弱),严而不刚。反之,当善的因素占主导地位时,虽救济行为似恶,但其人亦善,因此出于善情救了恶物不算害人,情谊深厚的朋友虽然傲狎而不相弃,不算什么"大过";杀无道助有道,不是什么"大非";取人之物以有救济,不能视为"大贪"。因此,观察救济与援助行为时要辨其真假,不要被其表现所迷惑。

"观其感变,以审常度。"其意为,观察分析内心情感的变化,可以知道他的实际态度。刘劭认为,复杂的思想感情往往被外貌深深地掩盖着,分析其言谈中心,观察其行为反应,就可以了解到他平时的一贯态度。因为人的内心情感一定会以外在的形式表现出来,跃然有人想加以掩饰,但往往以天衣无缝,因此尽管情感被歪曲表现,其真实态度还是可以知道的。

"观其志质,以知其名。"其意为,观察分析其主要的特质,则他的品德属于哪一种名目就可以知道了。例如骨骼挺立、体气高妙的人,其德性就美善。气清力劲的人,其德性就坚强。智力发达、精通事理的人,其德性就贤能。思考简单、直截笃实的人,其德性就任性。综合分析上

述各方面的特质,寻其质气,览其清浊,其实际品德就能考评出来。

"观其所由,以辨依似。"其意为,观察分析行为的来龙去脉,查明其行为动机,就可以辨别那些似是而非或似非而是的德性。刘劭认为,正直之人也好当面揭短,而好揭短之人也当面揭短,两种人揭短的行为表现相同,但他们揭短的动机或依据却是不同的。这就是形似而实非。另一方面也有形异而实同者。例如大政治家好像奸诈,实际上是建立功勋,有学问的人外表上愚钝实际内心却聪明。因此,以言判人以貌评人就会发生错误,德性好坏必须分析其行为表现的依据与动机,只有这样,才能判别德性的本质。

"观其爱敬,以知通塞。"其意为,观察分析一个人的爱与敬的行为,能判断其人缘关系。刘劭认为,人情之质有爱敬之诚,故动获人心,而道无不通。但是爱不可少于敬,少于敬则人皆敬而远之。因此,观察分析行为的爱敬之诚,便可以知道其上下人际交往的实情。

"观其情机,以辨恕惑。"其意为,观察分析一个人的情感反应模式,就可以知道他的"恕惑之智"。刘劭认为,就一般情况来说,人的情感有六种反应模式:志向得到实现就喜悦,才能得不到施展则就怨恨,以自伐历之则恶,以谦损下则悦,犯其所乏则妎(抗辩)以恶犯妎则妒。但是,道德高尚之人与低下之人在这六种情感反应模式中,其体的表现双有所不同。有道德的君子对冒犯自己的行为不会去计较,而无道德的小人则不然。一旦冒犯则深为怨恨。因此,观察分析个人的情感的反应模式,就可以判断他的德性水平如何。

"观其所短,以知其长。"其意为,观察分析一个人行为方面的短处,就可以知道他的长处在哪里。

刘劭认为,平凡之人都免不了有这样那样的缺点。例如正直的人有好攻击揭发别人的缺点,刚强的人有过于严厉的缺点,温和的人有懦弱的缺点,耿介的人有拘束的缺点。如果一个人不能攻击与揭发别人的缺点,则其正直的特点就无以显示。既然这个人的优点是正直,那么他就必然存在好攻击揭发别人的缺点。因此,好攻人之短,揭人之痛的短处正是正直这一长处的标志。同样地,严厉之短是刚毅之长的标志,懦弱之短是温和之长的象征,拘束之短是耿介之长的象征。一句话,"有长者,必以短为征。"所以"观其征之所短,而其材之所长可知也"。显然刘劭的这一观点带有辩证的思想,这启示我们,要善于从人的某一短处去发现与之相对应的长处,从其长处看到有关的不足。

"观其聪明,以知所达。"其意为,观察分析一个人的聪明程度,可以知道其品德能修养到什么水平,刘劭认为,仁是品德的根本,义是品德的品节,礼是品德的形式,信是品德的支柱,而智则是品德的统帅。智慧在聪明,聪明能够通达整理,刘劭认为以明(聪明)将(指导)仁,则无不怀,以明将义则无不胜,以明将理则无不能。反之,如果一个人不聪明,则事事难以遂愿,好名声但名不副实会空虚,好争辩而说不出道理就会心烦,好法制而思虑不学就会苛刻教条,好法术而计谋不多则就会虚伪,因此"观其聪明,而所达之材可知也"。

所谓"五视",即是:"居,视其所安;达,视其所举;富,视其所与;穷,视其所为;贫,视其所取"(参考《人物志·效难第十一》)。也就是说,通过一个人生活场面中"居"、"达"(显达,或贵)、"富"、"穷"、"贫"等特定情形下的行为表现观察,就可以看出一个人是否"敦于仁、厚于义、明于礼、勤于智、存于信",是否有贤德。

值得指出的是,刘劭在这里选择日常生活中的"居"以及彼此具有鲜明对比的"达"与"穷","富"与"贫"等矛盾情景作为品德测评的背景,这种构思的水平并不亚于现代西方的情景测验。

"接论法"即接触性的谈话方法,也就是现代教育测评中常说的面谈法(参考《人物志·接识第七》)。

刘劭认为,观察法尚有许多不足。其一是"以己观人则以为可知"。但旁边的"观人之察人,则以为不识也"。也就是"以己观人"常有主观性与片面性,以偏概全;其二是只"能识同体之善,而或失异量之美"。也就是说,观察人只善于发现与测评到自己具备或赞赏的德性,而难以了现与测评到与自己不同或不熟悉的德性。因此,"清节之人,以正直为度,故其历众材也,能识性行之常,而或疑法术之诡。法制之人,以分数为度,故能识较方直之量,而不贵变化之术。术谋之人,以思谋为度,故能成策略之奇,而不识遵法之良。器能之人,以辩护为度,故能识方略之规,而不知制度之原。智意之人,以原意为度,故能识韬谞之权,而不贵法教之常。伎俩之人,以邀功为度,故能识进趣之功,而不通道德之化。臧否之人,以伺察为度,故能识诃砭之明,而不畅倜傥之异。言语之人,以辨析为度,故能识捷给之惠,而不知含章之美。是以互相非驳,莫肯相是。"

其三,是"取异体,虽历久而不知",因为观察者与被观察是彼此相隔的两个人,彼此之间缺乏沟通,因此虽然观察了很长时间,但有许多德性并不一定知道。正因为如此,刘劭就提出了通过取"接论"而"取同体"的方法。"取同体也,则接论而相得"(参考《人物志·接识第七》)。

怎样接论呢,刘劭从时间与标准两方面提出了自己的见解。他认为若只想了解某一方面的情况,则一个早晨的时间就足够了,但若想详细了解各方面的情况,则要三天的时间才够,因为一个国民都具备三方面的德性,不谈论上三天不足以全面了解。在这三天中,第一天用来谈论道德,第二天用来谈论法制,第三天用来谈论策术。三天之后才能全部掌握他的专长而有把握地评定荐举。

通过谈论如何判断一个人的德性才能是"兼"还是"偏"呢？刘劭认为"务以流数抒人之所长,而为之名目,如是兼也。如陈以美欲人称之,不欲知人之所有,如是者偏也"(参考《人物志·接识第七》)。

然而,刘劭认为"接论法"也有其不足之处,不去深入交谈,不本着实事求是的态度去听取分析对方之言,则就会生疑误判。他说:"不欲知人则言无不疑。是故以深说浅,益深益异,异则相返,反则相非。是故多陈处直,则以为见美。静听不言,则以为虚空。抗为高谈,则以为不逊。逊让不尽,则以为浅陋。言称一善,则以为不博。历发众奇,则以为多端。先意而言,则以为分美。因失难之,则以为不喻,说以对反,则以为较己。博以异杂,则以为无要"(参考《人物志·接识第七》)。就是说,谈话时,对方越是以浅说深,以反表正,两人间这种深浅、正反形成的反差越大,则产生的分歧越大,分歧越大则理解相反,理解相反则就发生错判。

另外,对方一旦谈论到听话者的兴奋之处,则就会高兴起来,高兴之余就难免有"亲爱之情,称举之誉"了(参考《人物志·接识第七》)。

早在一千多年前,刘劭对现代的面谈法的特点能研究如此之细,提出如此见解,是很值得我们敬佩与参考的。

试论品德测评量化问题[①]

品德测评是人才评价乃至整个人才科学研究中最令人关注而又困惑的问题。当前市场经济的确定与发展,人才质量观的增强,以及素质发展教育的转轨等问题,已促使越来越多的有识之士认识到品德测评及其科学化研究的重要性与迫切性。高考制度的改革,干部人事制度的改革、德才兼备的人才选拔的实施以及人才管理的难点也都在于品德测评的科学化。而品德测评科学化与现代化的关键在于其量化机制的建立与完善。然而,品德测评量化对大多数人来说还很陌生,其可接受性远不如智能测评的量化。理论上的异议与实践上的困扰,一直使品德测评量化问题的研究举步艰难、畏缩不前。因此,对目前品德测评量化中的疑难问题进行探讨,已是刻不容缓了。

一、品德测评量化的意义

所谓量化,即指给事物以数学形式的表示。品德

[①] 本文原载于《东北师大学报(哲学社会科学版)》1994年第1期。

测评量化,即是对品德测评过程以数学形式的描述。品德测评的量化过程,是通过计量、综合与转换三个环节完成的。"数量化只是对事物性质赋予数值,所以它既不表示质的消失,也不表示量的随意创造。"①

品德测评量化的实质是什么呢?从哲学角度看,品德测评量化就是通过测量手段来揭示品德的数量特征与质量特征,使人们对品德有更深入更本质的认识,从数学的角度看,品德测评量化就是通过品德测量法则,把个体稳定的行为特征和倾向空间,与某一向量空间建立同态关系,使定性评定中无法综合处理的行为信息,得到统一的数学处理,使测评者对不同个体品德的心理感觉差异反映于数量差异之上,进而综合反映个体品德的差异与水平。

品德测评这一特定的社会现象,可以说主要是由三个部分构成。这就是个体行为空间、同态映射与测评向量空间。

所谓个体行为空间,通俗地说就是某个人某一时期(某季度或某年度)品德行为的总和。假如我们同意某人在该时期内表现的任何一次品德行为,都可以通过时间、地点、背景、动机与效果等变量进行刻画的话,那么该人的任何一次品德行为,就都是由时间、地点、背景、动机与效果五个坐标参数决定的五维向量(向量在这里既有数值大小之分又有方向不同的区别)。任何一个人在整个季度或年度的所有品德行为就构成了一个特定的行为向量群。同一方向上或相近方向上行为就构成了特定的行为向量子群。由于每个人在某一时期内的品德行为都是有限的,故个体特定的行为向量群都是有限的。

所谓测评向量空间,通俗地说,就是品德测评结果可能选择的空间。例如,某个班主任对其所有下属的德行评语就是一个向量空间。如果我们同意任何一条评语均可以由内容与程度刻画的话,那么其中任何一条评语就是一个二维向量。在当前品德测评实践中常见的测评向量空间,主要是三种,一是评语向量空间,二是分数向量空间,三是图像向量空间。评语向量空间是多维有限的,分数向量空间是一维有限的,图像向量空间也是多维有限的(图像向量的方向定义为曲线变化率总和)。

所谓同态映射,通俗地说,就是个体行为空间与测评向量空间之间的对应关系,通过这种关系,个体行为空间中任何两个行为的关系及其

---

① 中国社会科学研究院哲学研究所自然辩证法研究室,《第16届世界哲学会议论文集》,中国社会科学出版社 1984 年版,第 292 页。

分析综合，都能通过测评向量空间的对应向量进行运算或加以表征。在当前品德测评实践中常见的同态映射，有随意同态映射与控制同态映射，计算机控制同态映射与人工控制同态映射。例如，没有具体标准的操行评定或等级评定，则基本上就是一种随意同态映射。电脑辅助品德测评则是属于计算机控制同态映射。制定统一的品德测评标准和测评方法，则属于人工控制同态映射。现行各种品德测评方中所建构的同态映射，大多数是主观规定的。当这种主观规定的同态映射比较客观地反映了行为空间的特点与规律时，所得出的测评结果就比较客观真实，反之不然。

品德测评的实质就是通过建构较为科学的同态映射，把行为空间的复杂分析与综合，转化为测评向量空间中较为简单的分析与综合。品德测评量化的实质，就是通过品德行为测评法则（包括测评标准与方法），把复杂纷乱的行为群体投射变换为简单有序的分数列，大大提高了测评的效率与效果。

品德测评进行量化所产生的功能与作用是什么呢？马克思认为，一种科学只有在成功地运用数学时，才算达到了真正完善的地步。[①]换句话说，马克思认为，一种科学，如果不包含基本的数学描述，这种科学肯定是不完善的。

1543 年，哥白尼发表了《天体运行论》，提出了太阳中心说，初步确定了天体运行的性质。但只有到后来，当天体力学运用数学方法，推算出尚未发现的新星运行轨道，测定出它们在太空的位置，并实际发现了海王星和冥王星时，才使哥白尼的太阳中心说得到科学的证明；对于资本家和工人的区别和对立，在马克思以前的空想社会主义者中已有所认识，但只有当马克思对工人的必要劳动和剩余劳动进行量化分析后，才揭开了资本主义剥削的秘密，建立了科学社会主义学说。品德测评也不例外，量化能够加速其科学化的进程。

目前人们对于个体品德的认识与评定，大多还处于个体的感觉体验阶段。其中许多测评虽然不乏正确，但却都局限于只能意会不能言传的第六感觉范围，语言难以表述。所作认识与评定还处于自我内部的封闭状态，无法上升扩展到自我以外与群体的共识测评中。这种感觉体验性的测评，由于缺乏简便的物化手段，总是随测评者个体感觉的

---

① 〔法〕保尔·拉法格：《摩尔和将军——回忆马克思和恩格斯》，人民出版社 1982 年版，第 95 页。

消失而消失,随着测评者个体经验多寡而不同。借助于量化手段,品德测评则能够从测评者个体感觉经验的局限中跳出来,由个体的感性测评上升到群体理性测评,由模糊混沌的体验测评转化为明确清晰的测评。

品德测评量化,除了方便简洁物化表述功能外,还有以下几个具体的功能与作用:

(1)使品德测评的对象及其信息得到统一的数学表征,减少记忆负担,保持信息传递载运的客观性;

(2)使品德测评的对象及其特征信息有可能进行数学上的统一转化与运算,减少综合分析过程中的主观影响,增加测评过程及其结果的客观性;

(3)使品德测评对象及其过程有可能进行数量分析,提高测评结果的准确性与可靠性;

(4)使品德测评对象及其过程有可能借助计算机等技术实现测评现代化,提高品德测评的效率与效果。

尽管我们提倡品德测评量化,认为量化有助于品德测评的科学化,缺乏量化的品德测评够不上科学的品德测评。但这并不等于说,品德测评的量化本身就是品德测评的科学化。凡是进行了量化的品德测评即就成了科学的品德测评,凡没有量化的品德测评毫无科学之处。品德测评量化本身是有科学与不科学之分的,只有建立在对品德因素质与量正确认识基础上的正确量化才是科学的。品德测评量化的主要功能,在于使我们对品德测评对象及其特征信息,能够客观化、符号化、等值化,便于采用数学方法与计算机技术进行客观的综合、分析与推断,加强与提高品德测评的科学化与现代化。

二、品德测评量化的形式

品德测评的量化形式,从理论上来说有一次量化、二次量化、类别量化、顺序量化、等距量化、比例量化、模糊量化与当量量化等不同形式。

1. 一次量化与二次量化

什么是一次量化与二次量化?人们对此似乎还解释不清。我们认为其中"一"与"二"可作两种解释。当"一"与"二"作序数词解释时,一次量化是指对品德测评的对象进行直接的定量刻画。例如违纪次数、捐献给灾区人民的钱物数、坚持为"五保户"买煤的时间等。一次量化的对象一般具有明显的数量关系。量化后的数据直接揭示了品德测评对象的实际特征,具有实质意义,因而也可称之为实质量化;二次量化即指对品德测评的对象进行间接的定量刻画,即先定性描述,后定量刻画的量化形式。例如某人的礼貌行为,先依据品德测评的标准要求,用"做到"、"基本做到"和"没有做到"三个词进行定性描述,然后再用"5"表示"做到"、"3"表示"基本做到"、"1"表示"没有做到"。这样,对他或她的礼貌行为测评就实现了量化。这种量化就是我从前所说的二次量化。二次量的对象一般是那些没有明显的数量关系,但是有质量或程度差异的品德行为特征。如果量化的结果并没有直接揭示量的内容,换句话说,当量化的表现形式与量化的具体内容并不存在任何实质性的数量关系时,我们将把这种形式的量化称之为形式量化。

当"一"与"二"作基数词解释时,一次量化是指品德测评的量化过程可以一次性完成。品德测评的最后结果可以由原始的测评数据直接综合与转换得到。二次量化则不然,它是指整个的品德测评量化过程要分两次计量才能完成。

2. 类别量化与模糊量化

类别量化与模糊量化都可以看作是二次量化(第一种解释的二次量化)。所谓类别量化,就是把品德测评对象(既可以是具体的行为与特征,也可以是个人的整个品德)划分到事先确定的几个类别中的一个中去,然后每个类别均赋以不同的数字。

这种品德测评量化的特点是,每个测评对象属且仅属于一个类别,不能同时属于两个以上的类别。量化是一种符号性形式量化。"分数"在这里只起符号作用,无大小之分。

模糊量化,则要求把品德测评对象同时划分到事先确定的每个类别中去,根据该对象的隶属程度分别赋值。

这种品德模糊量化的特点是,每个测评对象同时且必须归属到每个类别中,量化值一般是不大于1的正数。是一种实质性量化。

由此可见,模糊量化的测评对象是那些分类界限无法明确,或测评者认识模糊和无法把握的品德行为与特征。类别量化的测评对象则是那些界限明确且测评者能完全把握的品德行为与特征。

3. 顺序量化、等距量化与比例量化

在同一类别中常常还需要对其中的诸品德测评对象进行深层次的量化。这不是顺序量化等距量化与比例量化。可将这些量化看做是二次量化。

顺序量化,一般是先依据某一品德特征或标准,将所有的品德测评对象两两比较排成序列,然后给每一个测评对象一一赋以相应的顺序数。顺序量化使品德测评对象可以进行名次优劣比较。

等距量化,则是比顺序量化进一步。它不但要求品德测评对象的排列有强弱、大小、先后等顺序的关系,而且要求任何两个品德测评对象间的差异相等。然后在此基础上才给每一测评对象一一赋值。等距量化可以使品德测评对象进行差异距大小的比较。

比例量化,则又比等距量化更进一步。它不但要求品德测评对象的排列有顺序待距关系,而且还要存在倍数关系。品德测评比例量化可以使品德测评对象差异进行比例程度的比较。

4. 当量量化

在品德测评的量化过程中,我们常会遇到对于不同类别(或者说不同质)的对象如何综合的问题,类别量化仅起了给测评对象"数值"分类的作用,并没有解决其量化后的综合问题。因此类别量化之后常常需要再作当量量化。

所谓当量量化,就是先选择一中介变量把诸种不同类别或并不同质的品德测评对象进行统一性的转化,对它们进行近似同类同质的量化。例如各项品德测评指标的加权,实际上就可以看做是一种当量量化。

当量量化属于一种主观量化,其作用是使不同类别不同质的品德测评对象可以类似同类同质的品德测评对象进行量化,能够相互比较和进行数值综合。

以上品德测评的各种量化形式可以归纳如下表所示。

量化形式	量化性质	量化作用	量化特点	量化实例
类别量化	偏于主观、形式量化	分类标记转化定性判别	只有区分无法比较	政治面貌量化
顺序量化	偏于客观、实质量化	同上,顺序差异差别	能够进行顺序比较	名次量化
等距量化	同上	同上,差距差别	能够进行差距大小比较	优良中差等级量化
比例量化	同上	同上,程度判别	能够进行程度差异比较	标准分数转化

续表

量化形式	量化性质	量化作用	量化特点	量化实例
模糊量化	偏于主观、形式量化	非分类性隶属度判别	模糊数学运算综合比较	模糊综合量化
一次量化	客观、实质量化	直接揭示品德外显数值定量判别	能够进行数值大小比较	行为次数量化
二次量化	主客观兼并、形式、实质量化兼有	对于无法直接量化的对象量化质量判别	能够在定性基础上进行定量比较	纪律性等分项行为品质量化
当量化	偏于主观、形式量化	对于不同类别不同质的对象近似量化，异质异类比较	能够对不同测评对象进数值综合	分项指标加权

对于表中各种量化形式，在品德测评实践中，要依据具体的品德测评。目的与实际品德测评对象进行适当地选择与组合使用。

三、品德测评量化的对象

品德结构有不同的观点①为简单通俗起见，我们认为任何个体的品德，均由外层行为表现与内部思想动机构成。品德测评的量化，应以什么为直接对象呢？"判断一个人当然不是看他的声明而是看他的行为；不是看他自称如何，而是看他做些什么和实际是怎样一个人。"②。要保证品德测评的客观性与公正性，以及提高品德测评的科学性与可靠性，我们必须选择个体的行为表现作为量化的直接依据。在品德结构中，思想动机是内在的，是看不见摸不着的，除行为主体本身之外，其他人无法感觉与判断。因此它们不便也不宜作为品德测评量化的直接依据。然而当我确认行为表现为品德测评量化依据之后，其深层次的思想动机、情感信念以及个人个性如何测评呢？

品德对于测评者来说是一个灰色系统，其表层是可以观察到的行为，但其内部却是一看不见的"黑箱"。然而"黑箱"理论启示我们，可以从输入与输出形式的比较分析来探测内部"黑箱"，也可以从输出的形式来探测内部的"黑箱"。个体品德的输入形式涉及家庭、社会与组织许多有形的与无形的教育影响，无法计量，因而我们可以采取其输出形

---

① 肖鸣政：《品德模式及其测评学分析》载《吉林教育科学》(普教研究)1991年第2期。
② 《马克思恩格斯选集》第1卷，人民出版社1974年版，第579页。

式的探测方式。个体品德的输出形式是什么呢？显然就是其行为表现。

按照"黑箱"理论,品德内部的思想动机、情感信念与个性倾向都会通过行为表现的方式输出。虽然单个的行为常常不足以测评深层次的品德,但联系大量的系统的行为表现群进行分析,则往往可以充分地看出其行为的特征倾向推断其内部的思想动机、情感信念与个性倾向。恩格斯认为人类的社会行为,虽然在表面上偶然性在起作用,但这种偶然性始终是内部的隐藏着的规律支配的。问题是在于我们是否发现这些规律。① "行"在外,"心"内隐,"日久见人心"之所以成立,也就是个这个道理。

但是值得注意的是,"黑箱"理论所揭示的输出是就一般意义上说的,指的是个体品德的全部输出形式。对于有限时间内、有限的范围与空间内,尤其是对于特定的测评者、深层次的品德因素是否会全部以行为表现的形式输出并被测评观察到呢？这显然是难以肯定的事情。因此日常观察下的量化测评结果,只能是对品德测评的主观粗略估计。我们必须借助于一些较为科学的品德测评方法进行优化观察,或进行情境投射测评,引发内部品德因素。那些较为稳定的思想动机、情感信念与个性倾向,只要外部刺激适当,必然会以行为表现输出。

对于个体思想中极少数的"流念",由于它们是稍纵即逝、大多数是由情境因素或偶发因素引起,我们一般不把它们包括在品德测评对象之内。品德测评并非包罗无遗的大脑思维全息透视。

总之,品德测评中的量化是整个品德测评理论与实践中一个十分敏感而又困难的问题,人们对此还许多争议与看法,以上所提及的问题仅仅是所有品德测评量伦理论与实践问题的一部分。在这里所作的探讨也是初步性的,还有许多问题有待于我们大家共同去深入研究。

---

① 《马克思恩格斯选集》第4卷,人民出版社1974年版,第243页。

FRC 品德测评方法的基本思路及其实验[①]

所谓 FRC 品德测评方法，实际上是事实报告计算机辅助分析品德测评法的简称。其中 F 即单词 Fact 的头一个字母，R 即 Report 的头一个字母，C 即 Computer 的头一个字母。这种品德测评方法的基本思想是，借用计算机分析从学生品德结构要素中确定出一些基本要素，再从基本要素中选定一些表征行为事实，然后要求学生自己就是否具备这些表征行为事实予以报告。报告的方式既可以是个别的谈话，也可以是集体的问卷。报告的事实进行光电信息处理后即储存于个人品德信息库中，然后计算机根据学生品行信息，进行分析作出定性与定量的评定。

设计这种方法的目的，一是想把中小学班主任从期末写操行评语的困难中解脱出来，让他们只补充一些学生的突出个性特征与典型事例，而不要再去写那些套话空话或做文字变换的游戏。现行我国的国国情

[①] 本文原载于《赣南师范学院学报》1993 年第 2 期。

是,班级学生多,班主任工作忙。班主任除上课及有关班级活动外,很少再有时间专门去观察学生。就是在上课与班级活动中,也时常忙于维持正常秩序或教学,不可能细心去观察记录学生的行为表现,至于学生的内心活动就更是无暇顾及了。即使平时留心观察到的一些行为表现,到期末时也早已淡化或遗忘了,加上期末班主任工作一部分繁忙,因此写好几十个学生的评语,确实困难。其困难主要在于学生品德相互间共性的比较与准确评定,由于各自依据的行为事实不同而对同一个的品德常常判若两人。我们设计的 FFRC 品德测评法则有助于解决这一困难。

二是想提出品德测评的客观性并适合于大规模品德测评需要。目前的操行评语法与目标分解、学生小组及老师综合测评的方法,其客观性都极其有限,其可比性、公正性与客观性,充其量只能在班级范围内得到一定的保证,一旦超出了这个范围,品德评定的结果就缺乏可比性了,公正性与客观性也因此难以得到保证。我国的传统与社会主义制度经常使我们在教育质量评估与人才选拔方面更需要对学生品德进行大范围的比较与衡量,因此迫切需要有一种可行的品德测评方法能够满足大规模或统一性测评的要求。

FRC 品德测评方法,与其说它是一种具体的测评方法,不如说它是一种测评的思想方法。我们把它具体化为 FRC 量表后,分别在江西省赣州市七中与东北师大附中初一初二个别班级内进行了试验,试验的人数、班级及时间如下:

表 1　FRC 品德测评方法试验班级及其安排情况

班级 次数	江西赣州七中初二年级	东北师大附中初一年级
第一次	1991 年 9 月 67 人接受测评	1991 年 12 月 5 日 55 人接受测评
第二次	1992 年 1 月 57 人接受测评	1991 年 12 月 19 日 58 人接受测评

我们所具体试验的 FRC 品德测评量表一共 60 道题,列举了校内外学生常发生的一些关键行为事实。要求每个学生结合自己实际情况就其发生的频率、程度或具体内容予以报告。报告的形式比较灵活,既可以从现有的 A、B、C 等选项中选取适当的一个,也可以自己另外报告补充。每题按 1、2、3 分三个档次计分,分项累加即得到表 2 中各项分数。所报告的结果转化为光电可辨信息储存于个人品德信息库后,郎

由计算机分析评定,得出测评结果。测试是以班级为单位集体进行的,告诉被试答案没有对与错之分,要求每个生学根据自己的情况,独立地完成,实事求是的回答。时间是一节课,但两次实施结果表最快的学生是 20 分钟就交卷,最慢的是 35 分钟左右才交。测试时间平均约需 26 分钟左右。

FRC 品德测评量表试验及其结果分析如下:

表 2　初一年级部分学生品德测评输出打印格式

学生姓名或编号	学习勤奋		组织纪律性		关心爱护集体		礼貌待人尊敬师长		…	总分	等级
	评语	得分	评语	得分	评语	得分	评语	得分			
001	较差	9	一般	17	较好	14	较好	14	…	72	中
002	一般	10	一般	18	一般	13	很好	17	…	77	中
003	较好	18	较好	21	很好	16	较好	15	…	86	良
004	较好	17	很好	23	很好	17	很好	17	…	88	优
005	较差	9	很差	12	一般	12	一般	13	…	63	及
006	很差	5	很差	4	很差	4	很差	1	…	28	差

表 3　初中学生四次品德测评结果分析

测评年级与次数		学习勤奋性		组织纪律性		关心爱护集体		礼貌待人尊敬师长		…	总分		相关系数
		平均分	标准差	平均分	标准差	平均分	标准差	平均分	标准差		平均分	标准差	
初一	1	13.09	3.3966	18.89	4.7508	13.18	2.4278	12.15	3.3271	…	75.05	10.6848	0.8745
	2	13.57	3.9089	20.02	4.5957	13.47	2.7305	12.67	3.0308	…	77.00	11.2832	
初二	1	11.94	2.4304	19.51	2.9944	13.16	2.7296	11.25	2.3394	…	74.13	7.5328	0.6697
	2	12.23	2.2943	19.37	3.1989	13.37	2.1735	11.07	2.5468	…	74.40	7.1202	

通过试验与结果分析,我们认为 FRC 品德测评法有以下几个可取之点:

1. 测评结果具有较高的信度。在试验过程中,我们分析了 FRC 品德测评量表的信度。是通过重复两次测试来分析的。第一次测试完后我们既不给学生任何信息反馈,也不告诉他们会不会再来测试。初一是间隔半个月后对学生重复测试,借口是因为上次测试有些同学没有按要求配合,故需要重新测试一次。测试结束交卷时,随便抽查了几个学生,问他们这次测试的内容是否与上次一样,学生回答说有的与上次相同,有的不相同,再问他们这次答的结果是否与上次一样,哪一次答得更好些? 都说不一样,这次答得更好一些。初二学生间隔的时间较长,是四个月后重复进行的,进行时没有作什么特别说明,只要求他们按说明要求实事求是地报告有关的行为事实。FRC 品德测评量表对初一、初二学生重复测评的信度系数见表3 最右边"相关系数"栏目所示,初一为 0.8745,初二为 0.6697。统计检验表明,两次测评结果的一致性水平均远远强于 0.01。这表明 FRC 量表具有较好的可靠性。

2. FRC 品德测评量表具有较高的效度。首先,从表3可以看出无论是南方的学生,还是北方的学生,组织纪律性一项测评得分的平均数大大高于其他各项,且标准差也最大。这与我国学校德育及其管理中历来把组织纪律性置于十分突出的地位是相吻合的。在组织纪律性方面各个学生发展,实际也是很不平衡,差异较大。由此看来,FRC 品德测评量表测试结果符合事实。

其次,我们把 FRC 品德测评量表测试的结果反馈给初一、初二两个试验班的班主任,请她们对不合实际的数据进行修改。最后发现初二 67 个学生 335 个数据中只有 45 个有 4 分左右的误差。其中涉及 5 个学生的测评结果与平时观察相比偏高,2 人偏低,而其余 60 人均合符实际情况。初一 58 个学生 290 个数据中只发现 19 个有 4 分左右的误差。其中涉及 7 人的测评结果与平时观察不符,有 2~3 处有误。由此看来,绝大部分测评结果符合平时观察的结果。

再次,我们请初一试验班班主任让学生分四天,分别推选出学习最勤奋的 5 名标兵与最不勤奋的 5 名学生、组织纪律性最好的 5 名标兵与最差的 5 名学生、最关心爱护集体的 5 名标兵与最不关心爱护集体的 5 名学生以及对老师同学最有礼貌的 5 名标兵与最没有礼貌的 5 名学生,推选结果与 FRC 品德测评量表的分项测评结果相互一致。

以上三方面分析表明 FRC 品德测评量表具较高的效度。

3. FRC 品德测评方法操作简单,经济方便。有人认为操行评语法操作最为简单方便,故它能经久不衰。其实不然,操行评语法看似简单,好像只要你坐下来闭上眼睛,回想学生整个学期的行为表现,然后就能写出每个学生的评语。一支笔几张白纸,找个安静地方关起门两三天就能写完全班几十个学生的操行评语,表面上看这显然是最简单不过的了。然而当我们要求"写好"而不是"写完"几十个学生的评语,使学生本人、教师、学校和家长几方面都较满意而乐于接受时,我看问题就不那么简单了。有时你可能为找不到一个确切的评定词语而搜肠刮肚,为找不到某方面的证据而翻找记录或重新观察与调查,或者为了写出某一特点而思索半天。可以说要写好一个学生的操行评语,班主任必须具备细致的行为观察能力、高度的分析综合能力以及较深的语言文字修养,事实表明并非我们想象的那么简单方便。

现行的目标分解、个人—小组—老师综合评定法,虽然比操行评语更规范更科学,但普遍反映操作不便,耗时费力。期中期末学校测评时往往前后要折腾一个星期的时间。我们所试验的FRC品德测评法,实测时间约30分钟,光电输入及计算机评定时间约15分钟。也就是说,全班60个学生,只需要1个小时左右即能全部测评完毕并打印出如表2所示的全部评语、分数与等级。若采取人工评分也比操行评语与目标分解,个人—小组—教师综合评定法简单,深受试验班主任的欢迎。

4. FRC品德测评法有些问题尚待进一步研究。任何事物都应一分为二去分析,有利必有弊,利在这头则弊可能就在对立的另一头。FRC品德测评法也不例外。由于其外部操作方便、不受测评者个体经验与主观性的过多影响,有经验的班主任与无经验的班主任对相同学生的测评结果都是一样的。而且整个测评过程条件平等,评定客观公正,时间也非常合理。然而,其内部消耗却不小。光电输入计算机设备暂且不论,因为随着标准化考试与计算机的普及,这个问题的解决并不困难,一个乡镇有一台光电输入计算机问题就完全可以得到解决。主要是FRC量表的研制,需要花费大量的人力物力,要求专业工作者与多方面人士共同协作完成,这并非一般学校及一般教师所能完成。但是,一旦编制成功,则可以长久变换使用,可以在全校、全地区甚至全国使用。如果由此可以免除每位班主任写操行评语的工作,把由此节省的精力与时间汇总转换到FRC品德测评量表的制作上,那么总体上来看,FRC品德测评法并不算复杂。

FRC品德测评法还有一个难以处理的问题就是,如果量表设计不好,对学生虚假报告的行为事实缺乏切实的控制措施或鉴别手段,那么最后所得到的品德测评结果就可能缺乏真实性。

另外,FRC品德测评法怎样广泛适用于高中年级的学生和成人,也还有待进一步研究。

总之,FRC品德测评法的实验在我国还是一种新探索,我们将努力使之不断完善。

OSL 品德测评法的基本方法及其实验[①]

一、OSL 品德测评法的基本设想

所谓 OSL 品德测评法，我们设想，它是一种以品德教养为目的的行为测评法，或者把它通称为行为养成品德测评，实际上它是一种表现为品德测评公式的德育方法，是德育测评教育作用发挥的一种实体建构模式。这里 O 即英文单词 On（做到）的缩写，S 即英文单词 Short（稍差）的缩写，L 即英文单词 Long（较差或需努力）的缩写。O、S、L 即品德养成结果（做到、稍差、较差）主观测评的一种简便标记符号。

在 OSL 品德测评法设想中，我们首先想采用符号记录测评结果，在最后的综合或必要时才转换成分数。

前苏联教育家阿莫纳什维利认为，儿童对分数常常怀有某种莫名的恐惧感、神秘感和敬畏感；追求高分数成为学生学习的直接动因；社会对于分数的重视与不正确的理解给学生带来了巨大的压力，分数同时又

[①] 本文原载于《江西教育科研》1994 年第 2 期。

成为学生要挟家长的手段。

虽然上述观点不一定那么符合我们所见到的事实,但为了避免分项直接打分带来的不良影响、为了吸取分数便于综合比较的优点,我们采取了折中的办法。具体测评时,划分"做到"、"稍差"和"需努力"三种差异情况并代以 O、S、L 的符号,使记录既简便(每个字母都是一笔书写),又避免了差异直接显示的刺激(分数与词语均直接显示了差异,容易给人以刺激)作用。最后期末综合时,累计 O、S 和 L 的个数 m_1、m_2 与 m_3,把它们代入下列公式计算总分:

$$P = \frac{3}{2}m_1 + m_2 + \frac{1}{2}m_3 \text{ 或}$$

$$= \frac{1}{2}(3m_1 + 2m_2 + m_3)$$

式中 m_1 为 O 的个数,m_2 为 S 的个数,m_3 为 L 的个数,P 为总分,四舍五入取整数,分数仅为比较之用,报告时采用优秀、良好、中等、尚可、须努力等词语,其中规定,$P>85$ 为优秀,$85>P>75$ 为良好,$75>P>65$ 为中等,$65>P>55$ 为尚可,$P<55$ 为须努力。对于学生的个性特征、突出事例,学年末还要辅以文字描述。

其次,在 OSL 品德测评法的设想中,我们特别强调突出学生的自我测评。

目前对品德测评的认识与实验,因为认为品德测评只有他评才能保证客观性,自评只是他评的手段,是为他评服务的,因而思想上、口头上虽然承认自我测评重要,但是实际上却不够重视如何做好自我测评,如何指导自我测评,如何充分发挥品德测评过程中学生自我测评的主体性与自觉性。事实上,自我测评在整个品德测评中尤其是教育型品德测评中起着十分重要而关键的作用。

乌克兰心理学家萨波日尼科娃认为,自我评价是少年道德发展的一项指标。

师评、互评不能仅仅满足于他们服从外在规范的"他律"观察上,要努力了解并发展其个人自主意识和主体观念的"自律"水平,重视学生的自我测评,自我测评还有助于提高学生自我教育的自觉性和主动性。

再次,在建构 OSL 品德测评法的设想中,我们特别注意发挥与利用品德测评的"蝴蝶效应"作用。

被称为统领 21 世纪的科学理论中的紊乱学,有一种叫做"蝴蝶效应"的著名原理。"蝴蝶效应"的原理为:一个极微小的起因,经过一定的时间及其他因素的参与作用,可以发展成极为巨大和复杂的影响力。为了在品德测评过程中突出地发挥教育作用,依据"蝴蝶效应"原理,我们把 OSL 品德测评法建构成以品德测评为主线、串联其他德育方法的系统模式,具体程序如下图所示:

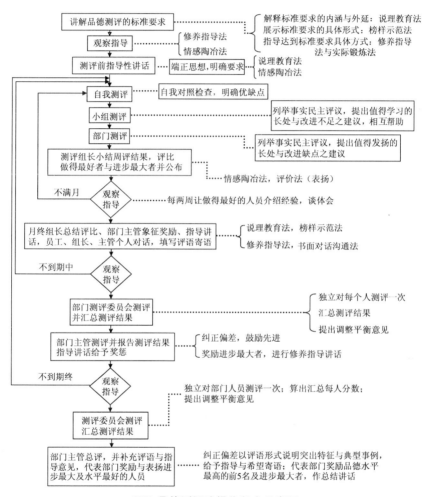

OSL 品德测评法操作程序示意图

二、OSL 品德测评法实验结果及其分析

OSL 品德测评法,分别在吉林省第二实验学校、东北师大附小、赣南师范附小、吉林工业大学子弟中学、江西赣州市第四中学、第七中学等学校进行了一年多三个阶段的试验,取得了良好的教育效果。我们

分析发现，OSL品德测评法对于小学生改正不良行为与养成良好的行为具有明显效果。

为了考察OSL品德测评法的效果，我们分别采取随机与等距抽样相结合的方式，从小学二年级、三年级与五年级抽取了部分学生，对其第一次与最后一次测评结果进行比较分析，如下表所示（注1个O＝2个S＝4个L）：

班级	姓名	第一次测评结果	二个月后测评结果	变化情况
二年级	赵	38L	38L	0
	张	15L	35L	20L
	杨	27L	24L	－3L
	宋	38L	40L	2L
三年级	于	27L	46L	19L
	潘	30L	54L	24L
	徐	46L	52L	6L
	毕	26L	34L	8L
	孙	23L	31L	8L
五年级	陈	29L	32L	3L
	雷	42L	42L	0
	康	25L	32L	7L
	李	31L	32L	1L
	马	36L	44L	8L

上面分析结果表明，小学生低、中、高三个年级，在OSL品德测评法的影响下，除个别学生外，绝大部分都保持或增强了自己的良好品德行为。

从二年级学生的情况来看（第一次测评结果只反映了学生的原有水平。而二个月后的测评结果则突出了OSL测评法的效用），结果表明第一次测评分数较高的学生（38L）进步明显，而第一次测评分数较低（1SL）的学生进步最大。我们认为这是合乎实际的，虽然这里所分析的学生较少，但由于是随机抽样，具有一定的代表性，揭示了分析全部学生所能揭示的问题。这就是说OSL品德测评法，对后进学生的作用要优于对先进学生的作用。

为进一步揭示OSL品德测评法对小学生作用的规律，我们选择三年级学生为对象分别抽取其第二次及中间一次的测评结果与第一次及最后（两个月后）的测评结果联合起来作整体分析。因为小学三年级学生处于小学的中间年段，与其他年级学生相比，他们较能代表小学生的情况。我们对前面分层随机抽取的5个学生，描绘了他们变化的曲线图，其结果如下图所示：

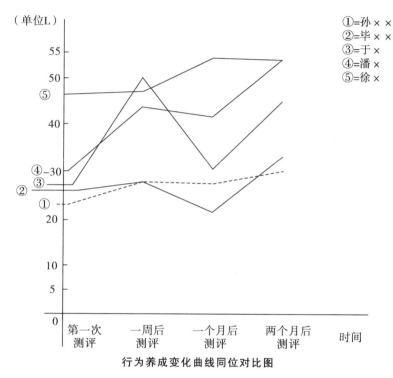

行为养成变化曲线同位对比图

从上述行为养成变化曲线同位对比图中可以看出，OSL品德测评法实施的头一周，极大地调动了所有学生积极主动修养行为的自觉性，效果十分显著。而在后来的一个月时间内，修养水平最好与最差的学生仍然保持上升或提高势头，而修养水平中等或一般的学生，则波动较大。一个月后所有学生的行为修养水平又明显上升，恢复正常。但值得注意的是，这段时间内，OSL品德测评法的作用，对行为修养水平处于中等的学生最大。由此可知，OSL品德测评法总体上看，在整个学期中对所有学生都发挥着明显的教育作用。但在实施第2—3周后的作用有一个低谷时期，一个月后才恢复正常。分析结果表明，在低谷时期特别要注意采取相应的其他德育方法辅助测评，这样才能最优地发挥OSL品德测评法的德育作用。

领导干部的 OSL 品德测评模式及其运行机制
——基于部分省市党政干部品德测评实践的思考①

一、领导干部 OSL 品德测评模式及其政治基础分析

所谓 OSL 品德测评模式,是一种以品德行为测评为基础、以品德素质培养与开发为目的品德测评方法。OSL 品德测评模式,是我们 20 年前提出并且经过实验检验的一种品德测评方法。② 这种测评模式,突破了人们只把品德测评看做是对领导干部评价考核的一种手段的局限。在传统的品德测评工作中,人们比较重视品德测评对于领导干部的管理作用而忽视了其教育开发价值,把它排除在实际的品德教育与培训方式方法之外。

---

① 本文为萧鸣政与吴新辉合写,原载于《中国行政管理》2012 年第 6 期。本文是国家社会科学基金重点项目——"党政干部选拔任用中的品德测评问题研究"(项目号:10AZZ004)的阶段性成果。

② 肖鸣政:《品德测评的理论与方法》,福建教育出版社 1995 年版,第 503 页。

首先,通过品德测评不但可以对领导干部的品德发展水平作出明确评判,而且可以促进领导干部在品德发展优化控制过程中进行自适应控制。品德教育与培训的目的主要表现为两个方面。一是内化,使领导干部的内在思想行为在一定时期内达到一定的政治与社会规范要求,品德素质得到和谐发展与提升;二是外化,让领导干部内在的品德素质得到充分展现,在领导工作中发挥示范效用。无论是内化还是外化,从系统论的角度看,都存在优化控制的问题。

其次,OSL测评活动具有品德素质养成与开发性质与作用,不仅仅在于对领导干部品德行为的养成效果具有评定作用,而且这种有组织有计划的品德行为测评活动本身具有开发的功效,能够对领导干部的行为养成进行反馈、指导与调节作用。通过对于测评标准的研究与理解,被测评的领导干部知道组织要求的行为规范标准是什么;通过自我测评,被测评的领导干部知道自己在实际工作中哪些方面符合要求,哪些方面做得不够;通过相互测评与讨论、服务对象的测评以及通过上级主管总结讲解,被测评的领导干部能够明白什么行为时正确的,什么是错误的,怎样做能够得到广大人民群众的认同,怎样做会遭到组织的反对。自己比别人好在什么地方,差在什么地方,从而会激发自我反省、迁善改过的动机与动力。

再次,OSL品德测评能够把品德概念转变为品德行为,把测评、使用与培养三者融为一体。在品德测评过程中,被测评的领导干部,通过对自己及他人具体品德行为的认识与比较,能够把行为规范由字面上的概念理解转化为实际的行动与具体的形象,通过对自己或者他人品德行为测评的贬褒及内心体验,会把外在的行为规范内化为自己的一种行为需要。品德养成与开发过程,在心理上,实际上是一个知情意行信的过程。

《中共中央关于加强和改进新形势下党的建设苦干重大问题的决定》(十七届四中全会通过,以下简称《决定》)提出"坚持德才兼备、以德为先的用人标准"。[①] 2011年10月17日国家公务局发布《公务员职业道德培训大纲》(以下简称《大纲》),旨在"加强公务员职业道德建设和贯彻落实'德才兼备,以德为先'用人标准";2011年11月初,中组部印发《关于加强对干部德的考核意见》(以下简称《意见》)加强对干部德的

---

① 李源潮:《坚持德才兼备、以德为先的用人标准》,《求是》2008年第20期。

考核按政治家标准要求高级干部,并提出五个坚决不用。从这些国家规章和文件政策可以看出,我国就党政领导干部的品德测评工作正在从"评、用、养"三个环节着手,使党政领导干部品德测评过程完善化;同时《决定》、《大纲》和《意见》等政策规章的相继出台,也说明中国党政领导干部品德测评的体制与机制也在不断地完善。"评、用、养"是干部品德测评过程中三个连续的环节,处于不同的阶段位置,而《决定》、《大纲》和《意见》等政策法规可以说构成了我国领导干部OSL品德测评模式的政治基础。在此,我们可以把OSL品德测评模式看做是基于《决定》、《大纲》和《意见》之上并且联"评、用、养"于一体的领导干部品德测评体系。

具体来看,"评"要解决的问题即如何运用科学的方法对领导干部的品质、素质进行客观有效的评价;"用"即让"评"的结果能够在领导干部的选拔任用、绩效考评以及领导干部品德素质的开发中,得到真正切实有效的运用;"养"即根据品德测评的结果,有针对性地对领导干部进行品德素质的培养与教育,进而促进领导干部工作能力与绩效的进一步提高;而对应于领导干部品德测评相应的政策法规,则是"评、用、养"三个环节的资源与制度性保障。整体上,中共中央颁布的《决定》、《大纲》和《意见》等政策法规,已经与"评、用、养"三个环节建立了对应的政治基础,形成了一个环环相扣的有机体系,为领导干部进行的品德测评、干部使用与干部培养工作提供了政治依据与指导作用。

二、领导干部OSL品德测评模式中的"评、用、养"

(一)"评"环节的内涵及建构

"评"即相关评价主体用科学的方法,对领导干部的品德素质进行考量和评价。根据这一定义,对领导干部品德的"评"包含:评的主体、评的手段与方法、评的内容(品德素质)、评的量化和评的结果。品德内容是评的起点、评的主体、手段方法与结果是关键,基于评的结果之上的"用"和"养"是目的。

对于领导干部品德测评的内容,在新中国的不同历史阶段有不同内容。新中国成立初期对德的衡量以"家庭出身"为基本特征,关注家庭出身、个人历史等客观标准;改革开放以来,则"重在个人表现",主要表现在坚持四项基本原则,与中央保持一致,以及"立党为公,执政为民"两个方面,应该说"德"的评价内容的演进轨迹体现了我们认识的升华和时代的进步。① 从品德测评的实践来看,目前的领导干部品德测评内容主要是以《公民道德建设实施纲要》中的职业道德、社会公德和家庭美德为基础,结合领导干部的政治导向性,构建了"政治品德、职业道德、社会公德和家庭美德""四德"测评内容,如:浙江慈溪、山东日照和甘肃定西等地的干部品德测评均以这"四德"为测评内容。

在确定了"五德"测评内容后,需要基于领导干部的身份角色和岗位特性,确定具体的品德测评指标体系。首先,由于领导干部的公务人员角色,领导干部的品德具有一定的特殊性,具体表现在政治性、公共性、示范性、服务性和强制性五个方面。② 因此需要对测评指标进行分级分类,分级主要是建立从综合统领的一级指标,到具体具有可操作性的次级指标,一般来说可以设三级指标体系。分类主要是指根据不同指标的不同特性,以及对领导干部的要求不一样,可分为基本要求指标、拔高指标和减分指标。基本要求指标,或称达标性指标,这一部分指标是指公务员与一般群众一样,必须达到一些基本的品德要求;拔高指标,主要是对公务员特殊的高要求指标,属于加分性指标,使得测评结果得到进行优、中、差等级区分,以平衡"偏好"的趋势;减分指标,对一些不良的品德行为指标,如果有出现这些情况,则对其考核评价进行减分,但必须说明具体事例,包括发生的时间、地点、相关人物和事件经过等,以便复查,从而以进一步平衡测评结果。

对于测评方法,目前实践中公务员品德测评主要采用组织考察法、面试法、民意测验法和心理测验四种。具体来看,组织考察法又包括资料查阅、个别谈话、公示法、关键时刻表现分析等。面试法则包括结构化面试、无领导小组讨论、角色扮演法等。民意测验则包括360°民主测评和群众评议等。心理测验包括自陈量表法和投射测验等。各种方法各有优缺点,在实际的测评过程中应该根据具体的测评指标和测评情境,选取相对应的测评方法。

从领导干部品德测评的主体来看,选取测评主体的要坚持"熟悉原则"或"知情原则",即测评主体必须是熟悉被测评者的人。就具体的评价主体来看,可以是工作单位的上级、同级、下级和其他政府部门人员等,也可以是被测评者经常出入场合中的人员,比如:社区中的邻里、所

---

① 周志忍:《"以德为先"导向的实践难题》,《人民论坛》2011年第3期。
② 萧鸣政、张丁予:《试论管理人才应具备的品德素质——基于职能要求的分析》,《中国行政管理》2008年第3期。

服务的群众等，当然还包括自己的家庭成员和被测评者自己。这也需要根据不同的测评指标和测评方法，以及评价主体自身的特征，选择合适的测评主体。

最后，测评的量化与综合评价，往往是测评中最重要也是最难的一环。从我们进行的实地调研的情况来看，目前领导干部品德测评出现了一些唯"量化"是从和量化测评区分度低的情况。因此，需要特别注意的是，任何对人的品德素质的测评，量化只是手段，定性的综合评价才是目的，因为只有综合评价才能对人的品德做出精确的分析，制定针对性地培训开发计划。不过，综合定性评价仍然可以量化测评为手段和基础，所以为了提高测评的区分度，可以采取一定的技术处理手段。比如：设置基本品德达标要求，以80分为基础，然后设加分项和减分项，加分或减分不超过20分，最后综合评分不超过100分。而且在多评价主体的综合量化评价时，可采用加权的方法，计算个人品德综合得分。

（二）"用"环节的内涵及建构

"用"即要让"评"的环节中的科学测评结果发挥实质性的作用，防止品德测评流于形式。主要是通过把领导干部品德测评的结果应用于选拔录用、晋升考评、任用调配三个人力资源开发与管理环节当中。

使OSL品德测评的结果与干部培养和管理挂钩。在领导干部公开选聘、任用调配和晋升考评的不同阶段，由于测评的内容等不一样，也需要采用不同的方法。测评方法必须与结果的运用相匹配，以操作可行性为导向，依据不同的测评目的和结果的运用，相应采用不同的测评方法，具体见表1。

表1 品德测评方式与不同结果应用的匹配

品德测评方式 \ 结果应用	公开选拔	任用调配	晋升考评
组织考察	√	√	√
民主测评	√	√	
民意测验	√	√	√
心理测验	√		√

注：在实际测评中可能会根据实际的测评目的与指标，而选择不同的测评方式。

在选拔任用（包括公开选拔）中，一般可采用组织考察、民意测验、民主测评和心理测验的方法。在一些选拔任用，特别是公开招录的时候,涉及测评对象数量可能会很大,或者无法对测评对象进行360度民主测评,因此,有时也可采用心理测验为主,组织考察为辅的方法。原因有三个方面,一是因为心理测验可以测量对象稳定的品德相关人格特质和价值观等,这些个人品德特质是其他品德指标的基础,而且具有较大的稳定性,以此把好领导干部的"入口"关。二是心理测验一般为标准测试,测评流程标准规范,实施简便可行,易保证测评过程的公平公正性。三是所选拔的人可能是大家没有接触过不熟悉的人,根据干部品德测评"熟知"原则,不适合用其他方法评价。

  对于任用调配,则可通过360度民主测评、民意测验和组织考察的方法进行,需要从"八小时内"和"八小时外"同时全方位进行测评。晋升考评则主要通过360度民主测评和组织考察的方法的进行,因为在晋升考评中,需要操作简单明了,而且由于组织考察的常规性,因此采用360度民主测评和组织考察的方法也与晋升考评相吻合。

(三)"养"环节的内涵及建构

  "养"即通过"评"环节中发现领导干部"品德"的优点与不足之处,通过OSL测评过程的教育培训因素,促进领导干部品德素质的提升和完善,以开发领导干部的品德领导力与"品德"中的人力资本。笔者在实地调研过程中发现,目前党政领导干部的品德测评基本上都是停留在"评"和"用"两个环节上。尽管有的领导干部感觉到了"养"的重要性,但由于在测评机制设计上的缺乏,领导干部品德测评中的"养"环节基本处于"空白"状态。也正是基于这种实情,2011年10月17日国家公务局发布《公务员职业道德培训大纲》,分别包含了"基础知识+五个专题+典型案例"三部分内容。然而,为了使领导干部的品德培训与开发真正达到效果,则还需要根据个体品德素质的构成及其形成发展的一般规律,设计针对性的教育培训方法。这无疑会在降低品德测评效果的同时增大培训与开发的成本。OSL领导干部品德测评模式,则把"养"贯穿在品德测评的过程中,把"用"联系在"评"的结果上,将大大提高品德测评的效率与效果。

  从品德的形成与培养来看,品德认识最易于改变,基于品德知识的学习,或相应的社会情境和事件,并伴随品德情感体验,即能够引起品德认识的改变。因此,品德认识是表层最易于改变的品德成分,但也是最不易持久约束作用的成分。从培训开发角度看,应用一般性的社会观察学习、知识讲授教学和品德知识读本自学等方法,即可完成品德认知成分的培养。

对于品德意志和品德信念，由于其深层内隐性的特征，则需要通过品德的情感体验和品德实践行为，以使个体获得长期持久的品德实践动力。心理学的研究表明，角色改变可以成为一种有效的品德教育开发方法，它可以成功地培养人们的品德需要。① 因此，在实际的领导干部品德培训开发活动中可以综合采用角色扮演、案例剖析、情境体验等多种方法，培养领导干部的品德情感、品德意志和品德信念等深层次的品德养成动力。OSL品德测评模式的设计中充分体现了心理学中品德形成过程的知情意行信的发展规律。

总之，在OSL品德测评模式中，融合与体现了"评、用、养"三个环节，为领导干部的选拔任用与品德素质的提升构建一个循环动态的测评过程，从而有利于真正地落实"以德为先"的用人标准，有利于不断提升领导干部的品德资本、领导力与感召力。

三、实施OSL领导干部品德测评模式的体制机制建设

（一）领导干部品德测评的机构建设

尽管"以德为先"的人才评价传统中国自古有之，但并不是中国的独特现象，特别是在现代西方国家。20世纪70、80年代以后，西方各国面临严重的经济危机、道德危机和社会困境，所以各国政府均空前强化公务员伦理和道德建设，其做法之一即纷纷建立专门的道德管理机构，如：日本在国家人事院建立"国家公共事业道德委员会"，负责有关涉及公务员道德的事务。就目前中国的实际情况来看，道德危机和社会困境与西方20世纪70、80年代有几分相似，但对于公务员和领导干部的品德测评，则并没有设立专门的机构。从这个角度来讲，西方社会的经验还是值得借鉴，中国可以设立专门的公务人员与领导干部品德测评机构，以强化领导干部的品德素质管理。

（二）品德测评的制度法规建设

西方国家加强公务员道德建设的另一个重要特点是通过制定一系列公务员法规、条例和道德法典，对公务员的职业道德与行为规范进行约束，以维持其高标准的个人行为准则和执行公务时的公平正直。②

---

① 金盛华：《从心理学最新成果看道德品质的形成与道德教育》，《心理发展与教育》1986年第1期。

② 袁忠：《领导干部道德考评的困境及其制度创新》，《理论月刊》2011年第5期。

如:1978年美国国会通过了《政府道德法案》,1993年又颁布《美国行政部门雇员道德行为准则》;日本也于2001年4月颁布实施了《国家公共事业道德法》。从中国目前的情况来看,尽管《党政领导干部选拔任用工作条例》和《公务员法》等相关的政策文件,都有对公务人员和党政领导干部"德"的测评要求,但却并没有制定品德测评的专门政策与法规。为了达到对公务人员和党政领导干部品德的真正约束,并使领导干部品德测评常态化,有必要制定相应的领导干部品德测评及其开发的法规。

(三)品德测评的常态机制建设

此外,可从三个方面着手建立常态化的领导干部品德测评运行机制。一是需要建立领导干部品德日常测评机制,由专人负责,不定期对干部进行"八小时内"和"八小时外"的抽查,并记录在案;二是建立领导干部的"品德行为档案",相关人员和群众随时可对自己观察到的领导干部的品行进行记录与报送,通过记录的以往品德测评和民意调查结果,以及平时的品德相关事迹(好与坏)资料,为"现时"的品德测评提供依据和参考;三是领导干部外出活动信息公开制,通过公告栏、新闻媒体和网络等途径,对领导干部职务活动的相关信息对外公布,建立起公开的监督举报途径,对"八小时外"的品德行为进行全方位的了解。

四、结语

应该说,领导干部的品德测评在中国历史悠久,文化基础深厚,品德被视为做人之道、为官之本,一些学者称之为"官德",把我国称为"道德评价"。[①] 然而,随着历史的演进,科技的进步,中国的社会、经济和政治环境已经发生了翻天覆地的变化。时代环境的不同,社会对人的品德要求也不同,因此不同时代的官员品德评价的具体内容各有不同。同时,随着人力资源开发学、管理学、心理学等学科的不断发展,以及科技的进步,完全可以对领导干部的品德做出客观有效的测评,并在测评的基础上进行系统化任用调配与教育培养,这就需要在具体的实践中,在进行领导干部品德测评机构改革和制度创新的基础上,把领导干部品德测评的"评、用、养"的诸环节有机结合,形成一个开放性的动态循环测评系统。而本文的OSL品德测评模式正是对这样一种系统建构的探索与尝试。

---

① 袁忠:《领导干部道德考评的困境及其制度创新》,《理论月刊》2011年第5期。

第三部分

党政领导人才评价与开发

导 读

本部分主要探讨了党政领导人才评价与开发相关的问题。首先,阐明了党政领导人才素质特征素质模型与评价标准问题。指出当今社会的经济发展已经步入了知识经济时代,人力资源成为第一资源,党政领导人才是经济发展中的核心人力资源,也是最为关键的人力资源,认为党政领导者是一种高层次与高质量的人力资本,他们不但具有一般人力资本的特点,而且还具备许多与企业家相似或者不相似的特征。列举了高层次、用管理效益衡量、经营公共资源的"企业家"、区域经济与国家经济发展中的关键、稀缺性、形成具有"不可逆性"、价值的多样性、使用与收益"合约"具有不完整性等八点特征。党政领导者的这些人力资本特征,决定了他们在国家经济建设或者区域经济发展中的关键与核心作用,决定了担当党政领导职务个人素质的特殊性与先进性。探讨了党政领导人才的素质模型与评价标准。认为在党政领导人才评价标准体系中,至少包括选拔标准、培养标准与任用标准三种形式,应该采取工作分析、素质分析、个案分析与角色分析等方法来研究党政领导人才的标准内容,并且从政治、品德、能力、生理与心理基础等五个方面,初步建构出了党政领导人才评价标准的维度。详细介绍了公务员职业道德,认为为民爱民、爱岗敬业、清正廉洁、公平公正、求真务实与公共利益至上等要素是公务员职业道德内容要求的重要方面。其次,本部分介绍了党政领导人才评价的理论与方法问题。由古及今探讨了人才选拔制度,尤其对于当前我国领导干部公开选拔任用制度的概念形成、制度化基础、发展过程及其实践形式进行了初步探讨,对于考任制、选任制、竞任制与票决制等不同形式进行了独立的解释,对于当前领导干部的公选制,从学科理论上进行了基础分析,从实践过程层面进行了问题分析,就公选制如何改进竞聘者理论上的广泛性与实际中的有限性、评价主体的多元性与价值观的不一致性、标准的科学性与可操作性等六大问题提出了相关的对策与建议;从实际出发,结合实例介绍了党政领导人才评价的方法与实践,包括具体的人才素质模型、心理测验等选拔方法;通过多个实例提出具体的绩效考评观念与方法,认为对于我们的党政领导干部来说,要树立正确的政绩观。对于我们的管理部门来说,要树立一种科学与系统的考评观,没有系统的考评观,正确的政绩观就难以坚持,科学的发展观将难以确立。最后,本部分介绍了党政领导人才开发的相关问题。指出党政领导人才开发存在数量的地域分布不均衡、整体素质有待提高、素质结构失衡问题比较突出、考评机制不完善、激励机制不力等问题并提出了相应的对策;分析了在党政领导人才开发管理中的具体问题,如解决党政人才压力管理的问题,可以从组织和个人两个层面入手;提升党政领导班子的管理和执政水平,可以从党政领导班子的结构与素质特征研究入手,根据核心的关键结构指标来进行党政领导班子成员的选拔与配备;地方政府的竞争失范行为要从制度、社会、管理、法律和竞争理念上来规范。

  本部分要重点理解党政领导人才的素质特征,掌握党政领导选拔存在问题及其应对措施,熟悉党政领导选拔的具体实施,尤其应掌握党政领导人才评价体系构建及其相应的考评方法。

试析党政领导者的人力资本特征[①]

关于人力资本的分析,目前只在经济管理领域存在,在公共管理领域,几乎没有论述。企业家是人力资本,这已为人们公认,然而,人们一直忽视了党政领导者的人力资本特征,导致了许多管理上的失误与国家经济的损失。党政领导者是否人力资本?他们具有什么样的人力资本特征?这些问题将成为本文探讨的重点。

一、党政领导者是一种高层次的人力资本

人力资本是一个经济学的概念,它形成于20世纪60—70年代。其中最主要的贡献者为舒尔茨和贝克尔。舒尔茨认为人力是社会进步的决定性因素,但人力的取得不是无代价的,需要耗费稀缺资源。人力的形成是投资的结果,只有通过一定方式的投资,掌握了知识和技能的人力资源才是一切生产资源中最重要的

---

① 本文原载于《中国行政管理》2005年第11期。本文于2005年10月在美国纽约第60届国际大西洋经济大会上宣读,受到与会者高度重视。同时为国家哲学社会科学基金资助课题"党政领导人才标准与开发战略研究"阶段性成果,课题编号:04822023。

资源。因此人们的知识和技能是资本的一种形态,舒尔茨将它称为人力资本,并进一步指出人力资本的形成有教育、培训、医疗保健和迁移等方式,并对教育投资的收益率以及教育对经济增长的贡献做了定量的研究。[①]

党政领导者是国家与地区经济发展中的核心人力,是公共管理中的优质人力,这种人力主要包括号召能力、执行能力、决策能力、创造能力、公共服务意识、责任心等个人素质,这些素质并非天生的,它们需要通过教育、选拔、培训、实际锻炼、岗位转移等途径开发获得,需要耗费一定的时间、资金、人力与物力,是国家、社会或者个人投资的结果,因此,根据舒尔茨的观点,党政领导者是一种人力资本,而且是一种高层次的人力资本。

二、党政领导者是一种用管理效益衡量的人力资本

人力资本,根据它的表现形态,有货币性与非货币性两种。"资本"一词,语义上有三种解释。一为掌握在资本家手里的生产资料和用来雇佣工人的货币;二为经营工商业的本钱;三被比喻为牟取利益的凭借。根据这三种解释,人力资本也可以做出两种解释。一种是用来获得人的相关劳动能力本身及其所有权与使用权的投入货币价值总量。另外一种是用来获得人的相关劳动能力本身及其贡献的价值(包括货币可计算与货币不可计算)总和。前一种是货币资本形式,后一种主要是非货币资本形式,我们往往把它称为人力资源。实际上,"人力资本"更多地强调人力的经济性、依据性、功用性与利益性。而"人力资源"更多地强调人力的基础性、物理性与来源性等特点。

我们认为,党政领导者的人力资本是在党政领导者个体内,可以被使用者运用于产生管理效益、或者实现管理目标的体力、智能与心力等人力因素的总和。它可以给使用者带来剩余价值或者管理效益。

"可以被使用者运用"强调人力资本相对于管理者的有效性。一个有能力的党政领导者,相对于一个政党、国家或者社会来说,是一种获得社会发展与经济效益的本钱,是牟取政党或者国家利益的凭借;"产生管理效益"和"实现管理目标",强调人力资本的价值性。作为人力资本,他们必须能产生使用者所需要的东西,或者是直接的经济效益与社会效益,或者是完成某种任务与实现某个目标的管理效益;"体力、智能

---

① 西奥多·W.舒尔茨:《论人力资本投资》,北京经济学院出版社1990年版。

与心力等人力因素总和",在这里既指党政领导者个体范围内的,又指党政领导者群体范围内的,包括知识、技能、经验、智能、体力、品德、性格、精神等形成人力的因素。因此,如果说企业家是一种可以用经济效益来衡量的人力资本,那么党政领导者就是一种用管理效益来衡量的人力资本。

三、党政领导者是经营公共资源的"企业家"型的人力资本

在社会经济建设活动中,人力资本的价值直接转移到所生产的产品或劳务中,增加商品或服务的效用,实现人力资本的价值,并以此分享收益而实现自身价值。根据对社会价值的不同贡献度、对社会的不同专用程度以及相应的不同风险偏好,可以将社会人力资本划分为四类:生产型人力资本、专用型人力资本、创新型人力资本以及管理型人力资本。生产型人力资本专用程度低,流动性强,对社会价值贡献中等。专用型人力资本所有者长期从事某项工作或操作,专用程度高,但对社会价值创造不具有直接的作用,贡献中等。由于该类人力资本所具有的工作技能与经验不具有通用性,一旦离开某个行业或者组织,其人力资本价值就会大大贬值。创新型人力资本所有者通常包括技术创新者和管理创新者。该类人力资本虽然相对于社会而言,不具有强的专用性,但具有强的创新能力,对社会价值贡献大,社会对这类人力资本有较大的依赖性。由于其组织专用性不强,容易成为其他组织争夺的对象,具有较高的流动性。管理型人力资本通常指党政领导者人力资本。这种人力资本一方面具有高度的创造性,另一方面对社会价值的贡献大。如果说企业家是经营企业资源的法人代表或者管理者,那么党政领导者就是经营社会公共资源的法人代表或者管理者。该类资本是社会生存、发展的关键,它们的参与状况直接影响到社会成本的大小或组织其他成员价值的实现。同时,该类人力资本主要依附于某一特定组织,不仅存在着退出组织的障碍(意味着他要放弃自己的长期人力资本的积累),而且其预期价值的实现在事后严重地依赖于组织的存在和其他成员的行为,属风险承担型。因此,党政领导者,属于一种同时具备创新型与管理性特点的综合人力资本。

四、党政领导者是区域经济与国家经济发展中的关键性人力资本

从职能层级来看,我们可以将现实中的人力资本分为四类:(1)一般人力资本,指一般劳动者通过义务教育与日常生活形成的具有简单

分析能力、计算能力和完成通用性工作能力的人力资本。(2)技能型人力资本,指拥有某项职业技术的人力资本。(3)管理型人力资本,指拥有管理知识与管理技能的人力资本。(4)领导者人力资本。①

领导者人力资本与一般人力资本、技能型人力资本、管理型人力资本相比最为显著的一点特征是其"边际组织租金大于零"的特性。② 我们认为领导者人力资本是政党、国家与社会这一组织中的核心资源,称其核心是因为一旦这一资源离开组织,组织中的所有资源就无法发挥正常功能。不仅如此,而且组织中的其他资源自身价值还会发生贬值,甚至失去价值,从而使整个组织的竞争力遭受损失。与此相对,一般人力资本、技能型人力资本、管理型人力资本却不然,它们都处于从属地位,属合作性资源,不可替代性弱,对组织的依赖性强,它们的离开不影响组织反而使其自身的价值减少。通用电气公司总裁就是典型。也正是基于这一点我们又可将上面提到的四类人力资本中的前三类归为非关键性人力资本,而最后一类——领导者人力资本归为关键性人力资本。在这里我们可以看到,关键性的人力资本,对于非关键性人力资本的充分发挥,具有整合与统领作用。

企业领导者的这种人力资本特征在党政领导者身上同样存在。同样的地区或者国家,选择不同的党政领导者进行管理,实际产生的经济效益与管理效益大不一样。因此,党政领导者是区域经济与国家经济发展中的关键性人力资本。

五、党政领导者是稀缺性的人力资本

党政领导者所具有的关键性人力资本与非关键人力资本相比的另外一个突出的特点是稀缺性。从某种角度来说人力资本就是其能力的资本化,而能力又是知识积累度的外在表现,因此我们说党政领导者人力资本的稀缺性实际根源于其所具备的知识的稀缺性。知识可分为四类:(1)知道是什么的知识(know-what);(2)知道为什么的知识(know-why);(3)知道怎么做的知识(know-how);(4)知道是用在哪里的知识(know-where)。③ 前二类知识通过教育、培训的方式可以获得,用于掌握这些知识的投资数量小、周期短,形成途径广,对先天资质和后天

---

① 李忠民:《人力资本:一个理论框架及其对中国一些问题的解释》,西北大学博士论文,1998年。
② 程承坪:《企业家人力资本开发》,经济管理出版社2002年版。
③ 杨宏进:《以知识为基础的经济》,经济科学出版社1997年版。

努力的要求不高,所形成的人力资本为非关键性人力资本,形成过程中面临的不确定性因素少,因而不具备稀缺性。然而对于后两类知识的掌握,就不是仅通过教育、培训就可获得的,而必须通过实践即"干中学"获得,这两类知识在主体上积累所需的投资数量大、周期长,形成途径窄,对先天资质和后天努力的要求非常高,而且在形成过程面临的不确定性因素非常多。社会制度、管理体制、民主程度、个人素质以及对人力资本投资的能力等因素都对后两类知识在主体上的积累有着重要的、甚至是决定性的影响。党政领导者是掌握后两种知识的优秀人才,非常短缺。所以,党政领导者人力资本具有非常显著的稀缺性。

六、党政领导者人力资本的形成具有"不可逆性"

关键性的人力资本与非关键性人力资本在其形成的逻辑上具有"不可逆性"。上面提到的知识类型可以分为四种,这是从横的角度来说的。同时具备四种知识、尤其是后两种知识的人为关键性人力资本,只具备前两种知识的人为非关键性人力资本;从纵的角度来看,每一种知识还有不同的深度。例如技术工人,按所掌握的技术熟练程度分为一般技工、中级技工和高级技工。党政领导者按其所具备的四种知识、尤其是后两种知识在"深度"上的差异程度,也划分为三种类型:第一种是高能关键型人力资本类型。这种类型的党政领导者对自己抓住机遇的能力充满信心,对突发的事变有思想准备;不仅能随机做调整而且能利用它使组织有所变化;不仅对新的技术、组织或管理思想有敏锐的洞察力,而且能从中做出符合自己组织的最佳选择。第二种是低能关键型人力资本类型。这种类型的党政领导者感到变革和未知事物的威胁,倾向于依赖和维持现状,认为可预测性可以促进对现有资源的有效管理,而不可预测性将会产生危害。大多数党政领导者介于两个极端之间,构成第三种类型的党政领导者。①

我们这里的"不可逆性"是指,从横的角度来看,虽然在前两类知识"深度"的积累上关键性人力资本并不一定深于非关键性人力资本,但前者比后者具有更广的知识面。因为前者要求同时具有四种知识全面的积累,而后者却只具有前两种知识的积累,也就是说关键性人力资本一定具有非关键性人力资本的知识积累,但这一命题反之却并不成立。

相对非关键性人力资本、物质资本而言,关键性人力资本具有对两

---

① 丁栋虹:《论企业家产权制度建设及在中国的实践》,《学习与探索》2000年第1期。

者的"统一性"。随着科学技术的进步、人类生产活动的长期积累,物质资本已经颇为丰富,最初物质资本所具有的极度稀缺性相对过去已大大降低。对非关键性人力资本而言,这一过程导致了社会对其素质和技能要求的提高,其要求分享生产剩余的能力较过去也有所增强,这加剧了物质资本与非关键性资本之间的矛盾冲突。党政领导者则是聚合社会物质资本与非关键性人力资本历史使命的天然承担者,是整个组织具体的人格化,在组织中承载这一使命的资本形态就是关键性人力资本。只有党政领导者人力资本才能将社会中的物质资本与非异性人力资本"统一"在一起,反映社会或者组织的整体利益与长远利益。

七、党政领导者人力资本具有价值的多样性

有关党政领导者人力资本的价值,根据《价值学大词典》中关于人的价值分成内在价值和现实价值两种形态,党政领导者人力资本的内在价值就是他具有的各种素质,经过教育、培养、训练与实践所创造的能满足社会需要、但是尚未实现这种需要的价值;党政领导者人力资本的现实价值就是在市场供求规律作用下,满足社会需要时所实现的价值。党政领导者人力资本的现实价值是以其内在价值为基础,以满足社会需要程度为标准,由市场供求或者社会要求所确定的价值。从价值来源角度来看,党政领导者人力资本的价值形态包括基本价值、交换价值和创造价值三种形态;从投入产出的角度来看,党政领导者人力资本的价值包括投入价值和产出价值。产出价值又包括现实价值和潜在价值两种形态。

我们认为,基本价值来自于因党政领导者的天赋、受教育训练的程度、参与管理实践活动而不断积累的知识和技能。其高低则取决于形成它的必要劳动时间。一个经验丰富、业绩卓著的党政领导者的基本价值就比一个初出茅庐的党政领导者要高。基本价值是确定党政领导者人力资本成本价值的主要依据,也是党政领导者进入领导人才市场的基本条件。党政领导者人力资本的交换价值在数量上等于其获得的报酬。虽然政党和政府组织与党政领导者之间所进行的不一定是等价交换,但是,这是我们社会、国家或者组织实现管理目标、发展生产的前提与条件,因此任何社会与组织的发展,必须建立在必要的经济积累基础上。如果党政领导者能凭自己的人力资本像物力资本所有者一样参与社会一部分收益的分配,则这种交换的不等价差异相对会小一些,从而可以更好地激励党政领导者。

由此可见,党政领导者,与企业家资本一样,具有价值的多样性,我们在党政领导者的选择与开发实践中应该特别注意让不同种类的价值得到充分体现。

八、党政领导者的基本价值与交换价值或者产出价值之间,具有明显的不对称性,其使用与收益"合约"具有不完整性

关键性人力资本在使用与收益上具有"合约性"与"非合约性"的统一,而非关键性人力资本的使用与收益上只有"合约性"。"合约性"是指人力资本的使用过程中,人力资本严格按合约规定的要求完成既定的工作或程序,相应地获得工资收益,不拥有对组织剩余价值的索取权。"非合约性"是指人力资本的使用过程中,人力资本不能完全按合约的规定来完成既定的工作或程序,必须根据组织内外部变化的情况做出决策和选择,拥有剩余价值控制权与索取权。

党政领导者的职能林林总总,现有理论把它们归结为决策、组织、领导、控制、创新与承担风险六大类。这样的总结有一定的道理,但是这并不能完全体现党政领导者人力资本使用过程中的表现与非关键性人力资本有多大的差异。每一党政领导者都有自己独特的产品或者服务优势,都会因为自己产品或者服务的独特性质对组织、对国家、或者对社会具有某种影响能力。我们认为党政领导者的职能无论是决策、组织、领导、控制还是创新,最终都要归结为使自己所领导的组织或者地区的绩效具备一定的竞争性与发展性,赋予它应有的价值,故我们称党政领导者人力资本在使用过程中所表现出的这一特点为"发现价值"。其次,党政领导者人力资本在使用得当的情况下还有"规避风险"的价值。提到"风险"我们就不可避免地要回顾一下奈特的经典论述。他认为,现实中存在的不确定性有二类:一是可以推测的即可以使用概率方法予以测算并加以保险的不确定性。二是无可推测也不可保险的不确定性,这种不确定性才是真正的不确定性。正是因为政治过程中后一种不确定性的大量存在,所以党政领导者的存在才显得重要。① 他还说,伴随着不确定性的存在而行事,行动的实际执行在现实意义上变成生活的次要部分了,而首要的问题和职能是决定做什么和怎样去做。② 因此我们认为党政领导者这种关键性的人力资本的选择与使用目

---

① F. H. Knight, *Risk, Uncertainty and Profit*, Boston: Houghton Mifflin, 1921, p. 22.
② Ibid., p. 80.

的之一,就是要使我们能够有效地规避与化解一个组织或者地区在发展过程中所可能遇到的各种政治风险、社会风险、经济风险与管理风险。

通过上述分析可以看出,党政领导者的工作及其结果具有模糊性与不确定性。事先无法对每项工作进行具体的界定;事后也无法对每项工作的绩效进行清楚的考核。在组织中党政领导者就类似黑暗中摸索的人,管理决策活动只能在"阴影"下进行。很少人能知道,党政领导者究竟在干什么,而要知道基层职工是如何努力工作并不是一件非常困难的事情。因此,我们认为,党政领导者这种特点,决定了党政领导者的人力资本在使用与收益上应该是"合约性"与"非合约性"的统一。

目前由于我们部分组织在党政领导者的管理上,基本类似非关键性人力资本的管理,在使用与收益上只有"合约性",因此,造成了许多职务消费行为与贪污腐败现象。我们应该加大对于党政领导者绩效考评的研究,对于党政领导者的人力资本,在使用与收益上实现"合约性"与"非合约性"的统一。

虽然企业领导者的人力资本同样具有基本价值、交换价值与创造价值(包括使用价值),这三种价值之间同样具有不对称性,但是党政领导者的人力资本三种价值之间的不对称性要大得多。党政领导者始终会受到各种不同的政治体制与社会制约机制的干预与影响,其三种价值之间的不对称性,远远大于企业中的人力资本。因为后者所受到的各种机制影响因素相对简单一些,主要是受市场机制的制约。但是,前者却不然,它们所受到的各种机制影响,更为多样,更加复杂。而且,社会越多元,政治越复杂,那么党政领导者人力资本三种价值之间的不对称性就越大。

总之,我们认为,党政领导者是一种高层次与高质量的人力资本,他们不但具有一般人力资本的特点,而且还具备许多与企业家相似或者不相似的特征。在这里,我们只列举上述8点,实际上,还有许多其他特征需要我们进一步去分析与研究。党政领导者的这些人力资本特征,决定了他们在国家经济建设或者区域经济发展中的关键与核心作用,决定了担当党政领导职务个人素质的特殊性与先进性。但是,长期以来,我们一直忽视了党政领导者的这些人力资本特征,导致了管理上的一些失误。因此,我们一方面应该选拔高素质的人才从事党政领导工作,另一方面,应该参照企业家的管理,弥补与改进当前只有政治约束与激励,缺乏经济激励与约束的不足,这样才可能有效的控制腐败现象的发生与发展。

"十二五"我们需要怎样的党政人才①

"十二五"开局之年,民主、民生成为未来发展的重中之重,近日更是成为两会热点议题之一。民主、民生,均离不开社会政治领域的改革,政治体制改革最响亮的呼声,是建构以民主法治为特点的"善政体制",进一步趋向"善治"。这样目标的实现,显然离不开党政人才的选拔、开发和评估。

一、"善治":党政干部的"官德"坐标

"善治"是与恶治和暴政相对应的,主要体现为依法行政、依理行政、依德行政、依和行政。依法行政是说,国家不是按个人主观意志而是按法律法规行政;依理行政是说,做事要讲理,尤其是对待老百姓,更要以理服之、以情动之;依德行政是说,要发挥自身先锋模范作用,讲究职业道德和家庭美德等;依和行政是说,要以和为贵,注重和谐、和善,避免激化矛盾。

"善治"可以评估,但无法进行精确量化。所以,应

---

① 本文根据中国教育报记者对肖鸣政的采访通讯修改,原载于《中国教育报》2011年3月15日。

该树立一种评估导向,即权为民所用、利为民所谋、情为民所系、责为民所履。评估不是目的,目的是引导党政干部为民着想。善与不善,其根本标准是为民与否,这里面包括当前为民和未来为民。

选拔党政干部,不但要看他们是否有本事,还要看他们是否有"官德",是否正直、亲民、为民、品德高尚。具体而言,他们既要具备法律知识和观念,又要情绪稳定,理性理智,还要讲道理,且品德高尚、心理健康、性格温和。

依德行政,其中肯定要区分公德和私德。现实中,很多对公务人员的批评,依据的是私德标准。也就是说,更多的人只有在他们近似道德楷模、符合道德标准时,才愿意去认可他们。但是显然,着眼于处理公共事务的职业行为,他们的公德意识和践行能力更为重要。

过去的干部评价,更多的是以个人品德作为起点和基础,主张修身、齐家、治国、平天下。但对"善治"而言,的确应该对职业道德、政治品德、社会公德、家庭美德和个人品德加以区分。这五个项目中,我认为职业道德、政治品德和社会公德更为重要,家庭美德次之。而就家庭美德与个人品德而言,家庭美德更为重要。毕竟,一般人的逻辑是,家庭关系处理不好,就处理不好社会关系。

一个公务员在不同的地方有不同的表现,扮演不同的角色,所以不排除有一部分公务员可能具有双面性,比如说他在职业道德上很优秀,但在个人道德上"分数"不高。然而,人无完人,即便我们倡导全面发展,但确实没必要要求他们在各方面都完美。当然,在职业道德和社会公德方面,是不能含糊的。

二、考核:政绩指标的"十二五"新顺位

"善治"背景下,我们主张实现从"强国"到"富民"的转变,而这一公共治理价值观念转变的实效,取决于党政人才观念的转变。

以前国家不富裕,追求经济导向的发展模式有其客观背景和现实需要,但是以GDP衡量国家和地区发展,确实导致我们社会的发展出现不同程度的偏离。

现在,党中央提出了可持续发展、和谐发展和绿色发展等理念,但还不够,应该尽快建立一整套政绩指标体系,包括以下方面:

第一,经济政绩,因为一个国家的发展需要经济支撑;第二,社会政绩,包括社会和谐度、文化建设、社会风气等,即非经济的那一部分;第三,指标政绩,即上级下达的指标;第四,民生政绩,即老百姓的呼吁与

诉求;第五,利益政绩和形象政绩,利益政绩指做一项事情有利可图,比如说修路这样的民生工程,看起来老百姓获利,但政府官员也可以从中获利,只是比较隐晦一点。

谋私利的越多,利益政绩就越大,这与前面几个指标相反。相同的还有形象政绩,就是显山露水的那些。一个官员上任,搞一个标志性工程或者修个广场、修条路,从而制造声势等。形象工程对应的是形象政绩,利益工程对应的是利益政绩,这样的利益政绩不要也罢。我们以前的政绩没有涉及方方面面,但是将来的政绩考评与评估必须全面。

在"十一五"期间,经济第一,指标第二,形象第三,社会第四,民生是最后面的,而利益政绩则隐含其中。到"十二五"时期,排在第一的应该是指标政绩,因为上级下达的指标不能不接受,第二是社会政绩和民生政绩,第三是经济政绩,最后才是形象政绩。当然,各个地方实际情况不同。总之,指标不能不顾,但我还是希望大家能够把社会政绩和民生政绩列到第一位、第二位,更突出一些。

现在提及党政人才,群体性事件经常是个爆发点和相关点。事情的复杂发展态势,使之对"十二五"时期的党政人才提出了更高要求。突发性事件主要包括两种。第一种是民生方面的突发性事件,例如2009年湖北石首事件。另一种是利益方面的突发事件,即涉及政府利益,例如2010年江西宜黄拆迁自焚事件。对于民生性突发事件,必须以稳定、和解为重,同时要注意当事人的感受,因为它毕竟是人民内部矛盾,要注意协调,以理行政。但是,我们不愿意看到的是,现在我们不少的年轻干部在其中表现得特别急躁。

这种急躁行为的背后,一方面是这些干部历练不够,缺乏情感意识,解决问题只要结果不要过程。另一方面的原因是,他们为了显示能力和获得提升机会,要效率不要质量。

其实,政府官员应该由人民来选举。即便条件尚不成熟,也应该把政绩考核权交给民众。选举权不给民众,考核权也不给民众,那么必然造成官民矛盾。眼下,我们靠的是党内制约,但体制过大,很多时候鞭长莫及。这就要求我们积极寻找其他力量来制衡,就需要建立选举权和考核权交给民众的机制,而这也是民生的关切所在。

三、扁平:政府机构的服务重心下移

要实现"善治"的转变,在机构、制度、运行方面应该进一步完善。我建议努力促成机构的"扁平化",即乡一级的政府办事机构直接

分设在各个村，实现"重心下移"，并直通县乡，不要再让老百姓特别是偏远山区的老百姓办点什么事都非要跑到乡里，去了还经常找不到政府办公人员。

有人担心这会导致行政成本过高。实际上是不会的。

因为完全可以在一个村里让一个综合专员来承担全部职能，且将来可以借助高科技手段实现乡村直通，例如在村里可以通过免费电子邮件来交流和汇报当天工作，节省时间、精力和办公成本。这样的"一站式办公"，因为可以随时保持电话和信息畅通，所以村里有什么事他都可以直接处理。现在国家鼓励大学生应聘村官，完全可以让村官承担这样的职能。

所谓"扁平化"的意思，就是行政层级更加直接和下移一些。

主要的办事点都转移到下面，而不再是把情况搜集并汇集到乡政府统一处理。这就需要我们加强乡村之间的沟通与疏导，健全法制，健全民主，健全干部选拔制度，建立品德测评机制即建立一个老百姓对官员的品德测评机制。选拔干部不但要看能力，更要看品德和修养，要看其善治的思想和民主的意识，只有这样才能把服务型政府重心下移，实现行政机构"扁平化"。

四、培养：选拔开发的科学标准缺失

发达国家政府人才的评估基本上以民众为主体，或者以组织和领导为主体，也就是说，发达国家人才开发与评估主要体现在总统、州长等绝对是民选。美国、英国、德国、法国、日本和俄罗斯，无一例外。具有独立法人资格的"一把手"，像美国州政府是独立法人，对总统的命令可以接受或者不接受。

发达国家政府机构评估也颇具特色。"一把手"组阁，然后下面的议会讨论通过。同时，发达国家的内阁政府成员，基本上是以民众为主体和以组织引导为主体。此外，发达国家政府主要领导是以民主普遍选举为手段，而且发达国家政府人才评价是以面谈和职务说明书为依据，类似于一些企业的领导与管理模式。

与发达国家相比，我国的党政人才选拔与开发评估方面存在一些不足。

我国对人才的评估主要是以领导的意见、代表的意见和组织的访谈为依据，干部培养缺乏科学性标准。具体而言，就是缺乏基础性、战略性、系统性和综合性。基础性体现在标准上，我们的标准是讨论为

主,有些地方也做了一些创新尝试,但大部分是以领导讨论为主,过程不严密、不严谨。

战略性就是我们现在也有计划,但缺乏一个长远和一贯的战略。因此,党政干部的培养应该"从娃娃抓起",有些人生下来就具有亲和力,比别人更有培养潜力。当然,不是说他一定成为干部,只是在同等情况下,他可以优先成为干部,当然如果不合格也会被淘汰。同时,体制外的优秀人才可以吸纳到培养体系中来。"从娃娃抓起",绝不是搞"钦点",而是说眼下的党政干部自然生成与我们党和国家事业发展的急迫需要是不匹配的,需要大规模、有计划的培养和开发。

系统性,可以举个例子来说。我们培养一个干部,培养两天就扔到一边去了,换一个领导就未必用了。前一个领导培养这个人,后一个领导用自己的人,这种情况就是没有系统性。

因为考核评估存在盲区,上届跟这一届考核标准不同,所以才会出现这种系统性的缺失。

很多时候,大学期间重点培养的后备人才到了地方后,可能被放到一边,造成浪费,也有些人在单位表现不错,被重点培养,但换个单位或者岗位后就被冷落,使得他无所适从。所以,既然是人才,到了哪里都应该被任用,除非他本身出现了问题。

对此,我建议,国家可以建立一个通用的党政人才库和考评库,每个地方都可以不断往这个库里填充人才档案,各用人单位如有需要可以到库中直接寻找并试用人才。如果经过一年试用证明确实不行,还可以随时将其淘汰出库。

最后说综合性,即要多种方式并举、全面培养,不能仅有理论知识的培养,而不给实践机会。"读万卷书,行万里路",没有实践机会就没法真正成长。

五、人才:科学开发出双向政治精英

《国家中长期人才发展规划纲要(2010—2020 年)》指出,我国人才发展要实现高端引领,要求培养和造就一批善于治国理政的领导人才,这是实现"善治"的保证,也是当前教育领域的重大使命之一。党政人才的培养,一方面要靠岗位培养,另一方面要靠国民教育。

需要建立国民教育与岗位培养的双向政治精英人才开发模式。

在国民教育体系中,从中小学开始选择一些品德高尚、素质好、思想端正、有抱负的青少年进行培养。同时,鼓励各大学设立行政管理精

245

英人才班，进行本科、硕士六年制的一体化培养，然后把他们下派到基层岗位，进行职务培养，或者从基层选拔一批具有本科学历，品德高尚且有一定能力和业绩的青年干部到大学进行六年制的硕士、博士培养，主要是培养他们的社会主义民主意识、民生情感、民本品德、战略谋略、世界眼光和善治能力，让他们了解世界各个国家的民主模式、管理经验、管理方法和管理技能。

此外，必须分析成功政治人物成长之路与发展规律，通过分析成功的精英人才的历练环境，进行科学人才评价与筛选，加强科学开发，从而设计课程并把握政治精英人才培养与开发的关键环节。

与教育培养是知识开发相比，岗位培养是岗位开发，这两种培养是双向的。一个是由低处流向高处，即由学校流向社会实践；另一个是由社会实践流向学校。两种都是六年制，不完全是整天的"填鸭式"教育，可能更多的是案例式教学，以及经验介绍、国外考察等。

某中央部委机关党政领导人才素质模型的建构①

本文通过对党政领导人才素质标准相关理论进行深入探讨,以某中央部委机关党政领导人才群体为样本,通过调研访谈、问卷调查等研究方法,形成系统的党政领导人才素质模型,以期对我国党政领导人才素质标准的确立有所借鉴作用。

一、研究的方法

(一)测量题目的收集与编制

首先在词汇学原则假设前提下,主要参考了《职业资格理论考评的理论与方法》(中国人民大学出版社)、《人员素质测评》(高等教育出版社)、《组织领导学》(中国人民大学出版社)、《领导学原理与实践》(机械工业出版社)、《现代领导心理学》(上海教育出版社)等学术专著以及大量的在核心期刊上发表的学术论文,同时与相关党政领导人才(10人)、组织部门、人事部门主管领导进行座谈(6人),共收集了250个形容词,之后

---

① 本文为肖鸣政与陈小平合写,原载于《中国人才》2008年第7期。

按照政治素质、知识素质、能力素质、品德素质、观念与理念素质、基本心理素质、身体素质、工作经历等 8 个维度进行分类,又按照"领域特殊性"和"领域完整性"分类抽取了 120 个词汇。再通过多次专家的评定,最终将问卷维度划分为政治素质、知识素质、能力素质、品德素质、观念与理念素质、基本心理素质、身体素质、工作经历、教育程度 9 个维度,共 90 个条目。在此基础上形成了初步的党政领导人才素质模型调查问卷,用于预备性测试的指导语为:

"根据您的判断,请您评定下表各项对于您最了解或熟悉的党政领导人才事业成功的重要性程度,在下面选项对应方格中画'√',并按照他们的相对重要性程度进行排序。'1'表示'非常不重要','5'表示'非常重要'。"

(二)预备性测试与分析

1. 被试

预备性测试的群体主要是北京大学政府管理学院的 MPA 班学员,共发放 200 份问卷,收回有效问卷 160 份。

2. 结果

用 SPSS for Windows10.0 对数据进行因素分析。运用主成分正交旋转,去除特征值大于 1 的因子,并去除因子负荷小于 0.4 的项目,还剩下 74 个项目,统计结果显示:特征值大于 1 的因子共有 9 个,总方差解释量为 61.2%,其中每个大因子又分为若干个小因子。初始量表一致性系数为 0.969。虽然一致性很高,但在结构上和因子项目组成上都需要进一步精练。

3. 项目分析与筛选

首先,对因子负荷矩阵进行分析发现,一些项目在不同的因子上有着十分接近的负荷,这表明该项目对不同因子的区分度很小,所以予以剔除。其次,考虑到量表编制的简洁性原则,对原有各因子项目进行增删,每个因子最多保留 8 个项目。对不同因子组成项目的含义及逆行能够比较,发现个别因子之间在含义上十分接近,从理论上进行同类项合并后,量表包含的因子应该是八个。但两个因子能否合并,尚需要进一步验证,故暂将他们各自作为独立因子对待。量表暂依然保留九个因子 74 个项目。

(三)正式量表的建构

1. 工具

使用预试后筛选出的 74 个项目组成的问卷。

2. 样本

选取了某中央部委机关所有科级及以上的党政领导人才为调查对象,共发放问卷 300 份,回收为 268 份,其中有效问卷 245 份,属于大样本,符合统计分析要求。

从年龄、学历、政治面貌、单位性质、职务性质、职务类别、职务范围以及担任党政领导时间长度等方面考虑,被评价人的信息具有较强的代表性。

从行政级别上考虑,我们可以发现被评价人主要集中在副处级、正处级、副厅局级和正厅局级级别党政领导,所以我们将主要对这四类党政领导的素质标准进行重点研究。

3. 结果

对数据进行第二次因素分析,取特征值大于 1 的因子。结果显示还是分为 9 个大因子。

本研究还对以上项目进行了斜交旋转,以探明该量表是否存在二级因子。结果发现,能力素质划分为 2 个因子、基本心理素质划分为 2 个因子、品德素质划分为 2 个因子、观念与理念素质划分为 3 个因子。所以,就划分为 9 个大因子,14 个小因子。

二、结果分析

(一)信度检验

采用克隆巴赫(Cronbach α)一致性系数检验了总量表的信度及各因素分量表的信度,结果如表 1 所示。根据心理测量学要求,信度分数达到 0.70 以上即可接受。而本量表的信度分数为 0.9715,表明量表的测量结果是可靠可信的。

表 1 量表内部一致性信度分析情况

序号	项目	N of Cases	Mean	Cronbach α 系数
1	政治素质	215	4.4485	.8929
2	知识素质	206	4.0112	.8935
3	能力素质	203	4.4306	.8773

续表

序号	项目	N of Cases	Mean	Cronbach α 系数
4	基本心理素质	208	4.3794	.9113
5	品德素质	207	4.4451	.9240
6	观念与理念素质	202	4.3357	.8530
7	工作经历	201	3.7604	.8318
8	总量表	146	4.3622	.9715

表 2 量表效度分析情况

序号	项目	解释变异量	因子数量
1	政治素质	61.957%	1 个
2	知识素质	71.274%	3 个
3	能力素质	60.063%	2 个
4	基本心理素质	53.862%	1 个
5	品德素质	67.070%	2 个
6	观念和理念素质	55.703%	2 个
7	工作经历	54.794%	1 个
8	整体	76.896%	15 个

表1显示，总量表和各分量表的内部一致性系数都在0.80以上，总量表的信度系数为0.9715，表明量表的测量结果是可靠可信的。所以信度非常好。

（二）效度检验

在效度检验方面，由于本研究所使用问卷项目全部来自过去的文献，很多学者都曾使用这些量表测量相关变量，本研究在最终确认问卷之前，通过咨询相关领域的专家、预试并修正问卷的部分提法、内容，因此问卷具有相当的内容效度，也应该能够符合构建效度的要求。

在编制各分量表时，编制者预先不知道会有几个因素，所以采用探索性因素分析对其进行验证建构效度。

表2显示，本调查量表中，各部分的解释力都超过50%，都符合效度检验要求，解释力都比较强，所以总体上看，本量表的建构效度非常好。

（三）因素分析

为了能对素质结构有清晰的认识,深刻的了解,本报告主要采用探索性因素分析法,将各项素质进行因子分析,以便将某些素质归结为少数几个因子,如表2所示,知识素质划分为3个因子,表3某中央部委机关党政领导人才素质结构能力素质划分为2个因子、品德素质划分为2个因子、观念与理念素质划分为2个因子。其他的均为1个因子,所以,我们可以得出该机关党政领导人才的素质结构如表3所示。

表3 某中央部委机关党政领导人才素质结构

一级指标	二级指标	三级指标
政治素质	因子1	政治理想、政治观念、政治立场、政治鉴别力、政治敏锐性、政治热情和政治使命感(7)
知识素质	因子2	马克思主义理论知识、领导学知识、战略管理知识、人力资源管理知识、财务管理知识、经济学知识、政治学知识、历史学知识、危机处理知识、法律知识和外语知识(11)
	因子3	党和国家方针政策知识(1)
	因子4	业务专业知识(1)
能力素质	因子5	战略规划能力、全局掌控能力、组织领导能力、人才管理能力、交往协调能力、开拓创新能力、危机管理能力、学习能力、表达能力、专业技术能力和自我控制能力(11)
	因子6	科学决策能力(1)
基本心理素质	因子7	思路清晰、思维敏捷、心胸宽阔、意志坚强、明辨是非、积极进取、洞察敏锐、直觉和预见、谦虚谨慎、机动灵活和情绪稳定(11)
品德素质	因子8	坚韧不拔、工作事业心、诚实守信、平易近人、民主集中、求真务实、忠于职守、乐于助人、自律严谨、顾全大局、自信果断和勇敢机智(12)
	因子9	公道正派、勤政廉洁(2)
观念与理念素质	因子10	效率意识、服务意识、创新意识、法治意识、群众意识、人才意识、团队意识、追求卓越意识、领导别人意识(9)
	因子11	市场意识和效益意识(2)

续表

一级指标	二级指标	三级指标
工作经历	因子12	基层工作经历、现岗位相似工作经历、大型企业单位工作经历、大型事业单位工作经历、多种工岗位工作经历和国外学习和工作经历(6)
学历	因子13	大专以下、大专、本科、硕士、博士(1)

表3显示,该机关党政领导人才素质可以分为8个大因子,13个小因子,75个条目。

(四)描述统计分析

得出该机关党政领导人才素质结构之后,我们再利用描述统计分析,得出其中最为重要的素质项目,从而形成该机关党政领导人才的素质模型,具体如表4所示。

表4 某中央部委机关党政领导人才素质模型

一级指标	二级指标	三级指标
政治素质	因子1	政治立场、政治鉴别力和政治使命感(3)
知识素质	因子2	
	因子3	党和国家方针政策知识(1)
	因子4	业务专业知识(1)
能力素质	因子5	组织领导和开拓创新能力(2)
	因子6	科学决策能力(1)
基本心理素质	因子7	思路清晰、心胸宽阔、明辨是非(3)
品德素质	因子8	工作事业心、诚实守信、求真务实、忠于职守、顾全大局(5)
	因子9	公道正派、勤政廉洁(2)
观念与理念	因子10	效率意识、服务意识、创新意识、法治意识和团队意识(5)
素质	因子11	
工作经历	因子12	基层工作经历、多种工岗位工作经历(2)
学历	因子13	本科或者硕士

三、实践应用

本研究初步构建了中央部委机关党政领导人才素质模型,该结论的价值在于将其应用到实践当中,根据一些国家的成功经验,可以将素质模型结论作为一种管理工具应用于下列管理实践中,具体如素质模型应用图所示。

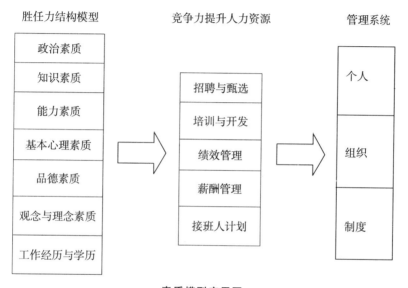

素质模型应用图

从素质模型应用图可知,该标准可以应用于人力资源管理系统,从而对个人、组织、制度产生相应的影响。

对个人层面的影响主要表现在以下4个方面:(1)个人胜任力的发展,可根据素质模型对自身素质水平进行评估,然后根据差距进行自我开发提高,提升自己的竞争力;(2)个人潜能的开发,可根据素质模型为任职者提供一个明确的卓越学习模范,让其清楚如何迈向成功与卓越,以积极的态度帮助个人不断激发潜能;(3)个人职业生涯管理,可根据素质模型针对素质、职业生涯与潜能开发等方面规划个人职业生涯发展的行动步骤;(4)个人可根据对组织素质模型体系的了解以及素质评价的反馈,发现个人职业生涯中面临的各种难题,找出解决问题的有效措施。

对组织层面的影响主要表现如下:(1)战略规划的设计与执行方面,无论是素质模型的构建,还是在素质模型的分析评价,都需要明确组织的目标和核心胜任力（组织文化、价值观），因此素质是沟通价值观、共识与战略的最佳工具之一，其价值在于为组织与个人学习的标杆，使组织内各部门的功能、行为等形成一个接口，提供职员职业生涯发展的目标；(2)素质数据库的运用方面，组织可将所有职员的素质数据建档，输入计算机系统，形成组织的素质数据库，当组织面对新的挑战，例如外派、接班人计划、紧急事件处理小组等，管理阶层能够迅速地从数据库中寻找适当的人选，应对挑战；(3)学习型组织的实践方面，素质模型可与个人绩效反馈系统进行结合，可协助职员建立学习的目标，甚至强化组织的学习能力，形成终生学习的文化与价值观，扩大对环境变化的应变能力。

对制度层面影响为：可以建立基于素质模型的招聘与甄选体系、培训与开发体系、绩效管理体系、职位分析体系、薪酬管理体系，提升组织的竞争力。

但是，研究也发现局处级公务员胜任力结构模型受外界环境影响，所以在今后的管理工作当中，我们需要对该胜任力结构模型进行适时修正。随着改革开放的继续深化，随着科学发展观的推进，随着社会问题的转型，科技与社会发展的进步，需要解决的问题相应会有所变化，政府职能随之作出调整。这些因素对局处级公务员的胜任力要求，例如对显性知识的要求，对工作意识的要求等等会有所变化，并且在党政领导人才管理中还存在一些政治等非素质因素的影响，这就更加增加了研究的难度。所以我们需要采取动态的方式建立健全局处级公务员胜任力结构模型。

党政领导人才评价标准问题研究①

党政领导人才在党和国家的各项事业中居于重要的地位,发挥着关键的作用。一个政党、一个国家,能不能不断培养与选拔出优秀的党政领导人才,将直接决定着这个政党和这个国家的兴衰存亡,决定着我国的社会主义事业能不能巩固和发展下去,决定着中国能不能在未来激烈的国际竞争中始终强盛不衰与占领先机②。因此,胡锦涛总书记在全国人才工作会议上的讲话中指出:"要建立以业绩为重点,由品德、知识、能力等要素构成的各类人才评价指标体系,建立健全科学的社会化的人才评价机制。"由此可见,研究党政领导人才评价标准的任务,已经明确地摆在了我们面前。评价标准是一个体系,包括内容要素、标志与标度不同层面,本文主要探讨党政领导人才评价标准的内容问题。

一、党政领导人才评价标准的研究意义

党政领导人才,在各级党和政府中承担着领导职

---

① 本文原载于《北京大学学报(哲学社会科学版)》2005年第5期。
② 江泽民:《论党的建设》,中央文献出版社2001年版,第421页。

能,起着决策、指挥、组织、协调的作用。党的路线方针政策和上级的指示要靠他们来组织贯彻落实,地区、部门和单位的重大问题要由他们去组织研究解决。然而,什么是党政领导人才,目前没有完全统一的解释。我们在这里把它界定为政府、执政党组织、人大、政协与人民团体机关中副处级以上并且担负管理整个组织主要责任的干部,或者具备党政领导干部素质的优秀人才。也就是说,党政领导人才,包括在职的党政领导干部与那些具备了党政领导干部素质的后备优秀人才。党政领导干部,从外延上看,主要包括政府部门与执政党组织两个系列。政府部门的领导干部,一般限于人民代表大会及常务委员会选举产生或决定任命的各级政府组织人员。相当于西方国家中的政务类公务员。① 他们由国家权力机关选举和任命,在产生和任免方面按照国家有关法律规定另行决定。执政党的领导干部,一般限于组织部任免的处级干部;从内涵上看,党政领导干部,是那些职务在处级以上、并且担负着管理整个组织主要责任的主管人员。

关于党政领导人才的评价标准问题,党的中央领导集体、毛泽东、邓小平、江泽民与胡锦涛同志,都有过一些重要的论述。毛泽东同志深刻指出,政治路线确定之后,干部就是决定的因素。邓小平同志明确指出,政治路线确定后,由什么样的人来贯彻执行,结果不一样。江泽民同志特别强调,政治路线、思想路线与组织路线确定之后,关键是要选好人与用好人。胡锦涛同志专门论述,政治路线确定之后,人才问题是党和国家事业成功的关键。然而选拔什么样人才与任用什么样人才的问题,归根结底是建立一套科学合理的党政领导人才评价标准。但是,专门对我国党政领导人才评价标准的内容进行系统与深层次的研究,则还不多见。党的十六大报告与《党政领导干部选拔任用工作条例》,虽然对于党政领导干部的评价标准内容有所涉及,但是比较原则与宏观。只是提出了一些方向性的内容要求。还需要我们对于这些内容作进一步的科学化研究,使之层次化、类别化、系统化与操作化。因此,进行党政领导人才评价标准内容的研究,非常必要,而且具有十分重要的意义与作用。

首先,建立科学合理的党政领导人才评价标准的内容维度,是形成

---

① 国外有些国家实行两党或多党政治,为了减少政党竞争对政府正常工作的影响,他们将公务员分为两类;一类为政务类公务员,他们是由选举产生或政府任命的官员与政党共进退;另一类为业务类公务员,他们一般经考试录用,任期由法定程序设定,不可随意辞退。

科学用人决策的重要保证,是制约和监督权力的有效手段,也是规范用人行为的基本依据。有利于党政领导干部的培养和选拔,有利于党政领导人才队伍的稳定与综合素质的提高,能够为党政领导人才的选拔与开发树立一个正确的目标与科学的标准。

其次,有助于全国(中央)人才会议精神的全面贯彻与落实。全国人才工作会议提出,要建立以业绩为重点,由品德、知识、能力等要素构成的各类人才评价指标体系,要实行党管人才。党政领导人才是统率其他各类人才的龙头人才,研究好党政领导人才的标准内容,可以带动与推进其他类型人才标准问题的研究与解决。

再次,有助于我国党政领导干部人事制度改革的全面推进。随着我国干部人事制度改革的逐步深入和推进,各地各部门在认真贯彻落实中央组织部相关精神的基础上,创造性地建立了各种公开选拔领导干部的方式。例如公推公选、竞争上岗、海选、"两推一选"等形式,逐步形成了能上能下、能进能出的选拔任用机制。但是在选什么样的人的标准内容上,中央组织部虽然提出了一些要求,但是各地在实际操作过程中,仍然存在一些问题,我们对党政领导人才的标准内容进行具体化与科学化的研究,将有助于这些问题的解决。

此外,还有利于党的执政能力建设与政治地位的安全。

党的十六大报告,明确把"加强党的执政能力建设",列为党的建设的重要内容。执政能力建设的关键,是执政者的管理能力与水平的提高,而执政者管理能力与水平提高的关键,是相关的培养与选拔标准的内容要求。因此,党政领导人才评价标准内容设计得科学合理与否,从根本上决定着党的执政能力建设和领导水平的高低。由于执政能力决定着执政的地位与安全,所以建立科学合理的党政领导人才评价标准内容,也有助于中国共产党执政地位的巩固与政治安全。

面对当今世界政治与经济的风云变幻,面对中华民族的伟大复兴重任,我们需要大批战略型的党政领导人才;西部大开发战略的实施,需要大批实干型的党政领导人才;新世纪的新变化,需要大批创新型的党政领导人才;加入世界贸易组织,需要大批国际型的党政领导人才。

在经济全球化与一体化的浪涛中,信息共享、技术共享、市场共享、产品共享、物质资源共享、金融资源共享、与人才资源共享的程度,正在日益扩大,各国在这些方面的差距随之会日益缩小。影响各国之间发展差距日益扩大的因素,主要是各国政府的管理能力与水平。党政领导人才评价标准内容科学与否,将直接决定着我国党政领导的管理素质培养与驾驭国家经济和社会发展能力的建设,影响着我国竞争力水平的提高。

二、古今中外党政领导人才评价标准的分析比较

无论是东方还是西方,党政领导人才评价标准的问题,自古以来就很受重视,关于标准内容研究的一些思想与理论,至今还有借鉴意义。

(一) 古代标准内容的特点是德才并举,以德为先

中国古代对于掌握国计民生大权的各级官员的任用与选拔,有许多明确的标准。在一定意义上说,与我们今天研究的党政领导人才评价标准的内容十分相近。概括起来看,其特点是德才并举,以德为先。《周礼·地官司徒》中记载,殷周时对官员和人才的考察,主要是"考其德行。察其道艺"①。孔子的"选贤与能、讲信、修睦"的思想可谓中国古代选贤任能的依据。荀子也坚持"论德而定次,量能而授官",反对"德不称位,能不称官"。随着儒家思想逐渐成为封建社会的正统思想,儒家德才兼备的官吏选拔标准也得到统治者和整个社会的认可和推崇。

司马光曾说,德才皆尽,称之为圣人;德才皆无,称之为愚人;德胜才者,称之为君子;才胜过德者,称之为小人。他还在《资治通鉴》卷二九《汉纪二十一》中提出:"德必核其真,然后授其位;能必核其实,然后授其事"。他还指出:"才者,德之资也;德者,才之帅也。"主张可用大德小才的君子,不用有才无德的小人。唐太宗李世民在《贞观政要》中主张"今所任用,必须以德行、学识为本","才行兼备,始可任用"。宋代王安石《上仁宗皇帝言事书》中也说:"德厚而才高者以为之长,德薄而才下者以为之佐属。"②可见,在中国古代官吏的选拔上,不仅有德和才两个大的方面,而且二者在地位上是有不同的,尤其是在社会稳定的时候,为安抚民众,德化风气,整顿吏治,企求久安,强调德重于才。而且,德的内涵也是很丰富的。曾国藩则提出,领导者必须具备八德:"勤、俭、刚、明、孝、信、谦、浑"。可见德才兼备是我国古代领导人才素质思想的重要内容,也是当时选拔领导干部的重要标准。

西方古代比较有代表性的是亚里士多德,他在《政治学》中提出:

---

① 毛礼锐等:《中国教育通史》第1卷,山东教育出版社1985年版,第89页。
② 常校珍:《中国古代人才思想论稿》,甘肃人民出版社1986年版,第99页。

"凡是想担任一邦中最高职务、执掌最高权力的人们必须具备三个条件：第一是效忠于现行政体；第二是足以胜任他所司职责的高度才能；第三是适合于该政体的善良和正义。"这三个条件代表了西方古代党政领导人才评价标准的思想。

从上述相关内容中不难发现，古代党政领导人才评价标准的维度，主要包括德、性、才、识、智、绩。"绩"，一般又称之为"功"，是今天的绩效，是工作的效果与效率，是素质的外在表现；"德"，包括"九德"、"六德"与"五德"。所谓"九德"，《尚书·皋陶谟》解释说："九德，即宽而栗、柔而立、愿而恭、乱而敬、扰而毅、直而温、简而廉、刚而塞、强而义"；所谓"六德"，即智、仁、圣、义、忠、和；所谓"五德"，《人物志·九征》解释说："五德"即"温直而扰毅"、"刚塞而弘毅"、"愿恭而理敬"、"宽栗而柔立"、"简畅而明砭"。此外，"德"还包括"志"与"敬"；"性"相当于我们说的品质或者心理素质，与"德"存在交叉；"识"即"知识"与"见识"；"才"即管理才能与才干；"智"即智慧与智商。

（二）新中国评价标准内容的特点是德才兼备，政治素质过硬

2002年7月中共中央颁布《党政领导干部选拔任用条例》中的标准中明确提出了品德层面与能力层面的标准。政治与品德层面的标准包括：理论水平；政策水平；组织能力；专业知识等。党的十六大报告，明确提出了党政领导干部应该具备的五大能力标准。

在学术界，基本上也是体现德才兼备突出政治素质的特点。邱霈恩先生认为，领导者素质包括四个方面：动力性、核心性素质，包括政治素质、道德素质、思想素质；经验性、工具性素质，包括职业素质、社会素质、生活素质；智能性、工具性素质，包括能力素质、智慧素质；基础性、依托性素质包括教育素质、文化素质、心理素质、身体素质①。王乐夫教授认为，领导者素质包括政治素质、知识素质、能力素质和心理素质。

通过上述内容不难看出，当代党政领导人才评价标准的维度，主要包括政治标准、思想标准、道德标准、能力标准、业绩标准、知识经验标准、身体标准与其他心理素质标准等。"政治标准"的内容，包括毛泽东同志的"懂得马克思列宁主义，有政治远见"②，邓小平同志的"忠诚于党的路线并能够创造性地执行党的路线"。"思想标准"的内容，包括江

---

① 邱霈恩等：《新世纪领导学》，经济科学出版社2000年版，第361—459页。
② 毛泽东：《毛泽东选集》第1卷，人民出版社1991年版，第277页。

泽民同志提出的"解放思想实事求是,一切从实际出发","具有唯物辩证的思想"等。"道德标准"的内容,包括毛泽东同志提出的"富于牺牲精神"、"在困难中不动摇,忠心耿耿地为民族、为阶级、为党而工作"。"能力标准"的内容,包括十六大报告提出的科学判断形势的能力,驾驭市场经济的能力,应对复杂局面的能力,依法执政的能力,总揽全局的能力。"业绩标准"的内容,包括邓小平同志提出的"必须大胆起用那些为改革、开放和社会主义现代化建设做出实际贡献,得到群众承认和信任的干部"。"知识经验标准"的内容,包括江泽民同志提出的"刻苦学习,勤奋敬业,不断加强知识积累和经验积累,具备做好本职工作的专业知识"等;邓小平同志①提出的"年轻化",基本上属于"身体标准"。

(三)西方党政领导人才评价标准的特点是素质一流,强调忠诚

西方的党政领导,主要是政务官。政务官的任用标准,主要是为首长所了解,能够忠于职守,积极贯彻与落实国家的法令、政策与首长的指示。

20世纪初,随着西方管理科学的兴起和发展,西方学者开始从科学的角度进行对包括党政领导人才在内领导者素质的研究。管理学家、心理学家们以领导特质为研究对象,希望发现领导者与非领导者在个性、社会、智力、生理因素方面的差异,从而比较领导者应该具有哪些人格特质,这称为"领导者的特质理论"②。先后出现过特征先天论、行为理论与"权变理论"。包括费德勒的"权变模型"、保罗·赫塞和肯尼斯·布兰查德的"情境领导理论"、罗伯特·豪斯的"路径—目标理论"等③。

进入70年代后期和80年代,领导科学的研究在完成一个周期后,仿佛向出发点复归,人们的注意力又回到特质上来。研究者试图在新的历史条件下,确定那些被公认为领导者的个体身上所隐含的一系列特质,它不但强调领导者的内在素质,也强调领导者的外在表现,如领导形象、魅力等。西方党政领导人才评价标准的维度,主要包括忠诚度标准、气质标准、决策力标准、号召力标准、贯彻力标准与其他心理素质

---

① 邓小平:《邓小平选集》第2卷,人民出版社1994年版,第396页。
② 〔美〕弗雷德·鲁森斯:《组织行为学》,人民邮电出版社2003年版,第411页。
③ 〔美〕彼得·诺思豪斯:《领导学:理论与实践》吴荣先等译,江苏教育出版社2002年版,第65页。

标准等。"忠诚度标准"的内容,包括华伦·本尼斯的"信任"①,艾德尔的"诚实"②和贾德纳的"赢得与维持信任"③等;"气质标准"的内容,包括华伦·本尼斯的"充满激情"与具有"胆魄"等;"决策力标准"的内容,包括哈佛大学斯托格蒂尔的"自信心和自我认识能力"和"勇于承担决定和行动后果"等;"号召力标准"的内容,包括哈佛大学斯托格蒂尔的"影响他人行为的能力"、《企业管理百科全书》的"善于激励和控制"和艾德尔的"热情、诚实、意志坚定、公正、热心、谦虚";"贯彻力标准"的内容,包括鲍莫尔的"合作精神、决策才能、组织能力、恰当授权、善于应变、敢于负责、敢于创新、敢于冒风险、尊重他人"等;"其他心理素质"的内容,包括贾德纳的"勇气、果断、坚定不移"等。

中国古代、现代与西方党政领导人才评价标准的内容,各有特点。但是,比较而言,中国党政领导人才的评价标准,较西方国家更注重德,中国古代更强调以德为先,中国当代更强调政治素质,西方国家更强调基本素质与忠诚度。虽然才能是古今中外党政领导人才评价标准内容中的共同要求,但是各有不同。中国古代比较注重思维能力,以"策论"与"赋诗"为代表;中国当代比较注重业务能力与关系能力,西方国家比较注重解决实际问题的能力与开创能力。

在党政领导人才评价标准内容的研究方法上,中国学者与西方学者的研究也有所不同。西方学者侧重从领导者与非领导者的区别分析来概括出党政领导人才所需要的特殊素质,而中国学者侧重根据角色的需要来总结分析党政领导人才必备的基本素质。

三、未来党政领导人才评价标准的结构设想

党政领导人才标准体系,至少存在选拔标准、培养标准与任用标准三种形式。标准内容,是党政领导人才评价标准体系建构整体的核心与基础。各种形式的标准,都是基于标准内容的操作化表现。关于党政领导人才评价标准内容的结构设计,应该采取相关的科学方法。我们课题组根据自己与其他人研究的经验,拟采取工作分析、素质分析、个案分析与角色分析等方法。我们认为,党政领导至少应该担当四种

---

① 〔美〕华伦·本尼斯:《怎样成为领导》,吴金根、吴群译,九州出版社1999年版,第39—41页。

② 〔英〕约翰·艾德尔:《艾德尔论领导能力》,熊金才译,汕头大学出版社2004年版,第12页。

③ 孙钱章:《领导新方略》,人民出版社2000年版,第44页。

角色：发展战略制定者、外部资源获取者、下属管理人员的指导者、例外问题与危机问题的管理者。在党政领导人才评价标准内容的结构中，应该包括政治、品德、能力、生理与心理基础等五个方面的素质。其中，政治标准是前提，品德标准与能力标准是关键，生理与心理素质标准是基础。在能力标准中包括知识、技能、经验与绩效；在心理基础中包括气质、性格、意志、心理健康状态与思维特点；在生理标准中包括生理健康状况与五官特点。

（一）政治标准

政治标准，是对于党政领导人才在政治、思想、作风、精神等方面的素质要求。它在党政领导人才评价标准内容中非常重要，是必备条件。党政领导人才，必须善于从政治的角度和高度去认识问题、分析问题和解决问题。我们的党政工作，核心在政权、方向在路线，根本在人民，具有突出的政治性要求。党的三代领导人，一贯坚持政治标准的观点。无论是在民主革命时期还是社会主义时期，毛泽东同志一直强调指出："没有正确的政治观点，就等于没有灵魂。思想政治工作是经济工作和其他一切工作的生命线。"在改革开放的历史时期，邓小平更是反复强调政治标准。1983年，邓小平同志在党的十二届二中全会讲话中强调："在工作重心转到经济建设以后，全党要研究如何适应新的条件，加强党的思想工作，防止埋头经济工作，忽视思想工作的倾向"；1995年6月30日，江泽民在全国优秀县（市）委书记表彰会上指出："始终保持政治上的清醒和坚定，是做合格的中高级领导干部的最重要条件。如果政治方向模糊不清，就难当大任、难受重托。"党的几代领导人，一直注意从政治上要求党政领导干部。政治标准的内容，主要包括政治动力、政治能力、政治表现、政治作风、政治态度与政治品质。

政治动力标准的内容，主要包括政治理想、政治信念、政治兴趣与政治追求。它们是党政领导人才工作的动力源与能力源。共产党人之所以能够在二万五千里长征路上，克服许多人难以克服的重重困难，胜利到达陕北，很重要的一点就是因为他们具有共产主义的远大理想与最后胜利的坚定信念。

政治能力是党政领导人才履行政治使命与行使政治权力的基础与保证。在西方国家，执政党竞选取胜，往往是因为他们具备较强的政治能力。政治能力标准的内容包括：政治知识、政治敏感性与政治鉴别力。政治鉴别力与政治敏锐性，就是在政治上有识别大是大非的能力和对政治问题的直觉性、敏感性与预见性。随着我国的全面"入世"和全方位开放,有些国家为了扩展其社会制度及意识形态,凭借经济和科技优势,利用世贸组织的某些便利条件,采取各种手段,从政治上向我们提出了各种新挑战,因此特别需要党政领导人才具备较高的政治鉴别力与政治敏锐性。

政治表现,是政治理想、政治信念、政治兴趣、政治追求与政治能力等内在政治素质的外显行为。政治表现标准的内容包括:政治方向、政治立场、政治观点与政治纪律性。

政治作风,是党政领导人才政治行为的特征因素,是党政领导人才在日常工作中表现出来的一贯风格和行为模式。它是在一定思想指导下形成的并且与思想作风紧密相连。政治作风标准的内容包括:思想解放、开拓创新、坚持民主集中制、走群众路线与实事求是,从实际出发、讲实话、办实事、求实效。

政治态度是党政领导人才相对组织、国家、事业与人民的政治倾向。政治态度标准的内容包括:对党无限忠诚、对事业无限热爱、对工作精益求精。政治态度、政治表现与政治作风,是党政领导人才取得上级组织信任与周围群众拥护的基础与决定因素。

政治品质,是党政领导人才的内在政治素质。政治品质标准的内容包括:是否团结同志,班子同心、目标同向、工作同步、困难同上,是否光明磊落等。政治品质是保证党政领导人才事业成功与政治生涯发展的关键与基础。

(二)品德与能力标准

品德是个人用来调节与处理对己、对人、对事的稳定行为特征与倾向,在外表现为行为态度与行为特征,在内表现为个人信念与行为准则。

品德,简称为"德",它在中国古代党政领导人才评价标准内容中具有关键作用。这是因为中国古代社会的治理,主要是靠"人治"而不是"法治"与"制度"。"人治"中的权力运用,依靠的是掌权者的素质与能力、执政者的良心与道德,因此古代社会提倡儒家的"贤人"政治。

"贤人"政治,实际上也就是"德治"。品德水平高的人自律能力与责任心强,犯罪与发生错误的概率相对要小。即使出现了小错也会由于良心的自律而自觉改进。事实表明,在中国古代社会几千年的历史长河中,党政领导人才的品德素质,确实对于国家政权的维护与行政效率的提高起了巨大的作用。

众所周知,品德是领导者人格魅力所在,是领导影响力产生的重要因素。领导影响力的实质是组织成员与群众对于领导者的追随与服从。正是组织成员与群众对于领导者的追随与服从,才使党政领导的威望与威信得以确立,使领导过程成为可能。一般来说,服从是被动的,往往是对方出于对领导者权力作用的屈从;而随从则是主动的,往往出于领导者的个人素质影响或者能够满足对方的愿望与需要。彼德·德鲁克认为,领导者的唯一定义,就是后面有大量追随者。没有追随者就不会有领导者。党政领导者良好的品德正是导致组织成员与群众产生追随行为的重要因素。公生明,廉生威,得人心者得天下。一个有着高尚品德的领导者,往往具有巨大的号召力、说服力与凝聚力。一个党政领导能不能赢得人心和树立威信,关键不在于权力与能力,而在于品德。高尚品德是领导魅力的灵魂与根本。

党政领导人才的品德标准内容结构,包括群众意识、公道正派、勤政廉洁、自信果断、坚忍不拔、勇敢机智、国家事业心与政治使命感。

能力,从广义上来看,是人们认识与改造客观世界和主观世界的本领。从狭义上看,是人们成功完成某种活动所必需的个性心理特征,包括外显能力与潜在能力①。党政领导人才的能力,是他们从事党政管理活动必须具备的、并且直接与工作效率有关的个性心理特征。它是党政领导人才胜任领导工作、行使领导权力与承担领导责任的主观条件。

党政领导人才,位居党和政府各系统与各部门的高官要职,十分重要。一方面,党政领导处于整个党政组织系统中的关键部门与关键职位,具有四两拨千斤的作用。常言"千军易得,一将难求","兵熊熊一个,将熊熊一窝"。因此要求党政领导人才具有一流的能力。另一方面,党政领导一般掌握着党和国家的大量资源、资金与权力。管理能力差,将导致党和国家政治上的极大危险,经济上的极大损失。相反,管理能力强,将给党和国家带来政治上的安全与经济上的繁荣。此外,党政领导人才所面临的工作,具有复杂性、宏观性与多变性,同时也具有极大的风险性。因此,这些特殊性就要求党政领导人才具有极高的智商、极强的创新能力与应变能力,而不是一般的能力。

我们初步认为,党政领导人才的能力标准内容,主要包括战略规划能力、科学决策能力、全局掌控能力、组织领导能力、人才管理能力、交

---

① 朱智贤:《心理学大词典》,北京师范大学出版社1989年版,第456页。

往协调能力、开拓创新能力、危机管理能力、学习能力与表达能力。

在战略规划能力中,包括预见能力、目标选择能力、宏观思考能力;在科学决策能力中,包括观察分析能力、搜集信息能力、形势判断能力;在全局掌控能力中,包括洞察能力、全局意识、资源整合能力、规划布局能力、核心控制能力;在组织领导能力中,包括指挥指导能力、监督控制能力与号召动员能力;在人才管理能力中,包括选人配置能力、培养开发能力与激励能力;在交往协调能力中,包括合作能力、沟通交流能力与人际关系能力;在危机管理能力中,包括危机预测能力、反应处理能力和机智应变能力。

(三) 生理与心理标准

生理是指党政领导人才的身体状况,包括消化系统、睡眠休息情况、疾病情况、精力充沛与相貌端正。充沛的精力,一般指有多方面的运动、活动爱好,工作效率高,工作节奏快,精神面貌焕发;心理健康,一般指情绪稳定,人际关系和谐,无精神病史;生理健康,一般指家庭无明显的传染病史,自我无主要器官的重大损伤病史,机体功能正常,能够保持正常工作;相貌,一般指身高、体形与五官正常,无损于党政组织形象。

由于党政领导人才肩负的工作十分繁重,没有健康的身体与充沛的精力,是难以担当重任的。同时,党政领导人才,一般是代表各级各类政府和组织与外界交往,是党政部门的形象大使,外貌形象不可忽视。

心理基础,是指先天因素影响比较大的相关心理素质,包括气质、性格、意志、心理健康状态与思维特点。这些心理基础素质,是个人知识、品德与能力开发的客观基础,比较稳定,不太容易改变。身体健康、精力充沛、思维敏捷、意志坚强、性格豁达、情绪稳定是全面提高党政领导人才的执政能力与行政效率的基础。

总之,党政领导人才评价标准问题是关系党和国家事业发展的关键问题。党政领导人才评价标准内容,是我们研究与建构整个人才标准体系的基础与核心。古代党政领导人才评价标准内容的维度,主要包括绩、德、性、才、识、智;当代党政领导人才评价标准内容的维度,主要包括政治标准、思想标准、道德标准、能力标准、业绩标准、知识经验标准、身体标准与其他心理素质标准;西方党政领导人才评价标准内容的维度,主要包括忠诚度标准、气质标准、决策力标准、号召力标准、贯彻力标准与其他心理素质标准等。基于工作要求及其分析,我们认为,党政领导至少应该担当四种角色：发展战略制定者、外部资源获取者、下属管理人员的指导者、例外问题与危机问题的管理者。在党政领导人才评价标准内容的结构中，应该包括政治、品德、能力、生理与心理基础等五个方面。其中，政治标准是前提，品德标准与能力标准是关键，生理与心理素质标准是基础。

公务员职业道德及其内容标准的分析[1]

公务员队伍是党和政府事业中一支骨干队伍,现代政府公务员职业道德作为社会伦理道德规范的重要组成部分,不仅关系到国家公务员的素质高低、政府形象、公平与效率,还会对社会风气起到导向作用,甚至影响国家事业的兴衰成败。在推进有中国特色的社会主义现代化建设中,我们要从战略的高度认识公务员的职业道德的重要性和建设的紧迫性。认真研究并完善公务员职业道德的内容标准,有助于人才的选拔,有助于公务员完善自我和提高自我,有助于更为科学和全面考核职业道德,有助于更加针对有力建设职业道德,从而使我国公务员队伍整体素质得到进一步的提高,成为构建和谐社会的中坚力量。

一、关于公务员职业道德的内涵研究

(一) 文献统计

职业道德,即在一定的社会经济关系中,从事各种

---

[1] 本文为萧鸣政与张满合写,原载于《东北师范大学学报》2012年第5期。

不同职业的人们在其特定职业活动中所应遵循的职业行为规范的总和①。职业道德在横向上可分为不同行业的职业道德,纵向上分为不同层级人员的职业道德。任何一个职业都有职业道德要求,笔者通过对文献的查阅,对职业道德的研究在职业上的划分主要集中在会计、教师、律师、法官等具有明显的职业特色的领域。本文主要研究的是国家公务员职业道德的内容与标准。

关于公务员的职业道德,学界和政界都进行了深入的讨论与研究。为全面了解我国公务员职业道德的研究现状,笔者以"公务员职业道德"为关键词在CNKI上进行了检索,显示从1989年至2011年共有文章148篇。1989年和1994年各1篇,1996年共9篇,1997年和1998年各11篇,1999年2篇,2001年11篇,2002年9篇,2003年11篇,2004年8篇,2005年7篇,2006年7篇,2007年12篇,2008年10篇,2009年17篇,2010年13篇,2011年8篇。

但是,对于公务员职业道德很多学者还有不同的提法,比如行政职业道德、政府职业道德、政德、官德、党政干部的职业道德等,通过进一步的收集和筛选,最终纳入本文分析的文献共32篇。

(二) 概念理解

通过对公务员职业道德概念内涵研究的相关文献梳理发现,专家学者基本持有三种观点:

(1) 公务员职业道德是一种道德准则。这种观点认为"政德"就是从政之道德,狭义上说,政德是做官的职业道德,所以也有人称为"官德"。我们今天所讲的政德,是泛指国家、政党以及一切社会组织的各级干部所应遵循的道德准则②。

(2) 公务员职业道德是一种行为规范。这种观点认为国家公务员的职业道德是指公务员在行使公共职权、管理公共事务、提供公共服务与公共产品工作过程中所必须遵循的一些行为规范③。

(3) 公务员职业道德是内在的伦理与行为规范的综合。公务员职业道德是公务员在行政管理中应遵循的道德规范和行为准则,它反映

---

① 王易、邱吉:《职业道德》,中国人民大学出版社2009年版,第5页。
② 李克武:《政德论——论党政干部职业道德》,《重庆师院学报(哲学社会科学版)》1985年第4期。
③ 刘余莉:《公务员职业道德建设的特殊性》,《中国特色社会主义研究》1998年第6期。

了公务员的职业性质、地位、对象、活动条件的特征和要求①。

由此可以看出持第三种观点的人比较多,持这种观点的学者认为公务员职业道德是内在思想和外在行为的结合。但是,并不能由此认为前面两种观点不对或不好,笔者认为,第一种观点是因,第二种观点是果,行为规范是内在理念和准则的具体体现,是其派生出来的。只是第三种观点在表述上兼顾了内外,更为具体化。同时,在持第三种观点的学者中,有的学者不仅描述了公务员职业行为的过程,同时也将职业行为作用对象也进行了具体化,同时突出了"调节"两个字,认为职业道德是调节与不同作用对象关系的行为规范,这就与其他学者的观点有了一定的区别。而有的学者的观点,用了"遵循"二字,突出了职业道德强制性的特点。

(三)相关概念的界定

通过对相关文献分析发现,与公务员职业道德比较相近的概念包括:政德、行政道德、行政伦理。所谓政德,不只是指当政者的道德品质,而是更近乎现在人们所讲的政治道德②。政德就是国家意志的表达,是制度层面上的德性,也是国家意识形态层面上的德性,是统治阶级统治和引导社会、民族的基本道德。官德,就是为官者的道德,是为官者的行政伦理规范,是为官者在行使其权力过程中应遵循的基本道德原则。在现代社会行政道德有两个方面的含义:一是指行政机关的职业道德;二是指行政工作者的职业道德③。

所谓行政伦理,是指行政组织与个体在从事公共行政权力与各种公务活动中所应该遵循的道德规范。包括组织行政伦理与个体行政伦理两个方面④。

通过以上分析,笔者认为,政德更偏重于政治方面的要求。而一般来看,由于伦理与道德两个词经常通用,有时还会合为一个概念,称为"伦理道德",加上二者的理论内涵有很大交叉,在使用时往往可以忽略其差别,所以很多专家学者从二者关系角度出发,认为伦理即道德,伦理学就是道德的哲学。那么所谓公务员职业道德即是"行政道德"或

---

① 肖萍:《论公务员职业道德法制化建设》,《求实》2001年第9期。
② 陈瑛:《政德——政权兴亡的生命线》,《伦理学研究》2004年第2期。
③ 胡滨:《对政德、官德、行政道德的历史向度的考察》,《学习与探索》2003年第2期。
④ 徐云鹏:《中国现代官德建设研究》,中共中央党校博士论文,2003年5月,第1—20页。

"行政伦理"中国家公职人员个体在行使公共管理权力时所应遵循的道德规范和行为规范。

二、国内对于公务员职业道德内容的研究

（一）专家学者观点

从国内专家学者对于公务员职业道德内容的论述来看，大部分都是以定性为主。研究者基本是通过对于公务员的职业特征要求、公务员职责要求、时代发展要求、党和国家对于公务员职业道德的要求以及我国的传统文化中提炼出来的。

1. 基于公务员职业特点要求的观点。从行政职业特点来看，权力性是公务员行政职业的最大特点。公务员的一切公务活动都是以权力的运用为中心的，甚至公务员本身就是为了行使权力而存在的，这在客观上必然要求以权力道德作为公务员道德建设的重点[①]；从国家公务员职业的公共性与政治性等特点分析，公务员职业道德包括爱岗敬业、忠诚守信、办事公道、服务群众、奉献社会、勤政廉政等[②]；包括忠于职守，甘当公仆；尊重群众，发扬民主；公正廉洁，依法行政、民主行政；坚持原则，团结互助；实事求是，开拓进取；遵守法规，严守机密[③]。

2. 基于公务员职责要求的观点。专家认为，社会的公共利益是通过公务员的公共服务来实现的，这种公共服务包括对于公共事务的参与与管理、公共政策、公共设施等产品的供给，其构成了公务员职业活动的基本内容。在社会主义市场经济条件下，我国的公共服务应该以广大人民群众为中心，根据人民群众的意志和要求来提供相关的公共服务与产品。因此，从广义的工作职能上看，公务员本质上应该是社会中的公共服务员，其服务对象是广大的人民群众，人民群众成为公务员服务的"上帝"。毛泽东提出的"为人民服务"的思想，实际上也是对于这一本质特征的高度概括，理应成为公务员职业道德的主导理念。这种服务品质包括对待工作，对待同事，对待群众三个方面。"对待工作"的指标包括：爱岗敬业、服从命令、克己奉公、认真负责；"对待同事"的

---

① 吴述裕：《略论新时期国家公务员职业道德建设》，《行政论坛》2001年第7期。
② 张文春：《弘扬公务员职业道德增强政府行政能力——访北京大学政府管理学院肖鸣政教授》，《中国公务员》2003年第9期。
③ 汪荣有、徐迎红：《职业道德引论》，中央编译出版社2004年版，第71—75页。

指标包括:谦虚礼让、律己宽人、甘于配合;"对待群众"包括:真诚、真实、真情①。

3. 基于时代发展要求的观点。公务员职业道德建设内容离不开其在一定历史时期的职能和角色定位。自十七大以来,我国党和政府从坚持和发展中国特色社会主义的战略高度和全局角度出发,一直强调要依法治国。依法治国,建设社会主义法制国家,是中国特色社会主义理论和实践的重要组成部分,也是我们党和政府管理国家事务和社会事务的重要方针。依法治国的关键是依法行政②。

要实现"小政府,大社会"的目标,建立服务型政府,那么,我国公务员职业道德就应该在继承以往公务员职业道德规范要求的基础上,有一些新要求,例如承担服务责任,保障服务质量,实现服务承诺,服务行政,诚信行政等。

4. 基于党和国家要求、我国的传统文化要求以及其他视角的观点。专家认为,公务员职业道德最主要的规范应该是:公、实、廉、俭。"公"即一心为公、公而忘私、公道正派。"实"即实事求是,一切从实际出发;说实话,办实事,做老实人。"廉"即清正廉洁。"俭"是艰苦奋斗、勤俭节约③。领导干部的职业道德除了忠于职守、敬业爱岗、精通业务、廉洁奉公、团结协作、无私奉献等外,更重要的是为人民掌好权、用好权,全心全意为人民服务④。

(二)内容条目归类

笔者采用名词频率分析的方法对公务员职业道德内容条目做了归纳,发现爱岗敬业被提起的最多,勤俭节约最少(见表1)。在本研究中我们把忠于组织、为民爱民、爱岗敬业、公平公正、求真务实、清正廉洁、开拓创新等内容项目作为一级指标。

---

① 张丽娟:《我国党政领导干部道德评价标准研究》,中共中央党校博士论文,2011年4月,第1—30页。
② 徐红梅:《新形势下国家公务员职业道德建设的重要性、存在问题及解决途径》,《科技创新导报》2008年第8期。
③ 谭丕创:《谈谈国家公务员职业道德规范的主要内容》,《疏导》1997年第6期。
④ 吴海燕:《为人民服务是领导干部职业道德的核心》,《求实》1997年第10期。

表1 职业道德内容条目分析结果

序号	内容项目	相关条目
1	忠于组织(12)	忠于政府(1)忠诚(3)忠于国家(3)忠于党和国家(2)坚持党的领导(2)立党为公(1)为人民服务(10)服务群众(5)爱民(3)为民(6)为人民掌好用好权(3)人民公仆(1)勤政为民(4)
2	为民爱民(46)	便民(2)利民(2)关心群众(1)热心服务(1)密切联系群众(2)为人民谋福利(1)以民为本(2)用权为民(3)
3	爱岗敬业(50)	爱岗敬业(8)忠于职守(8)坚守岗位(1)勤奋工作(2)无私奉献(3)积极(3)认真工作(1)兢兢业业(1)责任心(2)事业心(2)进取心(3)效率感(2)卓越绩效(1)高效(5)勇于担责(1)团结协作(5)文明(2)
4	公平公正(42)	秉公办事(6)公平正直(8)秉公执政(2)正义感(1)公道正派(2)恪守原则(1)坚持原则(1)主持正义(1)公正无私(5)依法行政(5)遵纪守法(6)公平正义(1)民主(3)
5	求真务实(21)	实事求是(5)务实(2)敢于负责(3)真抓实干(5)求真务实(3)效能(2)效益(2)
6	清正廉洁(42)	清正廉明(1)清正廉洁(10)廉洁奉公(11)廉洁自律(3)克己奉公(3)以身作则(2)自重(1)自省(1)自警(1)自励(1)不徇私情(2)不谋私利(2)自知之明(2)严于律己(1)淡泊名利(1)
7	开拓创新(18)	开拓(3)创新(5)改革创新(1)解放思想(2)与时俱进(5)勇于创新(1)锐意进取(1)
8	诚实守信(13)	诚实(7)谦逊(2)守信(4)
9	勤俭节约(11)	勤俭节约(4)艰苦奋斗(6)艰苦朴素(1)
10	无私奉献(17)	奉献社会(9)无私奉献(3)大公无私(2)公而忘私(3)
11	公共利益至上(21)	天下为公(2)一心为公(3)谋取公共利益最大化(2)承担公共责任(3)维护社会公正(3)为公掌权(3)服从大局(2)宽容大度(3)

从表1中,我们可以看到,公务员职业道德其内涵主要包括忠于组织、为民爱民、爱岗敬业、清正廉洁、公平公正、求真务实、诚实守信等内容,这些内容涵盖了心理层面和行为层面。

三、内容分析与比较

(一)重点内容分析

从前面对于公务员职业道德内容的条目归类的结果发现,专家学者对于公务员职业道德内容论述较多的几个方面包括:为民爱民、爱岗敬业、清正廉洁、公平公正、求真务实与公共利益至上。同时,结合公务员职业要求、价值观要求、职业道德行为要求等方面的思考,我们认为以下几方面是公务员职业道德内容要求的重要方面:

1. 为民爱民

胡锦涛总书记指出,"权为民所用,情为民所系,利为民所谋"。这句话是毛泽东同志"全心全意为人民服务"在新时代的全面具体阐述。笔者认为,为民就是"权为民所用,利为民所谋",爱民就是"情为民所系"。

权为民所用,是中国共产党"立党为公、执政为民"这一执政理念的具体体现,集中表现了中国共产党一直强调要树立和实践正确的权力观的思想。恩格斯讲过,要防止国家和国家机关由社会公仆变为社会主人。实践马克思主义国家学说的这一基本原理,是保持共产党员先进性的关键环节。首先,从权力的来源上看,我国是社会主义国家,人民是国家的主人,中国共产党的执政地位、社会主义国家的一切权力,都是来自于人民,是人民赋予的。胡锦涛同志2005年1月在"新时期保持共产党员先进性"专题报告会的讲话中指出:"作为领导干部必须牢记我们手中的权力是人民赋予的,只能用来为人民谋利益,而绝不能用来为自己谋私利,要始终为人民掌好权、用好权。"其次,从权力的实践来看,公权私用必定产生腐败,权力腐败是最大的腐败。所以公务员要代表并为人民掌握和行使好国家的各项权力,运用人民赋予的权力为国家的安全、发展和富强服务,为人民群众的团结、富裕和安宁服务。情为民所系,就是要对人民群众怀有深厚的无产阶级感情,时刻倾听群众呼声,反映群众意愿,集中群众智慧,忠实地贯彻执行党的群众路线,努力使我们制定和实施的各项方针政策和措施更好地体现人民群众的利益。列宁有一句名言,没有"人的感情",就从来没有也不可能有对于真理的追求。"情为民所系"是共产党员保持先进性的感情基础。

利为民所谋,是实践"立党为公、执政为民"政治理念的具体表现。一方面,人民利益高于一切,国家公务员除了代表与维护最广大人民群众的利益,没有自己特殊的阶层利益。邓小平曾明确指出,人民满意不满意,人民高兴不高兴,人民赞成不赞成,应当成为检验我们一切工作的标准。另一方面,国家公务员是来自人民,扎根于人民,服务于人民的。公务员在本质上应该是公共服务员,要以公众为服务的"上帝"。公共服务应该以人民群众为中心,根据人民群众的利益需要来提供公共服务。

2. 爱岗敬业

爱岗敬业就是要求公务员热爱自己的工作岗位,热爱本职工作,并用一种恭敬严肃的态度对待工作。之所以把爱岗敬业作为公务员职业道德要求的重要内容之一,主要是基于以下几个方面的考虑:

第一,爱岗敬业是社会存在和发展的必然要求。一份职业,一个工作岗位,都是个人赖以生存和发展的基础和保障。同时,一个工作岗位,也是组织构成和社会构成的基本细胞与单位,是人类社会存在和发展的需要。

第二,爱岗敬业有利于公务员的全面发展与团队的整体发展。公务员要实现个体人力资源价值,促进个体人力资源开发,就需要通过本职活动,在一定程度上和范围内做到全面发展,不断增长知识,增长才干,努力成为多面手。爱岗敬业,干一行爱一行,从事一个职位的工作就尽职尽责,才能较快地掌握和提高公务员从事行政管理和公务服务的知识和能力,充分发挥其积极性和创造性,真正做到人尽其才,才尽其用,用得其所。

第三,爱岗敬业是保障公务员的能力得到充分发挥的基础,也是评判公务员工作业绩与贡献的一个重要标准。是否具备爱岗敬业的品质,是公务员选拔任用考察中的一项重要内容。在《党政领导干部选拔任用工作条例》中,明确提出党政干部应该具备"献身现代化事业,在社会主义建设中艰苦创业,做出实绩","认真调查研究,能够把党的方针、政策同本地区、本部门的实际相结合,卓有成效地开展工作"。人力资源管理的实践表明,爱岗敬业的人,能够以工作的兴趣突破工作的难点,创造出工作的成果;能够以对于工作的热爱忽视对于薪酬的回报,能够以对于工作的热情发挥个体的潜力。能够干一行,爱一行,钻一行,成一行。全身心的贡献自己的聪明才智,创造出杰出的工作业绩。

第四,爱岗敬业有利于社会主义事业的发展。全面建设小康社会的伟大事业呼唤着亿万具有爱岗敬业这种平凡而伟大的奉献精神的人。具备爱岗敬业这种平凡而伟大的奉献精神的人,永远都是强大民族的脊梁!只有爱岗敬业的人,才会在自己的工作岗位上勤勤恳恳,不断地钻研学习,一丝不苟,精益求精,才有可能为社会为国家做出崇高而伟大的贡献。

3. 清正廉洁

保证公务员清正廉洁,是关系党和国家生死存亡、人心向背、世风好坏的一个关键性问题,是国家公务员的天职和职业道德的重要体现,也是当前公务员职业道德建设中普遍受到关注的热点问题。之所以把清正廉洁作为公务员职业道德要求的重要内容之一,主要是基于以下几个方面的考虑:

其一,从市场经济的运行机理来看,市场关系固然是根据自愿平等原则进行的交易关系,但是,其基本前提却是交易者拥有交易物品的产权。从这个意义上来讲,公务员并没有以公众所有的利益换取个人的利益的产权,广大人民群众并没有赋予公务员这种以公权谋私利的权力①。

其二,从公务员的职能来看,公务员的职能是执行公务,职责是代表国家依法组织和管理国家的事务,维护国家和公众的利益。公务员要真正做到以一心为公,全心全意为人民服务为标准去执行公务,就必须保持洁身自好,清正廉洁。清正廉洁的对立面就是贪污腐败,公务员不坚持清正廉洁就必然会导致贪污腐败。而政治上的贪污腐败可直接危及党和国家的生死存亡。

其三,从社会风气建设来看,如果公务员公权私用,从事权钱交易,那么整个社会将会上行下效。事业单位就会模仿巧立名目,企业就会见利忘义,官员就会腐化堕落,政府就会腐败倒台,形成恶劣的社会风气和败坏道德风尚。

其四,从资本主义国家实践来看,资本主义国家早年实行的"政党分赃制"之所以走上了穷途末路,就是由于官员的职业道德败坏、贪污腐败行为猖獗所造成的。资本主义国家建立公务员制度,其主要目的之一,正是为了使公务员的职业道德能够保持清正廉洁。

其五,从目前廉政建设的紧迫性来看。《公务员职业道德培训大纲》出台后,中青报社调中心通过民意中国网与搜狐新闻中心进行的调查显示,对于"公务员职业道德的哪些方面亟待提高?"这一问题,结果排在第一位的是"廉洁"(84.1%),排在第二位的是"公正执法"(78.4%),排在第三位的是"遵纪守法"(76.7%)。其他选择依次是:服务群众、勤政、勤俭节约。

4. 公平公正

公平,是公正的基础,公正是公平的体现。公平公正相互促进。公

---

① 张文春:《树立公务员职业道德理念——北京大学政府管理学院副院长王浦劬一席谈》,《中国公务员》2002年第4期。

正,即不偏不倚。《辞源》对于公正的解释是:"不偏私,正直"。公平公正,在这里指的是公务员在履行职责与工作过程中要不偏私,要实事求是与秉公办事。公平公正是公务员职业道德要求的重要内容。

其一,公正,是中国特色社会主义建设的基本价值规范。在社会主义市场经济条件下,社会的正义和公平是通过我们的政府管理机制来实现的。这就特别要求履行政府管理职能的公务员具有公正的道德品质。我国作为社会主义国家,制度设计及其实施的正义,是社会正义的集中体现,因此,公务员的公平公正道德行为,主要应该表现为在行政过程中严格执行体现社会正义和公平的制度性规定,同时,在体制改革和制度创新过程中,按照社会公正的价值和程序来创设制度、规则和政策。

其二,从党和国家形象来看,我们每个党政干部与公务员,他的工作岗位,都代表着党和政府在各级组织中的形象。在处理日常事务时,也往往以党、政府或群众团体的代表身份出现。如果一个地区或单位的公务员办事不公,赏罚不明,甚至假公济私,以权谋私,就会导致有令不行、有禁不止,人心不稳、正气不伸,组织涣散、政策走样。党和国家在那个地区或单位就会威信扫地,失去存在价值与影响。

其三,公平公正是防止权力"异化"的保证。公务员公平公正的道德要求,主要是基于公务员职业的公共性与权威性,基于法律、法规和党纪约束的有限性与分散性。法律、法规与纪律对于一个公务员来说,其各自所能够监控的范围与效能也是有限的。道德在一定程度上,将可以填充在法律、法规、制度与纪律之间的空隙,可以从自律与良心的角度来约束与调节公务员的一些偏见与偏执行为,能引导他自觉地用公平态度对待一切对象,用公正原则处理一切事务,解决一切矛盾,调控自己的行为。如果执掌国家公共权力的公务员丧失了公平公正原则,必定会导致权力的滥用和异化,并最终走向腐败。为政者只有始终牢记和履行公平公正原则,才能够有效地防止权力异化为个人牟取私利的工具。

5. 求真务实

求真务实,就是以实事求是的态度,不断地认识事物的本质,把握事物的规律,并且在这种规律性认识的指导下去实践。

邓小平同志指出,实事求是,是无产阶级世界观的基础,是马克思主义的思想基础,过去我们搞革命所取得的一切胜利,是靠实事求是,现在我们要实现四个现代化,同样要靠实事求是。公务员肩负着上传下达以及管理政务的重任,要使政策"从群众中来,到群众中去",真正反映人民的意志,首要的是一切从实际出发,忠于事实,尊重客观规律。只有这样才能掌握事物固有的而不是臆造的规律,才能制定出符合实际实情的政策,否则就会贻误社会主义建设事业,损害人民的利益。

保证党的方针政策和政府的各项职能得以贯彻落实,是公务员的基本职责。因此,公务员必须坚持真抓实干,真正弯下身、沉下心、加把力把中央和上级交给的各项工作任务真正落到实处。毛泽东同志曾指出:"抓而不紧,等于不抓","在世界上要办成几件事没有老实的态度是根本不行的";干就必须想干、大干、真干、实干、苦干,时时刻刻想干事,时时处处找事干。永远保持干事业的荣誉和责任感,永不满足,永不停顿,永不敷衍,永不懈怠,增强执行力,确保各项工作落到实处,不辜负人民的信任和期望。

(二)现有标准研究的不足

概览已有的研究文献,从目前国内对于公务员职业道德的研究情况看,尽管对于公务员职业道德内容的研究取得了一些成果,但仍存在以下不足:

第一,研究内容上,现有文献研究大多偏重于公务员职业道德建设的手段和方法,忽视了职业道德建设的内容标准。"皮之不存,毛将焉附?"建设的内容不科学全面,建设的路径再好,也会失去赖以存在的根基,公务员的职业道德大厦终将不稳。而且职业道德的内容标准未能完全"量化"。

同时,也缺乏对于公务员职业道德特征的专门研究。国家公务员政治性与公共性的职业特性,使得公务员成为公共利益的代表者与维护者,公共权力的体现者与执行者,政治改革的领导者,政治活动的组织者,社会矛盾的协调者与公共事务的管理者。这种职业特点使得道德规范已经不再局限于公务员个体,其规范的功能已大大超出了对于公务员个体、甚至群体的范围,而是通过对公务员个体行为和内心的规范,实现对全社会的整体引导与调整,因此,公务员的职业道德具有一定的强制性与示范性。

第二,研究视角上,现有研究成果缺少从公务员的职业特征、职位要求、职业道德与能力之间的关系、素质模型结构理论、公务员现实工作体会等多个角度综合看公务员应该具备什么样的职业道德要求。概览现有研究资料,更多从职位要求,职业性质的角度来论述公务员职业道德的内容。

第三,研究对象上,目前研究在反映公务员职业道德内容要求的层次性上比较缺乏。司马迁《史记·淮阴侯列传》中记载了韩信和刘邦的一段对话。上问曰:"如我,能将几何?"信曰:"陛下不过能将十万。"上曰:"于公何如?"曰:"如臣,多多而益善耳。"上笑曰:"多多益善,何为我禽?"信曰:"陛下不能将兵,而善将将,此乃信之所以为陛下禽也。"这段对话生动形象表明了不同层级的领导者在能力、素质上的要求是不同的,同时也表明对其的职业道德要求也是不相同的。公务员道德应根据公务员所承担的职务层次、级别的不同有不同的要求,不能千篇一律,笼而统之。

第四,研究方法上,对于公务员职业道德内容要求基本上都归类于思辨性质,多着重于宏观层面的理论综述,缺乏对公务员的职业道德内容要求进行实证性的调查研究。纵观现有的文献,只有《河南省处级党政干部的领导品德及其与其他因素的相关性研究》和《宁波市江北区领导干部道德评价体系研究》两篇文章是基于量化分析构建了党政领导干部的品德标准体系。前一篇文章采用了相关分析法,后一篇文章主要用了"层次分析法"和"专家平均点法"。

中国古代人才选拔制度的素质测评思想研究①

科学合理的人才选拔一般都以素质测评为基础,中国古代的人才选拔素以德为重,春秋初期管仲在《立政》篇中说:"君子所审者三:一曰德不当其位,二曰功不当其禄,三曰能不当其官"。德、功、才(能)是我国古代比较早、比较全面的标准,一直为后人所沿用,只不过在不同的历史时代有着不同的具体内涵罢了。

人才选拔实际包括两个方面,一是人才的选择,二是人才的提拔。前者应以素质测评为依据,而后者应以德才考评为依据。纵观古代人才选拔的方法,主要有察举、征辟、荐举、贡举、试举、保举、选举、九品中正、考深、科举等十种形式。它们主要应用于学校教育制度与人事制度中。学生的入学与升学,官吏的任用与晋升基本上都是通过以上十种人才选拔形式进行的。

一、察举及其测评思想

所谓察举,即通过观察比较的方式来选择人才。

---

① 本文原载于《赣南师范学院学报》1996年第1期。

察举中首重品德测评,其特点是,察言观行,考行究德。裴子野有言曰:居家观其孝悌,乡党争其诚信,出入观其志义,患难取其智谋,烦之以事,以观其能,临之以义,以察其度(参考《唐会要》下,第1336页)。

察举中品德测评的标准与内容,各个朝代基本上是大同小异,为西周时所提出的六德六行。所谓"考其德行,察其道艺"。但在内容上却主要侧重于"孝、廉、礼、忠"。故汉代首创孝悌、后又加至孝、有道、仁贤、敦厚质直、四行贤良方正等科目。《东汉会要》有言曰:"廷光二年八月,初令三署郎通达经术、任牧民者,视事三岁以上,皆得察举"。东汉"茂才四行"中的四行规定为:敦厚、质朴、逊让、节俭;南朝的齐、宋会要中所列的察举品目有强学、好学有义行、谨宽、敏惠、名行、操立志行、莅官清正、笃行等内容。

古代无论是选才举士,最终都是当官为政,但"为政以德",故品德测评在人才选拔中有着十分重要的作用。

为了保证察举的质量,历代对察举的方式不断予以改进汉代曾规定察举的对象限为四十以上。其依据是人到四十才不惑。对于察举的人数,汉代曾规定郡国二十万人以上岁察一人,四十万人以上岁察两人……百二十万人以上岁察六人。不满二十万人的郡国,二岁察举一人,不满十万人的郡国三岁察举一人(参考《通典·选举一》)。

为保证察举的人才质量,察举演变为贡举与保举。贡举把下臣对朝廷察举人才看做是一种进贡之举。贡举既强调下级对上级察举人才的义务性,又有助于强化下臣对朝廷察举人才的光荣感与质量感。保举则把察举人所察举的质量与其所应担负的责任直接相连。汉代典章规定,不贡士,一则黜爵,再则削地。黜爵削地毕,夫附下罔上者死,附上罔下者刑。在上位不能进贤者退,不举孝不奉诏当以不敬论。不察廉为不胜任,当免(参考《通典。选举一》)。

宋代对保举发展得更为完备,规定对察举之士,要"保任入贡,具实以闻,不实者坐罪有差"。此为举荐连坐法(参考《宋史二》第3757页)。宋太祖还号召广大群众监督察举,告发滥举者。只要告得真实,平民可以做官,是官的予以提拔,不愿做官的赏钱。

保举实际上汉代亦有。徐淑年未及举,壹郎疑而诘之,向颜回闻一知十,孝廉闻一知几,淑无以对,乃遣还郡,于是济阴太守胡。广等十余人皆坐谬举免黜。荐举与选举都是以察举为基础。荐举即为少数权威知名人士举其所知。这种方式易为人情所误。汉代太尉施延因荐举贪污被免。宋代以后发现各官员所举人数颇多,故规定自今以后,中书门下两省及御史台五品以上,尚书省四品以上,诸司三品以上,应合举人,每人荐举不得过两人,余官不得过一人(《通典·选举三》)。选举即为群人各据所知,众中选优.唐代的选举程序是,始于学校,于州里,告诸六事,而后贡之王庭。州群积其德能,而为王府所辟,王府举其据属,而升于朝廷。三公得参除署,尚书奏之天子。一人之身所关者众,一贤之进其课也详(参考《唐会要》下,第1336页)。

试举是察举演变的另一种形式,所察举或选举的人才,是否属实,宜任何官,尚需实践检验。故汉代规定,凡所举士,先试之以趾。无以日月为功,实试用贤能为上,量材而授官,录德而定位,则廉耻殊路,贤不肖异处矣。不宜试耿者疏于他状,举非人兼不举者罪(参考《通典·选举一》)。实际上试举西周时代就有了。当时,对所选举之士,辨论其官材之后,根据其所试之其所能之官,如果堪任此官,则再爵命之。即所谓"论之"、"官之"、"爵之"。

察举,是以真实言行及长期的观察为依据,故它对素质的测评比较实事求是,确实可信。但察举往往会受到察举者个人的情感及经验的影响。

二、九品中正及其测评思想

古人发现察举之弊,一是主观片面,有言曰:"近代主司,独委一二小家宰,察言于一幅之判,观行于一揖之内"(参考《唐会要》下,第1336页);二是察举多为基层一般人所主,缺乏识人判人的经验,"孝行优劣任之乡人下之叙"故魏时人才选拔改成九品中正。《三国会要》载言曰:"魏文帝为魏王时,三方鼎立。延康六年,吏部尚书陈群以选用不尽人才,乃立九品盲人法:州郡皆置中正以定其选,择州郡之贤有识鉴者为之区别人物,第其高下。"显然,九品中正创立的目的是想选择州郡中那些贤且有识鉴经验的专家,来负责人才选拔的事情,以此来保证人才选拔的质量。九品中正实施之初,仍然以品德测评为重,其中正的六条标准为:一曰忠恪匪躬;二曰孝敬尽礼;三曰友于兄弟;四曰洁身劳廉;五曰信义可复;六曰学以为己.依此六条标准,中正官把本州郡士人分别评定为上上、上中、上下、中上、中中、中下、下上、下中、下下三等九级,称为"九品"。然后向吏部推荐,由吏部依品授官。

九品中正,首先,要求由那些公正无私且富有识人评判经验的专家担任选拔之职,显然其对素质的测评应比一般人或兼任之人更为科学准确。但实际上却是"有司选举,必稽谱牒"。"中正"评定人物品级时,首先看重的不是被选者的实际表现,而是他的家世,也称为"品";然后才看被选者品德才能的"状"。故形成"上品无寒门,下品无士族"的结局。

其次,九品中正要综核九品名实,要求各等第一个具体客观的评定标准。显然,这可以大大提高素质测评的客观性,使其效果优于缺乏统一具体标准的察举。

再次,中正官必须亲自或派人去察访每个士人家庭背景与现实表现,作出行状评语。这种评语往往言简意赅。例如王济对孙楚的评语只有"天材英博,亮拨不群"八个字,王嘉给吉茂行状的评语更简练,只有"德优能少"四个字。然后在了解家世与现实表现的基础上评定品级。按道理,了解家世,考核行状,全面地把握士人的历史背景与现实表现,有助于准确和客观地测评士人的品德与才能,但是后来却变成了"唯知其阀阅,非复辨其贤愚",品评等第唯重家世,牒谱,不讲才德。士人最关心的不是自己的品德才能,而是如何使自己有一个尊贵的血统和族系。

再次,中正官所定的品级,一般三年一清定。在清定调整中,中正或上级有权对所评定的人物,按其言行再给予升降,作"以五升四,以六升五","或自五退六,自六退七"的变动(《通典·选举二》)。以上这些更改都要反映落实在原来写在黄纸上的定案材料,即所谓"清正黄纸"。这种定期复查考核的制度,有利于保证九品中正制中素质测评质量,有助于调动士人修养素质的积极性。

三、科举及其测评思想

无论是察举,还是九品中正,都是集权于少数人手中的人举,既是人举人,则就难免出现当时刘毅批评的"三难"、"八损"。"三难"即人物难知,爱憎难防,情伪难明。"八损"即危害当时封建政治的八种弊端。例如,中正官一人决定一切的选士,是不会公正的,孔子看人还有错误,何况中正官;中正官一人决定选士,容易促其利用职权结党营私,培植个人的努力;中正官一人选士,不是偏听偏信,就是爱憎夺其平。

品德主要是个体与其周围众人道德关系中表现的行为特征,因此察举与九品中正对个体品德的测评都比较有效,其中尤以乡举里选效果最佳。但是,它们对个体才能知识的测评却有困难,实际上只有课试的方法,才能有效地测评一个的知识广度和深度,以及运用知识的能力。因此,魏文帝对儒者试以"经术",对文吏试以"文法",课试制度由此兴起,成为隋唐及后来科举考试制度的先声。

科举即设科举人,开创之始以品德测评为主。炀帝大业三年(公元607年)四月诏曰:"天下这重,非独治所安,帝王之功,岂一士之略。自古明君哲后,立政经邦,何尝不选贤与能,收采幽滞。……夫孝悌有闻,人伦之本,德行敦厚,立身之基。或节仪可称,或操履清洁,所以激贪厉俗,有益风化。强毅正直,执宪不挠,学业优敏,文才美秀,并为郎庙之用,实乃瑚琏之资。才堪将略,则拨之以御侮,膂力骁壮,则任之以爪牙。爰及一艺可取,亦宜采录,众善毕举,与时无弃。……文武有职事事者,五品以上,宜依令十科举人。有一于此,不必求备。朕者待以不次,随才升擢"(《隋书·炀帝纪上》)。这里举人所设的十种科目,即孝悌有闻、德行敦厚、节仪可称、操履清洁、强毅正直、执宪不挠、学业优敏、文才美秀、才堪将略,膂力骁壮。显然其中最主要是品德内容。

科举的科目后来唐朝发展为常设科目,非常设科目和特设科目三类。常设科中有秀才、明经、俊士、明法、明字、明算等;非常设科中有三传、三礼、童子、道举等;特设科所包括的内容则不胜枚举,大致可分为文、武、吏治、长才、不迁、儒学、贤良忠直等七类。

科举的方法,开始为试策,后发展为口试、帖经、墨义、策问、诗赋、经义论策与制义等。

科举注意汲取了过去征辟自荐与察举中乡举里选、荐举的民主性,汲取了察举中保举律制的质量保证措施,甚至复试、皇帝微服听舆论和亲自制举。科举对象,唐代规定为生徒,乡贡和皇帝制举的人物。科举的程序是:生徒先参加校内每年冬天的考试,再由国子祭酒或地方长吏挑选优秀者,送至礼部参加省试。乡贡者,先是由本人向本县报名,由县令考选后送州,再由州刺复核,然后贡送到中央参加礼部省试。应举者送至尚书省报到后,都要填写自己的姓名、三代履历和保结,先由户部审查,再将名册送往礼部,然后由礼部定期命题考试。

从以上科举开始制定的标准、内容以及保质的措施来看,科举之法是有利于品德测评的,但是科举方法后来的发展,却大大削弱了对应举者的品德测评. 这表现在科举中对应举者的品德测评,基本上是以对道德思维的测评代替对实际品德表现的测评。例如,明经科,考试的主要内容基本上是儒家的经典。《礼记》、《左传》为大经,《毛诗》、《周礼》、《仪礼》为中经,《周易》、《尚书》、《公羊》、《谷梁》为小经。考试方法是,先帖经,每经十帖,每帖三言,通六以上为及格。然后口试,问经义十条,通十为上上,通八为上中,通七为上下,通六中上,皆为及格。然后答时务策三道，通二为及格。三试皆及格为及策（参考毛礼锐主编的《中国教育通史》卷二第 501 页）。到明、清两代，取士则主要以八股文为标准。科举的发展把本来注重于德、能、绩、效全面测评的选拔制度逐渐地囿于知识的考试，舍本求末，故不断遭到反对。

公元 674 年，刘峣在《取士先德行而后才艺疏》中批评说："驱驰于才艺，不务于德行"，"致有朝登科甲，而夕陷刑辟"（《通典·选举九》卷十七《杂论议中》）；公元 682 年，魏玄同在《论选事疏》中批评说："任人者，诚国家之基本，百姓之安危也。方今人不加富，盗贼不衰，狱讼未清，礼仪犹阙者，何也？下吏不称职，庶官非其才也。官之不得才者，取人之道，有所未尽也。"

在人才选拔制度中，历来存在以德行取人和以智能取人的矛盾。汉代张衡曾指出："曾子长于孝，然实鲁钝。文学不若游、夏，政事不若冉、季。今欲使一人兼之，苟外有可观，内必有阙，则违选举孝兼之意矣"（《东汉会要》第 389 页）。古人分科举人，笔者认为实乃解决这一矛盾之创举，但科举考试后期的发展，日益重表面文词而轻实际德能。这种偏向不但危及所选拔人才的质量，且及社会与教育的发展。司马光指出，自三代以前，其取士无不以德行为本而未尝专贵文词也。汉氏始置茂才孝廉等科，皆命公卿大夫州郡举有经术德行者，策试以治道，然后官之，故其风俗敦高名节。降及末世，虽政衰于上而俗清于下，由取士之术，素加精励故也。魏晋以降，贵通才而贱守节，习尚浮华，旧俗益败。然所举秀孝，犹以经术取之，州郡皆置中正以品其才行，一言一动之失或终身之累，士犹竞竞不敢自放。隋始置进士，唐益以明经等科而秀孝遂绝，止有进士、明经二科，皆自投牒求试，不复使人察举矣。进士初但试策，及长安神龙之际，加试诗赋，于是进士专尚属词，不本经术，而明经止于诵书，不识义理，至于德行则不复谁何。自是以来，儒雅之风，日益颓坏，为士者狂躁险薄无所不为，积日既久，不胜其弊，于是又设瞻录弥封之法。盖朝廷若其难制而有司急于自营也。夫欲搜罗海内之贤俊而掩其姓名以考之，虽有颜闵之德苟不能为赋诗论策则不免于遭摈，弃为穷人；虽有跖跻之行苟善为赋诗论策则不害于取高第，为美官。

然而，为什么科举能够在中国历史上延续了 1300 年呢？察举、九品中正、科举和世袭是中国历史上选拔人才和委任官职的四大形式，察举以实际德才表现为依据，世袭以血缘关系为依据，科举以知识智能为依据，九品中正以血缘门第与现实德才表现为依据，按照当时选拔人才的目的和现代测量学的观点来看,九品中正和察举的效度最好,而科举的效度最差。因为选拔人才的目的是培植封建统治的接班人,是委之以维护封建王朝的使命,具有王族士族血缘关系的人,一般遗传素质较好,加之从小耳闻目睹父辈从政理事,其行政能力就要比同龄人强一些。同时,这些人的家庭利益与整个的封建统治集团的利益休戚相关,故选拔这些人并委之以官,有利于封建统治的巩固与延续。现实社会生活中德才的表现直接揭示了人才的本质,挑选那些具备合符当时封建规范言行的人才,并委之以官,显然有利于加强与扩展封建统治者的势力。因此,察举与九品中正具有良好的品德测评效度和智能测评效度。然而为什么发展的结果是科举代替它们担当了选拔人才的角色并被隋唐以后历代统治者接受了一千多年呢?笔者认为,其主要原因在于科举的信度优于察举,九品中正,世袭等方式。在人才选拔过程中,人们首先也是最为关心的是其公正性与公平性。无论察举、世袭还是九品中正,虽然效度较高,能够选拔那些忠于朝廷能力不错的人才,但它们都表现为人举人,夹杂着浓厚的人情爱憎色彩,侧重于人们后天无法选择的血缘与出身,人们觉得这既不公正也不公平。相反,科举则表现为考试举人,每个人在同样的时间,同样的地点和条件下接受同样内容的考试,且原则上没有出身贵贱的限制,具有平等竞争的色彩,人们觉得它既公正又公平,故得到普遍接受于认可。

然而,科举制度代替察举,世袭与九品中正在中国延续了1300多年并不足以证明知识考试可以代替素质测评。科举制度中所考的东西大多是知识,一旦考中,无论寒门贵族均立即委之以官,显居要位,没有对中举的士子进行什么品德测评或政治考核,但他们却能一直忠于朝廷甚至出现了不少像文天祥那样的英烈。这种现象似乎启示人们:知识考试可以代替品德测评。其实不然。

首先,中举进士一般委任小官,中央最高层领导乃是世袭制。史书载曰,"省试"及第后还须参加尚书省吏部的考试,及格后才能授官。但取得的官职,却比"用荫"的子孙所得的官降低得多,一个进士也只能做到一个小小的九品官。一个小小的九品官要翻天是无能为力的,要升官则就得忠于朝廷。其实,考取进士已历尽十年甚至更多时间的寒窗苦读,有多少人还想公然反叛朝廷去再过苦日子呢。

其次,中举得官者,大多是出身中小地主以上阶层的人,他们对现实并没有太多的不满,他们读书的目的就是升官发财,成为贵族达人,缺乏战斗精神。

再次，应举士子长期受到封建伦理的教化，从小就具备了封建统治者所要求的政治思想与道德品质，习惯于封建社会的行为准则。

再次，参加科举考试的人，实际上报名时已经历过某种察举或品德测评。例如唐代开宗和二年敕是否定自今以后，"举人曾为官司科罚，曾任州县小吏，虽有辞艺，长吏不得举送，违者举送官停任，考试官贬黜"（《旧唐书·宪宗本纪》）。开成元年中书门下奏：今日以后，举人于礼部纳家状后，须照以前的办法，五人相保，如有"缺孝悌之行，资朋党之势，迹由邪径，言涉多端"的，都不准就试。

又如，明代科举曾集德、能、识、政测评于一体。明太祖洪武武元年曾发文告曰："今设二科以广求天下之贤士，其应文科者，察言行，观德；考经术，观业；试书算，观能；策经史时务，观政"（《明大政篡要》）。

以上这些即保证了绝大多数中举士子品德的合格性，但这并不等于说明知识考试可以代替品德测评，事实上，中举士子中也有品德恶劣者。这从历代反对科举考试的批评及科举停罢的历史中就可以找到证据。

科举之所以能够取代其它选拔方式延续1300多年的另一个原因，是科举、世袭、察举、九品中正四者利弊之下科举为优，且简单可行。

总之，每种人才选拔制度中都蕴藏着丰富的素质测评思想，我们在人才素质测评研究与实践中，要善于取长补短，综合发挥。

中国领导干部选拔任用制度的形式与比较[①]

所谓领导干部,在本文是指在一个团队或者群体中担任领导职务的人,是一种广泛意义上的基于岗位职务的人员解释。领导干部选拔任用制度,就是关于领导干部选拔与任用活动中所制定的一系列原则与制度。因此,本文研究的对象,可以包括原始社会以来各种组织管理中的领导干部选拔任用制度。

纵览中国古今几千年来的领导干部选拔任用制度,在各种文献研究中出现的相关名称,大概有原始竞选制、贵族世袭制、察举制、贡举制、保举制、九品中正制、科举制、首长任命制、组织推举制、民主推选制、公推公选制、提名酝酿制、票决制、聘任制、任期制、公开招聘制、合同协议制、任期制、竞争上岗制、委任制、聘任制、选任制。但是,它们当中有些相互交叉与重复。因此,我们下面归纳为原始竞选制、贵族世袭制、察举制、贡举制、保举制、九品中正制、科举制、委任制、聘任

[①] 本文为萧鸣政与肖志颖合写,原载于《2010领导人才论坛暨第二届中国党政与国企领导人才素质标准与开发战略研讨会论文选集》(2011年11月)。

制、选任制、竞任制与公选制等形式进行介绍。

原始竞选制,主要是在原始社会时期,原始部落中对于首领的选拔任用,主要是基于部落成员对于每个年长者在实际猎物与平时生活中的实际表现,基于部落成员对于每个候选人与自然斗争或者竞赛的结果观察印象进行评选的。在这里的竞选,不是基于人与人的比较上的竞选,而是基于人与自然斗争或者竞争结果上的竞选。其政治理念是,国家是公共的,是大家的,应该从大家当中选择最有威望与能力的人来带领大家生活与劳动。其特点是客观、公正与服众。

贵族世袭制,主要是萌芽于原始社会、发展于奴隶社会与盛行于封建社会期间的一种领导干部选拔任用制度。主要是基于与主权者的血缘关系与家族亲疏关系进行选人用人的一种方式。其政治理念是,国与家是一体的,只有自己家的人才有资格与能力来治理国家的事务,实行家族独裁的行政体系。其特点是安全、高效与延续。

察举制,源于奴隶社会,发展于春秋战国,盛行于汉隋两代的一种在乡举里选基础上由各级地方官员逐级考察举荐人才、最后由国家按照一定标准考察任用人才的一种制度。当时,各国相互竞争,各诸侯国需要大量的国家管理人才。其政治理念是国家管理是一种系统工程,需要进行分工,组成一个管理机构,由具有不同专业化素质的人才来担任,需要由各级地方官员与社会名流共同荐举大量人才来从事国家的事务管理,这就是现代的官僚体制。

在察举制的基础上,还衍生了保举制、贡举制与九品中正制。所谓保举制,就是为了保证各级地方官员推荐上来的人才具有朝廷所需要的标准与质量要求,从制度上规定,如果举荐者的人才在使用质量上出现问题,那么举荐者必须负有连带责任。由于保举制的出现,举荐人才的权力不再由官方单独把持,私人也具有举荐人才的机会。荐举权由官方向民间开放,由政府向私人开放。所谓贡举制,就是为了保证朝廷的用人需要能够得到及时满足,从制度上规定,各级地方官员每年除了按时向朝廷进贡一定银粮与特产外,还有义务与责任向朝廷荐举一定数量与质量的人才,把荐举人才作为地方官员的一种政治责任。所谓九品中正制,就是由朝廷派专门的官员(称之为中正官)下派到各地方考察与选拔人才的一种制度。中正官要把地方的人才进行九个等级的评价,包括上上、上中、上下、中上、中中、中下、下上、下中、下下等。评价上等的人可以由朝廷委任一定的官职。

科举制,始于隋,成于唐,完备于宋,强化于明,衰落于清,在中国历经 1300 余年,是中国历史上影响最大的一种领导干部选拔任用制度。它是通过分科考试,根据考试成绩排序选拔与任用官员的一种方式。科举制,与原始竞选制比较,优点之处在于它的公平公正性;与贵族世袭制相比,在于它的平民参政性;与察举制相比,在于它的客观性与广泛性。

委任制,就是由组织或者官员个人,通过对于下属人员的素质与工作业绩的了解,经过一定的法律程序直接选拔与任用一定职务的一种方式。组织委任制,一般是指由立法机关或其他任免机关经过考察而直接任命产生行政领导者的制度。委任制的特点是权力集中,指挥统一,效率较高,任用程序简单明了,适合有计划调配干部的需要,便于行政领导统一指挥和政令贯彻。①

聘任制,是指用人单位或者上级主管部门,通过一定的考察与选拔方式,采用合同形式聘用领导干部的一种方式。又称聘用合同制。其特点是具有平等性、自愿性、时限性与法律性。选拔任用方与被选拔任用方在签订合同时各自的地位完全平等,所有工作职责、权利与时限,都要经过双方的讨论与认同,任何一方不得强迫对方接受单方面的意见。合同一旦签订,就具有法律效应。②

选任制,就是按照有关法律与章程的规定,由各法人代表或者自然人自己,通过投票的方式直接选举与确定职务领导的一种干部任用制度。其特点是具有自主性、平等性、民主性。每个参与选拔评价工作的选举者,都可以按照自己的意愿进行自主的选择与投票,每个选举者所投的票在选拔任用中的作用都是同等重要的,所有与职位工作相关的组织与个人,原则上都具有投票的权利,都可以参与投票,行使自己的选举权。实行选任制,有利于克服官僚主义和领导干部的终身制。

竞任制,就是按照职务要求,按照一定的规则与标准,让所有候选人参与公平竞争,根据竞争结果与顺序,进行职务任用的一种领导干部的选拔任用制度。

公选制,包括公开选拔制度(以考为主,以推为辅)与公推公选制度(以推为主,以考为辅),就是向一定范围内公开领导干部的职位与要求,公开选拔的程序、标准与时间,候选人根据自身条件进行自由选择

---

① 兰喜阳:《党政领导干部选拔任用制度改革与完善研究》,中共中央党校 2000 年博士论文。
② 尚民志:《干部聘任制利弊谈》,《武汉交通职业学院学报》1991 年第 2 期。

报名,组织人事部门进行资格审查,合格者参与一定的笔试与面试等方式,考官根据候选人的表现与成绩进行评价,任用者依据考官评价结果与规定进行选择任用的一种方式。其特点在于"公"字。即选拔任用职位的"公开",考官与工作人员行为的"公心",选拔任用结果的"公示",被选用机会的"公平",选拔任用程序的"公正",体现了"平等"下的"民主"、"竞争"与"择优",体现了群众的知情权、参与权、选择权与监督权。

其实,在公选制中也包括了竞任制,因为职位公开后,选拔过程中的任何一个环节,一般会有多个候选人报名参加,但是职位是有限的。因此,都会或多或少地存在竞争情况,需要根据竞争结果与顺序来确定合适的任用者。

因此,通过上面的分析,我们可以把中国领导干部选拔任用的主要制度,概括为贵族世袭制、察举制、科举制、委任制、聘任制、选任制与公选制七种形式。笔者综合分析如下表所示。

表1 我国七大干部选拔制度八维度分析一览表

	贵族世袭制	察举制	科举制	委任制	选任制	聘任制	公选制
主体	贵族当权者中的少数人	当权者中的少数人	当权者中的少数人与专业部门	当权者中的少数人与专业部门	利益相关者的多数人或者代表	用人部门与专业部门	利益相关者的代表、专业部门、用人部门
客体	贵族当权者的长子或子女重点的优秀者	贵族中的少数人	社会中的少数读书人	当权者自己熟悉的少数人	体系内的合格者或者优秀者	体系内的合格者与优秀者	体系内外的合格者与优秀者
内容	血缘关系与相关能力	品德、关系与能力	知识、学识与能力	关系、业绩与能力	知识、学识、品德与能力	学识、业绩、关系与能力	知识、学识、品德与能力
目的	权力家族所有	权力官僚集团所有	打破权力门第所有,吸收能人参政	政治稳定与自主选贤相结合	唯才是用,打破个别人把持,系统内选优	唯才是用,打破个别人把持	唯才是用,打破个别人系统把持,系统内外选优
方法	亲子关系鉴定与当权者钦定	观察与考察	考试	观察与考察	内部考试、组织考察与民意测验	基础考试与业务考察	公开考试、组织考察与民意测验

续表

	贵族世袭制	察举制	科举制	委任制	选任制	聘任制	公选制
程序	确定长幼与优劣—培养—任用	观察推荐—比较—任用	确定考试内容—报名—考试选拔—任用	推荐合适人选—比较选—任用	公布职位—报名—比较选拔—公布结果—任用	公布职位—报名—比较选择—聘任	公布职位—报名—比较选拔—公布结果—任用
监督	被选拔者，弱势群体	被选拔者，弱势群体	被选拔者，考试组织，非独立	领导班子，非独立	内部组织，非独立	内部组织，非独立	外部社会，独立
效果	规范	专业	公正，公平	专业，规范	公正，民主	公正，规范，专业	民主、公开

　　领导干部的选拔任用，本质上是一种领导人才的评价过程。因此，以上主要是从人才评价的主体、客体、内容、目的、方法技术、程序、监督与效果等方面进行系统分析的。通过八维度分析与比较各种领导干部选拔任用制度，将有助于我们对于我国领导干部的选拔任用制度有一个系统与科学的了解与认识。

参考文献

尚民志：《干部聘任制利弊谈》，《武汉交通职业学院学报》1991年第2期。
吴翰飞：《中国公开选拔领导干部制度研究》，中国社会科学出版社2002年版。
萧鸣政等：《领导人才素质标准与开发战略》，人民出版社2010年版。
张建新：《突出干部选拔方式竞争性的实践与思考》，《领导科学》2010年第6期。
黄建国：《构建来自基层一线党政领导干部培养选拔链》，《党建研究》2010年第1期。
韩铁城、汪群、孙小义、王可：《公共部门中高级领导干部公开选拔机制探索》，《中国人力资源开发》2008年第3期，
赵世明：《把公开选拔提升到选拔公开——基于电视直播选拔公开模式的探讨》，《理论探索》2010年第4期。
何龙群、陈媛：《公选任用领导干部制度的社会性别思考——以广西公开选拔厅级领导干部为例》，《广西民族大学学报（哲学社会科学版）》2010年第2期。

关于当前我国领导干部公选制问题的探讨①

政治路线确定之后,干部就是决定的因素。对于各级领导干部的选拔任用权是国家政治中最核心的政治权力,是政府治理中最难以解决的焦点。领导干部选拔任用方式的改革,不仅是政治体制与管理机制改革的核心内容,更是发展社会主义民主政治的迫切需要。努力建立科学高效的领导干部选拔任用方式,是提升政府执行力的关键,是巩固执政党执政力的基础。《国家中长期人才发展规划纲要(2010—2020年)》提出了尽快创新领导干部选拔任用机制的新要求,2010年9月我国政府又专门颁布了《2010—2020年深化干部人事制度改革规划纲要》。2011年7月1日,胡锦涛总书记在庆祝中国共产党成立90周年大会上特别指出,领导干部的选拔任用,"关系党和人民事业继往

---

① 本文原载于《北京大学学报(哲学社会科学版)》2011年第11期。本文属于国家社会科学基金重点项目《党政干部选拔任用中的品德测评问题研究》的阶段性成果(项目编号:10AZZ004)。

开来、薪火相传的根本大计"①。所以,领导干部选拔任用问题研究十分关键而重要,本文将在概括、比较与分析我国领导干部选拔任用方式的基础上提出一些问题及其改进的相关建议。

一、领导干部公选制及其实践形式的分析

所谓领导干部,在本文是指在一个团队或者群体中担任领导职务的人,是一种广泛意义上的基于职位职务的人员解释。领导干部选拔任用方式,就是关于领导干部选拔与任用活动中所制定的一系列标准与方法。纵览中国古今几千年来的领导干部选拔任用方式,分析在各种文献研究中出现的相关名称,大概有原始竞选、贵族世袭、察举、贡举、保举、九品中正、科举、首长任命、组织推举、民主推选、公推公选、提名酝酿、票决制、聘任制、任期制、公开招聘、合同协议制、任期制、竞争上岗、委任、聘任、选任等。这些干部选拔任用方式大体可以归纳为选举、荐举、科举、选任、竞任、委任与聘任。其中选举为广大民众的推选或者投票选举;荐举为少数专家与权威的推选,或者组织与团队的推荐。例如古代的察举与九品中正、现代的民主推选与领导推选,都是荐举;科举为通过学科知识技能考试的竞选(竞争选拔)。公选是基于选举、荐举与科举基础之上的一种综合选拔方式。

(一)领导干部公选方式的制度化分析

公选是公开选拔领导干部方式的一种简称,据有关权威部门的统计,自2007年10月以来,全国通过公选方式选拔的厅局级以下的干部23.4万人。有关民意调查表明,实行公选方式已经连续3年被干部群众评为最有成效的领导干部人事制度改革举措。② 公选只是众多领导干部选拔任用方式中的一种,它何以会成为我国当前领导干部选拔任用的主流方式,它是如何从一种选拔任用方式成为一种选拔任用制度的呢,换句话说,它是如何制度化的呢? 我们将从实践基础、政治思想、组织人事与制度保证等不同方面,进行一些相关的分析与探讨。

关于什么是公选制,人们已经有许多研究。有的学者认为,公开选拔领导干部制度(以下简称为公选制)是根据领导职位的条件要求,面向社会通过公开考试与考核相结合的检测手段,筛选出领导干部人选

---

① 胡锦涛:《在庆祝中国共产党成立90周年大会上的讲话》,北京:人民出版社2011年版,第13页。
② http://www.gxnews.com.cn/staticpages/20110906/newgx4e656f9c-4101454.Shtml.

的制度。其特点在于面向社会公开招聘职位,采取不同于传统的干部考察方式,把笔试与面试的考核形式引进干部选拔过程并且作为必要程序。①

笔者同意上述观点,但认为公选制,就是选拔任用者向一定范围内公开领导干部职位与要求,公开选拔的程序、选拔的标准与时间,申请者根据自身条件进行自由选择报名,组织人事部门进行资格审查,合格者参与一定的笔试与面试等方式,评价者根据申请者的表现与成绩进行评价,任用者依评价结果与规定选择任用领导者的一种制度化方式。它是一种广泛吸取我国传统的选举、荐举与科举各种优点基础之上更为综合与创新的一种干部选拔任用制度。其特点在于"公"字。即选拔任用职位的"公开",评价者与工作人员的"公心",选拔任用结果的"公示",申请者被选拔任用机会的"公平",选拔任用程序的"公正"。公选制体现了"平等"下的"民主"、"竞争"与"择优"下的"公正",体现了一定范围内群众的知情权、参与权、选择权与监督权。

公选制是我国干部人事制度改革开放的重要成果,催化其从一种选拔任用方式向制度化转变的机制,主要在于以下四个方面的生成基础。

1. 实践基础。实践基础是任何一种政治制度产生与发展的动力源泉。尽管在一些地方与单位,人们对于干部选拔任用方式,有过许多重要的探索与实践,但是,形成当前我国公选制的实践基础是起源于 1980 年重庆市公用局干部的招聘工作。② 当时,在重庆市委组织部与人事局的支持与帮助下,重庆市公用局面向社会公开招聘 3 名副经理、1 名工程师与 2 名会计师。公选制的大规模实践发展于 1988—1992 年时期。

2. 政治思想基础。政治思想是任何一种政治制度产生与发展的精神力量。尽管以前或多或少地涉及与提出过公开选拔干部的相关思想与文件,但是对于当前公选制直接产生影响的政治思想基础,主要来源于邓小平当时关于干部选拔任用制度改革的相关论述。1980 年,邓小平在《党和国家领导制度的改革》一文中明确指出,"领导制度、组织制度问题更带有根本性、全局性、稳定性和长期性。这种制度问题,关

---

① 吴瀚飞:《中国公开选拔领导干部制度研究》,中国社会科学出版社 2002 年版,第 50、52 页。

② 中共中央组织部:《组工通讯》,1982 年第 3 期,第 74 页。

系到党和国家是否改变颜色"。领导制度与组织制度的关键与核心,是领导干部的选拔与任用问题。"有些单位,群众自己选出的干部,一些毛遂自荐、自告奋勇担任负责工作的干部,很快就作出了成绩,比单是从上面指定的干部合适得多。"①

3. 组织人事基础。组织人事是维系一项政治制度运行与发展的人才基础。没有相应的人员与组织机构作保证,政治制度即使颁发了也难以付诸管理实践与产生社会效果。公选制的组织人事基础,主要在于我国从中央到各省市县成立的"领导干部公开选拔工作办公室"与"领导干部考试与测评中心"。这些专门的管理机构的成立,大大推动了党政领导干部公选制在我国各级党政机关实行的速度与力度。

4. 制度保障基础。制度保障是一项政治制度发展与成熟的关键标志。任何一项政治制度的广泛实践与深化,必须有相应配套的一系列政策文件与条例出台。公选制的制度保障基础,主要是 1995 年以后中央颁布的一系列文件与条例。1995 年中央颁布了《党政领导干部选拔任用工作暂行条例》,1999 年中央组织部颁发了《关于进一步做好公开选拔领导干部工作的通知》,2000 年先后颁布了《全国公开选拔党政领导干部考试大纲(试行)》与《深化干部人事制度改革纲要 2001—2010》,2010 年中共中央颁布了《深化干部人事制度改革规划纲要(2010—2020 年)》,在这些文件与条例中明确提出,要推行公开选拔领导干部制度。规范程序,改进方法,降低成本。实现公开选拔党政领导干部工作的规范化、制度化。特别指出,到 2015 年通过竞争性方式选拔的厅局级及以下的党政领导干部不少于三分之一。

自从 1980 年以来,公选制起始于实践探索,颁布于中央文件。经过 20 年的试验、试行、推行与实行,到 2000 年,终于以中央下发的《深化干部人事制度改革纲要 2001—2010》为标志,形成了我国党政领导干部的公选制度,并且为后来公选制在我国的全面实行奠定了政治基础与社会基础。

(二)领导干部公选制的实践过程与形式类型

公选制,自从 1980 年实践探索以来,其发展经历了多个发展阶段。本文基于对公选制实践层面、政治层面与制度层面的综合分析,认为我国的公选制大体经历了四个阶段。即 1980—1987 年的试验阶段、

---

① 《邓小平文选》第 2 卷,人民出版社 1994 年版,第 325、333 页。

1988—1992年的试行阶段、1993—1999年的推行阶段与2000年之后的实行阶段。这种阶段的划分,也主要是基于公选制的生成、成熟与践行的发展过程。

公选制经过三十多年的实践,目前形成了包括公开考试制度、公推公选制度与竞争上岗制度等不同形式。具体来说,它们在实践中大体体现为"一推双考"、"公推公选"、"双推双考"、"两推一考"、"三推三考"、"公推直选"、"两推一选"、"三推一选"、"三推两选"、"三推三考两票决"和"三推两考一选"等。① 对于这些形式的类别划分,人们存在不同的观点,作出了多种不同的划分,目前还处于探讨之中。在本文中,我们认为,目前我国领导干部公选的基本手段,主要体现为"考"、"选"、"推"与"议"。因此,本文主张把目前领导干部公选制的实践形式划分为以考试、考评与考察为主的考任制,以推荐、自荐与选举为主的选任制,以竞岗、竞聘与竞争为主的竞任制,以领导集体民主投票为主的票决制。还有以上述一种或者多种结合的综合选任制。

1. 考任制。其特点是在领导人选产生的初始环节与决定环节上,都是以考为主,以推为辅。其选拔任用环节主要包括职位及其资格条件面向社会公布、申请报名、资格审查与公布、统一笔试与面试。在这里,领导干部的初始人选主要是由笔试产生,最终人选完全由面试当场产生。例如有些地方的"一推双考制"与"双推双考"。

2. 选任制。其特点是在领导人选产生的初始环节与决定环节上,都是以选为主,辅以推与考。其选拔任用环节主要包括职位及其资格条件面向社会公开、社会各方推荐报名与自我推荐报名、资格审查与公布、统一笔试或者投票初选,候选人演讲再次投票选举直接产生最终人选。例如有些地方的"两推一选"与"三推两选"。②

3. 竞任制。其特点是在领导人选产生的初始环节与决定环节上,都是以竞争性的笔试、面试或者选举为主,辅以推与议。其选拔任用环节主要包括职位及其资格条件面向社会公开、社会各方推荐报名与自我推荐报名、资格审查与公布、统一竞争性的笔试或竞争性演说,评委

---

① 李木洲:《公开选拔党政领导干部制度研究综述》,《理论月刊》2011年第2期。
② "两推一选"是目前全国各基层党政组织实行最广泛的一种换届选举方式。"两推"就是指组织内推荐候选人和组织外推荐候选人,"一选"就是由组织内全体有选举权的成员无记名投票选举领导人选。

评分或者投票选举直接产生最终人选。例如有些地方实行的"公推公选"①与组织内部的"竞争上岗"。其实,在公选制的其他形式中也包括了竞任,因为职位公开后,选拔过程中的任何一个环节,都会有多个申请者报名参加,但是职位是有限的。因此,每个环节都或多或少地存在竞争情况,需要根据竞争结果与顺序来确定合适的任用者。

4. 票决制。其特点是在领导人产生的初始人选与最终人选的环节上,都是以投票决定的方式为主。其选拔任用环节主要包括职位及其资格条件面向社会公开、社会各方推荐报名与自我推荐报名、资格审查与公布、统一竞争性的笔试或评委独立投票选举,当场公布结果或者再次投票选举产生最终人选。② 例如,"三推三选两票决"③。

二、领导干部公选制的学理分析

以上四种类型与综合选任制,展现了当前我国领导干部公开选拔任用实践中的基本方式。这些"公选制"类型,在一定意义上,是对于古今中外各种领导干部选拔任用制度的一种综合,突现了公开、民主与竞争的原则。其基础特征是公开性,核心特征是民主性,关键特征是竞争性。公正性与公平性等其他特点是衍生特征。

在以前的各种"官吏"或者干部选拔任用制度中,贵族世袭制、察举制、委任制与聘任制,都多少带有一定的秘密与神秘色彩。为了保证有关领导干部选拔任用的效率与效果,相关信息完全被个别决策者与组织部门的少数人掌握。科举制与选任制虽然带有一定的公开性,但是公开程度远不如今天的公选制。所以,公开性是公选制的首要特征,也是原生特征与基础特征。

---

① 江苏省采取的以公开报名、民主推荐、演讲答辩、群众测评、组织考察、差额票决、任前公示等为主要特征的"公推公选"方式,被人们称为是"江苏选拔干部新政"。

② 与中央组织部早在 2001 年就选择在部分地区作为票决制单项改革试点相对照,今年 4 月中共中央出台《党的地方委员会全体会议对下一级党委、政府领导班子正职拟任人选和推荐人选表决办法》,这无疑为票决制的进一步推广打下了政策层面的铺垫。

③ 三轮民主推荐:一是单位干部群众自由推荐。二是中层以上党政主要领导干部及部分党代表、人大代表、政协委员会议进行第二轮民主推荐,每个职位按推荐得票多少取前 6 名。三是在高层领导干部会议进行第三轮署名推荐,每个职位按推荐得票多少取前 4 名列入考察和票决对象。对于每个职位的 4 名人选,派出考察组进行综合考察,高层领导在听取考察组汇报的基础上对每个职位的 4 名考察对象进行差额票决,产生 2 名候选人。然后再分职位由组织、纪检监察部门派员随同进驻选拔单位对于 2 名候选人进行 2—3 天封闭式调研考察,再由主管领导进行面试,最后根据调研考察报告、竞职演说与面试结果,由党组织全体委员进行二选一的投票表决,监票人当场宣布票决结果。

在公选制中,领导干部候选人的产生,可以自己举荐、他人举荐、领导举荐与群众举荐。对于候选人的评价,一般包括群众评议、民主测评与公开面试中的众多评委评分。评委一般在5—9人,甚至更多。评委中包括用人部门领导、相关部门领导与外聘专家。面试中还有观众提问与评分。在面试后的实际考察中,还要进一步听取方方面面的意见。这些做法充分体现了民众参与性与民主决策性等特点,贵族世袭制、察举制、聘任制与委任制中民主性比较缺乏,科举制与选任制中民主性也不如公选制的系统与有代表性。因为科举是以考定人,选举制中是以数定人。谁多一票谁就胜出。实际上选举制在所有参与投票的人中,每个投票人对于被选举人的了解、理解与评价并非同样清楚,同样深刻,同样客观公正与准确。这种差异性,从人才评价的专业视角来看,应该通过一定的加权技术体现与解决。换句话说,这种全民投票等量齐观的选举制中,尤其在参与投票的人不是全体公民只是部分的情况下,存在较大的系统误差。所以我们应该采取一定的方法,实行更为科学的民主选举制。一方面扩大广大公民的对于被选举人的知情权,另一方面,分层分类进行民主选举,给予不同层级的人以不同的权重。从这点上来说,公选制向前走了一步。

大家知道,公开领导干部选拔任用过程中的相关信息本身不是目的,目的是要让所有合格的人才都有资格来参加公选活动;让所有有意愿参与竞争的人才都有机会来参与竞争活动。竞争有公平竞争与不公平竞争。公平竞争与公正评价是民主的重要形式。没有竞争的选拔是一种低效的选拔,缺乏竞争性的选拔是一种没有真正民主意义的选拔。因此,竞争性应该成为公选制的关键特征。公开既是民主的基础,也是公平竞争的基础。在贵族世袭制、察举制、科举制、委任制、选任制与聘任制等各种领导干部选拔任用制度中,虽然存在一定的竞争性,但是由于这些制度的公开性与民主性都没有公选制的程度高,所以制约了竞争性在这些选拔任用制度中的充分挥发,其竞争性难以超过公选制中的竞争性。

从政治上看,公选制具有民主政治建设的战略意义;从开发上,公选制具有提升领导干部竞争能力与品质的价值,能够促进党政领导人才素质的自我提升;从管理上看,公选制具有化解党政领导干部选拔任用中人情矛盾与规制规范虚弱的问题。

新中国建立六十多年来,经济体制与管理工作大胆探索与改革,从计划经济迈向市场经济,从一元化的国有体制转向了多元化的综合和谐发展体制,在我国的经济建设工作中取得了令世界瞩目的伟大成就。与此同时,我国的政治体制与管理工作也在不断努力改进。建立了人民代表大会制度这一根本政治制度,建立了中国共产党领导的多党合作和政治协商制度、民族区域自治制度以及基层群众自治制度等构成的基本政治制度。民主政治建设不断加快,政治体制与社会体制改革创新不断推进。废除了实际上存在的领导干部职务终身制,确保了国家政权机关和领导人员有序更替。① 但是问题依然存在,公选制将为干部管理制度的进一步改革与民主政治建设作出新贡献。

民主性是公选制的核心特征。由于我们国家是从半封建半殖民制度跨越到社会主义制度,与西方国家相比,时间短,经验少。经济基础不够健全,政治基础不够完善,民主意识与素质还有待进一步提高。目前还难以模仿西方式的民主形式,但是我们必须建立适合中国国情的民主政治方式。适合目前中国国情的民主政治方式应该是一种循序渐进式的民主政治,是一种内部式的民主政治。公选制把民主性带入干部制度的改革中,带入政治制度的核心中,带入各级组织的管理实践中。领导干部岗位一旦有空缺,面向社会公开招聘,让组织内部与外部符合条件的公民自由申请,平等竞争,公正排序,优化配置。在一定意义上实现了民主参与、民主监督与民主决策,大大改进了传统的领导组阁与组织委任的单一形式,使国家政权机关管理和领导干部管理工作在民主氛围中进行有序、科学与和谐的更替。

竞争性是公选制的关键特征,通过公开选拔机制,一方面可以引导领导干部自觉自主自动进行职业生涯规划设计,依据自己选择的目标岗位,积极准备,进行自我开发,认真学习,提升素质;另一方面,公选制可以激励广大领导人才从基层管理岗位开始,尽早树立竞争意识,培养竞争素质,增强竞争能力,提升执政能力。变"组织要我干"为"我要为组织干",变"走上层路线"为"从基层建功立业",变"建立社会关系"为"培养自身素质",变"靠领导提携"为"靠自己竞争"。充分体现与展现了公民的自主自强与自我个性,这些因素都是民主政治与精神建立的基础。

由于中国人一直安分守己,服从组织,目前我们的党政领导干部竞争意识与竞争能力都还不够,与西方发达国家的领导人才相比,在竞争技能方面差距较大。只要我们坚持公选制并且不断改进,就可以大大

---

① 胡锦涛《在庆祝中国共产党成立 90 周年大会上的讲话》。

提高我国党政领导干部的竞争能力,参与外部竞争,参与国际竞争。

目前,我国公选制中的竞争性还不够,基本属于非博弈性竞争。这种竞争比较表面,缺乏深入性。如果参与竞聘的人表现含蓄,时间短,那么,观众评委就难以充分了解竞争各方的内在素质与相关能力。因此,为了进一步提升领导干部的竞争力,我们可以在某些岗位引入博弈性的竞争演说、答辩与辩论。我们建议公选制,应该从非博弈性竞争向博弈性竞争过度,从内部竞争向外部竞争过度,从国内竞争向国际竞争发展。

公选制,由于它的公开性、民主性与竞争性,还可以在一定程度上解决领导干部选拔任用实践中人情制约与法制不足问题。

中国历来是个重视人际关系的国家,这种人情文化导致人才评价时,人们对于自己同事的缺点评价不敢坚持原则,难以反映真实情况,从而影响评价的公正性和真实性。在调查研究关于我国人才评价的缺陷这一问题时,约77%的被访者认为人才评价中的主观性太强,55%的被访者认为人情关系对评价的公正性影响严重。①

每次干部晋升提拔,领导时常左右为难。都是与自己共事多年的同志,表现都很积极,工作上没有什么大问题,没有功劳有苦劳,都应该得到晋升与提拔。但是数额有限,只有一部分人能够得到提拔。领导从感情上难以做到让谁上让谁不上。采取公选制,则能够在一定程度上为领导摆脱这种人情纠纷找到有效依据,而且大家都乐于接受。

因此,我们认为,公选制具有多方面的意义。开发学上有助于领导干部的能力培养与提升;政治学上有助于社会主义民主政治的建设与发展;管理学上有助于化解领导干部选拔中的人情问题与管理矛盾。

三、当前领导干部公选制实践困境与改进建议

以上我们主要从理论上分析了公选制的相关价值与意义,然而,公选制在实践过程中,也存在一些矛盾问题。就目前情况来看,主要存在以下几个方面的矛盾。

1. 竞聘者理论上的广泛性与实际中的有限性问题

从理论性上来看,我们任何一个职位的公开选拔,其所有的职位要求、选拔程序、标准方法等信息要以公告的方式,面向全社会公开,这样大大拓展了选人用人的范围,体现了面向社会不拘一格选拔任用人才

---

① 数据来源:北京大学课题组2008年7月《人才评价机制调查研究结果报告》。

的政治理念,改变了由少数人选人和在少数人中选人的保守做法。但是,我们发现,并非能够保证前来参加竞聘的人都优秀。实际上,一些坐在公选面试竞聘席上的人,并非我们事先想象的那么多、那么好。例如,2008年湖南省湘潭市公开选拔范围都是面向全市,但8个公选职位中却有4个职位因报考人数达不到开考要求而被迫停考,出现了"报名荒"。2006年笔者也参加过国家某金融机构人力资源部副处长职位的公开选拔面试,发现前来应聘的人素质并不理想。许多合格的人并没有得到相关的信息。因此,参与竞争的人并非都优秀,这种情况下,我们选拔任用出来的领导干部也就并非是最优秀的。

可以采取的改进策略之一,是让公示时间足够长,一般公示时间应该在3个月以上。我们有些单位的公开选拔信息面向社会公开的时间太短,许多人来不及发现就没有了;策略之二,是适当延长招募时间与进行组织动员。一旦发现报名竞聘的人过少,我们应该及时延长时间,进行组织动员;策略之三是,分析媒体信息对于招募者的有效性,提高针对性。确保我们想招募的领导人才能够了解到我们的公开选拔信息;策略之四是,适当放宽非核心性的应聘条件。

有些职位出现"报名荒"的现象,主要是资格条件限定绝对化、片面化与缺乏合理性。公开选拔的目的就是让天下人才为我用,以最大限度的资格准入实现最小的人才浪费,保证机会平等。但是目前有些地方对报考者的年龄、学历、资历等自然条件比较严格,甚至采取"一刀切"。这将会使一些实践经验丰富、适合从事领导工作而因为学历低一点与年龄高一点的真实人才被埋没,客观上容易造成新的"机会不平等"。

2. 评价主体的多元性与价值观的不一致性问题

公开选拔任用领导干部的基本宗旨之一是保证"公正"性与"民主"性,参与评价的主体必须具有多元性,只有评价主体的多元性,才能保证评价结果的"公正"性与"民主"性。因此在公开选拔任用过程中,我们需要进行民意测验,需要主管领导、直接领导、同级与下级代表、外部专家以及其他职位工作相关者参加评价。但是,由于参与评价工作的每个人员价值观不一样,视角与评价中的关注点不一样,所以评价的结果与任用单位或者领导所认同的结果并非一致。出现评价主体中的主导者①"失控"现象。

---

① 评价主体中包括主导者与非主导者,主导者一般由任用职位的直接领导担任。

我们可以采取的改进策略之一,是对于参加公开选拔任用活动的所有评价人员进行评价标准与方法的培训,把握正确的评价方法与评价标准的衡量标志;策略之二,是采用职位说明书方法,让每个评价者明确选拔任用职位的核心素质与其他重要条件,引导各个评价者的视角聚焦于职位所需要的核心素质①;策略之三,是对于第一个竞聘人评价后进行分析、讨论与点评,大家统一把握该职位的评价尺度与标准,确定标杆,以标杆为基础进行比较评价。还要反思我们公选主导者的标准与方法是否存在问题。

3. 标准的科学性与可操作性问题

为了保证领导干部公开选拔任用的"公平"与"公正",评价标准往往要求知识、经验、能力与素质等各方面的评价内容应有尽有,每个方面又分成许多评价项目,每个项目还划分为优、良、中、差不同的标准等级,每个标准等级再进行具体的内涵定义、外延描述与分数规定,结果是评价标准显得十分科学、具体与全面。但是,一到评价者的手中,评价者认为过于复杂,难以记忆,不好操作,最后只好把这些系统全面的标准搁置一边,还是按照自己习惯的与记忆的标准评价。

我们可以采取的改进策略之一,是对评价指标进行量化、概化与简化,通过量化进行聚类分析与主成分分析,达到评价指标的简化与概化目的;策略之二,是对评价指标进行分解,进行相关性分析,寻找衡量每个评价指标的操作标志;策略之三,是标准体系建构实行点面结合、三点一面的几何结构方式。对于每个方面的素质设置三个项目,每个项目设置三个评价标志;策略之四,是横析纵比相结合,横析标志纵比标杆,评价自己能够把握的素质标志。

4. 方法的多样性与评价成本的控制性问题

为了保证领导干部公开选拔任用中的"竞争"与"择优"性,采取的评价方法往往多种多样。包括调档进行资格审查、笔试筛选、面试挑选、组织考察、会议票决、任前公示等多个环节。资格审查在于基本经验把关,笔试筛选在于知识、思维特点与基本素质的测试,面试挑选在于综合素质的比较,组织考察在于业绩与品德素质鉴别,会议票决在于体现民主选择,任前公示在于隐蔽问题的检验。应该说,分别测评,层层把关,有助于全面评价与竞争择优。但是一方面,并非方法越多越

---

① 核心素质条件是那些在所有任职条件中数量只占 20%,但是这些任职条件却能够在 80% 的概率上保证任职后的合格性与高效性。

好,方法越多,系统误差也会随着增大;另一方面,方法越多,时间成本与经济成本随之增加,往往让许多人望而却步。

公开选拔程序复杂,环节较多,工作量大,从公布宣传公开选拔信息直至考察任用,快两个多月,慢则近半年,这种长周期的选人用人,影响了被选拔任用岗位的工作进展与效率。同时,发布公告,安排场地,外出命题,聘请面试考官、阅卷人员等,要花费大量的人力、物力和财力,直接导致经费投入居高不下。①

我们可以采取的改进策略之一,是在保证公平有效的前提下尽量减少不必要的评价程序与方法,如果竞聘人资历与学历相当,报考人数不多的情况下,可以直接进入面试;策略之二,可以把上一轮的评价结果告诉下一轮的评价者,把前面的评价结果告诉后面的评价者,提高评价的综合性、准确性与效率性;策略之三,是在一定的候选人范围内按照不同方法实行分项计分、综合加权的方法进行总分排序,不是逐轮逐项淘汰。目前的逐轮逐项淘汰做法,虽然减少了后面的人数,但是同时也减少了后面方法的筛选作用的范围,影响了整个选拔任用体系的有效性;策略之四,是按照公开选拔任用职位的特点与性质,把适合于关键素质评价的方法提前进行,按照各种方法的筛选的功能与作用依次排用。

5. 结果的合适性与满意度的不一致性问题

任何一次领导干部的公开选拔与任用,评价者都是在极力寻找到自己认为优秀的人选,挑选该职位的合适人选(因为优秀不一定合适)。但是,任何一次公开选拔任用,都不同程度地存在不满意现象。让所有评价主体满意与社会满意的情况极少。让考官满意的合适人选不一定是组织满意的合适人选,让组织满意的合适人选不一定是领导满意的合适人选,让领导满意的合适人选不一定是让群众满意的合适人选。让直接领导满意的合适人选不一定是让主管领导满意的人选。因为同样一个职位,与不同职位之间、与不同人员之间所存在的工作关系是不一样的,所期望的工作行为与素质要求也就不太一样。主管领导希望听话,直接领导希望能干,下级群众希望亲和,社会公民希望公正。

我们可以采取的改进策略之一,是通过工作分析方法,让不同的评价主体共同了解所选拔任用岗位的职责与任职条件,聚焦在岗位关键

---

① 2008年湖南湘潭市下属某区面向全省公开选拔一名副科级干部的花费达2万多元。

素质要求的满足上;策略之二,依据该职位与各评价主体的工作关系,依次综合提升不同方面的满意度;策略之三,按照关键职责要求及其重要性排序,依次满足核心评价主体的满意度。

6. 提高公信度与政治安全性的问题

《国家中长期人才发展规划纲要(2020—2020年)》明确提出,要深化领导干部选拔任用制度改革,提高选人用人公信度。领导干部公开选拔中的"公开、公平、公正"性要求,关键要落在公信度上。整个的选拔任用过程及其结果要让人民群众心理认同与社会赞同,就必须标准公开、过程公开、结果公开、方法公开与所有信息公开。自觉接受社会公众的监督与检查,经得起社会与历史的考验与检验。但是另一方面,公开本身不是目的。选拔任用领导干部的最终目的,是为一定的政治战略目标实现服务的,是为提高执政能力服务的,为提高行政效率与巩固政权服务的。因此具有一定的政治安全性要求。为了保证政治安全性,有些岗位就不敢拿出来进行公开选拔,有些信息就不敢在社会上公开透明。因此,人们认为公选制的公信度还有待提高。

我们可以采取的改进策略之一,是严把资格审查关,增加履历分析,保证进入公开选拔任用活动人选的资格与质量,让所有进入面试与笔试的人基本合格可用。笔试与面试设计的目的主要集中在竞争选优上;策略之二,是笔试主观题实行双人背靠背阅卷评分制度,当分歧较大时,采取第三方阅卷评分。当场统计面试分数,公布评价结果,提高笔试、面试考官认同度;策略之三,是基于职位要求选拔任用,对事不对人。并且对于选拔任用过程与结果进行全程监督与公认度等级评价;策略之四,是对于选拔任用后的领导干部进行试用期的跟踪辅导与指导,帮助他们尽快适应岗位工作,发挥内在素质与作用。

总之,领导干部选拔任用问题,是国家治理与政府管理中的关键问题与重大问题,既是民主政治问题又是管理艺术问题,是世界各国都在做但又一直没有做好的问题。无论我们选择哪一种制度,都会存在利与弊的问题。尽管公选制目前还存在一定问题,但是,从目前情况来看,它是相对适合我国实际情况的一种选择。对于公选制,我们的态度是既要坚持又要改革;要在具体的实施过程中,根据实际情况进行具体分析;要针对性与公平性相结合、综合性与成本性相结合、民主性与安全性相结合,以保证我国领导干部的选拔任用制度的先进性,保持公选制与国家民主政治制度、国家整体的发展战略以及世界发展趋势的高度一致性。

心理测验在党政领导人才选拔中的作用分析[①]

一个政党、一个国家能不能不断选拔和培养出优秀的党政领导人才，将直接决定着这个政党和这个国家的兴衰存亡，而选拔的方式、方法、工具直接关系到选拔的有效性，进而关系到人才质量的优劣。研究探讨党政领导人才的选拔方式和选拔工具对于提高我国开发和管理党政领导的科学化水平具有重要的意义。

一、研究目的与方法

本文主要研究心理测验在党政领导人才选拔中的现实作用及其局限问题。根据本课题的研究目的和研究设计，我们分别采用深度访谈、问卷调查以及文献资料分析的方法进行了比较深入的调查分析。

课题组在文献研究的基础上采用了深度访谈与问卷调查相结合的方式，收集了有关心理测验在党政领

---

① 本文为肖鸣政与饶伟国合写，原载于《中国行政管理》2006 年第 7 期。本文得到北京市科学技术委员会的立项与资助（目编号 Z0005171040412），并于 2006 年 3 月在香港召开的"公共管理改革趋势国际会议"上进行过报告。

导选拔中使用状况的相关数据。深度访谈的对象共选取了 10 人,包括从事人才测评工作多年,对党政领导人才的测评、选拔工作具有相当丰富经验的专家,也包括领导干部以及组织部门的专业人士。

通过深度访谈,课题组对当前党政领导干部选拔测评中使用心理测验的状况有了掌握。在此基础上课题组分析总结访谈纪录,归纳出了需要进一步分析和证实的若干问题或假设。这些问题涉及心理测验的来源、构成,心理测验的使用过程,测评结果的分析、运用,决策者对测评结果及相关信息的评价等几个方面。调查的内容主要包括以下问题:(1)在党政领导选拔中使用心理测验的效果如何?(2)相关主体对心理测验的评价如何?(3)心理测验在使用中存在哪些问题?(4)哪些因素限制了其作用的进一步发挥?(5)如何进一步改进心理测验在党政领导选拔中的作用?

根据要回答的这些问题,课题组设计了问卷在更大规模范围内发放,通过问卷调查收集数据。根据提出的假设,把问卷调查的对象分为三类:第一类调查对象是曾经接受过心理测验的领导干部;第二类调查对象是接受过心理测验的领导干部的上司(也就是第一类访谈对象的上级);第三类调查对象是参与实施心理测验的专业人员。针对三类调查对象,根据研究需要分别设计了三套调查问卷。问卷一和问卷二通过人事部门向副处级以上党政领导干部发放。问卷一发出问卷 100 份,回收有效问卷 62 份。问卷二发出 100 份,回收有效问卷 68 份。问卷三则是在党政机关的组织人事部门以及专业测评机构中发放,共发出问卷 70 份,回收有效问卷 48 份。

通过对调查问卷的统计,从被测评者、实施测评者、被测者的上级三个角度,对现在使用的心理测验所起到的作用以及存在的问题进行了总结和分析。在问卷分析结束后,针对研究中出现的一些问题,又与有关专家进行了讨论,进一步分析和印证调查中所发现的问题,并提出了具有可操作性的改进建议。

二、研究结果与分析

通过调查与数据分析,我们得到了以下相关结果:

1. 心理测验在党政领导选拔中的用途

从被试者方面来说,有 45% 的被调查者参加过一次、55% 以上的被调查者参加过两次及以上。在被试者所参加的这些心理测验中绝大部分(88%)都是由组织部门或上级机关安排的。这说明心理测验在党政领导人才选拔中实际得到官方的认可与应用。

从心理测验的目的上来说,当被问及"面向领导干部的心理测验主要用于以下哪些目的?"时,领导干部掌握的信息与组织人事专业工作者所提供的信息是很接近的。这说明领导干部对于心理测验在实际中的运用状况是了解的,甚至是熟悉的。也表明从上级领导角度获取的有关心理测验的信息具有较高的价值。

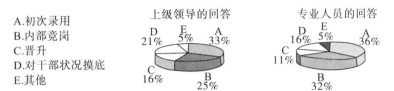

A.初次录用
B.内部竞岗
C.晋升
D.对干部状况摸底
E.其他

调查显示,对于不同的选拔方式,需要使用心理测验进行测评的迫切程度不同。在调查中,有大部分领导认为心理测验应着重用于"公开选拔",其次是"竞争上岗"。但从专业人士的角度看,最着重用于"公开选拔",其次则是"对干部情况的摸底"。通过访谈我们了解到背后的原因:因为公开选拔领导干部所涉及的候选对象大多来自组织外部,组织对这些人员的情况了解不深,上级领导希望通过心理测验加深对候选者的了解。除了知识和能力之外,更希望了解候选者的态度、个性、观念等一些隐性的特点,以期选拔到更合适的人选。相比较而言,"竞争上岗"所涉及的候选对象则是组织内部的人员,上级领导及有关决策者对候选人的情况比较了解,所以不是很需要借助"心理测验"来交接候选人。调查显示,当被问及"您认为在公开选拔干部时,对候选人进行心理测验是否有必要?"这一问题时,绝大部分上级领导(96%)和专业人员(93%)都认为在公开选拔干部时有必要或非常有必要进行心理测验。

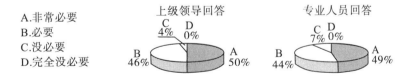

A.非常必要
B.必要
C.没必要
D.完全没必要

在问及"您认为,领导干部内部晋升时,对候选人进行心理测验是否必要?",调查显示,绝大部分上级领导(96%)和绝大部分专业人士(94%)都认为对于内部晋升的领导干部非常有必要或者有必要进行心理测验。

A.非常必要
B.必要
C.没必要
D.完全没必要

上级领导回答: A 26%, B 70%, C 4%, D 0%

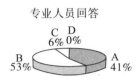

专业人员回答: A 41%, B 53%, C 6%, D 0%

通过上图的纵向比较,可以发现在对待对外的公开招聘和对内的晋升时,大家认为使用心理测验的必要性是不一样的。在公开选拔时认为"非常必要"的上级领导达到 50%,而在内部晋升时就下降为 26%。专业人员方面也表现出同样的趋势,认为"非常必要"的被调查者从 49% 下降为 41%。这一分析结果也印证了前面提及的有关心理测验用途的分析结果。另一方面也说明,掌握技术工具的专业人士比起上级领导来还是倾向于使用心理测验的。

2. 心理测验结果的准确性

所谓心理测验结果的准确性,是指心理测验是否准确地测出了被试的真实状况,量表是否能获取准确的信息,也就是量表的"效度"。在问卷调查中采取各类调查对象评价的方式报告对量表准确性的看法。结果显示,72% 被试者认为"大多数心理测验是准确的",只有 28% 的被试者认为大多数心理测验不准确;这种结果表明,专业人士对心理测验准确性的评价要高于被试者的评价。专业人士更多地倾向于认为心理测验能够准确测出被试者的状况。结合访谈资料推测,由于专业人士更深入系统地了解心理测验的原理、操作以及有关的研究,评价也就更专业。而被试者的评价依据则是自己以往所参与的测试经验以及与其他被试者的信息交流。

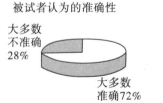

被试者认为的准确性:大多数不准确 28%,大多数准确 72%

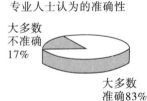

专业人士认为的准确性:大多数不准确 17%,大多数准确 83%

对于准确性,通过问卷要求专业人士对各类的心理测验的准确性做出评价。要求专业人士选出准确性最高的心理测验类型,并选出准确性最差的心理测验类型。统计结果参见下图,左图为最准确的心理测验类型,右图为最不准确的心理测验类型。从图中可以发现,一般行政能力测验和职业兴趣测验、性格测验被认为是准确性较高的心理测验类型。而在最不准确心理测验类型中,选择工作态度测验的人最多,其次是性格测验。

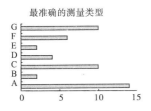
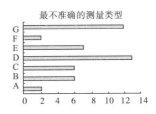

如果专业人士的意见较为一致的话,两个图形的柱状长短是互补的(在左图中长的,在右图中就短)。但是很容易就能发现:对于性格测验的看法存在较大差异,认为其准确性较高的人数和认为其准确性较低的人数都较多,均居于第二位。这说明专业人士中对于性格测验的有效性存在较大分歧。这可能与各组织所用的心理测验不同有关。

对于一般行政能力的心理测验,较一致地认为准确性较高。这是因为党政机关对于一般行政能力测试的研究较多,而且具有稳定的、成熟的、准确性较高的工具。一般机关在选拔干部时,也使用这些较为稳定成型的工具。另外,工作态度心理测验的准确性被认为是最低的。造成这种状况的原因是多方面的,首先是对于党政领导工作态度心理测验的有关研究还不够深入;其次就是到目前没有开发出能心理测验工作态度的量表。关键问题在于难以在心理测验中克服"社会称许性"。由于"社会称许性"的存在,很难通过简单的量表测验出被试者真实的工作态度和想法。

在党政领导选拔中,"社会称许性"的影响是广泛的,不光存在于工作态度的心理测验中,在其他类型的心理测验中也是存在的。例如在心理健康状况的测验中也由于具有"社会称许性"效应而使心理测验的准确性难以保证。克服或减小"社会称许性"的影响将极大地有利于提高心理测验的作用,有利于扩大心理测验的运用范围,也能提高心理测验的认可程度。克服或减小"社会称许性"的影响是当前测评研究中需要解决的一个重要问题,当然也是一个难题。而解决这一问题有赖于心理学研究的进展,特别是基础性研究的进展。

3. 心理测验结果的预测性

心理测验结果的预测性,指的是测出的结果是否能预测出被试者未来的工作表现,预测的效果怎么样。预测性与上面所提到的"准确性"非常相似也很相关,但还是有一定差别。准确性是总体效度,而这里的预测性特指预测效度。

	上级领导组	专业人士组
平均	2.92	3.08
标准差	0.444467	0.464306
众数	3	3
最小值	1	2
最大值	4	4

在调查中,设置针对预测性的问题:"心理测验结果对于领导干部日后工作表现的预测性怎样"采用4点评定法:4—能非常准确预测,3—基本能够预测,2—基本不能预测,1—完全不能预测。从上级领导和专业人士的角度来看心理测验结果的预测效度,结果显示,专业人士的评价要高于上级领导的评价。专业人士组平均分高于上级领导组的平均分。在上级领导组中,出现了最小值1,也就是说有的上级领导认为心理测验完全不能预测被试者的工作业绩,而在专业人士组没有人选择"完全不能预测"。众数是3,表明选择"基本能够预测"的被调查者在两个组中都是最多的。这样的结果也是对前面有关准确性分析的一个印证。

以上分析说明:从总体上看,上级领导和专业人士都对心理测验的结果持肯定态度。多数认为心理测验总的来说还是基本准确的,也能基本上预测被试者的工作业绩,

另外调查问卷中还要求上级领导在列出的下列五种考察方式中,依次选择最有效的三种方式。

下图显示了上级领导组选择有效性排第一位的考察方式比例情况。有一半的被调查者认为最有效的考察方式是进行"业绩考核",居于绝对的领先地位。而心理测验则是比例最低的,仅占到4%。相对于其他考察方式来说,在党政领导选拔中心理测验的有效性被认为是比较低的。

最有效考察方式

A.心理测验
B.业绩考核
C.上级评价
D.民主测评
E.面试或面谈

A 4%
B 53%
C 18%
D 14%
E 11%

4. 心理测验存在的问题

为了解被调查者对"心理测验存在的问题"的看法,通过访谈和问卷调查向专业人士和被试者获取相关信息,根据访谈结果,归纳为7项可能出现的问题形成7个选项列于问卷中,并附加一个"其他"选项。当问及:"您认为当前在选拔领导干部时使用的心理测验中存在哪些问题?"要求专业人士和被试者在所列选项中选择,可以多选。经过统计,各选项的频次列于下图中。

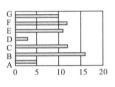
专业人士认为心理测量中存在的问题

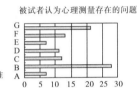
被试者认为心理测量存在的问题

G.心理测验的操作者没经过培训
F.心理测验所测内容不能满足需要
E.测验结果没有被采用
D.心理测验的操作过程不正规
C.心理测验的预测性不高
B.对测验结果的解释缺乏统一的标准
A.题目过于复杂

从上图可以直观地看出,首先,专业人士和被试者比较一致的看法是,"对测验结果的解释缺乏统一的标准"是在选拔党政领导时运用心理测验存在的较突出的问题。其次,被试者还比较多地认为"心理测验的操作者没有进过培训"是心理测验中存在的较突出的问题。而专业人士则认为,"心理测验的结果预测性不高"、"心理测验的内容不能满足需求"是仅次于"解释标准"而存在的突出问题。

被试者与专业人士在这一问题上一致认为"对测验结果的解释缺乏统一的标准"是最突出的问题,这说明心理测验本身的确还有需要改进、发展的方面。有的量表本身没有附带明确统一的解释,难以保证对心理测验结果有一致有效的解释。特别是一些自己编织的测试题更是没有十分准确的参考标准。另外前面的调查数据已经表明并不是所有的心理测验结果都能有专家来进行解释说明。更何况很多心理测验并不是靠简单的分数来判断"及格"与"不及格",而是结合具体情况作具体的解释,所以"对结果的解释缺乏统一标准"也是与"心理测验的操作者没有经过培训"相联系的。量表本身的问题,施测人员的水平都影响到对心理测验结果做出准确统一的解释。这样势必影响心理测验的可信度和对心理测验结果的运用。专业人士和被试者都希望能有标准化、效度好的量表在实际中推广运用。所以,量表的质量限制了心理测验运用的进一步扩展。

另外,被试者还认为"操作者没有经过培训",也是现在心理测验中存在的问题。从被试的角度看,操作者的专业水平直接影响了他们的测试得分。比如,被试者认为操作者对题目的解释是否正确,操作过程是否规范，对测试结果的解释是否科学都直接关系到测试结果的准确性，影响到对心理测验结果解释的合理性和公平性。而现在测试操作者的专业水平却并不令人满意，有的操作者甚至就没有经过培训。心理测验的专业性很强，心理测验的编制、实施、评价、解释在很大程度上都会受到操作者专业水平的影响。因而，操作者的专业水准就直接影响到心理测验的效果，进而影响到决策者对心理测验的认知和评价，也就影响到了对心理测验的进一步运用。

专业人士所关注的问题集中在心理测验上。"心理测验的结果预测性不高"、"心理测验的内容不能满足需求"都是针对量表工具而言的。心理测验的效度、心理测验的适用性都是心理测验的问题，也是现阶段人员测评中心理测验的难点问题。如何提高效度，如何使量表具有针对性，如何编制满足现实需要的量表都是科研工作和专业人员正在努力解决的问题。这些方面都可以统称为量表的质量。量表的质量直接影响着心理测验的效果和可运用性。

三、研究结论及相关改进建议

针对上面所述及的各种问题及情况，我们认为心理测验是一种人才选拔中被广泛应用的测评工具。心理测验有效但是不能迷信，心理测验有用但是不能随意：针对不同的人群与层次的人才，其所表现出的有效性与作用性是不太一样的。对于基层人员或者一般管理人才的作用，要远远高于中高层领导人才。对于特别熟悉测验与特别紧张的人群的测评效果要远远低于一般人群。对于那些有一定阅历与经验的中高层领导人才的测评，我们建议以客观性的绩效考核、事实性的能力评价与追踪性的素质测评为主，心理测验评价为辅。

为了进一步改进心理测验在人才选拔中的功效，结合现实情况，提出以下建议：

1. 加强基础，提升理论。从目前的情况看，组织部门和上级领导都很重视心理测验的运用。现实工作中对心理测验的需求也是巨大的，而且关注的焦点集中在候选人"工作态度"、"心理素质"这些内在方面。而现有的工具难以有效地测出候选人的相关特征，难以有效地为选拔决策服务。要在心理测验及其运用上取得进展和突破，还是需要有基础性研究的结论作为理论支持。而现在由于实施测评单位的分散，基础研究的发展以及基础研究的结论没能很好与实践相结合。另一方面，基础研究也需要投入更多的资源支持。因此，要解决心理测验的有效性问题,在根本上还是有赖于有关心理学基础理论尤其是量表理论研究的深入和突破。

2. 联合研究,开发量表。从目前的状况看,测验量表是推广心理测验的瓶颈问题。加大对量表的开发研究是当务之急,而"联合研究"则是开展研究的理想方式。联合研究是指包括专业测评机构、科研院所、组织人事部门在内的多个主体的联合研究。目标在于开发和改进量表质量、提高心理测验的准确性和实用性。

3. 专业培训,保证质量。对参与和从事心理测验的人员,特别是组织人事部门的人员要进行培训,要学习与心理测验有关的理论和实践,在有条件的情况下要进行专业训练。组织部门以及专业机构中的操作人员负责实施测评过程,直接和被试者接触,他们在心理测验方面的专业水平会影响到整个测评的质量。从调查反馈的情况看许多领导认为现在心理测验存在的较大问题是操作者所接受的培训不够。由于操作者的专业水平不够而造成测试结果的不准确,会使领导干部对心理测验产生负面的印象,最终影响到心理测验的运用质量。

4. 专业外包,集中测评。针对资源有限与人员编制不足的问题,建议党政机关在选拔党政领导实施心理测验时,集中到指定的或非指定的专业测评机构来做,并与其形成长期的合作关系。这其实是一种测评业务外包的策略。

总之,本研究的调查数据显示,心理测验目前在中国大陆党政领导人才的选拔中具有一定的应用价值,得到官方、专业人士与应聘者的认可。但是认可的程度存在一定差异。对于基层领导人才选拔的测验结果普遍得到认可,而对于高层领导人才选拔的测验结果认可程度较低。即职位越低,认可程度越高,反之不然。心理测验的结果在候选领导人才选拔上作用比较大,而在现任领导人才的提拔上应用比较谨慎。针对现实中存在的各种问题,一方面应该加强对心理测验工具开发与基础研究,加强专业人员的培训;另一方面应该认识到,心理测验在高层党政领导选拔中还存在一定的局限性,我们应该树立正确的能力观与综合的评价观,科学的标准观与系统的选拔观。

公务员考评中亟待解决的几个问题与对策[①]

公务员制度即将在我国全面推行,随之而来的最大问题是如何进行考评。由于考评结果将直接与公务员的职位利益挂钩,因此考评方法科学与否,对整个公务员制度改革的成败,将产生关键性的重要影响。本文概括与分析了当前公务员考评方法研究中亟待解决的几个难点问题,并对它们提出了相关的解决对策与思路。

一、绩效表现的全时空性与观察考评的有限性问题

绩效实际上是政治思想、心理素质、工作能力、工作过程与工作结果诸方面行为表现的总和。因此考评者应全面地观察与把握被考评者的所有行为表现,并根据这些行为的过程与效果的总和来评定绩效。对行为表现把握得越全面,则考评的结果越准确。然而,任何一个考评者实际观察到的行为极其有限。因此,如

---

① 本文原载于《中国人民大学学报》1994年第3期。

何解决绩效表现的全时空性与观察考评的有限性问题,就成为公务员考评中遇到的第一个难点。

导致这一问题的原因在于考评者与被考评者活动时空上的不一致性。就直接主管来说,只有当他与职员同在一起办公或完成任务时,他的活动时空才与职员的活动时空相一致,才能由此去把握职员的绩效,除此之外他则无法把握职员的工作实效。因此解决这一难点的关键在于从考评者方面去减少两者活动时空不一致性的矛盾。如果有人想把每个职员的所有工作行为控制在考评者自己所能观察到的某个范围内,显然是不现实也是不可能的。因为每个职员都是能动的,他既不是一般动物也不是无生命的物体,其工作活动有很大的自主性。比较可行的办法是:首先要改变主管单一考评的现状。过去(现在也还是)要求主管一个人直接对下属职员考评。在这种情况下,考评者把握工作行为的全面性与实际观察的有限性矛盾,不但不能解决,反而随着职员人数的增多及工作活动范围的扩大会越来越突出。如果我们把考评者扩大为一个团体,由主管及有关服务的对象人员、同事人员共同组成,那么尽管就考评者团体中的某一成员来说,他的活动时空与被考评者的工作时空仍然有着不可克服的相异性,但就整个考评团体各成员综合的情况来看,其活动时空与被考评者工作时空的一致性就大大提高了,因此这就能够增强绩效考评的准确性与客观性。

其次,要从机械的"全面性"观点中跳出来,以随机抽样论的思想作指导,从有限中去把握无限,从部分中去把握整体。一般来说,职员在具体情境中的单个工作行为,作为工作绩效的表现是具有偶然性的,但大量的分布于不同场合与情境下的行为总体,作为工作绩效的表现就具有某种必然性。这种必然性就为我们从有限的工作行为"点"去考评综合的绩效"体"提供了可能。这种思想也是符合现实的。因为在每一个人工作行为的总体中,并不是他的任何工作行为都直接地表现了绩效,最能反映工作绩效的行为,实际上只有很小的一部分。它们弥散于整个的工作行为空间之中。我们不妨把它们称作为代表行为。考评者就是要善于捕捉这种代表性的行为,并由此去考评整个的工作效果。

再次,任何考评者都要广泛地深入实际,尽可能使自己的活动时空与职员工作的时空相一致。通过调查访问尽可能取得熟识职员的第一手资料,由此全面地掌握被考评职员的工作行为,从而作出较为准确而客观的评定。

二、绩效的模糊性与考评的精确性问题

进行公务员考评,其基本的要求之一是力求精确。首先,对绩效的内涵与外延要有一个非常准确的界定;其次,对绩效的任何界定及其表现形式,要有明确与合理的考评标准以及具体统一的操作方法,以保证考评的客观性、可比性与综合性。但绩效本身却是模糊的。部长助理的工作绩效,怎样算是优秀,怎样算是称职,怎样算是不称职,人们只能模模糊糊说上几条,细究一下,谁也说不清楚,谁也把握不住。因此绩效本身的模糊性与绩效考评的精确性问题是公务员考评方法研究中遇到的第二个难点。

产生这个问题的原因在于绩效制约因素的复杂性、表现形式的软弱性与考评者认识能力、价值观念的差异性。绩效,表面上看似乎只与工作能力有关,实际上却与政治思想、心理素质、工作条件密切相关。在许多情况下工作能力与产生的实际绩效并非正比关系。此外,公务员绩效表现的形式不像打字员的绩效,存在字数、速度、清晰度、规范性、错别字数量等实在的表现形式,它的表现形式既软又弱。对此不同的考评者因价值观有别,相同现象会有不同解释,因认识经验相异,相同事实存在判断上的不同。然而对这一难点的解决也并非无能为力。

首先,要尽可能消除考评者对绩效的模糊认识。这可以通过考评标准的统一界定、考评方法的统一操作以及对考评者的统一训练提高来进行。许多东西对于我们来说是模糊的,实际其本身并不一定就模糊。人类过去对天气特征的认识是模糊的,甚至是迷信的。但天气变化本身并不模糊,它的变化具有一定的规律可循。二十四节气已被人们掌握,近期预测已很准确,中长期预测也正在发展。

其次,要尽可能抓住绩效中的本质或关键东西。有些对象本身虽然具有一定的模糊性,但只要我们在认识上抓住了其中的本质与关键,也是可以考评的。例如,对于部长助理工作速度的考评,关键在于抓住以下几个要点:(1)在所指定的时间内,工作完成程度如何?(2)工作的程序与准备有否浪费、不匀、勉强的地方?(3)有否因为重做而有所延误?

再次,要善于在模糊中求精确,从不确定中求确定。有些东西本身既有一定的模糊性,且本质特征又抓不准或不明显。此时可以从其外在的诸多特征中抓住主要特征,采取经验的方法进行模糊判断,从模糊判断中进行综合。即从模糊中求精确,从不确定中求确定。

三、考评要求的客观性与考评过程的主观性问题

任何考评,首要任务之一就是要控制误差,公务员考评也不例外。因公务员考评是人对人的考评,其误差主要是主观误差,故误差控制实际上是力求实现绩效考评客观化的过程。为了使公务员考评尽可能客观,常常把综合印象评定改为分项指标评定,由评语定性评定改为评分定量评定,由无明确标准考评改革为统一规定标准及等级分值细则。尽管采取这些措施,大大控制了考评中的主观性,但最基本的考评还是要靠人去判断与操作。考评者的观点、价值观念、分析问题判断事物的能力以及临时心境等主观因素,就难免会对考评结果产生影响。人们不难发现,不同的主管往往对同一位职员有不同的评价。这就是说,考评过程摆脱不了主观性的影响。

公务员考评过程中的这种主观性与客观性的矛盾问题,是公务员考评研究中遇到的第三个难点。它主要是由考评者与被考评对象之间的主客体关系,以及由此而导致的认知差异所造成的。一方面,不同的考评者之间对同一考评对象的认知存在差异,另一方面,不同情境或时间中,同一考评者对相同的考评对象的认知也存在着差异。考评过程这种主观性与客观性的矛盾,在其他条件相同的情况下,如果考评者经验不足,能力越差,就会越尖锐;如果被考评对象与考评标准之间相符或不相符的关系越模糊,则这种矛盾也就越大,反之就小。因此,为了解决这一问题,首先应从思想上要求考评者树立实事求是、全面联系的观点,避免那种草率从事和不负责任的工作作风。

其次,要采取集体评议与个人评定相结合的方法,防止主管一言堂,进行多方面多层次多角度的综合考评。采取操作简便、抗主观因素较强的考评方法。

再次,要对考评的结果进行再考评。由于公务员考评对象的复杂性与特殊性,考评过程会受到众多因素的干扰与影响,考评之后必须对考评的过程及其结果,进行再分析、再检查,确保结论的正确性与准确性。

四、考评量化的可能性与现实性问题

考评主要建立在对考评对象量的分析与质的确定上。在一定条件下,对考评对象数量性、确定性的特征揭示得越充分、越完备,则对质的把握就越深刻越全面。定量分析是定性考评的基础。

从理论上来说,任何事物都是质与量的相互统一,质与量可以相互转化,一定的质量可以通过一定的数量来表现。公务员的量化考评是可能的。然而一旦具体到公务员考评的实践中,这种质量与数量间的转化关系,就不一定那么直接、那么现实了。例如,目前大家都认为工作表现的考评可以量化,也找到了不少量化办法,但一个公务员的思想、动机、情感、信念和态度的考评如何量化呢?人们对此似乎还没有找到一种可行的办法。因此对公务员的考评难以精确化,不能绝对化。实际上公务员考评内容中,只有少数可以精确量化,能够有把握地予以确定,而大多数的成分难以精确量化。对于这样一些本来不能精确量化的东西去勉强精确量化,不但不能满足我们公务员考评的实际需要,而且还会干扰整个正常的考评工作程序。

对于这一点,人们似乎还没有足够的认识。目前公务员考评的理论研究与实践探索,都有一种追求精确量化的趋向。似乎只有精确量化的方法才是科学的考评方法,而经验的、模糊的与非精确量化的考评方法都无科学性可言。这种狭隘的观点,在理论上导致了一些人对公务员考评概念的误解,把考评与量化等同起来。在实践中导致了有些人盲目去追求精确量化,走入了考评难、难考评的死胡同。

公务员考评量化可能性与现实性的问题,是我们考评方法研究中遇到的第四个难点。它是由考评对象的模糊性所产生的,它是固有的。但是,一方面这种矛盾随着考评手段及对考评对象的深入揭示会趋于缓和。另一方面,公务员考评中不能精确量化的东西,并不等于说,就毫无办法量化。量化的形式是多种多样的,有定量量化也有定性量化,有精确量化也有模糊量化,有同质量化也有异质量化,有一次量化也有二次量化。

为了解决这一难点问题,首先要深刻地分析考评对象的本质特征,使我们从对象的定性认识深化到定量认识,通过对考评对象的模糊认识达到精确的认识,并借助一定的手段揭示考评对象中客观存在着的数量特征与数量关系。

其次,要采取最新的科学研究手段以及模糊数学的研究成果,对考评对象加以合理的数据描述。

再次,不要片面追求考评结果的精确化,也不要盲目追求考评方法的数学化。要在把握考评对象质的基础上进行数量化,在一定的理论指导下实施数量化。对那些暂时不能数量化、精确化的东西,要采其他适当的定性方法、模糊方法甚至经验的方法进行考评与量化,客观地反映考评对象的实际情况是考评的实质所在。

五、考评对象的个别差异性与考评标准的统一性问题

在现实的公务员考评方法中,一般是用同一的标准去考评所有的对象,以保持考评过程的公平性与考评结果的可比性。公务员这种考评标准的统一性、一致性在大多数情况下是必要的。然而另一方面,公务员考评必须反映职位岗位要求的实质。各种职位与岗位之间的性质与要求,往往是互相不同的,它们实际上无法用某种统一的标准去考评。

这种矛盾问题是我们在公务员考评研究中遇到的第五个难点。它是因为考评对象丰富多样性与现实考评方法反映的有限性矛盾所引起的。现实中的任何一次考评只能适用于特定的对象与特定的内容。在具体的时间与空间中,考评者的认识能力与评定能力也是有限的。考评标准太多不但不能促使考评者更全面地去反映对象的实际情况,反而会使考评者感到心烦、厌倦,最后马虎了事,流于形式的评定。另一方面,简单的几条考评标准与有限的等级分数又根本无法反映考评对象的实际差异与个性特点。

为了解决这一问题,首先要针对不同的考评对象设立不同的二级操作指标,并注意微观上的特性反映与宏观上的共性比较要求。

其次,等级分数报告与评语描述相结合。对考评对象中共同的考评结果,采取分数与等级综合地报告形式,使考评结果在各对象之间具有可比性,而对于考评对象中各自独特之处,则采取评语定性的描述形式。

再次,定量考评与定性考评相结合。对工作行为表现可以采取定量分析定量评定的方法考评,而对于思想观点、工作作风,则要采取评语描述定性评价的方法进行考评。

六、考评内容的分项与综合问题

公务员考评是一项十分复杂而又艰巨的工作。其考评对象内涵丰富外延广泛,整体考评有时难于把握。因此有必要采取分项考评、化整为零。这样可以大大提高考评的准确度与效度。因此目前不少考评方法都是分项考评。但是另一方面,考评对象结构中的各因素是相互联系的,系统论主张对于各因素有机统一的对象应采取综合整体的考评方式,认为机械割裂的分项考评将会导致考评结果的失真。这种分项

与综合考评的观点分歧是我们公务员考评研究中遇到的第六个难点。

产生这种矛盾问题的原因,主要是对考评对象结构不清楚所致。因此解决这一难点问题的对策是,首先采取工作分析法弄清考评对象的各独立因素及可分离因素。对于那些独立或可分离因素,可以采取分项考评。所谓独立或可分离因素,是指考评对象中那些通过一定的分离方法,可以使其单独考评而丝毫不影响考评效果的因素。对这样一些因素单独考评与综合其它因素一起考评的效果是等同的。

其次,明确那些不能分离的考评因素,对于这些因素的考评则不要强行进行分项考评。

再次,弄清各可分离因素之间的关系以及它们与不可分离因素的关系。在分项考评之后再作关系考评,在因素考评之后再作整体印象考评,以保证公务员考评的整体效度。

七、考评方法的科学性与简便性问题

公务员考评方法科学性与简便性的矛盾问题表现在,一方面科研工作者要求所研制的考评方法有根有据,合情合理合法。既有理论深度又有现代技术的新潮。另一方面机关实际考评人员则注重实用与简便,要求所制定的考评方法从解决实际问题出发、方便可用即行。两者各自从不同的要求出发,由此所制定的公务员考评方法,显然就难以两全其美了。

实践中发现,有些公务员考评方法,虽经论证鉴定,觉得科学新颖,但却推广不了,走不出"实验室"。另外有些公务员考评方法很可行,但却经不起科学的分析及检验,考评信度差。这种矛盾问题是我们公务员考评研究中遇到的第七个难点。

产生这个难点问题的原因,在于公务员考评方法的研制者、鉴定者与公务员考评方法的操作者与使用者未能相互统一起来。

公务员考评方法的研制者,虽然具有较高的理论素养,但缺乏操作与运用公务员考评方法的实践体验。而具有实践经验的各级机关主管,整天忙于自己的日常事务工作,又缺乏理论方面的思考与素养。

因此解决这个矛盾问题的策略,就是想方设法使公务员考评方法研究者与实践操作者,双方能够有机地结合起来。首先,可以组成一支理论科研者与实践工作者的研究队伍。然而组建这种队伍后,不要流于形式,要定期交流学习,及时讨论研究。科研者不要总"浮在上面"下不去,而各基层机关主管不要总"沉在下面"上不来。

其次，公务员考评科研者最好能亲自担任主管考评职员，实践自己所制定的考评方法，而富有公务员考评实践经验的基层机关主管，最好让他们有一定的时间参加有关公务员考评理论的学习，相互取长补短，共同提高。

再次，任何一种新公务员考评方法的鉴定与论证，最好请理论与实践领域两方面的人员参加。

此外，对目前已形成的公务员考评方法，要进行综合改进。对理论性强、过于复杂的公务员考评方法要作简化改进。而对于那些实践性强但缺乏理论根据的方法，要做些提高性的改进，使之合理化、科学化。例如，模糊数学综合考评法，虽然计算复杂，操作不便，但若采用光电阅读与计算机技术后，就会变得十分简单，考评者只要进行逐项的模糊评判。对于传统的观察考评法，若经过工作分析，寻找出其中的关键点与区分点，则其效果将能立即得到提高，其科学性会大大增强。

八、考评结果处理的信息性与效用性问题

事实表明，当公务员考评的最后结果仅作为人事管理过程中的一种信息反馈形式、作为管理手段时，考评者与被考评者对具体的考评工作并不热情与认真，他们认为得不偿失。只有当考评结果直接与晋升、提薪、奖励、任免、教育培训等效益挂钩、并当他们看到了考评工作的劳动转化为明显的效用价值后，才会对考评工作倍加认真与积极行动。这些人的观点是，不能为考评而考评，不能无目的进行考评，考评即是公务员工作价值的考评，考评要反映和实现它的经济价值与社会效用，否则就起不到约束与激励的管理功用。要在机关内部与社会上实现公务员考评的价值，则唯有这样，公务员制度的改革才有活力，公务员的考评才会受到社会普遍的关注与承认。这种信息作用与效益作用的矛盾是我们公务员考评研究中遇到的第八个难点。

产生这个矛盾问题的原因，主要是公务员考评观念的淡薄及其考评工作的复杂性。在行政机关部门，人们还没有树立起公务员制度实施的系统工程思想，还没有把公务员的管理工作建立在分析对象反馈信息的基础上。认为公务员制度改革即减少人员、提高工资。认为管理中的信息反馈，依靠个人的主观印象就可以，没有形成借助于考评，形成公务员工作信息反馈、自主调节的运行管理需要。另一方面，也因为人们对公务员考评工作还不习惯，碍于人情世故不愿将人划个三六九等，加之考评方法还比较费时费力，不愿为此付出太多劳动。

因此，解决这一难点问题的策略是，首先应要求广大的机关管理干部，树立依靠与依据行为考评反馈信息、做深入细致的教育工作与管理工作的意识，克服那种从主管本身主观愿望与要求出发，进行职员管理的习惯作风。

其次，努力改进与简化公务员考评的方法程序，使之便于操作，简单可行。

再次，要尽可能让考评的结果，充分发挥它的管理效用、经济效用、学术效用、教育效用与社会效用。然而，更为重要的是，不能只注意从考评结果上去发挥它的考评效用，要注意从整个的考评过程去发挥它的管理功能与激励功能。采取一些政策与措施，鼓励人们积极去进行公务员考评的实践与研究，不断改进现有的考评方法。

总之，公务员考评在我国即将全面推行，目前还处于试验与研究并举阶段，有着许多问题亟待我们去研究，本文从历史经验总结与理论分析所提出的八个难点问题只是其中的一小部分，这里所作的探讨也是初步性的，更深入更艰难的问题还有待志士仁人共同去研究。

正确的政绩观与系统的考评观[①]

一、政绩的概念及其分析

温家宝总理在十届全国人大二次会议上的《政府工作报告》指出:"必须坚持一切从实际出发,按客观规律办事,既要积极进取,又要量力而行,不盲目攀比;必须坚持办实事,求实效,珍惜民力,不搞劳民伤财的形象工程;必须坚持察实情,讲真话,不虚报浮夸;必须坚持统筹兼顾,立足当前,着眼长远,不急功近利。各项工作都要经得起实践、群众和历史的检验。"这标志着中国政府的发展目标,已经从传统的单纯追求经济增长转向全面发展、协调发展、可持续发展,清晰地凸显了"以人为本"和"全面持续发展"的新政绩观。

政绩,是党政领导干部在贯彻执行党的路线方针政策的过程与履行职责的实践中的工作行为、表现及创造出来的成绩和贡献。追求政绩、创造政绩,是每个有事业心的人,特别是政府机构中的领导人为之努力

[①] 本文原载于《中国行政管理》2004年第7期。

奋斗的目标。然而,不正确的政绩观,不仅会影响到一个单位、一项事业的顺利发展,也会影响到一个领导人、一届领导班子的前途与命运,甚至祸国殃民。例如,贪官王怀忠就认为,他的政绩不是让百姓看到,关键是要让领导看到。

当前,我们有些领导干部还存在一些错误的政绩观,主要表现在以下六个方面:一是做表面文章,专干"显山露水"、"表面风光"的形象工程,对百姓疾苦、群众困难却漠不关心,重"显绩",轻"潜绩"。二是短期行为,热衷于"短、平、快"的政绩,对涉及长远利益的基础工作只停留在口头上,重近期效果,轻长远利益。三是本位主义,重局部利益,轻全局利益。四是做数字游戏,搞形式主义,摆花架子,不择手段。在一些地方,不少乡村的主道路边有"示范田"、城镇主道路旁有高楼房,要么是"书记工程",要么是"县长挂帅",凡有上级检查、各种评比,这些都是拿得出手的"政绩"。更有甚者,为糊弄上级检查,甚至出现了"接待专业户"。计算农民纯收入,稻草也是一个不可缺少的项目。"注水干部"与"数字官"就这么出来了。五是不实事求是,乱上项目。有的干部为了个人升迁,往往不计社会和经济成本,大干快上,投资"借债工程"。因此欠上"政绩债",留下烂摊子。为了补上这样的黑窟窿,乱收费、乱摊派,加重了群众的负担。六是避实就虚,拈轻怕重。对容易看得见的政绩"乐此不疲",对默默无闻的艰苦工作却不愿投入精力。

政绩的表现形式多种多样,从不同的角度可以对其进行分类:根据政绩的三个不同角度,可以分为上级下达任务完成的情况、工作的效率和工作的效益;根据政绩的不同主体,可以分为整体政绩和个体政绩;根据政绩的不同层次,可以分为显政绩和潜政绩;根据政绩的不同方面,可以分为任务政绩和周边政绩(或者关系政绩)。依据不同的分类标准,政绩有不同的表现形式。我们只有对政绩的各种表现形式有一定的理解,才能够全面把握领导干部政绩考评的基本内容。

1. 任务完成情况、工作效率和工作效益

任务完成情况是指领导干部在一个特定时间内完成上级组织下达任务的状况,包括任务完成的质量和数量两个方面;工作效率是指领导干部在工作过程中,对组织及自身资源的利用效率。组织资源包括时间资源、物质资源(资金、设备)、信息(知识)资源及人力资源等。自身资源包括自身的工作方式、工作能力及工作态度等;工作效益是指领导干部的工作给组织创造的经济价值与社会价值。经济价值包括直接经济价值和间接经济价值两类。间接经济价值包括对组织整体工作效率的改善、对组织未来发展的良性影响等。

2. 整体政绩和个体政绩

对领导干部进行工作政绩考评时要注意区分整体政绩和个体政绩。整体政绩是一个领导班子的整体工作成果，个人政绩是个体领导的岗位工作成果。我们不能把二者简单等同，要避免出现"千面红旗一人扛，一面红旗千人扛"的现象。相对与整体政绩而言，个体政绩具有明显的岗位特殊性，这是在政绩考评中易于区别的。但相对于一个领导班子而言，其整体政绩并不是相互作用形成的结果，因此如何区分整体政绩中不同领导干部的作用和政绩，是我们值得深入研究的问题。

3. 显政绩和潜政绩

对领导干部的政绩考评还要注意区分显政绩和潜政绩。显政绩看得见，摸得着，易于考评。但对于领导干部而言，所决定的都是一定地域内的重大事项，这必须考虑长远利益和短期利益的结合，不能为了出政绩而抛弃长远利益。在考评领导干部的政绩时，要结合实际情况，考虑组织的长远发展，实事求是的对领导干部的政绩做出评价。

4. 任务政绩和周边政绩

对领导干部进行政绩考评时，应该同时关注两方面的内容：领导干部的工作结果，即国外所谓的"任务政绩"（Task Performance）；领导干部在工作过程中所表现出来的行为，即国外所谓的"周边政绩，或者关系政绩"（Contextual Performance）。任务政绩是相对个人所担负的职责而言的，即按照其岗位的职责，领导干部完成工作的结果或履行职务的结果。换言之，政绩就是领导干部对组织的贡献，或对组织所具有的价值。任务政绩应该是政绩考评最基本的组成部分。对任务政绩的考评通常可以用质量、数量、时效、成本、他人的意见等指标来进行考评。周边关系指影响领导干部完成某项工作结果的行为、表现和素质。就这个角度而言，政绩并不仅仅是指领导干部把工作做得怎样。领导干部即使把工作做好了或完成了某项既定的工作，但如果其在完成工作的过程中，并没有规范自己的行为，表现出良好的素养，那么综合起来看，这个领导干部的政绩至少不能算好。对周边政绩的考评通常采用行为性的描述来进行评价。①

---

① 宋培林：《员工绩效考评的八个要点》，中国人力资源开发网，http://www.chinahrd.net/management-planning/birds-eye-view/2002/0403/153228.html。

二、政绩特点及其影响因素

为了树立正确的政绩观,我们有必要深入了解政绩的特点及其影响的因素。

(一) 政绩的特点

1. 政绩具有"三效"性

"三效"性是指效果性、效率性和效益性。效果性是指领导干部完成工作任务之后,取得了多少成果,取得了多好的成果,也就是政绩的外观形式与外延形式。我们应该给人民群众一些实实在在的绩效;效率性是指在领导干部完成工作任务之后,成本和收益的对比情况。我们领导干部的管理工作,应该考虑时间成本、经济成本与政治成本的问题,应该考虑人民的承受力、社会的承受力与组织的承受力问题;效益性或者收益性,是指领导干部的工作成果给自己、他人、组织和社会带来了多少的物资利益、精神利益与政治利益。上述"三效"性是政绩分析的基本特点,是政绩考评指标设计的基本要求,缺一不可。

2. 政绩具有多因性

领导干部工作政绩的优劣不是由单一因素决定的,而要受制于主、客观的多种因素。通常来说,一个领导干部的工作政绩是其自身的激励、能力水平和环境因素相互作用的结果。这里的激励是指领导干部的激励状态,也就是我们通常所说的工作积极性。这是保证实现工作政绩的心理基础。激励本身取决于领导干部个人的需要结构、个性、价值观等个人特点,其关键是组织部门要善于运用各种激励措施来激发领导干部的工作积极性。能力是指领导干部的工作技巧和能力水平。领导干部要把工作做好,光有积极性还不够,还得有干成事的本事。一个人的能力高低与个人天赋、智力、精力和教育等多种因素有关,但是组织通过适时的、有针对性的培训与开发,是可以提高领导干部能力水平。环境虽然只是影响工作政绩的外部因素,但是对保证工作政绩的实现有着不可忽视的作用。环境因素不仅包括领导干部工作所在地的客观物质条件、组织文化、上级领导的工作作风和下属干部素质等多种因素,还包括领导干部所在单位之外的某些起间接影响作用的因素,主要是大的社会背景和新的改革政策因素。因此,政绩我们可以用下面两个公式表示:政绩 = F(内外激励,能力水平,环境因素),政绩 = 想干事 + 能干事 + 能干成事的环境。政绩差了我们应该从多方面找原因,想提高政绩,我们也应该从多方面去努力。

3. 政绩具有多维性

工作政绩是领导干部工作结果的总称,包括德、能、勤、绩、廉等多个方面。因此对于工作政绩需要沿多种维度、多个方面去进行分析和考评,才能得到有关政绩的真实评价,而且在政绩考评中,要区分主观努力和客观条件的关系,要通过分析自然条件、原有工作基础等客观因素对领导干部工作政绩的影响,看他们的主观努力程度及其成效,尤其要注意把工作确实努力,但因基础条件差、短期内难以打开工作局面的领导干部同领导能力差、水平低、不求进取的领导干部区别开来。

4. 政绩具有动态性

领导干部的工作政绩只是一段时间内工作情况的反映。由于激励状态、能力水平以及环境因素的变化,领导干部的工作政绩也会相应的发生变化。工作政绩并不是一成不变的,我们切不可凭已有的印象以僵化的观点看待领导干部的工作政绩。因此在考评中要注意定期考评和动态考评相结合。一方面要坚持日常考评与年终考评相结合,建立领导干部政绩档案,及时掌握领导干部政绩的动态信息;另一方面,对领导干部的政绩考评,既要注重结果,也要注重过程,要从不同角度、不同渠道了解和掌握群众对领导干部政绩的评价意见,考察领导干部创造政绩的实际过程。坚持结果考评与过程考评相结合;主管考评与群众考评相结合;深度考评与广度考评相结合。

如果能够正确理解上述政绩的"三效"性、多因性、多维性和动态性,那么在政绩考评过程中我们就能以全面、客观与权变的眼光来考评领导干部的工作政绩,就能有意识地防止政绩考评过程中的片面性、主观性与僵化性。

三、政绩考评及其系统化

要保证正确的政绩观的实现,必须有科学化与系统化的政绩考评手段做支持,否则,我们科学的发展观与正确的政绩观,终将难以落实。

所谓政绩考评,是指负责考评的组织部门,通过一定的方法对被考评者的政绩进行一番调查研究,收集相关资料,依据考评标准作出科学评价的过程。

科学的政绩考评应该考虑以下 5 个问题:

1. 面向什么进行政绩考评?
2. 围绕什么进行政绩考评?
3. 依据什么进行政绩考评?

4. 政绩考评为了什么？

5. 如何帮助每个领导干部实现政绩管理目标？

第一个问题是我们党和国家的发展观，是我们组织管理的战略观与绩效管理的目标观；第二个问题，是我们根据科学的发展观与战略观所确定的政绩观与政绩管理计划；第三个问题，是我们根据正确的政绩观与政绩管理计划所制定的具体考评指标；第四个问题，是我们考评之后要正确的运用我们的考评结果。我们的政绩考评本身不是目的，提高管理水平、实现政绩管理目标才是我们真正的目的。因此第五个问题，是我们应该根据政绩考评结果、政绩管理目标与相关影响因素，制定具体的政绩辅导方案。

由于政绩具有丰富的内涵和复杂的外延，我们必须运用正确的观点来分析领导干部政绩考评的内容，运用系统的观点来建立领导干部政绩考评的操作系统。一个良好的政绩操作考评系统，一般由4个环节组成：

1. 明确政绩考评的内容

对政绩的定义是进行政绩考评的基础，也是政绩管理的关键，我们将对这个关键性的、基础性的和原始性的问题展开说明。只有明确政绩考评的内容，即界定政绩考评的具体维度以及各维度的内容和权重，被考评的领导干部才能明白自己努力的目标。对于政绩的定义，必须明确、具体，具有可操作性，一定要防止简单概念化和抽象化。对于不同层次、不同类型、不同岗位的领导干部不能使用同一考评内容和标准，避免用共性代替个性，在实际操作中应该有具体的量化的评价标准。一般来说，党和国家的方针政策、目标路线、组织管理的战略、政绩管理计划，以及职务说明书，是我们界定政绩考评内容的正确基础。但是，在实践过程中我们也必须考虑所在地域与组织的文化、战略和人力资源政策的影响。

2. 政绩考评指标设计与量化

政绩考评的内容，最终要落实到具体的指标上，这样才能保证对领导干部的政绩考评具有科学、合理和可操作性。领导干部的政绩考评指标，是指政绩考评内容与标准相结合的具体表现形式或者操作化形式。一般来说，一个完整的政绩考评指标结构，包括考评要素、要素标志和状态标度。考评指标体系是整个政绩考评活动的中心与纽带。它把考评客体、考评对象、考评主体、考评方法与考评结果联为一体，同时也成为整个政绩考评工作指向的中心。建立政绩考评指标体系，需要完成两项基础性的工作,即考评指标设计和考评指标量化。政绩考评指标体系的建立程序如图1所示。①

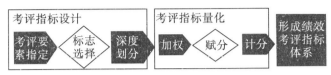

图1 政绩考评指标体系建立程序图

政绩考评指标设计的关键在于考评要素的拟定与考评标度的划分,难点在于考评标志的选择。因此政绩考评指标设计的方法,包括要素拟定、标志选择和标度划分三个环节。

在完成考评指标的设计工作后,我们基本建立了领导干部政绩考评指标体系的基础。但此时考评指标的功能还不健全,还必须进行量化。指标量化主要包括加权、赋分与计分三项工作。

3. 反馈政绩考评结果,进行政绩辅导

政绩考评本身并不是目的,关键是通过对政绩考评结果的反馈使用,进一步提高领导干部的管理水平。政绩考评结果的反馈是全方位的。对于被考评人而言,使其更深入地了解自己的工作情况,清楚自己达到组织所期望标准的程度,明确自己需要改进的缺点;对于被考评人的上级领导或者组织而言,政绩考评结果的反馈能够使其了解下属的优缺点和个人特点等情况;通过对所获得信息的分析,可以有针对性的与下属面谈,进行适当、明确的指导,以提高领导干部将来的政绩,从而使组织得到进一步的发展;对组织而言,通过政绩考评结果的反馈,可以针对被考评领导人的不足,根据组织的需要,进行有针对性的培训。

因此,我们在实施政绩考评之后,应该根据考评结果,针对每个领导干部制定具体的政绩辅导方案,进一步提升每个人的政绩水平与发展潜力,最大限度的实现与优化我们的政绩管理目标,保证我们科学的发展观与正确的政绩观得到全面实现。

总之,党中央所提出的新发展观,是针对我们政府与社会来说的。这对于我们的党政领导干部来说,就是要求树立正确的政绩观;对于我们的管理部门来说,就是要求树立一种科学与系统的考评观。因此没有系统的考评观,正确的政绩观就难以坚持,科学的发展观将难以确立。

---

① 萧鸣政:《现代人事考评技术及其运用》,中国人民大学出版社1997年版,第48—108页。

基层党政领导干部绩效考评机制建设
——基于四川省开江县的实践①

党政领导干部的绩效考核评价历来是理论和实践探索的热点。从 2004 年开始,中央组织部开始设计建立符合科学发展观要求的党政领导干部考核评价体系的工作,并且组织了试点。2006 年下发的《体现科学发展观要求的地方党政领导班子和领导干部综合考核评价试行办法》改变了以往单纯强调经济增长的考评方式。2009 年 6 月,中共中央政治局审议并通过《关于建立促进科学发展的党政领导班子和领导干部考核评价机制的意见》,2009 年 10 月,中央办公厅印发该《意见》。与此配套,中组部制定了《地方党政领导班子和领导干部综合考核评价办法(试行)》、《党政工作部门领导班子和领导干部综合考核评价办法(试行)》、《党政领导班子和领导干部年度考核办法(试行)》。《意见》要求坚持服务科学发展、促进科学发展,坚持德才兼备、以德为先,坚持注重实绩、群众公认,坚持客观

---

① 本文为萧鸣政与叶亚芝合写,原载于《中国人力资源开发》2009 年第 12 期。

公正、简便易行,建立有机联系、相互配套并有效运用的干部考核评价机制,全面加强对党政领导班子和领导干部的考核评价(以下简称为考评)工作。

一、建立促进科学发展的基层党政领导干部绩效考评机制的意义

绩效考评是指考评主体运用科学的方法、标准和程序,对与被考评者完成目标任务过程有关的绩效信息(业绩、成就和实际作为等)进行观察、收集、组织、贮存、提取、整合,并尽可能做出准确评价的过程。绩效考评分为对组织和人员的考评,其中对人员的考评又分为对个人和团体的考评。本文所指的党政领导干部绩效考评,是对部门领导班子与个人的工作绩效进行整体评价的过程。

建立以科学发展观为指导的党政领导干部绩效考评体系,对我们当前深入学习与实践科学发展观的思想具有重要的意义与作用。

科学发展观是马克思主义在当前中国革命实践中的新发展,是一种指导我国经济社会建设的总体要求与战略思想。这种战略指导思想能否在我国经济社会建设实践中发挥有效作用,关键在于落实与贯彻。目前,影响基层党政领导干部绩效的因素复杂,建设任务繁重,许多战略思想往往说起来重要,做起来次要,忙起来就不要。我国的行政管理过程一般包括政策制度制定、政策制度宣传、政策制度执行、执行效果评价与政策制度的修正与优化五个阶段。其中执行效果评价是行政管理的关键与核心。建立并且实施基层党政领导干部绩效考评体系,可以把科学发展观的战略指导思想落实在我们基层组织的行政管理关键环节上。

绩效考评是一面旗帜,考评什么大家就关注什么。建立以科学发展观为指导的基层党政领导干部绩效考评体系,有助于引导我们县级党政领导干部树立正确的政绩观,把科学发展的战略理念真正贯彻落实在基层实际工作中。

二、当前基层党政领导干部绩效考评的特点及问题

在中央组织的积极推动与领导下,我国基层党政领导干部绩效考评工作,正在向制度化与规范化方向发展,对客观正确评价干部、激励约束干部、促进领导班子建设,进而推动经济社会发展,起到了重要作用。目前,呈现出的特点表现为:考评内容逐渐全面,突出了工作实绩;

考评指标体系设计更加科学,注重定性、定量评价相结合;绩效考评日益制度化、规范化,促进了干部任用和管理制度的完善;扩大了群众参与,增加民意调查等内容。但是,我们通过对北京、福建、海南、山西与四川等地的调查发现,在实际的党政领导干部绩效考评中仍然存在一些问题。

1. 考评体系设计不科学。党政领导干部设计的考评指标大多是政治、经济、社会、组织、行政等各个方面工作目标的直接分解或者拼合,考评内容包罗万象、面面俱到;在权重设计上,经济类指标比重过高,上级领导维度权重过大;此外,考评指标体系被认为普适于各种工作性质、职能性质的管理部门,缺乏针对性。

2. 考评主体缺乏专业性。主要问题表现在,考评主体的专业性普遍不强,个体素质、工作经验、认识水平和分析能力等差距较大;同时,考评主体过于单一,考评机构职能交叉,缺乏研究绩效标准的制定与实施考评工作的专业人员。

3. 考评工作不规范。由于基层党政工作比较繁忙,一般只进行年终考评。由于缺乏考评资料累积,只靠年终考评一锤定音,一方面难以发挥考评对于党政干部工作绩效改进的参考指导作用;另一方面,受考评的时间、精力限制以及工作量的要求,在短时间内完成一次全体考评只能是以质量换效率,很难保证考评结果的深入性和全面性。同时,考核的信息、数据往往是通过各级组织层层上报得来,这不可避免会出现夸大其词的现象;而且,在进行考评结果对比时,不考虑现实环境的不同,强硬的将不同县乡、不同职能部门的结果进行比较,这种比较的来的结果是不可靠的。

4. 结果运用不到位。党政领导干部的考评,目前存在选任考评、平时考评、年度考评、届中考评与届满考评五种形式。目前,任职中考评与任职前考评脱节;在实际管理中,领导评价结果与社会评价结果的运用脱节;年度考评结果主要运用到经济上的奖惩方面,没有与干部选任考评有效对接,形成了"重干部选任考评、轻年度考评与平时考评"的倾向。

三、开江县的经验

四川省开江县积极探索,实施部门领导班子与领导干部的绩效考评,制定了乡镇和县级部门领导干部综合考评办法文件,形成了县级机关部门领导干部绩效考评,乡镇领导干部绩效考评、事业单位领导干部绩效考评、公务员(含事业单位工作人员)考评等一整套较为完备的考评体系,逐步完善了以目标责任为载体,以绩效考评为核心,以激励约束为保障的运行机制,并运用计算机网络实现政府绩效管理全覆盖目标。考评中他们着眼于经济社会的全面、协调与可持续发展,变"物本考评"为"人本考评",破除过去以GDP为中心的考评模式,建立起涵盖"物质文明、精神文明、政治文明"的党政领导干部综合考评体系。他们的一些具体做法值得借鉴。

1. 结合部门实际,分层次引导工作发展方向。在党政领导干部绩效考评的指标设置上,首先区分了工作的基本指标和激励指标。基本指标是各乡镇和县级机关各部门领导班子年度工作的基本要求,必须完成。其中,县级机关部门的基本指标分为保证指标、业务指标与创新指标;乡镇的基本指标细分为保证指标、经济发展指标及重点工作指标。激励指标比基本指标要求更高,是在基本指标要求的基础上提出与设置的。对完成激励指标或者超额完成基本指标的部分,都相应设置了加分政策。所有考评指标的设置,一般都是由考评管理部门与被考评的领导班子共同研究制定,得到双方的认可,然后签订工作指标责任书。显然,这种分层次设置考评指标的做法,有助于引导基层党政领导干部的管理工作按照科学发展观的方向发展。

2. 共性与个性指标相结合,简化考评指标体系。在考评指标设定上,按照县级部门和乡镇两大类别,分别制定共性指标和个性指标。共性指标突出全面性与共同性,具体包括:(1)政治理论和业务知识学习;(2)贯彻执行民主集中制;(3)民主决策与科学决策;(4)执行上级指示精神和县委县政府重大决策;(5)选人用人;(6)法制观念和依法行政;(7)应对和处理复杂问题;(8)整体配合与职能发挥;(9)勇于改革和善于创新;(10)党的建设和精神文明建设;(11)深入基层和调查研究;(12)群众观念和为民办实事;(13)党风廉政建设等。个性指标结合乡镇和县级部门实际,区别设计。乡镇个性指标主要是围绕政治建设、经济社会发展和可持续发展等重点确定考评指标:(1)政治建设指标,主要包括:贯彻党中央的路线方针政策和县委县政府重大决策部署、发挥总揽全局协调各方的领导核心作用、领导班子和干部队伍建设、党组织建设和党员队伍管理、基层民主建设、党风廉政建设等。(2)经济发展指标。主要包括:人均GDP、财政收入、财政支出、城镇居民收入、农民人均纯收入、招商引资、非公经济发展等。(3)社会发展指标。主要包括:为民办实事、就业率、社会保障覆盖面、社会治安综合治理、科教文卫体发展状况、小城镇建设、劳动力转移、群众满意度等。(4)可持续发展指标,主要包括:人口自然增长率、基本农田保护、资源利用、环境质量、污染处理、生态保护、绿化覆盖率等。县级各部门的个性指标主要依据单位所承担的职能、任务及年度工作任务和目标来确定,设置了围绕中心、服务大局、机关作风、改进工作等考评内容。

在具体操作实施过程中,他们还采用聚类分析与主因素分析等定量方法对共性指标进行简化,大大提高了绩效考评的准确性与有效性。

3. 引入多元评价主体,组织考评和群众评价相结合。绩效考评以提高干部素质和管理能力为重点,多元设置社会评价内容和评价主体,将被考评对象的上级、同级和下级,特别是一般群众纳入到社会评价体系中来,增强了考评的科学性和准确性。评价主体涉及多层面,主要包括:(1)县委委员及人大、政府、政协中不是县委委员的县级领导干部评价。这种评价主要是在召开县委全委扩大会的时候,由县委委员以及人大、政府、政协中不是县委委员的县级领导干部对各乡镇、县级机关各部门领导班子与领导干部进行满意度测评,并听取他们对乡镇和县级机关部门的意见。(2)县级机关部门与乡镇相互评价。组织乡镇和县级机关部门的主要负责人开展满意度互评,并相互听取意见。(3)服务对象评价。考评管理机构组织乡镇辖区内的村(社区)党组织书记、村委会(社区)主任、驻乡镇单位负责人、机关职工、群众对乡镇领导班子与领导干部进行满意度测评。组织县级机关部门的服务对象、下属单位负责人、机关职工、群众对县级机关部门领导班子与领导干部进行满意度测评。(4)党代表、人大代表、政协委员评价。组织全县1/3以上的县党代表、人大代表、政协委员对乡镇和县级机关部门领导班子与领导干部进行满意度测评。

在群众评价的环节,主要评价内容包括:(1)以科学发展观为统领,带头顾全大局,维护团结;带头做好表率,树立良好形象;带头抓好落实,大兴务实之风,着力加强领导干部执政能力建设。(2)以人民满意为目标,把优化发展环境工作列入重要日程,及时完善工作措施并狠抓落实,实现社会治安、乡风民俗、医疗卫生、发展环境等明显改观。(3)遵守国家法律、法规和规章,正确执行上级的决定、命令和指示;无滥用权力、以权代法、以权谋私现象;无乱收费、乱罚款、乱摊派、乱检查、乱办班、乱评比和"吃、拿、卡、要、报"等问题。(4)转变服务观念,深入落实工作岗位责任制、首问负责制、限时办结制、服务承诺制、效能评议制、失职追究制等。

4. 平时考评与年终考评相结合,任职工作全程监控考评。根据部门工作特点,采取自查与抽查相结合、平时检查与年终检查相结合的办法,要求各部门将制订的季度工作计划、小结、年度工作目标及完成情况及时上报,输入电脑保存,全程监控考评各单位领导班子与领导干部一年的工作实绩,为年度考评、届中考评与届满考评提供依据,为选任考评提供参考。比如,对招商引资部门领导班子与领导干部的考评,要求每个月都报送月度招商引资情况的具体数据与相关材料。

5. 横向纵向比较相结合,奖惩措施明确。在乡镇和县级部门设置了目标先进奖、工作进步奖,分别给予现金奖励。目标先进奖是对被考评领导班子与领导干部间的横向比较,按照绩效考评综合得分高低,选出一二三等奖;工作进步奖是按照本年度考评名次与上年度考评名次相比,评出进步最大的前三名领导班子与领导干部。对于获得奖励的领导班子与单位,主要负责人可以直接入选"优秀乡镇党委书记"、"优秀乡镇长"、"优秀局长"、"优秀主任"的候选人。

对年度考评连续 3 次位于最后三名乡镇和县级机关部门,若其基本目标完成,给予黄牌警告,单位领导班子和成员不得参加评优评先;若基本目标没有完成,责令其主要负责人辞职。

四、关于进一步完善基层党政领导干部绩效考评的思考与建议

党政领导班子与领导干部绩效考评机制在我国基层的行政管理考评中运用比较广泛,历史较长,在长期的实践中取得了很好的效果。但是仍然存在一些有待进一步改进的地方。在以后的实践中,需要重视对基层政府绩效的相关研究,找到一条适合我国国情、适合基层推广的党政领导绩效管理与考评模式。结合我们的调查与分析,提出以下几点思考与建议:

在考评主体方面,加强考评机构与人员队伍的培训,增加他们对党政管理部门绩效的科学认识及对考评方法的正确把握,增强他们对基层考评工作的指导性。同时,健全多元考评主体,逐步建立考评专家库,明确考评人员的责、权、利。群众和服务对象参与考评的内容和权重要逐步加大,吸收更大范围的群众参与考评,条件成熟的地方可以考虑引入第三方评价主体,防止"走形式"。通过建立一种民主的考评机制,引导执政为民理念落在实处。

在考评内容方面,继续探索建立更科学的指标体系,进行定性、定量指标的合理配置,避免考评中的随意性和主观性。可以根据每年的

情况动态调整指标和权重,进行分层、分类考评,尽量简化指标,不要过于笼统和复杂。比如,各个乡镇在资源禀赋、经济实力、发展潜力、成长速度等方面存在很大差别,这可以将乡镇细分成不同的类别,把情况相似的乡镇放在同一类别进行考评、比较。

在考评流程与方法方面,加强网络建设,增加平时考评资料的收集与梳理环节;优化目前考评组织的管理流程,根据不同考评形式设计考评模式,设计实施流程、技术标准及组织操作规范等,以提高基层党政领导班子与领导干部绩效考评的效率和质量,并增加沟通与反馈机制。

在考评结果运用方面,充分发挥绩效考评对基层党政领导班子与领导干部工作的促进与改进作用。敢于公布各机关部门和乡镇的考评结果,接受广大党员干部和群众的监督,尊重被考评者与公众的知情权。强化考评结果运用的效果,在干部选拔任用中树立考评结果的权威,提高领导干部考评工作的实效性和各级党委选人用人的公信力。

参考文献

母天学:《对美国政府绩效考评活动的考察》,《行政论坛》2001年第5期。
彭国甫:《地方政府绩效考核程序的制度安排》,《求索》2004年第10期。
唐任伍、唐天伟:《2002年中国省级地方政府效率测度》,《中国行政管理》2004年第6期。
吴建南、阎波:《谁是"最佳"的价值判断者?区县政府绩效评价体制的利益相关主体分析》,《管理评论》2006年第5期。
马振清、马运鹏:《公共行政体制改革中政府组织绩效考核的动因分析》,《北京科技大学学报》2005年第3期。
孟华:《政府绩效考核:美国的经验与中国的实践》,上海人民出版社2006年版。
王建民:《中国地方政府机构绩效考评目标模式研究》,《管理世界》2005年第10期。
包国宪、曹西安:《我国地方政府绩效评价的回顾与模式》,《兰州大学学报》2007年第1期。
周志忍:《政府绩效考核中的公民参与:我国的实践历程与前景》,《中国行政管理》2008年第1期。
肖鸣政:《人力资源开发与管理——在公共组织中的应用》,北京大学出版社2005年版。

党外代表人士综合评价研究[①]

党外人士是中国现实政治的一个特有现象和称谓,也是一支重要的政治力量。党外代表人士是党外人士中的优秀分子,他们在现代化建设和构建和谐社会中发挥了重要的作用。但是以往人们仅是从感性上了解党外代表人士的一些外部表征,在理论上和实践中并未对党外代表人士的内涵做出明确的界定,也未对其进行综合评价。进入新世纪以后,党外代表人士的结构和成长路径都发生了很大的变化,一大批随着改革开放成长起来的新一代党外代表人士逐步成为选拔、安排、使用的对象。如何正确选拔和评价这些优秀人士为新时期统一战线中的干部管理工作提出了新的要求。如何建立科学有效的党外代表人士综合评价指标体系,日益凸现其重要性。

[①] 本文为肖鸣政与刘追合写,原载于《井冈山大学学报(社会科学版)》2010年第10期。本文为国家社科基金项目"党政领导人才素质标准和开发战略研究"(项目编号:04BZZ023),北京市哲学社会科学"十一五"规划项目"党外代表人士综合评价体系研究"(项目编号:07BaKD048)的成果。

一、研究设计

（一）研究过程

本研究分为两个阶段，前期对北京市某行政区组织部、统战部、人大、政协、监察局、侨务宗教办、台办、高校统战部及各党外代表人士共36人进行了深度访谈。这36位受访者分布于该行政区多家单位，样本具有较强的代表性。后期根据前期访谈分析结果，制定调查问卷，对各党外、统战部主管干部等共发放问卷54份，进一步对党外代表人士的综合评价标准及其权重进行验证和修正。

（二）研究方法

研究中采用结构化访谈，访谈内容主要包括以下几个方面：党外代表人士概念界定与统计标准；原有党外代表人士推荐的程序和标准；现有党外代表人士的评价标准、评价主体和评价方法等。问卷调查主要是针对党外代表人士德、能、绩等五个方面的评价标准及其权重而开展，问卷回收率达到100%，有效问卷占总问卷的88.7%，具有较高的可信度。

二、党外代表人士综合评价指标体系的设计原则

我们在党外代表人士综合评价指标体系的设计过程中主要遵循以下基本原则：

（一）科学性原则

科学性原则主要体现在理论和实践相结合，以及采用科学的研究方法等。本研究主要利用人力资源开发的相关理论，从内外两个方面对党外代表人士进行综合评价，既关注到党外代表人士的外在绩效，也关注了党外代表人士的内在心理素质。在研究中我们坚持理论和实践相结合，对评价标准多次召开座谈会，并对近40位党外代表人士和专家进行深度访谈，评价指标体系还经过预评价，进行小范围的试用，并根据试用结果做出修正，保证了评价指标体系的科学性和实用性。

（二）针对性原则

在对不同类别党外代表人士进行评价时，评价指标体系中的各项指标应有所不同，要根据各类人员的具体特点来进行指标设计。对于不同类型的人进行评价其指标是不同的，即使有些指标相同，但其内容或者权重也是不一样的。在应用不同的目的和情境时，适宜采用不同

复杂程度的计量方法。

（三）实用性原则

实用性是指综合评价指标体系的可行性和可操作性，综合评价指标既要简化，方法简单，也要基本保证评价结果的客观性、全面性。评价指标的设计应尽可能简单，只要能达到既定目的并获得所需要的信息就行。同时，评价标准所展示的标志是可以直接观察或能通过一定的方法辨别、把握和计量的。在进行评价指标的设计时，要充分考虑可操作性，评价标准的措辞应当通俗易懂，尽量避免或少用专业用词，表达要简明扼要①。

（四）目标导向的原则

评价的目的不是单纯评出名次及优劣的程度，更重要的是引导和鼓励被评价对象向正确的方向和目标发展。评价是管理工作中控制环节的重要工作内容，利用实际成果的评价，对被评价对象的行为加以控制，引导评价对象向目标靠近，即目标导向的作用。②

（五）合理量化的原则

在每个指标确定评价标度时，能用数量化的形式表示就尽可能用数量化表示，尽可能采用客观性的数据与结果，其目的是使每个要素的评判都易于操作和客观化。对于既没有客观性的数据与结果，也没有可参考的量化标准的评价指标，则要求评价者在调查研究的基础上进行定性分析，然后根据自己以往的经验和当前的实际来确定评价对象在该指标上的等级水平，并给以相应的分数。③

三、党外代表人士评价标准的内容与权重分析

党外代表人士要在组织和管理社会活动中，用自己的创造性劳动，为社会发展和人类进步做出显著的贡献，实现其人才价值，就必须具有较高的素质④。党外代表人士的素质就是党外代表人士完成其参政议政活动与岗位任务所具备的基本条件和基本特点，是具有更复杂结构

---

① 刘润堂：《党外代表人士综合评价体系研究》，《广东省社会主义学院学报》2007年第4期。
② 同上。
③ 肖鸣政、Mark Cook：《人员素质测评》，高等教育出版社2003年版。
④ 张培德：《论我国公务员政绩评价指标体系的建立》，《上海师范大学学报（哲学社会科学版）》2006年第1期。

的身体和心理等各方面能力及其品质特征的总和,是党外代表人士的一切内在构成,是党外代表人士借以生存、工作、发展和做贡献的个人内在条件和特殊本领①。代表人士的素质越高,其价值就越高。如何客观科学地评价党外代表人士的人才价值,是构建党外代表人士综合评价指标体系的重要依据。因此,党外代表人士的综合评价就是要评价代表人士的自身价值和社会价值,从代表人士的思想政治素质、工作业绩、社会影响力、能力、积极性等方面进行研究,建立一套科学可行的综合评价标准。

(一) 评价标准

1. 德。党外代表人士的评价应考察德的方面,虽然这并不好考察,但可以通过同行、基层党委,根据交往的感觉,文字材料和实际工作结合的方式考察。其中政治素质是关键,要爱国守法,在政治方向上,自觉接受中共的领导,正确认识西方的民主制度和自由思想,这在发言、平时做事中可以反映出来;在政治态度上,政治立场坚定,在重大事件与中共保持一致,维护团结稳定;在个人修养上,具有一定的社会公德,如诚信方面没有不良记录;具有良好的职业道德,爱岗敬业,为人正直,有一定的公益心、爱心和社会责任感,能够起到一定的表率作用,具有一定的奉献精神。

2. 能。党外代表人士应具有一定的能力,其能力可以通过对日常工作能力,体现业绩的行为,履行职能等情况进行考察。

第一,政治把握能力,主要包括以下几个方面:(1)了解国家的方针政策,有自己的见解和敏锐的反应能力(赞同的人占93.7%,以下均简记为数值);(2)政治制度方面的理解,把握国家大局,良好的判断是非能力(91.6%);(3)捕捉信息的能力,能够敏感地意识到问题,并采用合适的方式加以反馈(83.2%);(4)真实了解百姓的情况,看待问题具有前瞻性(79%);(5)大局意识,特别是遇到不如意的时候,不消极,有一定的责任感(74.8%)。如图1所示。

---

① 杨选留、张朋柱:《党政领导人才素质评价指标体系与综合评价方法》,《西北大学学报(哲学社会科学版)》2004年第4期。

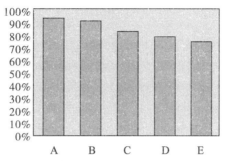

图 1　党外代表人士政治把握能力重要性分布图

第二,参政议政能力,主要包括以下几个方面:(1)勇于献言献策,善于调查研究,抓住问题的本质,具有较好的写作能力和语言表达能力(91.6%);(2)对区情的了解,对群众呼声的了解(87.4%);(3)积极完成上级组织交给的任务,参与区委相关部门的工作(如区委或统战部等组织调研)(76.9%);(4)提出建议的可行性,问题的建设性,和政府相关部门进行沟通,围绕区里工作,主要是对地区一些行业发展的促进作用(76.9%);(5)报送提案、建议和信息的数量和质量,这些提案和信息要经过调研,有前瞻性和实效性,是政府比较关心、急于解决的、有价值的信息和资料(72.7%);(6)有没有提出建设性的提案、建议和意见,能不能在会上发表意见(62.2%)。如图2所示。

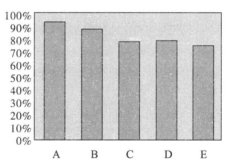

图 2　党外代表人士参政议政能力重要性分布图

第三,组织协调能力,主要包括以下几个方面:(1)善于沟通能力,能够倾听别人的意见(979%);(2)综合管理能力,协调能力(87.4%);(3)团结能力,组织领导能力(85.3%);(4)能不能把事做好,负责一块工作有起色(72.7%);(5)善于组织活动,积极联系群众(66.4%)。如图3所示。

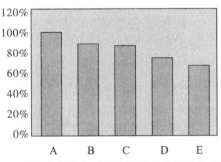

图3 党外代表人士组织协调能力重要性分布图

第四,合作共事能力,具体包括以下几个方面:(1)与所在单位党委和领导能不能处好关系(95.8%);(2)团结协作精神,尊重人,关心人(85.3%);(3)善于和别人相处,并能和自己有不同意见的人合作共事(79%);(4)跟人交往的能力,和同事的关系(74.8%);(5)自觉接受领导,维护集体权威(64.3%),如图4所示。

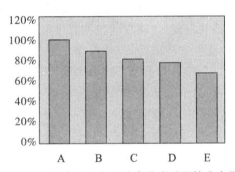

图4 党外代表人士合作共事能力重要性分布图

3. 绩。代表人士的成绩包括本职工作业绩、社会工作业绩及其社会贡献等。

第一,代表人士的本职工作业绩包括:(1)在本岗位所取得的成绩和业绩有权威性和代表性,如在教学或科研方面都取得突出成绩(95.8%);(2)完成工作目标的程度(769%);(3)是否获得过重大或重要的奖励(60.1%)。

第二,代表人士的社会工作业绩包括:(1)在参政议政过程当中的作用,履行的职责(93.7%);(2)获得广泛关注或有关部门认可的个人信息、建议和提案等的数量(83.2%);(3)全员会议的到会率,参与社会工作的次数(81.1%);(4)获得过相关部门奖励或获得荣誉称号(60.1%)。如图5所示。

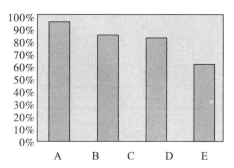

图 5 党外代表人士社会工作业绩重要性分布图

第三,代表人士的社会贡献包括:(1)为创建和谐社会贡献,代表了广大群众的利益,并做出一定的工作(95.8%);(2)在稳定社会维护团结方面作出积极贡献(85.3%);(3)所取得的成就创造了较大的社会效益和经济效益(79%);(4)在重大事件中发挥了积极作用(74.8%);(5)为社会做过公益活动或者捐助(64.3%)。如图6所示。

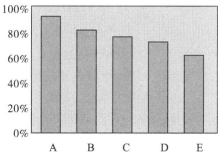

图 6 党外代表人士社会贡献重要性分布图

4. 影响力。代表人士的影响力主要包括以下几个方面:(1)一定群体和领域内具有较大的影响,如一名教授在高校教师和学生中有一定的影响力,上课好,科研优秀等(89.5%);(2)具有一定的群众基础,为大部分人认可和接受(81.1%);(3)参与过一定的社会活动,具有一定的知名度和号召力(83.2%)。

5. 发展潜力。发展潜力是党外代表人士或党外干部提名的重要参考,主要考察以下几个方面:(1)参政议政的积极性,愿意为社会做出贡献,热爱党派会务工作,积极参加党派的组织活动,具有政党意识,参与各项工作的态度和热情(97.9%);(2)参加过一定的社会工作,如组织过一些大型活动(95.8%);(3)担任过一定的领导职务(81.1%);(4)参加各级统战部的理论研讨班或读书班,对参政议政的程序等较为熟悉(68.5%);(5)确实有富余的时间和精力参政议政(68.5%);(6)其他方面,如身体健康、年龄和心理素质等(70.6%)。如图7所示。

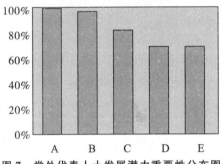

图7 党外代表人士发展潜力重要性分布图

(二) 权重确定

由于各个评价指标相对不同的评价对象来说会有不同的地位与作用,因此,要根据各评价指标对评价对象反映的不同程度而恰当地分配与确定不同的权重。本项目的权重采取德尔斐法进行确定,在访谈36名代表人士的基础上,先后征询54名党外代表人士,对各评价指标的权重进行确定。根据我们的调查,各部分的权重应为:德的方面占总评价的30%,能力占总评价的20%,业绩占总评价的20%,影响力占总评价的15%,发展潜力占总评价的15%。如图8所示。

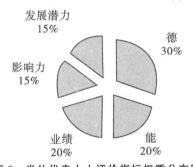

图8 党外代表人士评价指标权重分布图

四、党外代表人士评价主体分析

调查显示,党外代表人士各部分评价指标的评价主体倾向性分别为:

1. 德的评价。主要应由统战部和所在党派组织部门为主,所在单位党委和同事为辅的方式来考察,具体见表1:

表1　党外代表人士德的评价主体倾向性

评价主体	统战部	所在单位中共党委	所在单位行政领导	同事	自己	所在党派组织部门
赞成比例	74.8%	55.9%	35.7%	55.9%	18.5%	72.9%

2. 能力的评价。主要应由所在党派组织部门为主,所在单位行政领导和统战部为辅来考察,具体见表2：

表2　党外代表人士能力的评价主体倾向性

评价主体	统战部	所在单位中共党委	所在单位行政领导	同事	自己	所在党派组织部门
赞成比例	60.4%	39.6%	66.7%	47.9%	12.5%	70.8%

3. 业绩的评价。主要应由所在单位行政领导为主,所在党派组织部门和统战部为辅的方式来考察,具体见表3：

表3　党外代表人士业绩的评价主体倾向性

评价主体	统战部	所在单位中共党委	所在单位行政领导	同事	自己	所在党派组织部门
赞成比例	56.3%	43.8%	77.1%	37.5%	16.7%	58.3%

4. 影响力的评价。主要应由所在党派组织部门为主,统战部和所在单位行政领导为辅的方式来考察,具体见表4：

表4　党外代表人士影响力的评价主体倾向性

评价主体	统战部	所在单位中共党委	所在单位行政领导	同事	自己	所在党派组织部门
赞成比例	66.7%	45.9%	52.1%	41.7%	10.4%	72.9%

5. 发展潜力的评价。主要应由所在党派组织部门为主,统战部和所在单位党委或行政领导为辅的方式来考察,具体见表5：

表5　党外代表人士发展潜力的评价主体倾向性

评价主体	统战部	所在单位中共党委	所在单位行政领导	同事	自己	所在党派组织部门	中共组织部门
赞成比例	68.8%	56.3%	50.0%	29.2%	16.7%	77.1%	20.8%

五、结论及政策建议

由上述分析可以看出,党外代表人士的评价标准内容主要集中在德、能力、业绩、社会影响力和发展潜力等五个主要方面,与我国公务员法规定的"德、能、勤、绩、廉"有所区别,这也反映了我国党外代表人士的独特性和时代性。有效实施党外代表人士综合评价的指标体系,还应注意以下几个方面的问题:

(一)注意党外代表人士的特殊性和时代性

一方面,党外代表人士的评价在不同类别应该有所区别,民主党派、无党派应强调参政议政能力,民族宗教强调安国爱教、宣传党的政策、稳定社会,新社会阶层应强调回馈社会,港澳台应强调对祖国和平统一做出的贡献。因此,我们在选取评价主体时,应选择对这些类别和界别有一定了解的主体进行;在分析评价结果时,应重点考虑这些指标的作用。另一方面,除专职干部外,大部分党外代表人士是在干好本职工作的同时,承担一定的社会活动和政治活动,本身就具有一定的奉献精神。因此,评价时不能单纯从党对干部的要求出发,对其特殊性和时代性要给予考虑,要抓住党外代表人士的主要方面。

(二)正确分析和应用评价结果

综合评价结果是走群众路线、发扬民主的结果,必须正确分析和应用。首先,必须考虑"一票否决"。党外代表人士有其特殊的政治身份,选拔党外代表人士首要的、根本的是政治条件,即政治上必须可靠。无论哪个方面的党外人士,如果政治素质很差,其他方面都好,也不能确定为代表人士。其次,具体情况要具体分析。评价结果是评价主体评出来的,应当说群众的眼睛是亮的。有些人的某些指标项评价结果与我们平时掌握的情况可能有很大出入,或许很好,或许很差。必须通过深入访谈等办法作进一步了解,弄清事实真相,既不要看错人,也不要冤枉人。同时,我们一方面要相信评价结果,一方面还要考虑到有些结果可能受到人为因素的干扰,只能供选拔使用时参考。

(三)实施综合评价指标体系应循序渐进,逐步推行

调查发现,党外代表人士的综合评价具有较强的理论性和前瞻性,目前实施综合评价指标体系的条件还不是非常成熟,比如对党外代表人士业绩的评价在具体推荐时还没有考虑其具体的数量和质量,还主要根据单位领导和个人意愿来推荐。因此应对目前较好的评价方法和

方式充分吸收,在此基础上进行不断创新,逐步推行。同时,应加大对综合评价指标体系的宣传力度,以此指导党外代表人士的推荐和评价工作。

(四)建立党外代表人士综合评价的工作机制

统战部要会商其他部门,负责好党外代表人士的推荐提名工作,加强与组织部门的沟通联系,做好党外代表人士的发现、推荐、培养。评价主体应坚持多元化,由统战部主持,但要有相关部门、所在单位和群众代表参加。建立由组织部门牵头、统战部负责、其他相关部门参与的党外干部联席会议制度,将党外代表人士后备队伍建设纳入组织部门的干部规划内,在政治安排和实职安排上加强交流与合作,形成长效的交流机制,以推动党外代表人士综合评价的实效性。

总之,开展党外代表人士综合评价体系研究是一项基础性、开创性的工作,可以说是刚刚起步。其评价指标体系是开放性的,必须随着党外代表人士队伍的变化和党外代表人士工作的需要不断丰富和完善。

党政领导人才开发的问题与对策[1]

党政领导人才在国家的政治、经济与社会发展各项事业中,居于重要地位,发挥着关键作用。一个政党、一个国家能不能不断开发与培养出优秀的党政领导人才,将直接决定着这个政党和国家的兴衰存亡。在当今人才强国战略的宏观背景下,研究探讨当前我国党政领导人才开发实践中存在的问题与对策,对于提高我国开发和管理党政领导人才的科学化水平具有重要意义。本文通过对我国某一地级市党政领导人才开发问题的实证研究,在发放大量调查问卷和访谈基础上,剖析了当前我国党政领导人才管理与开发中存在的一些实际问题,并提出了相应的对策建议。

虽然我国地域辽阔,各地情况不尽一致,但由于我们国家管理体制的统一性与党政领导干部结构与编制要求上的相似性,我们认为通过该个案的分析,所得到的调查结果与建议,对于我国整个党政领导人才队伍的建设与管理,同样具有比较客观与现实的参考意义。

---

[1] 本文为肖鸣政与陈小平合写,原载于《党建研究》2006年第6期。

在本次调查中,共选取了该地级市 600 多个个体进行调查,共发放"党政领导人才开发调查问卷"600 份,回收 550 份,其中有效问卷 511 份,属于大样本,符合统计分析要求。调查样本具有一定的代表性,基本反映了我国党政领导人才结构的一般状况。

调查发现,目前我国党政领导人才开发实践中存在的主要问题是:(1)数量的地域分布不均衡;(2)整体素质有待提高;(3)素质结构失衡问题比较突出;(4)考评机制不完善;(5)激励机制不力。

基于上述调查结果,同时考虑到我国的实际情况,结合与中央部委相关人员及一些管理机构负责人的交谈,我们认为人才强国战略的实施,社会经济的发展,关键是党政领导人才的开发与管理,为此提出如下建议。

一、制定开发规划

人才开发规划工作是人力资源能力建设工作中非常重要的环节之一,要做好人力资源能力建设工作,必须做好人力资源开发工作和开发战略规划工作。当今世界,呈现政治多极化和经济全球化的发展格局,科学技术迅猛发展,国与国、地区与地区以及组织与组织之间的竞争更加激烈,这对中国的党政领导人才提出了更新更高的目标要求,中国的发展也面临着比较严峻的政治、经济与资源等方面的压力。面对这种情况,我们必须通过人力资源的开发、尤其是党政领导人才开发的战略规划来解决当前面临的各种问题。为政之要首先在人才战略规划。

从调查中了解到,目前我国党政领导人才开发规划工作并不理想,没有根据需求认真制定开发战略规划,实施情况也不够理想。我们建议在党政领导人才的能力建设与开发工作上应该从以下方面加强:

第一,进行党政领导人才的供给和需求分析。

第二,根据供给和需求分析,并结合国情与未来挑战,确立党政领导人才开发规划的战略目标。

第三,根据规划战略与远景目标,制定相应的政策规定或者开发措施。

第四,做好各项开发保障工作,认真贯彻落实,努力实现战略规划目标。

二、创新考评机制

科学的考评机制,能够全面、客观、准确地评价干部政绩,能够更好地选贤任能和对党政领导干部进行有效的管理监督,能够帮助领导干部增强紧迫感和责任感,对推进党政领导人才的能力建设具有基础性、长期性作用。我们建议在创新考评机制上应该从以下几方面加强:

第一,做好考评后的面谈反馈工作。面谈是一种有效的反馈渠道,让被考评的党政领导干部有机会及时了解反馈意见,共同认识考评结果,研究如何进行必要的工作改进,确定相应的能力提升方案。

第二,完善考评指标体系。科学的考评指标体系,是德、能、勤、绩、廉诸要素的综合反映,必须内容全面、指标正确、标准客观。要根据具体情况加以量化,确保考评的客观、准确、公正和可操作。既要确保指标体系的完整,又要强调全局观念、决策水平、民主作风等针对性较强的指标。

第三,科学运用考评结果。创新考核评价机制,对党政领导人才进行真实、客观、公正的评价,直接目的是为了更好地选贤任能和对党政领导干部进行有效的管理监督与能力开发,根本目标是提高管理水平与执政能力。必须把考评结果正确反映到对他们的使用上,作为决定党政领导干部升降去留的重要依据,形成正确的政绩观与科学的用人观,解决能上能下、能进能出的问题,减少用人失误。同时,把考评结果在适当范围内公布,充分发挥考评结果对党政领导干部的激励和鞭策作用,发挥考评结果对于党政领导人才队伍建设的正确导向作用。

三、创新选拔任用机制

"政治路线确定之后,干部就是决定的因素。"党政领导人才的选拔与任用,关系到党和国家的盛衰兴亡,是事业成败的关键。健全我国党政领导人才选拔任用机制,是建设富强、民主、文明、和谐的社会主义现代化强国的关键所在,是党和国家长治久安的重要保障。调查中我们发现,现在,党政领导人才选拔任用机制还存在诸多问题,例如能上不能下、缺乏竞争、选人方式单一、论资排辈、选人视野不宽等。我们建议从以下方面创新党政领导人才的选拔任用机制:

第一,进一步疏通渠道,创新择优汰劣机制。一方面要着眼于形成择优选才机制,拓宽党政领导"上"的渠道。另一方面要着眼于形成党政领导汰劣机制,解决党政领导"下"的问题。通过建立职务任期制度、任职试用期制度、辞职制度、部分领导干部职务聘任制和免职制度等,建立和完善党政领导干部能下的各项配套措施,并通过轮岗转岗、降职、改任非领导职务等方法,疏通党政领导干部正常下的渠道。

第二,进一步扩大民主,创新群众举荐机制。要认真落实群众对党政领导人才选拔任用的知情权、参与权、选择权和监督权。

第三,进一步完善考察办法,创新党政领导人才识别机制。要正确看待党政领导干部的政绩与实绩,用当前的显绩效与可能的潜绩效全面衡量领导干部。要注重素质建设,凭德才选任党政领导。

四、创新激励机制

激励机制主要指为实现工作目标,根据党政领导的个人需要,制定适当的行为规范和分配制度,以实现资源的最优配置,达到组织需要和个人意愿的一致。其实质是抱着人性化的观念,通过理性化的制度来规范党政领导的行为,调动党政领导的工作积极性,谋求管理的人性化和制度化之间的平衡,以达到有序管理和有效管理。调查中我们发现,目前我国党政领导干部激励机制中还存在不少问题,诸如"与工作付出相比工资水平偏低"、"对良好行为的激励强化不够"、"权力过于集中下放不够"、"任务目标制定不合理"和"情感等精神激励缺乏"等问题。针对上述问题,我们建议在创新激励机制上从以下方面加强:

第一,进行薪酬制度改革。建议薪酬制度应该贯彻下列原则:(1)实行职务的薪酬原则;(2)强调能力和绩效的原则;(3)适应市场和物价变化的原则。

第二,充分利用好精神激励方式。精神激励的主要目的就是通过有效的措施正确引导党政领导人才的价值取向,也是许多发达国家激励体系的重要组成部分。其措施有:(1)文化激励。通过构建良好的党政机关文化,使其成为党政领导干部的世界观、人生观、价值观的重要组成部分,为其勤奋敬业提供强大的精神动力。(2)情感激励。社会心理学家认为,一个团体的力量大小并非取决于该团体成员数量或财物的多少,而是取决于团体内人际关系如何。人际关系的协调能使一个团体具有强大的亲和力,激发人才乐意为该团体奉献。因此,要注意通过情感激励构筑党政领导人才之间的良好人际关系,为人才发挥才智创造良好的氛围。(3)荣誉激励。人人都具有争取荣誉实现自我价值的需求,这也是一种高层次的需求。荣誉激励的方式有多种,比如给优秀党政领导人才颁发相应的证书,允许他们到高等院校作特聘教授以及出国考察等。

第三,设置多个职业发展通道,拓宽党政领导人才的发展渠道。例如可以设置专业技术系列和行政岗位系列等,并使这些系列和党政领导干部的收入挂钩,充分调动不同能力结构的党政领导人才的工作积极性。

五、创新培训开发机制

教育培训是全面提升党政领导人才综合素质非常关键的一环,是提高他们工作水平和加强国家行政能力建设不可缺少的手段和制度。从调查中发现,目前党政领导人才的培训开发工作,在方式、内容、效果评价、制度建设、组织实施等方面还存在一定程度的不足,所以我们建议从以下几方面进行培训开发机制的创新:

第一,创新培训类型。培训类型可以多样化,可以有长期的和短期的、有国内的和国外的、有定向进修和专业进修、有观念转变和实际操作培训等。

第二,创新培训开发方式。在各类培训班次上,可以综合运用情景模拟、案例讨论、素质能力测试,以及体验式、互动式教学等现代教学手段,还可以把现场教学实况通过中心课堂向各下属单位互动直播。同时,继续做好党政领导干部的挂职锻炼、岗位轮换工作,做好组织文化建设工作,使广大党政领导干部行政能力不断得到提升。

第三,创新培训开发管理方法。根据全面质量管理理念和方法,积极创新培训开发管理机制,在主体班次培训管理上加强事前管理,建立教育培训申报审批、点名调训等制度,严格把好计划关、内容关和实施关;健全事中管理,可以制定党政领导干部通讯联系、联络员跟班等制度,切实加强指导与管理;完善事后管理,建立学员参训情况通报、教学效果评估等制度。

第四,创新培训开发效果激励手段。针对党政领导干部,可以制定出台专门的学时学分考核暂行办法,具体考核内容包括远程教育学习、党委(党组)中心组学习、主体班次培训、自我理论研究成果汇报考评制度,考评结果与选拔使用相挂钩。考评办法应该系统化,注意平时考评与年终考评相结合。还可在远程教育网站上设计考核软件,建立学员个人教育培训情况电子档案。

党政人才工作压力现状及管理策略分析[①]

一、问题的提出

随着社会工作生活节奏的加快和不确定因素的增加,工作压力与健康问题也成为人们愈来愈关注的焦点问题。近年来,随着对压力问题研究的逐渐深入,学者们提出了关于工作压力的定义,即:人们在工作环境中,使工作行为逼迫与威胁的压力源长期持续地作用于个体,在个体的主体特性及应对行为影响下所产生的一系列生理、心理和行为反应的系统过程,它对人的身心健康以及工作效率有着重要的影响。由于工作压力对人的身心健康有重要的影响,因此,有关工作压力理论的研究早就引起了有关专家的高度重视。

引起压力的因素是多方面的,对此有关专家学者进行了系列研究。French 和 Lan(1972)提出了个体—环境匹配理论,该理论认为引起压力的因素不是

[①] 本文为萧鸣政、袁淑玉与郝路合写,原载于《中国人才》2008 年第 10 期。

单独的环境因素或个人因素,而是个人和环境相联系的结果,因而只有当个性特征与工作环境相匹配(PC-fit)时,才会出现较好的适应。Richard 和 Lazarus 提出了基于交互作用模型的压力评价理论,认为压力的产生是某一种环境与某一种人所作的对环境所可能产生的威胁的评价结合的结果。对此,人的主观评价因素在压力产生中起着重要的作用。

Karasek(1979)提出了工作与健康之间关系的工作需求—控制模式(JDC模式),也被称为工作压力模式。Karasek 认为工作活动包含工作需求和工作控制两个关键特征,二者共同决定任职者所承受的工作压力。进入 20 世纪 90 年代后,这一模式中又加入了一个社会维度,即社会支持,使这一模式成为工作需求—控制—支持模式(JDCS 模式)。根据 JDCS 模式,高需求—低控制—低支持的工作往往导致心理压力和生理疾病。与之相对应的是,高需求—高控制—高支持的工作将增加学习、动机和技能的发展。而且,控制和社会支持可以抵消高需求产生的高压力的消极影响。

20 世纪 90 年代以来,国内学者对工作压力源问题也进行了一些研究,但是研究对象大多是企业员工,党政人才群体由于工作环境、工作性质和传统观念的影响,其压力问题长期以来一直被忽略。随着社会的发展,政府职能的不断转变,党政人才作为公共服务的承担者,在努力提高自身素质的同时,压力问题不容忽视。在与政府部门的长期深入接触过程中发现,党政人才因工作压力过大而病倒的不在少数,还有因此精神失常或自杀的,给个人、家属和整个部门带来很大损失。因此,对党政人才压力状况进行调查研究是十分有必要的。

二、样本及研究方法

在本次调查研究中,共选取了中央部委机关与北京市机关 550 多个党政人才个体进行调查,共发放"党政人才压力问题调查问卷"550 份,回收 540 份,其中有效问卷 524 份,占 97.03%,属于大样本调查,达到社会科学统计分析基本要求。调查样本具有一定的代表性,基本反映了我国党政领导人才结构的一般状况。

本研究通过文献分析和开放式问卷调查,借鉴哈登·帕特(2007)等学者的相关研究结果,将公共部门人力资源工作压力源分为 6 个维度:人际关系、工作任务的含糊不清、角色冲突、工作负担、工作环境、个人职业发展等,采用 SPSS13.0 for windows 进行数据统计分析。

三、党政人才工作压力现状分析

1. 党政人才工作压力基本情况分析

在党政人才对工作压力现状的评价问卷中,对"您感觉自己的工作压力情况"调研中发现,23.4%的党政人才认为自己工作"压力很大",36.7%的党政人才认为"压力较大",其累计百分比超过了60%,而认为"压力一般"的为32.9%,认为"压力较小"与"压力很小"的比例为7.1%。通过对这组数据比较不难看出,在一定程度上当前我国党政人才面临的工作压力状况很普遍,其工作压力问题应引起有关方面的高度重视。

同时,该调查还表明,职业发展的压力、工作负荷压力、人际关系压力、潜能不能充分发挥以及管理环境等压力问题被排在前五位,这些基本反映当前党政人才工作压力主要根源。其中,职业生涯发展压力、人际关系和工作负荷压力这三种压力是当前党政人才最主要压力源。

2. 党政人才工作压力源结构分析

(1) 职业生涯发展压力

哈登·帕特(2007)认为个人职业发展维度主要包括职位晋升、素质提高和潜能施展等内容。在本次研究中,与党政人才个人职业发展维度密切相关的职位晋升、工作负荷压力、能力发挥效力不理想等被排在前三位,其中,源自"职位晋升"压力的比例为65.6%;"工作负荷重,发展机会和空间有限"为38.6%;同时,"感觉自身能力未被承认"(27.3%)、"自己的发展前景不理想"(25.1%)也是党政人才压力的重要来源。其中,"职位晋升"排在第1位,远远超过其他几项内容的比例。可以说党政人才容易感觉自身缺乏发展机会、能力得不到发挥,对自己的发展前景感到渺茫,从而产生工作压力。排在第二位的是"通过继续教育或在职培训等方式提高知识技能的压力",其认同比例为52.6%,这与当前我国倡导的建立学习型政府、学习型组织、学习型社会的思想是一致的。

(2) 人际关系

调查显示,在6个有关工作沟通与人际关系的因素中,工作信息交流程度低(63.6%)排在第1位,远远超过其他几项内容的比例。可见,党政人才在工作沟通与人际关系维度上的压力更多的是来源于此,同时,这进一步说明缺乏沟通、信息不对称会对工作压力产生一定的影响。

（3）工作本身及其相关因素

与工作本身相关的因素中,工资及其他的福利待遇低、任务目标含糊、工作责任重大和经常加班,是公共部门人力资源压力的主要来源。调查发现,72.6%的党政人才认为自己的工作压力主要来自"与工作付出相比,工资及其他的福利待遇低",46%的党政人才认为工作压力主要来自"任务目标含糊",43.2%的党政人才认为"经常加班"是工作压力的主要来源,40.2%的党政人才认为"工作责任重大"是他们工作压力的主要来源。因此,有理由认为这4个方面是党政人才工作压力的主要来源。

（4）潜能发挥不充分

在"作为党政人才,您认为您的潜能发挥作用情况"问卷分析中,只有11.7%的调查对象认为在工作中,发挥了80%以上;36.4%被调查对象认为在工作中,发挥了60%—80%;34.2%被调查对象认为在工作中,发挥了40%—60%;有11.7%被调查对象认为在工作中,仅发挥了40%。从上述数据可以看出,将近一半左右的党政人才在工作中并没有充分发挥自己的潜能。

（5）环境因素

在"您认为所在单位党政人才政策环境存在的主要问题"的调研中,用人机制不灵活、缺乏有效的人才政策等问题排在前五位,其中,52.9%的被调查对象认为用人机制不活是外部管理环境给自己带来的最大压力,47.4%的党政人才认为"缺乏有效的人才政策"也是工作压力主要来源。在"您的后顾之忧问题"分析排序中,健康问题(67.6%)、住房问题(65.8%)和子女教育问题(63.9%)被排在前三位。

3. 党政人才工作压力差异性分析

首先,就党政人才工作年限而言,工作年限5—10年的人群压力感明显高于其他人群,其显著水平小于0.05。这部分党政人才主要的年龄在30岁—35岁之间,这与党政人才晋升的受年龄限制有一定关系,这个年龄阶段党政人才业务熟练,也是组织部门重用人才和提拔人才的关键时期。

其次,就党政人才受教育程度而言,受教育年限越长的党政人才的压力感越强。其中,本科及以上学历的人群压力感比其他人群的压力感受要强烈,其显著水平小于0.05。由于人们受教育程度越高,其时间、精力等投入也就越大,如何在现实中将自己的投入与自己的所得之间的差距最小化,这也是造成这个现象的一个重要原因。

再次,就党政人才性别的比较发现,男性党政人才在"压力较大"和"压力很大"两项累计百分比上占了64.6%,明显高于女性党政人才的48.2%。这表明男性党政人才普遍比女性党政人才面临的工作压力更大,这可能是由于与传统观点中男性所承担的责任更大,社会对男性的期望值较高有关。

通过对处级、科级和一般党政人才的比较发现,处级党政人才在组织结构和氛围、职业发展和成就两个方面感受到的压力要大于非处级的党政人才。也就是说处级党政人才感受到的来自组织自身特点和个人职业成就的发展压力要比科级或一般党政人才的压力更大,这主要是因为他们所处的位置更能深刻体会到组织结构设计、管理体制方面的问题,对他们的工作影响更大。而且,处级党政人才具有举足轻重的作用,因此他们也更看重个人的工作成就感以及将来的晋升前景。而工作本身因素、人际关系因素等方面,科级和一般党政人才感受到的压力比处级党政人才压力稍高,因为科级和一般党政人才都处于基层,很多具体工作由他们来完成,他们在人际关系中属于弱势,因而,他们感受到来自工作和人际关系方面的压力要高于处级党政人才。

最后,党政人才认为政府人力资源管理制度对缓解党政人才压力的作用十分明显,其次是组织结构与领导风格因素、人际关系,最后是缓解压力的实践活动和工作本身。在具体措施上,党政人才认为"多元化的职业通道"、"提高党政人才的待遇"、"给党政人才以更多的理解和关怀"、"工作评价和考核中注意公平"等措施非常重要;"减轻工作强度"、"调整工作岗位"和"开展心理咨询活动"等措施的重要性相对较弱。

四、党政人才压力管理的策略建议

尽管压力会给党政人才带来一系列严重的不良后果,但大量的研究证明压力是完全可以进行高效管理的。压力管理的内容主要包括:其一是维持"良性压力";其二是消除"恶性压力";其三是在良性压力过大时开展"减压"活动。适当的良性压力,对于任何党政人才而言都是一笔财富,但是在党政人才压力管理中必须掌握好压力的"度"。适度的压力管理是一个系统工程,结合党政人才压力的现状,笔者建议从组织和个人两个层面着手解决:

1. 组织管理层面策略

首先,各级政府以及相关部门应该关注缓解党政人才压力机制建设。本次调查发现,目前政府缓解党政人才压力的措施不够健全和完善。问卷中关于"作为党政人才,您认为政府缓解党政人才压力的机制建设情况",10.7%的党政人才回答"很不健全",回答"较不健全"的比例为33.1%;同时,"作为党政人才,您认为领导对缓解党政人才压力关注情况",回答"没有关注"的比例为9.6%,回答"偶尔关注"的为25.1%,回答"较少关注"占了48.6%。这一现象表明,当前党政人才压力这一问题并未引起各级政府及有关部门的高度重视。因此,各级政府及有关部门应充分认识到工作压力给党政人才自身以及国家带来的影响,高度关注党政人才由于工作压力问题而导致的身心健康问题。

其次,建立组织沟通和信息分享的有效机制实行无缝沟通。有效的组织沟通是缓解和释放党政人才压力的重要途径。公共部门要建立有效的横向沟通和纵向沟通渠道。在公共部门无缝隙沟通的模式建立需要以下几个条件:一是领导者或管理者应向下级提供组织相关信息,让下属参与到与他们息息相关的一些决策,让他们知道组织正在做的工作以及他们工作完成的情况,从而减轻由于不可控、不确定性带来的压力;二是各级主管要加强与下级的沟通,真正关心下属的生活,全方位了解下属在工作生活中的实际困难并给予尽可能的帮助,缩短与下属的心理距离;三是沟通方式要多样化,如面谈、集体讨论会、热线等;四是有效的授权能减轻党政人才的工作压力,还不断增加党政人才的责任感和工作能力。

再次,建立有效的绩效反馈机制。高度的不确定性容易使人紧张焦虑,因此使党政人才及时了解其工作绩效以及上级对其工作的评价和期望,有利于缓解压力。20世纪90年代,国外的一些公共部门采用了360度较小反馈计划就是一个成功的案例,通过这个计划使公共部门的雇员从与自己又相互关系的所有主体那里获得关于自己绩效信息反馈,进而缓解其工作的压力。

最后,关心党政人才的自我成长与自我实现。随着知识经济的快速发展,党政人才所拥有的知识随着时间会逐渐老化,因此,相关部门应该重视国家对党政人才的培训开发与投资,为他们提供充电的机会,使他们保持竞争优势的资本,以缓解因为知识技术更新加快所带来的压力。

此外,做好压力知识的普及和咨询工作。各级政府部门可以通过网络、讲座和报告等,提供和设计一些压力与心理健康的知识,使党政人才了解压力的后果、症状以及自我调适的方法等。同时,在国外,公共部门心理咨询活动已被广泛认可为可以有效缓解工作压力措施之一,而我国公共部门心理咨询工作尚需完善。

2. 个人层面的压力管理策略

首先,预见和评估压力源。党政人才在工作中,要做好个人职业生涯规划,对可能出现的压力做好评估和预测,增强工作的积极性。保持乐观的生活态度。只有这样,才能有效降低压力源,以减轻外界可能出现的压力。

其次,接受和释放压力。有些党政人才总是抓住过去的失望、挫折或与他人的不和,不愿正确面对和接受压力。如果愿意改变对某种情况的感觉和态度,就会发现接受它比较容易。在接受压力的过程中,要知道"有所为,有所不为"等,在释放压力的过程中,可以采用主动寻求外界援助、适当抱怨、适当休息、处理愤怒、冷静等有效方法。

再次,有效管理自己的时间和生活方式。有效管理时间可以遵循二八规则,做重要的事情,具体而言,一是理出每天要完成的事,根据重要程度和紧急程度进行日程安排;二是在自己最清醒、最有效率的时间段完成工作中最重要的部分;三是学会策略性的暂停,避免钻牛角尖;四是摆脱冗余而繁杂的咨询包围,有效地选择重要信息。在生活方式的管理上,主要包括身体锻炼、积极的心理暗示、视觉化的积极的心理图像、培养业余爱好等。

最后,提高应对压力的弹性。当压力源是持久的或不可能消除的,就需要发展个人弹性来应对。一些党政人才在压力下几乎崩溃,而另一些党政人才却能应对自如,根本原因在于他们的弹性强度不同。应对压力的弹性包括生理弹性、心理弹性和社会弹性。心理学研究表明,那些身体健康的人比那些身体不健康的人能更好地应对压力,那些坚强型人格特质的人倾向于将压力的情景解释为正面的,往往更倾向于乐观地看待问题;那些处于支持性社会网络的个体不大容易体验到压力,而且能更好地应付压力的后果。因此,对于党政人才而言,健康的身体和心理素质,良好的社会关系网络,是改善自身压力状况的有效方式。

关于党政领导班子配置结构维度的分析与思考[①]

胡锦涛同志指出,人才问题尤其是包括党政领导在内的高层次人才问题,是关系党和国家事业发展的关键问题[②]。在人才强国战略的时代背景下,建设与配置一个高素质、高水平与高绩效的党政领导班子,对提升政府的执政能力、实现我国各项社会经济发展战略目标具有十分重要的意义。

高水平的党政领导人才团队意味着有突出的业绩与绩效,具体到党政部门,这种业绩与绩效就是优良的政绩。这里的政绩包括两个层面的含义:一是党政领导干部个人的绩效,即领导干部行使人民赋予他们的权力,在任职期间履行岗位职责所取得的绩效[③];二是

[①] 本文为肖鸣政与李冷合著,与载于《领导科学》2012 年第 8 期。本文是教育部人文社科基地重大项目"党政领导班子素质特征与政绩关系研究"(项目编号:10JJD630017)的阶段性成果。

[②] 李亚杰、谭浩:《人才问题是关系党和国家事业发展的关键问题》,http://www.gz.xinhuanet.com/2008htm/xwzx/2010-05/27/content_19896884.htm。

[③] 李国友:《论构建和谐社会背景下地方政府领导政绩考核指标体系之建构》,《社会主义研究》2007 年第 1 期。

领导班子的集体绩效。由于素质是产生绩效与实现发展的内在条件,而绩效与发展又是素质的外在表现,因此,建设一个具备优良政绩的党政领导团队,就是要求这一领导团队具备优秀的、扎实的、过硬的素质。这里的素质是指个体完成一定活动与任务所具备的基本条件和基本特点,是行为的基础与根本因素①。但整个团队的绩效并不只取决于团队中领导成员个人素质的高低,而是与整个领导团队成员之间素质的匹配是否完善与和谐有着紧密关系,即党政领导团队的绩效取决于整个领导班子的素质结构。近年来,从中央到地方的各级党政机关已经逐步开始重视领导干部的选拔、任用、培养与管理。然而,这种重视大多还停留在对领导干部及公务员个人素质的考察与培养方面,党政领导团队整体的素质结构问题还没有被我们高度重视。因此,个别地区的领导班子中,成员个人素质比较突出,整个领导团队却总是出现各种问题,以致影响领导团队的整体绩效。

一、领导班子配置个体素质结构观的分析

近年来,国内许多学者开始从领导班子素质结构优化方面入手,对党政领导班子配置问题进行比较全面的研究,并且这些素质结构的构成维度涵盖了年龄结构、学历结构、专业结构、能力结构、道德品质与思想作风结构、性格与心理结构、资历经历结构等方面要素。这种观点主要是基于领导班子成员个体心理素质分析结果的综合与概括,我们称之为"领导班子个体素质结构维度观"。下面总结与归纳国内学者在这方面的主要研究成果与观点。

王乐夫从年龄结构、知识结构、智能结构、气质结构四个方面对"领导班子素质结构"进行了系统、深入与创新性的论述②。谢雯认为应该合理配置领导班子成员,实现整个班子的差异协同、自我调适、多向开放以及动态稳定,在领导班子的配备上要坚持把握四个原则:一是年龄结构梯次原则。要使每一个干部都在最佳年龄得到最佳使用,并注意适当拉开年龄距离,班子的整体年龄结构应该呈现"两头小,中间大"的搭配特点。二是知识结构互补原则。三是智能结构相济原则。四是气质结构协调原则③。有的学者认为,领导班子的素质结构,主要包括

---

① 肖鸣政:《人员素质测评》第2版,高等教育出版社2007年版。
② 王乐夫:《领导学》,中山大学出版社2006年版。
③ 谢雯:《构建优化的领导班子结构》,《领导科学》2003年第20期。

"年龄结构、知识结构、智能结构、素质结构及专业结构",认为领导班子的结构是一个多维的、动态的综合体①。俞文钊认为领导群体结构是一个多层次、多系列、多要素的动态平衡体,由许多亚结构组成。这些亚结构可分为八大类:品德结构、知识结构、专业结构、智能结构、气质结构、性格结构、能力结构、年龄结构②。张向东认为领导班子的结构主要包括年龄结构(理想的年龄结构应该由55岁左右、50岁左右、40岁左右的人组成,且50岁以下的要占到半数)、知识结构(将具有不同知识水平和不同专长的领导干部组合成高效合理的领导班子)、智能结构(包括认识能力、思维能力、组织能力、判断能力和创造能力等)和气质结构(胆汁质、多血质、黏液质、抑郁质)四个方面③。

二、领导班子配置整体板块结构观的分析

近年来,我国有些学者对党政领导班子配置结构问题的研究是从宏观结构方面进行的。这种观点主要是对于领导班子整体结构分析结果进行综合与概括,我们称之为"领导班子整体板块结构维度观"。下面是国内学者在这方面的主要研究成果与观点。

有的学者将领导班子的结构分为"硬结构"和"软结构"。"硬结构"是指领导班子内部各个领导成员之间的排列组合方式以及他们的个体素质的搭配形式。"软结构"是指根据管理活动的需要,对各个领导成员实行有效的管理和协调的方式,它的实质就是领导群体的管理结构,或者称为协调结构④。刘建军、邓家询等在各自的研究中均指出,领导团队功能的大小不在于内部成员的多少和个人素质的高低,而在于领导成员素质要素的恰当而合理的排列组合,即领导集体的效能性在很大程度上取决于领导成员素质的组合搭配方式。他们认为,领导集体素质结构的内容应该包括梯形的年龄结构、协调的气质结构、合理的知识结构、互补的智能结构⑤。张居文、张博以及刘建德在各自的研究中均认为,科学的领导班子结构应该包括精干的组织结构、配套的专业结

---

① 苏东水:《管理心理学》,复旦大学出版社1998年版。
② 俞文钊:《现代领导心理学》,上海教育出版社2004年版,第384—390页。
③ 张向东:《领导班子的结构建设与个体素质建设》,《新东方》2004年第5期。
④ 段美英:《领导班子的结构与素质优化》,《晋阳学刊》2000年第3期。
⑤ 刘建军:《领导学原理——科学与艺术》,复旦大学出版社2001年版,第145—147页;邓家询等:《试论企业领导班子结构的优化组合》,《甘肃工人报》2001年10月31日,第3版。

构、叠加的能力结构以及相容的心理结构这四个层面①。徐中提出实现领导班子整体结构的优化,最重要的是要在注重领导成员个人思想政治素质的基础上,在班子成员配备中尽量充分考虑各种"传统的"与"非传统的"结构要素,把领导成员按一定的序列与比例进行适当的搭配组合,通过这种科学化的搭配组合与优化配置,使整个领导集体具有职责明确、功能齐备、成员优势互补、整体素质优良的突出特点。具体到如何搭配组建这种科学的领导班子,他指出应该包括以下内容:科学的目标结构、适度合理的领导班子职数、动态的年龄结构、叠加的智能结构、综合的专业结构、配套的职能结构、互补的知识结构、丰富的经历阅历结构、深厚的潜能结构以及协调的性格气质结构②。刘恩元认为领导班子的合理结构包括权力、素质双重结构,且权力结构主导素质结构,并指出集体选任制比个体选任制更能有效地保证领导班子的合力③。中共天津市委组织部研究室构建了领导班子整体结构的优化内容与主要标准:精简高效的组织结构、综合配套的专业结构、相互叠加的智能结构、梯次配备的年龄结构、相互配套的职能结构、多元丰富的经历结构、互补扩容的知识结构、可持续发展的潜能结构、协调相容的性格气质结构④。杭天珑、卢嘉瑞在各自的研究中均主张,领导干部班子结构优化时要把握重点、分清主次与先后,要突出优化重点班子、突出配强领导核心、突出优化重点要素⑤。刘畅认为行政领导班子素质结构的优化目标在于构建合理的静态结构与动态结构。其中,静态结构包括年龄结构、智能结构、知识结构、气质结构;动态结构包括科学决策和处理复杂事务的能力、团队合作能力、社会动员与社会统御的能力、开拓进取能力、清除积弊的能力,以及要实现专业知识和能力的互补关系、经历阅历的互补关系和品德的互动关系⑥。邢正军指出优化

---

① 张居文:《科学配备领导班子应注意"四个结构"》,《人才瞭望》2003年第5期;张博、刘建德:《浅谈领导班子结构的优化配置》,《甘肃理论学刊》2007年第4期。

② 徐中:《构建适应全面建设小康社会发展要求的领导班子结构》,《组织人事学研究》2004年第8期。

③ 刘恩元:《两种理论与机制的比较:领导班子的合理结构》,《经济师》2004年第12期。

④ 中共天津市委组织部研究室:《优化领导班子结构问题研究》,《组织人事报》2004年6月24日,第9版。

⑤ 杭天珑:《领导班子结构优化的系统思考》,《领导科学》2006年第10期;卢嘉瑞:《领导班子配备的人才结构优化问题》,《人才开发》2008年第10期。

⑥ 刘畅:《论现代行政领导者的素质及结构》,《台声·新视角》2005年第2期。

领导班子结构是一项系统工程,不仅要重视班子成员的品德、年龄、知识、能力、气质等内涵性结构要求,而且要注重优化领导班子的外延性结构要求,并提出了科学配备、精干高效、制度创新、高度开放四个外延性结构要求①。

三、领导班子配置管理功能结构观的分析

我国有些学者对党政领导班子配置问题的研究是从领导班子配置后的管理功能方面进行结构分析的,我们称之为"领导班子管理功能结构维度观"。下面是国内学者在这方面的主要研究成果与观点。

从管理功能角度,有些学者认为要从思想作风、领导作风、工作作风、生活作风、学风五个方面考察领导班子成员,并且从结构功能上把握好年龄梯次、能力互补、知识搭配、气质协调以及综合素质提升等原则。在领导班子心理结构上,主张实现认识系统上的融合、动力系统上的共振以及调节系统上的同步②。

我们优化党政领导班子结构的功能在于实现以下各方面的目标:组织结构——精干高效,品德结构——优良高尚,类别结构——科学平衡,智能结构——立体叠加,知识结构——新实互补,阅历结构——丰富管用,年龄结构——梯次合理,心理结构——相容和谐③。

另外,还有国内许多专家和学者从功能稳定与发挥的优化角度来研究我国党政领导团队素质结构问题。吴闲清主要研究党政领导班子的政历结构,提出以政历结构,即从政经验与历史来作为领导班子结构优化的标准之一④。刘宗粤等人着重研究心理与性格特征,提出要注重领导班子成员的心理素质和性格特点,逐步优化领导班子个性气质结构,以实现领导班子成员心理结构上的互补⑤。颜雪梅着重研究党政领导班子的心理结构,认为和谐的领导班子心理结构应该达到五大和谐:动机及意志的和谐、认识系统及情绪和情感的和谐、气质的和谐、

---

① 邢正军:《优化领导班子结构的外延性要求》,《领导科学》2006年第9期。
② 李松林:《领导班子的结构优化与心理互补》,《云南师范大学学报》2004年第4期。
③ 陈训廷:《论领导班子结构的优化》,《党政干部论坛》2006年第9期。
④ 吴闲清:《"政历结构"——政府领导班子结构优化标准的新参数》,《领导科学》1986年第11期。
⑤ 刘宗粤:《谈领导班子的气质结构》,《理论学刊》2003年第2期。

能力的和谐以及性格的和谐①。曾玉平主要研究县乡级党政领导班子的年龄结构比例问题,认为对县级党政班子,可实行 3∶4∶3 的年龄结构,即 35 岁左右的占 30%,40 岁左右的占 40%,45 岁左右的占 30%;对乡镇领导班子,则可实行 2∶4∶4 的结构配备,即 30 岁左右的占 20%,35 岁左右的占 40%,40 岁左右的占 40%②。

四、当前领导班子结构配置研究的不足与设想

从上述国内研究成果来看,目前我国已经开始重视对党政领导班子结构与素质特征的研究,也正在积极努力地探寻党政领导班子合理的素质模型与结构比例。但是,研究实践中仍然存在一些不足之处。

第一,缺乏对素质的内涵与外延的明确界定。目前,国内学者对于党政领导班子整体素质与素质特征方面的研究,大多缺乏可操作性定义,对于素质的界定比较抽象,对素质内涵与外延的界定比较模糊,存在着内涵相互交叉或重叠的问题,从而阻碍了更进一步的纵深研究。

第二,缺乏对具体研究对象的针对性研究。基于文献综述发现,多数国内学者的文献资料和相关研究都是在广义、通用层面上泛泛地对党政领导班子的素质结构进行分析与研究,还未将这一庞大的群体细分到具体的研究对象上。我国行政层级明显、行政区划繁多,不同地区、不同层级、不同部门、不同职位、不同发展条件和社会环境下的党政领导班子应该具备不同的素质结构搭配要求与标准,简言之,就是要做到具体问题具体分析,然而这方面针对性的研究还比较少。

第三,缺乏多元化、综合化的研究方法。基于文献综述发现,目前国内学者对于党政领导班子素质结构的研究方法还比较单一。目前这方面的研究绝大多数仍停留在理论研究的层面,比较突出的还是体现在对党政领导班子素质的理论阐述,以及对素质的定义与发展历史、素质模型的具体构建方案与流程等方面的介绍、说理和经验性总结。因此,目前最缺乏的是深层次的实证研究。即使有一些实证研究,在研究思路上主要采用的还是探索性研究,在研究方法上多是采用归纳和演绎的方法,实证研究的严谨性不足。

为有效解决这些问题,提升党政领导班子的管理和执政水平,笔者

---

① 颜雪梅:《浅谈和谐的心理结构对领导班子整体效能的影响》,《黑龙江教育学院学报》2008 年第 9 期。
② 曾玉平:《如何优化领导班子年龄结构》,《中国党政干部论坛》2008 年第 9 期。

认为，可以从党政领导班子的结构与素质特征研究入手，探讨其与政绩之间的关系，建立两者之间的数学模型，并通过对政绩存在着较强影响的素质结构变量来研究领导班子结构的核心指标，根据这些核心的关键结构指标来进行党政领导班子成员的选拔与配备。具体研究思路为：领导班子结构研究目的→理论与文献综述→数学模型及假设→变量设计及量表选择→定性调查与研究→量表问卷设计→问卷发放回收→数据处理与分析→领导班子结构研究结果→实验检验→修正及结论。

当前地方政府竞争行为分析与思考①

政府在区域经济社会发展竞争中具有主导性作用。中国目前在经济、社会、政治方面的发展是发源于各省而不是中央,经济发展的动力已经从中央转换到省,不管是沿海还是内地,各省越来越不得不相互展开竞争。② 因此,研究作为中国经济、社会、政治发展重要载体的地方政府及其相互间的竞争就具有重要的学术意义和实践意义。而探析地方政府竞争的现象本质及其成因,并且在此基础上提出相关的政策建议,对于完善中国特色社会主义市场经济更是具有重要的理论意义和实践意义。

一、当前中国地方政府竞争的形式与本质

中国地方政府就是设置在中央政府之下,行使部分国家权力,管理国家和地方事务的地域性政府。从改革开放至今,发生在中国各地的一系列典型事件凸

---

① 本文为萧鸣政与宫经理合写,原载于《中国行政管理》2011年第2期。
② Hans Hendrischke, Feng Chongyi, *The Political Economy of China's Provinces*, London: Routledge, 1999, p. 43.

显出当前中国地方政府竞争的本质。

(一) 资源竞争

改革开放以来,各地之间发生了棉花大战、羊毛大战、烟叶大战、汽车大战、外贸之争、会展大战、人才大战、名人故里之争、名人墓地之争等事件。尽管竞争的表现形式在逐渐演变,从最初的棉花、羊毛等原材料竞争发展到包括汽车、外贸在内的产业竞争,再到后来的名人故里、墓地等文化竞争,但原材料、产业、文化都属于有形和无形的资源。

可以看出,当前中国地方政府在资源竞争上体现出由争夺低层次资源到高层次资源的演变趋势,由最初的资金、原材料、土地等经济、物质、技术资源的争夺发展到以试点权、信息、人才、政策、居民等为代表的法律、人力、组织、信息、关系、声誉等资源的竞争。因此,地方政府资源竞争的各种现象背后,反映了地方政府已经由浅层次竞争逐步发展到深层次的竞争,由一般资源竞争发展到稀缺资源的竞争。

(二) 政策竞争

从20世纪80年代初至今,中央政府已经批准了深圳、珠海、喀什等在内的六个经济特区,十四个沿海开放城市,六个沿海经济开放区,八个国家级综合配套改革试验区以及一百多个经济技术开发区和高新技术开发区。同时,很多省、市还设有自己的开发区,并在各自的区域内实行特殊的经济、税收、补贴等优惠政策。这些现象反映了各地政府为政策竞争的事实。

政策竞争的本质实际上反映了地方政府和上级政府以及地方政府之间的资源博弈过程。地方政府向上级政府或中央政府要政策、要权力的过程实际上就是两者之间的博弈过程,而某个地方政府依赖于自身的力量出台相关政策与其他地方政府争夺资源的过程,则是地方政府之间进行博弈的过程。中国幅员辽阔、区域经济社会发展的不平衡以及市场竞争不完全的现实决定了政策竞争在相当长时间内存在于地方政府竞争的市场上。

(三) 政绩竞争

近年来,一系列引起全社会强烈反响的政府政绩工程时有发生,陕西凤县的"人造星月"工程、山西临汾市尧都区和重庆忠县黄金镇的"天安门"式办公楼群、安徽阜阳和四川绵阳的"白宫式"政府办公楼、新疆昌吉市北沟的"小康村"等都是一些硬性政绩工程的例子。且不论这些软硬政府工程的后果,仅对这些政府工程略加思考,我们就能发现其背后所折射的各地政府为政绩竞争的现实。

地方政府政绩竞争最大的受益者是地方政府及其领导人自身,地方政府政绩竞争潜在的思维就是通过软硬政绩工程等物质、关系、声誉资源来外显政府自身和领导个人的独特能力,从而为其整体晋升和个人晋升获取竞争优势。此外,政绩竞争也在一定程度上反映出地方政府的机会主义理念和行为。无论地方政府政绩竞争的结果如何,也不管它能否为地方政府和领导个人带来竞争优势,从某种意义上讲是旨在凸显地方政府和领导个人能力的一种机会主义行为,是以资源获得与能力展现为目的的。

(四)制度竞争

从20世纪末至今,各地政府纷纷探索并践行政府公共服务的新思路。浙江、山东、湖北等省份的"信用环境建设",上海市的"商务成本'盆地'、政府服务'高地'、外商投资'福地'"建设,浙江省温岭市政府的"民主恳谈",深圳市的"全程保姆式服务"等都是政府探求新公共服务的典型。它们真切映射出各地政府为吸引投资、为取得辖区内居民的拥戴而在政府制度上开展的竞争。

制度是一种特质性资源,能为地方政府带来持续竞争优势,因此地方政府制度竞争的本质就是高层次资源的竞争。竞争优势理论认为组织的持续竞争优势不仅源于组织内的资源存量,更源于对这些资源的配置和运用。地方政府制度竞争实际恰恰是通过整合和运用现有的内部资源来获取更多的资源存量,因此地方政府制度竞争的本质也是一种包括规制能力、管理能力和服务能力在内的创新能力的较量。

综上,当前中国地方政府竞争的本质是地方政府对资源和能力的博弈过程和行为。具体说来,是地方政府从低层次资源竞争发展到高层次资源竞争的渐进过程,是地方政府和上级政府以及地方政府之间的资源博弈过程,是凸显地方政府和领导个人能力的一种机会主义驱动,是一种包括规制能力、管理能力和公共服务能力在内的创新能力较量。

二、当前中国地方政府竞争的诱因分析

有限理性决定了当前中国地方政府不管是为吸引资源还是为提升能力而竞争,都是为了追求辖区居民利益最大化、政府集体利益最大化以及官员个人利益最大化。然而,地方政府在为利益竞争的背后,还存在一些重要的诱发因素,对这些因素的探讨更有助于深入了解地方政

府竞争的缘由。

（一）改革的推动

首先，分权改革的推动。① 中国从改革开放至20世纪90年代中期，中央政府迫于财政压力②、信息不对称、管理距离、调控困难、调动地方政府经济发展的积极性等因素，通过"分灶吃饭"、"分级包干"、"分税制"等形式多次向地方政府施行财政分权和行政分权。中央政府的分权改革把原来中央、地方政府之间的单向政治等级依赖关系转变为双向的委托—代理关系，地方政府既是中央政府的代理人，又是辖区居民的代理人。分权改革使地方政府的利益得到相当程度的保护，一定程度上刺激了地方政府的利益追求动机③并表现出更强的"地方法团主义"④倾向和"新经济人"行为，再加上代理人利益和效用最大化的本质使地方政府的外部性行为得到强化，因而有动力为增加税收和发展地方经济而展开竞争。因此，在地方政府的角色发生变化以后，地方政府面临的经济发展压力和利益谋求动力促使地方官员选择竞争。除中央政府向地方政府实行财政包干制和分税制之外，地方政府内部也层层实行这种分权改革行为，进而引起了更基层地方政府之间的竞争。

其次，渐进性制度变迁的推动。⑤ 中国的改革遵循渐进性原则，改革的过程主要体现为制度供给由政府主导的方式，在操作上则表现为实行准入限制这种先试先行的形式。⑥ 渐进性制度变迁使中央政府在对地方经济放权的同时，不仅保留着财政转移支付权，而且还掌控着大量的优惠权、审批权、试点权等资源配置权。在中央与地方政府关系缺乏刚性准则以及制度供给缺乏规范性的情况下，地方政府很容易将中央政府的财政转移支付和政策作为一种稀缺性资源而展开争夺。

---

① 张维迎、栗树和：《地区间竞争与中国国有企业的民营化》，《经济研究》1998年第12期。

② 何帆：《为市场经济立宪》，今日中国出版社1998年版，第32—33页。

③ 刘汉屏、刘锡田：《地方政府竞争：分权、公共物品与制度创新》，《改革》2003年第6期。

④ 戴慕珍：《中国地方政府公司化的制度化基础》，甘阳、崔之元编：《中国改革的政治经济学》，香港牛津大学出版社1997年版，第324页。

⑤ 杨瑞龙：《我国制度变迁方式转换的三阶段论——兼论地方政府的制度创新行为》，《经济研究》1998年第1期。

⑥ 林毅夫、蔡昉、李周：《论中国经济改革的渐进式道路》，《经济研究》1993年第9期。

(二) 考核压力的推动

首先,中央政府的考核压力。中国经济转型之初,地方政府辖区居民人均收入低下的约束使得中央对地方政府的政绩评价以经济发展为标准。由于地方政府对当地情况更了解而拥有更多的隐蔽信息,给上级政府的考核带来困难。在这种情况下,上级政府就需要规定易于衡量比较的、具体的经济目标作为对下级政府政绩的考核。而发展当地经济需要大量的资源,在资源有限的条件下,就迫使地方政府相互之间围绕资源展开争夺。此外,中央政府政治集权和行政分权的性质决定了政治职位和升迁机会的稀缺性,这种由政治考核导致的升迁压力进一步加剧了地方政府为政绩而博弈的激烈程度。

其次,社会与市场的考核压力。在经济转型之初,辖区居民的流动性受到各种限制,居民的权利意识还比较薄弱,其利益诉求机制和渠道也尚未形成,因此辖区居民对地方政府的约束较小。随着中央政府对还权于民的日益倡导和强化,随着公众权利意识的不断增强以及上访、游说、呼吁、示威、诉诸媒体、选举参与、"用脚投票"[①]等表达渠道的多样化,辖区居民给地方政府造成的考核压力越来越大。居民的选票压力迫使地方政府为谋求辖区内居民的各种利益诉求以及令辖区居民满意的公共产品和服务而在政府服务市场上展开竞争,进而证明其自身存在的合法性、权威性和可信赖性。

(三) 战略集群的推动

战略集群理论认为集群的数量和相对规模、集群之间的市场相互依存程度、集群之间产品提供差异性程度、集群间的战略距离即战略差异性程度等四个因素都会影响战略集群间的竞争激烈程度。[②] 集群的数量愈多,规模愈相近,集群间的市场相互依赖性越高,集群之间提供的产品越相似,集群间的战略差异性越大,战略集群之间的竞争就越激烈。

当前中国已形成了 6 个经济开放区和 8 个综合改革试验区,这些开放区和综改区因在各自的区域内都拥有一个产业、金融、交通等关联

---

① Tiebout,"A Pure Theory of Local Expenditures", *Journal of Political Economy*, Vol. 64, 1956.

② Michael E. Porter, *Competitive Strategy: Techniques for Analyzing Industries and Competitors: with A New Introduction*, New York: The Free Press, 1980, pp. 129-142.

度较高的城市群,可供相关地方政府共享的基础设施和市场体系,都具有吸收国际经济要素的共同战略趋向以及十分接近甚至完全相同的地方文化特征而形成战略集群。虽然这些规模相近的战略集群发展的立足点和目标不完全相同,但这些战略集群之间在产业结构、发展模式、产品生产和提供等方面还存在着相当程度的类似性。尽管如此,不同的战略集群因其成立的时间和社会背景不同也决定了它们之间的战略差异性较大,依据战略集群理论,这些情况决定了当前中国地方政府战略集群间会展开激烈竞争,身处战略集群之下的各地方政府自然卷入竞争之中。类似地,处于同一战略集群之下的为数众多的各地方政府因为相互间市场依存度较高,产品提供的雷同性强,战略执行能力的差异性大等因素,也会在集群内部展开竞争。

(四)资源退出机制的推动

由公共产品引起的资源流动这一思想最初源于亚当·斯密,后来由蒂布特(Tiebout)、阿波尔特(Apolte)等西方经济学家发扬光大,该思想的精义就是在居民和资源都可以自由流动的前提下,只有那些提供了最优非市场供给产品和服务的政府才能够吸引并稳固居民和资源在当地扎根。①

在中国当前的各地方行政区域内,虽然提供公共产品的主体只有当地政府一家,但是它却面临着其它地方政府在吸引资本、技术、人才等资源方面的潜在挑战和威胁。当地方政府能够为辖区内居民和各类组织提供诸如公共安全、社会秩序、优良制度等较多数量和较高质量的公共产品时,便能吸引各类居民、资金、人才、企业等资源流入;而当地方政府滥用职权、贪污腐化、课以重税时,居民和各类组织便会采取"以脚投票"的方式迁徙他处。因此,资源流动性给地方政府造成压力促使其在公共服务市场上竞相改善地方公共产品的供给结构,发展高水准的公共设施,维持优良的税制,维护辖区的政治、经济生活秩序与社会安全,并千方百计地进行经济社会制度创新。

三、当前中国地方政府竞争的失范

由上述因素诱发的地方政府竞争虽然有力推动了地区经济社会的

---

① 周业安、冯兴元、赵坚毅:《地方政府竞争与市场秩序的重构》,《中国社会科学》2004年第1期。

快速发展,有序改善了地区公共物品的供给,并使各地对人力资源、制度等代表的高层次资源进行吸收、整合、转化与运用,但也在相当程度上直接引发了地方政府竞争的失范。

(一) 体制改革与失范

首先,中央政府财政上的分权体制改革,赋予了地方政府经济利益的主体地位,从而促发了地方政府以自身的利益发展为导向,诱使地方政府的行为带有明显的短视性。在保护自身资源的同时为了吸引外来资源,各地政府一方面在贸易上大行保护主义,造成市场分割①;另一方面在优惠政策上过度供给,造成以资源重复配置和产业结构趋同为走向的诸侯经济。

其次,中国渐进性改革的性质使各地政府承担着推动改革和引导经济发展的双重责任,而且地方政府的这种角色会一直持续到市场经济成熟之时。因此,各地政府代表其所在辖区直接参与市场竞争在经济转型期间就成为历史的必然。加之地方政府出于自身、官员个人、辖区利益的多层考虑,频繁代表辖区各类企业直接参与资源争夺,扭曲了市场竞争行为,破坏了竞争机制。

再次,中央政府在允许一部分人、一部分地区先富裕起来的理念指引下,较多地采用无为而治的策略,使地方政府通过不正当竞争获得的利益得到相当程度的保护,中央政府的"默许"信号更是激励地方政府果敢地屹立在地方保护主义的浪潮上,甚至"勇掀"不良竞争、过度竞争。

(二) 制度与失范

首先,处于经济转型期的社会大背景决定了我国市场经济尚不成熟,其中最为典型的表现是以土地、国有企业等为代表的国有资源产权制度的模糊与残缺②,而模糊产权易于使国有资源被冠之以"公共性过于宽泛"的幌子,进而招致"圈地运动"、"公地悲剧"式的过度竞争。③事实上,分权改革以来,作为独立的经济利益主体和行政主体参与市场竞争的各地政府就是纷纷利用这种国有资源产权制度的不成熟而对其

---

① 冯兴元、刘会苏:《论我国地方市场分割与地方保护》,《国家行政学院学报》2002年第4期。

② 罗云辉:《过度竞争:经济学分析与治理》,上海财经大学出版社2004年版,第66—76页。

③ Garrett Hardin,"The Tragedy of the Commons", *Science*, No.13, 1968.

展开过度争夺,中央政府对此却又鞭长莫及。

其次,当前地方政府绩效考核制度的导向性和政治职位的稀缺性迫使地方政府囿于"囚徒困境",即地方政府为了在竞争中能够取得良好的经济绩效和卓越的政治绩效从而获得升迁的资本,而不遗余力地为自身或辖区利益行事,同时竭力损害其他辖区的利益,恶性竞争由此产生。

再次,由于"居民自由迁徙"这一法律制度在当前中国的缺失和居民户籍管理制度的分割,各辖区居民"用脚投票"的退出机制仍未激活。加之居民"用手投票"代表的直接选举在各地仍处于探索阶段,因此以居民为代表的社会公众尚未成为约束地方政府过度竞争的力量。同时,当前中国的行政、司法、监督三权并不平衡,地方司法机构、监督机构对行政机构的监管往往处于"缺位"状态,这也为地方政府过度竞争创造了较为有利的软环境。

(三)增财扩权与失范

首先,在分权改革中,中央政府让渡给地方政府过多的事权,与此同时后者却没有得到相应的财权。不仅如此,各地的财权不断上移,而中央事权却不断下移,财权与事权不匹配造成的地方财政困难成为一个较为普遍的问题。在财政困难和执政能力展示需求的双重压力下,各地政府自然竞相控制土地市场、大搞重复建设,展开不正当竞争。

其次,中央政府近年来在教育、社会保障、事业单位改革等领域纷纷出台相关政策,并要求地方政府从中承担相应的责任,这种情况愈发使地方政府的财政压力雪上加霜。中央政府的政策环境和地方政府有限理性的双层驱使,造成地方政府常常失去竞争理性,甚至不惜恶性竞争来竭力保护本地资源、想方设法从其他地区争夺经济资源,借以平衡地方财政,展现地方政府能力。

再次,中央政府行政权下放为地方政府培育了行政权扩张的土壤,加上地方政府攫取公共性资源的成本较低,它们往往利用手中掌握的资源和权力展开新一轮的资源非理性争夺。

四、规范地方政府竞争的建议

从上述分析中可以看出,中央政府在土地、财政、选举、监督、户籍管理、绩效考核等方面的制度不健全以及相关法律制度的缺失造成了地方政府竞争出现了失范与无序,因此规范地方政府行为势在必行。

（一）完善制度规范，加快推动土地产权制度和财政制度改革

首先，既要在法律上以产权的形式赋予农民对土地长期而有效的使用权，又要让农民对土地拥有完整的经营和处置权，以实现土地使用权的流转。同时还要改革原有的土地征用制度，确保任何地方政府不得轻易征用农民土地。从土地使用、流转和征用上着手，进一步明晰土地的产权制度，消除地方政府利用土地模糊产权"占地卖地"而生财的理念。

其次，强化地方财政制度改革。要通过立法的形式，划分地方政府的财权、事权，在此基础上规定地方政府的税权。实现地方政府财权、事权、税权的统一；同时通过调整税收返还政策、完善纵向转移支付制度、探索横向转移支付制度等途径减轻地方政府承受的财政负担，避免地方政府为增财而开展恶性竞争。

（二）加强社会规范，健全民主制度和户籍管理制度

当前地方政府竞争之所以失范，其中一个原因在于各地立法、司法机关监督行政机关的权限不足。中央当初只对行政机关放权而没有对立法和司法机关放权，因此要对立法、司法机关适当放权，使其真正承担其民主监督行政机关的责任。当前地方政府竞争的失范还跟辖区居民"以手投票"和"以脚投票"双重监督职能的缺位与缺失有关。对此，中央要尽快在各地辖区推动官员"直选"的试验，总结经验，待时机成熟，在全国加以普及。与此同时，完善户籍管理制度，使全国各地的居民不再受户籍的限制而实现迁徙自由。辖区居民的退出机制一旦形成，对规范地方政府竞争必将起到不可小觑的作用。

（三）建立管理规范，加紧完善地方政府绩效考核制度

当前中央政府强调科学发展观和正确的政绩观，新的绩效考核制度要包括政治绩效、经济绩效、文化绩效、社会绩效四个大的维度。新的绩效考核制度一是要降低经济绩效维度在考核中的权重，淡化地方政府以经济增长率、GDP等"经济思维"代替"政治思维"的传统竞争模式；二是要把地方政府政治安全度、辖区和谐度、辖区安全度、居民满意度、环境友好度等政治、文化、社会维度指标纳入考核体系；三是要加入决策能力、市场监管能力、依法行政能力等地方政府公共管理和公共服务相关的指标，并且要对指标赋予较大的权重，以此扭转地方政府"轻管理、轻服务"而"重参与、重投资"的习性。

（四）加强法制规范，探索制定《地方政府竞争与合作法》

地方政府竞争的"白炽化"以及相随的无序与失范已经到了需要法律框架约束的程度，有必要探索制定《地方政府竞争与合作法》。与国家已出台的《反垄断法》相配合，《地方政府竞争与合作法》须在竞合范围、地方保护、非规范竞合行为、法律责任等方面做出具体规定。特别在竞合范围规定方面，要体现出地方政府之间为公共性和公益性而开展竞争与合作的价值导向，即规定地方政府只能在公共管理和公共服务领域开展竞合，以法的形式迫使地方政府在竞合中趋于公共性、公益性的回归，彻底斩断地方政府"越俎代庖"的惯性做法。同时，为了维护法律的尊严，中央政府应尽可能少地运用以试点权、特殊待遇、优惠政策等内容为代表的利益诱导机制来诱发地方政府间的不良竞争。①

（五）重视思想规范，加强宣传教育工作，让地方政府对于核心竞争力有一个正确认识

除了在法律制度上约束地方政府恶性竞争之外，中央还要在理念上引导地方把竞争集中于公共管理和公共服务领域，让各地充分认识到彰显政府能力大小的最重要因素既不是资金、土地、税收等经济资源，也不是各类优惠政策、特殊待遇所代表的政策资源，而是从地方政府自身管理和服务能力中体现出的制度资源和人力资源。具体说来，就是不断引导地方政府系统地制定人力资源开发和管理制度并有效开展相关的实践，通过这些制度和实践一方面提升地方政府全体公务员的知识、技能和能力，另一方面给予他们充分的激励以及施展自身才能的机会。利用知识、技能、能力、激励和机会来影响地方政府全体公务员的工作态度和工作行为，继而影响地方政府整体管理和服务能力即地方政府核心竞争力，这才是地方政府竞争能力的要义所在。

五、结语

总之，当前中国地方政府的竞争，虽然表现为在资源、政策、政绩、制度等方面的竞争，但其本质却是资源和能力的竞争。他们为增进辖区、政府集团和个人利益，而在环境投资、制度创新、政府管理、公共服务等资源与能力方面而展开的区域内或跨区域竞争，主要是源于中国的渐进式制度改革和放权让利的改革，同时还受着考核压力、战略集

---

① 刘亚平：《当代中国地方政府间竞争》，社会科学文献出版社2007年版，第253页。

群、资源退出机制等因素的推动。但当前中国地方政府竞争状态并非有序,竞争的焦点也没有落脚于公共管理和公共服务领域,因此造成了众多的负效应,必须从制度、社会、管理、法律和竞争理念上来规范地方政府的竞争失范行为,使地方政府真正围绕公共管理和公共服务去展开竞争。

第四部分

人力资源开发

导　读

　　本部分主要探讨人力资源开发相关的问题。首先,论述了人力资源的概念、作用等相关理论。梳理了人力资源开发的概念,认为中国资源中最大的优势,既不是物力资源也不是自然资源,而是人力资源,在开发中国众多资源的比较中,应当选择人力资源开发,人力资源开发是未来中国的强盛之路。在开发人力资源的多种手段中,要特别重视发挥教育系统开发的作用,走出目前人事开发中的"点"、"显"、"静"的观点圈,建立终身开发、全身心开发与群体开发的系统工程;从人力资源开发的内涵、作用与价值进行了阐述了人力资源开发的相关理论,详细解释了什么是人力资源开发,为什么要进行人力资源开发;介绍了人力资源开发的战略,并介绍了人力资源开发战略的前沿动态,强调了人力资本在人力资源开发中的重要意义,认为无论将人力资源开发视为一种管理手段,还是视为一种投资方式,它的成长都基于人力资本理论的发展。其次,本部分论述了人力资源开发的战略与选择问题。指出,一个国家唯有把人力资源开发提升到战略地位,制定适应于本国国情的战略规划、营造有利于人力资源成长的良好氛围才能争夺经济发展的制高点。除此之外,国家的竞争优势的获得还需要合理选择国家的人力资源开发战略。通过对国外经验和国内形势的分析,提出我国应当制定开展以职业技术教育为重点的人力资源开发战略;在人力资源开发的实践中,本部分指出了存在的相关问题,认为人力资源开发的重点是人力资源能力的建设,而品德则在人力资源能力建设中有着重要的地位与作用,并再次强调了开展以职业技术教育为重点的人力资源开发战略必要性。接着,本部分论述了人力资源开发在企业与高校的应用。企业方面,认为可以从人力资源管理与开发着手提高企业经营的效率与效果,进行劳动人事制度的改革,制订科学的用人制度、管理制度、考核制度、报酬制度、培训制度和流动制度,在充分调动每个员工积极性的基础上,利用好现有的人力资源和财力资源,达到人力、物力、财力三者的最佳配备与开发。在高校方面,指出21世纪高校人力资源开发与管理工作应主要集中在管理人员、教研人员与服务人员上。大学应当进一步提高招生质量,扩大学校影响;分析自身优势与市场需求,适时调整专业与课程;扶持科研力量,推动知识创新;重点抓好知识经营产业。本部分还探讨了高校人力资源开发学科建设的问题。分别从人力资源开发专业设置的必要性、可行性进行了论证,并设计了人力资源开发专业课程建设的内容。最后,本部分讨论了人力资源配置、人力资源管理模式、非营利组织的人力资源管理等与人力资源管理相关的问题,认为人力资源配置优化应该具有双向性、动态性、协调性与匹配性,员工既要适合岗位,还要适合群体,既要适合物理环境,又要适合心理与社会环境;发现人力资源管理模式不但是客观存在的,而且在目前的人力资源管理实践中存在15种人力资源管理模式与8个主要选择因素。

  本部分要重点掌握人力资源开发理论的基本框架,理解人力资源开发战略的重要意义,尤其重视人力资源开发实践中品德开发以及职业技术教育作为我国人力资源开发战略重点的必要性。此外还应了解人力资源开发的具体应用,掌握人力资源管理的相关知识。

对人力资源开发问题的系统思考[1]

在众多的资源中,中国为什么应选择人力资源进行开发,这是大家似乎清楚而其实并不完全清楚的问题;在众多的人力资源开发手段中,什么手段最为有效,这也是一个尚未论证的问题;如何改进当前人力资源开发中的问题,建立起一种全面系统的开发模式,对这几个问题的探讨成为本文的中心内容。

众所周知,中国是一个自然资源十分丰富的国家。其耕地、森林、草原面积均排在世界的前5位。能源、水泥、棉花等产量则居世界的首位。为此,人们常以我国地大物博、幅员辽阔和资源丰富而自豪。许多文人墨客也因此留下了不少赞美之作。然而中国又是一个自然资源短缺的国家。据1991年《中国统计年鉴》资料分析发现,虽然我国许多自然资源的绝对量占世界之首,但是其相对占有量,却大大低于世界的平均水平。具体情况,请见表1与表2。

---

[1] 原载《中国人力资源开发》1994年第6期。

表1

资源项目	耕地	森林	草原	能源	钢	水泥	布	棉花	淡水
位世界之名次	4	5	3	1	4	1	1	1	1

表2

资源项目	耕地	森林	草地	淡水	能源	粮食	钢煤石油电
人均占有量	位于世界67位,为世界人均量的1/3	不及世界人均水平的1/6	不及世界人均水平的1/2	不及世界人均水平的1/4	刚及世界人均水平	刚及世界人均水平	均低于世界人均水平

统计表2的数据表明,我国的许多主要物力资源与自然资源,均低于世界的人均水平,是一个资源十分短缺的国家。这种短缺现象,按中国目前社会趋势的发展来看,将日益加剧。因为自然资源的再生非常困难,物力资源的增加也十分有限,而中国人口数量上升的趋势却不可逆转。尽管实行计划生育,每对夫妇只生一个孩子,但是人的寿命普遍趋于延长,总人口基数过大,这些因素必然导致人口数量发展,与资源量增长不协调性的进一步加剧。由此可见,中国资源中最大的优势,既不是物力资源也不是自然资源,而是人力资源。

人力资源的开发较之其它资源的开发来说,具有绝对的优势性。美国经济学家舒尔茨的《人力资本论》,可以说是从更深刻、更本质与更系统的角度,揭示了人力资源开发的意义与价值。人力资源既在开发过程中提高,又在利用中增殖。这种增殖与提高,一方面促进了开发者——人力资源主体本身的增殖与提高,另一方面又对其它物力资源继续开发的广度与深度、效率与效果,起着决定性的作用与发生重大影响。因此,中国当前亟待开发的是人力资源,人力资源是中国的最大资源,是众多资源中的优势资源。

一、人力资源的特点与开发的手段

什么手段是人力资源开发中的最有力的手段?这涉及"开发"及其对象"人力"的性质与特点。

"开发"一词虽已成为人们日常谈论的热门话题,但细究起来却又有点说不清。翻了几本劳动人事词典,均没有专门的解释。就一般词义来看,"开"主要含义有五:①使关闭着的东西不再关闭,如打开;②打通,开辟,如开路;③使(合拢或连接的东西)舒张、分离,如开花;④解除,如开戒;⑤表示开展或扩展,如传开(参考《现代汉语词典》,商务印书馆);"发"即发展,舒张。"开"与"发"合成为"开发"一词后,其意为:①用垦殖、开采等方法来充分利用荒地、矿山、森林、水力等自然资源。②启发、诱导。《北史·崔赡传》曰:"故劳卿朝夕游处,开发幼蒙"。③舒展。《艺文类聚》卷12引桓谭《新论》:"汉武帝材质高妙,有崇先广统之规,故即位而开发大志,考合古今,横范前圣。"(参考《辞海》1989年版)

英文"开发"一词为"develop",含义有六:①展开;②发展,助长,扩大,改进,充实;③促成,蔓延,传开;④成长,成熟,发育,活跃起来;⑤显示,表露;⑥培养,形成,产生。

"人力"即人的能力、潜力。它有广义、狭义之分。广义的解释是指某一群体乃至整个人类的能力与潜力。狭义的解释乃指个体自身的能力与潜力。这种能力与潜力的载体,即是品德、知识、技能、智力、体力、特殊能力、性向潜能等因素及其组合形式。因此,相对人力资源的"开发",就不能等同对荒地、矿山、森林等自然资源的开发,不能采取垦殖、开采、加工等方式,而只能是启发、诱导、舒展、培养、促进、改进、充实、扩展等形式。"教育"一词显然是对上述意义与形式的恰当概括。因此从人力资源开发的意义解释来看,开发的基本形式应该是教育。

从人力资源开发的特殊性来看,人力资源是一种"活"的资源,具有主动性、变化性与不稳定性等特点,而物力资源是一种"死"的资源,是被动的、静止的与稳定的。虽然耕地、矿藏、森林、水源等自然资源也会随着地球的演化而变化,但相对开发它的人来说,一般表现为稳定与被动的状态。

人力资源,无论就其本身来说还是相对开发者来说,它都是处于一种不断形成、变化与主动反应的过程之中。任何个体的品德、知识、技能、智力、体力、性向等,都具有很大的可塑性与发展性,尤其是青少年时期。任何成长起来的品德、知识、技能、智力、体力、性向等人力因素的效用发挥,都具有很大的可变性,会随着人力主体的主观能动作用而变化。"能人"可能变为"隐士"。此外,物力资源与自然资源的开发,主要是如何开采与利用的问题,而人力资源的开发,决不应该是对既成劳动能力的"开采"与"利用",而应该是"塑造"、"发展"与"利用"相并举,包括了对既成劳动力的利用与潜劳动力(前劳动力)的塑造与发展的双重任务。物力资源与人力资源这种开发对象与开发者之间中介变量主体性的差异,决定着教育将成为人力资源开发的有力手段。

从人力资源开发的实践来看,教育确实是开发人力资源、富国强民的有力手段。有人认为美国战后经济一直保持领先地位的原因,在于战争刺激、军备竞赛以及军火与技术的输出。其实这只是表面的现象,现象背后的实质乃是他们通过教育,大力开发人力资源的结果。研究表明,假如视文盲劳动者的生产率为100%,那么受过小学教育的劳动者的生产率将上升为143%,受过中学教育的劳动者的生产率可达208%,而受过大学教育的劳动者的生产率将是400%。

战后的西德,经济处于崩溃的边缘,但到1976年又成了世界的经济强国。在1950年至1976年26年间,平均每年的工业生产增长率达6.2%。这种速度不仅在战前德国是罕见的,就是同战后其他主要经济发达国家相比,其速度也是领先的。其秘密在于它们是依靠教育开发人力资源。西德的教育经费始终居欧洲各国之首,从1950年到1976年,每万人口中在校大学生,由21人增至115人。

日本是我们熟悉的邻国。1945年战败后,其经济也是处于崩溃的边缘。但他们仅用20年的时间,就成为世界上仅次于美国的经济大国,每年产值平均增长率为13%。其秘密何在呢?回答也是在于他们依靠教育开发人力资源。日本前首相大平正芳1979年明确表示:"战后日本经济复兴是依靠人的头脑、进取心、纪律性和不屈不挠的精神这些无形的资源发展起来的。""受过高等教育并精通业务的人们是日本最有价值的资源。"为此,日本1948年普及了初中教育,1976年普及了高中教育。大学从战前只有48所11万大学生,增至1950年的200所22万大学生,现在已有430所180万大学生。

综上所述,我们不难看出,教育是开发人力资源众多手段中的一种有力手段。

二、人力资源开发的历史分析与协同优化系统

要充分发挥教育在开发中国人力资源过程中的作用,获得高效与实效,必须尽快建立系统的教育开发工程,在全民中普遍树立起教育要最大限度地为中国人力资源开发服务的思想。

目前,人们的教育观似乎还普遍停留在为经济建设服务的目标上,而仅此一点是远远不够的。教育为经济建设服务必须通过培养人这一中介。只用为经济建设服务的思想去培养人,是达不到最大限度开发人的能力与潜能之目的的。人力因素本身是个多层次多功能的系统，人力资源的结构系统则更为复杂。在这一复杂系统中，要发挥其经济功能，必须注意到其它功能的制约影响作用。虽然我们最后需要实现的，是它的经济功能，但需要我们去开发的，却是它的各种功能与整个系统。人力资源（个体与整体）结构本身的系统性与功能的整体性，要求我们对它的开发必须建立起相应的教育系统工程。

开发人力资源的教育系统工程，其作用并不限于智力开发。有人认为，人力资源的实质是智力资源。因此人力资源开发就是智力开发。这种观点的思想根源在于，认为任何劳动能力的提高，都只能从提高劳动者的智力入手。其事实依据是，当前的生产劳动已普遍由以体力为主转向了以智力为主。其实这种推断与看法并非全面。

对于什么是劳动能力，马克思曾有过明确定义："我们把劳动力或劳动能力理解为人的身体即活的人体存在的，每当人生产某种使用价值时就运用的体力和智力的总和"（《马克思恩格斯全集》第23卷，第190页）。从这个定义可以看出，劳动者的体力与智力，是劳动能力中的两个基本要素，然而在这两个基本要素中又有许多更基本的子要素。这些子要素在劳动者身上能否发展，以及发展到什么程度，则有赖于劳动者既成的品德素质对它们的协调与促发。一个身材高大的人，如果缺乏吃苦耐劳的精神，他的腰力与躯干支撑力并不一定最佳。相反，身材矮小的体操运动员，由于勤学苦练，其腰力却很强。一个智力超常的人，如果不把精力用于工作，那么他的实际劳动能力并不一定好，如果用于破坏生产力，那将比智力一般的人更危险。由此可见，品德素质也是劳动能力中一个十分关键的因素。

实际上，马克思也在某种程度上暗示了这一点。在劳动力定义中，"总和"两个字是很值得我们深思的。这里的"总和"并不是对体力与智力的机械相加，而是对它们的一种有机组合。体力与智力的诸子要素，其本身是散在和独立的。它们是靠什么东西在劳动者身上得到统一的组合与协调呢？回答是品德素质。品德素质实际就像一种有机胶合剂，把诸子要素凝聚在一起，形成整体的与实在的劳动能力。相同的体力与智力诸要素，因为劳动者品德素质不同，因而其"协调"与"合成"的方式就不相同，最后形成的实际劳动能力就有别。

当劳动形式由个体发展为社会化大生产的协作形式时，劳动能力的概念也就由个体的体力与智力总和，扩展为集体的体力与智力总和。在这种情况下，劳动者品德素质对劳动能力的形成与发展就更为重要。

387

人们必须学会合作共事，认真负责，相互帮助，树立集体观念与组织纪律的观念。劳动者之间默契和谐的相互配合，往往会形成巨大的劳动生产力。

劳动能力实际是智力、体力与品德等素质构成的因素系统，人力资源也是品德、知识、技能、智力、体力、性向潜能等因素构成的整体系统，因此，无论是把人力资源开发限为智力开发，还是采取单一的智力开发形式，其开发的最后效果都不是最佳的。长期以来，这种专注智力开发、忽视品德开发效果的错误观念，已给人类人力资源的开发，造成了巨大的浪费。

科学的人力资源开发系统工程，与一般人力资源开发方式是有所不同的。在一般的人力资源开发系统中，其主要形式是职业技术培训和人才选拔、录用、配置。职业技术培训的目的在于提高劳动者的专业工作技能，以适应岗位工作要求。一般采用短训班的形式。这种教育培训形式，实践证明不失为一种有效的形式。我国"七五"期间曾对8000多位大中型企业厂长、党委书记、总工程师、总经济师进行了一次岗位职务培训，收到了较好的开发效果。但是这种短期与单方面的培训形式，是不是一种优化的人力开发形式呢？其开发的效果是否最佳呢？其回答是并不一定。从系统论角度来看，这种只局限于当前工作岗位需要的职业技能培训，只是一种单一点的开发形式，其效果无法达到优化状态。如果不把它纳入到人力资源的整个开发系统工程中，其所展示的开发效果也只能是暂时的与短期的。人才的选拔、录用与配置是以人力资源（包括个体与群体两方面）当前的状态结果为基础的一种开发形式，这种配置常常是"一日许配，终身伴侣"。显然这是一种"显"开发，是一种以人力资源当前显示的发现结果为依据的。同时它也是一种"静"开发，"人"、"事"一旦配置，就长期稳定不变，除非调离或升学。

人力资源是一个复杂的结构系统，它的形成与发展，是一个不断衰退、不断更新与不断生长的动态过程。这种特性决定了对它的开发，需要一种全面的与系统的开发形式，才能取得最佳效果。

无论是微观的个体的人力资源，还是宏观的群体的人力资源，它们的结构至少存在三个子系统。一是现实需要的人力资源，二是非现实需要的辅助人力资源，三是再生当前所需的潜在人力资源。只有对这三个人力资源子系统进行协调性的开发，最后才能产生最佳的开发效果。目前，人力资源开发的教育培训形式，只是限于对表面需要人力层的显开发,而缺乏对辅助人力层与再生人力层的潜开发。人力是一种活的资源,它不同于一般的矿石、煤炭与天然气等"死"的资源,它具有充分的再生能力。我们应树立全面系统的开发观点,注意人力资源的显开发与潜开发相统一,点开发与面开发相统一,静开发与动开发相统一。虽然物理学上"永动机"的制造目前无法实现,但是建立全面而系统的人力资源开发工程,将有可能使人力的这一活资源,奔涌不息。

开发人力资源的系统工程,旨在建立一种全过程、多层次、多角度和统一化的人力资源开发模式。图示如下:

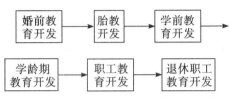

图1 人力资源开发系统工程之一:个体发展全过程的终身开发系统工程

人力资源是随着个体生长而不断形成与发展的,建构人力资源开发系统工程之一的目的,在于把当前我国处于分离状态的开发系统协调起来,纳入到统一的人力资源开发轨道上来,形成人力资源开发的系统合力。

终身教育的思想虽然已被人们接受,但它却是针对大学与工作后教育提出的。对于从生到死,个体发展过程中的终身教育如何系统化的研究,很少见到。因此,目前相应于个体发展过程中各阶段的开发,或残缺不全,亟待建立与健全;或各自为战,缺乏连续性与联系性,造成内耗与低效。我国当前婚前教育的开发,主要是由计划生育办公室的工作人员负责,系统尚不完备。大多限于政策性宣传,服务于一对夫妇只生一个孩子。对于怎样去生好这一个孩子,让新婚夫妇充分发掘现有的条件,利用现有的人力物力去生好这个孩子的开发工作,还远远不够重视。胎教开发尚处空白。目前这种开发只停留于少数人研究之中,实施的只有妇科保健医生的生理保护工作。学前教育开发也只是注重于身体保育、知识填鸭与规范灌输。学龄期的教育开发,目前也做得很不够。中小学忙于应试教育,大学专注于专业基础教育。职工教育主要是技术培训与学历提高教育,退休职工教育开发则处于空白。

由此可见,目前我国对人力资源开发,缺乏一个全过程的终身开发教育系统工程,相应于人力资源形成与发展的各阶段教育开发,或缺或弱,尚未形成系统合力。这不能不说是导致目前我国只有人力资源的数量而质量不高和人力资源潜而不发的一个重要原因。建立个体发展全过程的终身开发系统工程的意义,就在于它能减少现有各种开发工作相互间的重复、内耗与局限,弥补当前人力资源开发系统中的空白点,尽快提高我国人力资源开发的整体效率与效果。

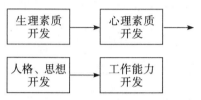

图2　人力资源开发系统工程之二:个体能力结构的综合开发系统工程

现实的工作能力是个体身心素质的综合体现。建构人力资源系统工程之二的目的,就在于要把目前生理素质、心理素质、人格思想与工作能力的培养与开发工作,纳入到统一的人力资源开发轨道上来,形成整体开发的合力,提高开发效果。当前我国的现状是,心理素质教育的开发空白,生理素质、人格思想与工作能力方面的开发不足,或处于局部的全面性,或处于盲目的片面性。德育、智育、体育、美育与劳动技术教育的设置,缺乏明确的人力资源开发意识,实施过程中,或趋于片面发展,或泛泛而论,陷入漫无目的的"全面"理想主义之中。这种现象可以说是造成目前我国人力资源教育开发低效的原因所在。

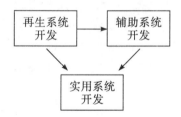

图3　人力资源开发系统工程之三:群体人力资源系统开发工程

无论是群体的人力资源,还是个体的人力资源,它们都是由实用资源系统、辅助资源系统与再生资源系统共同构成的整体系统。建构人力资源开发系统工程之三的目的在于,纠正目前人力资源开发实践中人们习惯于割断与片面开发的短期行为,树立全面开发的整体意识。我们发现,有些企事业单位对于职工人力资源的开发,只注重那些实用的工作能力开发,注重外显实在资源。往往忽视其他非工作能力的辅助资源与再生资源开发。招聘只强调专业对口、现有能力,而不考虑发展潜力;加薪只强调工作效果,忽视非效果的其它因素;报酬奖励只注意钱财,忽视心理与精神形式;投资只注重生产部分,忽视职工生活的需要,不愿投资教育与保健方面,不愿资助中小学教育事业。

总之,本文认为,在开发中国众多资源的比较中,应当选择人力资源开发;在开发人力资源的多种手段中,要特别重视发挥教育系统开发的作用。要走出目前人事开发中的"点"、"显"、"静"的观点圈,建立终身开发、全身心开发与群体开发的系统工程。只有这样,才能发挥我国人口多、质底好的优势,把人口优势的潜资源转化为人力优势的显资源,否则我国的人力资源就可能徒有虚名、有数无质。

人力资源是"活"的资源,具有主动性、变化性和不稳定性。人力资源既在开发过程中提高,又在利用中增殖。

人力资源开发是未来中国的强盛之路[①]

我今天要讲的题目就是"人力资源开发是未来中国强盛之路"。关于这个问题,我想主要从以下几个方面来给大家讲讲。第一,鸦片战争后中国经济衰败的原因是什么?我们中国从公元元年到1800年,实际上一直在世界上是处于经济发展的领先地位,经济发展总量应该说占整个全世界的25%,但是为什么到1800年以后,我们中国经济就一直衰败,其中的原因是什么?这是我想给大家讲的第一个内容。第二,世界经济强国发展过程中所追赶的战略是什么,秘诀是什么,这是我要给大家报告的第二个内容。第三,目前社会经济发展当中最大的驱动力是什么?第四,中国目前的优势与劣势是什么?第五,为什么说人力资源开发是人口大国的必然选择?第六,为什么说人才强国战略是中国经济发展的明智选择?我要给大家报告的最后一个问题就是,人才强国战略的实施需要人力资源开发。有一些问题讲得可能详细一点,有一些问题就可能简单一点,下面我想给大家讲的第一个问题,那就

---

① 本文原载《北大讲座(第18辑)》,北京大学出版社2009年版。

是1800年以后中国的经济衰败给我们今天什么样的启示。

《世界经济》杂志2001年提供了一份资料,根据该资料我们得出一个结论,即从公元元年到1800年,中国的经济一直是处于世界的前列,其中从元年到1000年的时候,中国的经济总量占世界经济总量的25%。当时西方发达国家,也就是现在的欧洲,那个时候还没有美国,它只占世界总量的11%左右,我们占了25%;公元1000年至1500年的时候,中国经济总量占世界总量的23%,当时的西方,也就是说欧洲这些国家占整个世界经济总量的8%。所以从元年到1500年今天所有这些发达的西方国家,它的经济总量加起来,还不到中国经济总量的一半。由于当时美国还没有出现,所以中国当时是世界上最大的经济强国。在1600年到1720年期间中国经济总量达到当时世界上最高的时期,占世界的28%,也就是说四分之一还强。当时整个西欧加起来应该还不到中国的一半,但是为什么从1800年以后,中国就开始衰败了呢?1820年,欧洲当时的人均GDP相当于中国人均GDP的2.1倍,也就是说欧洲所有的国家加起来,他们的GDP只相当于中国的2.1倍,1950年扩大到10.05倍。1820年,美国的人均GDP是多少?当时相当于中国GDP的倍数是2.5倍,1950年扩大到15.6倍,大家想一想,平均每年落后多少?

中国经济衰败的原因是什么?包括中国以及国外有很多人对此提出了种种的分析与疑问,其中比较著名的有两个,其中一个就是李约瑟之谜,李约瑟之谜是什么?李约瑟是英国一个专门研究中国科技史的科学家,他研究了大量中国发展历史之后,提出了这样一个疑问,这样一个问题,也就是说在历史上中国的科学技术水平和经济发展水平一直遥遥领先于其他国家,领先于其他文明,但是为什么1820年以后就开始停滞不前了呢?第二个提出这样的疑问的是德国人马克斯·韦伯,大家都知道他是社会学家,也是经济学家、历史学家,他提出的问题是,18世纪末,英国工业革命的主要条件中国早在17世纪就具备了,为什么工业革命发生在英国而不是在中国?这两个问题当时提出来影响是比较大的。对于这样一些疑问,人们做出了种种解释,其中包括毛泽东在内的一些中国政治家、历史学家和经济学家,对这些问题进行了长期的争论,但是最终也没有得出什么结果。国际上也有很多学者,对这些问题进行探讨和解释,其中比较领先的是以艾尔温为代表的一些高水平的学者,他们提出来所谓的"高水平"均衡陷阱理论。这个理论是什么理论?他认为中国从昌盛到衰败,是因为当时人地比例失调,也就是说当时人比较多,地比较少,这种情况下中国人不愿意采取一些先进的技术,就像我们现在一样。我记得1982年,江西有一个火柴厂,如果采用机器来做火柴的话,当时这个火柴厂800人中700人全要失业,所以就一直不愿意采用先进的机械化的火柴包装技术。当时的中国也是这样,就是因为地比较少,人比较多,所以中国一直不愿意采用先进的生产技术,这就造成了高水平均衡限制。

对这种解释,我们北大中国经济研究中心的林毅夫教授提出了异议。他认为,前现代与现代的技术发明形式是不同的,中国的科举制度没有激励知识分子投身现代科技研究,科技发明只停留在直接经验上,没有孕育出科技革命和现代经济增长。这是林毅夫教授的解释,所以他的假设是科技创新假设。还有人认为,由于经济与社会发展的制度性影响,中国在1820年前后处于内忧外患的状态,失去了与西方国家工业化同时起步的战略机遇。这是一种社会机遇假说。

还有人从政治层面解释,认为当时的中国经济落后的原因是经济和社会发展制度性的障碍。比如我们一直是实行这种比较封闭的体制,没像西方出现工业革命,所以说当时中国处于内忧外患的境地,失去了与西方国家工业化同时起步的战略机遇。对于这种落后前面已经给了三种解释,一个是高水平均衡限制,另外一个是技术创新假设,还有一个是政治制度障碍。我认为,从人力资源这个角度来分析,中国之所以落后,主要是因为科技发明后没有进行相应的人力资源开发,我们有四大发明,还有一些先进的科学技术,但是这样的技术却没有通过一个人力资源开发的途径转化为现实的生产力,转化为社会生产当中所需要的生产力,那个时候没有培训,只有教育,但是教育只是作为一种从政选拔的手段,或者是作为个人修养的一种手段,那时候我们只有书院,只有私塾。到私塾和书院念书的是什么人?基本上都是有钱的人,他们念书的目的是什么?实际上就是要考进士考秀才,然后到官府从政;还有一部分人就是念《四书》《五经》,就是要修养品德。那时候没有我们现在讲的科学技术的普及。所以我们认为,主要是因为科技发明后没有进行相应的人力资源开发,先进的发明没有进行转化。读书做官,这是我们中国长期以来的一个主导思想,那么商业、农业以及工匠里面所需要的一些知识,被排斥在我们的教育之外,沦为三教九流,科学技术这样一些知识,包括四大发明却不能进入我们教育的主渠道,不能被广大的人民所掌握。中国的教育一直限制于私塾,限制于书院,没有像欧洲国家17世纪出现的那种大班教学。我们什么时候才有大班教学、进行教育普及呢？那是在民国时候才开始，所以说我们比西方国家落后了很多年。这些发明创造出来之后，我们就把它束之高阁，没有得到有效的转化，所以说四大发明在中国没有得到推广应用，而在欧洲却得到了广泛应用，由此转化为它们国家强大的生产力。我们说我们有思想，有发明，但是因为我们没有通过人力资源开发，没有把个别人的思想和发明转化为广大劳动人民的行为，没有及时应用到实际的生产实践中去，所以中国的经济开始落后，一直没有发展。基于这样一种分析，我认为只有技术发明，没有人力资源开发，中国就永远难以强大起来。以上是我要讲的第一个问题。

第二个问题，也就是在世界经济发展过程中，各个经济强国追赶力度不一样。下面我们看看三个国家追赶的例子。第一是美国追赶英国，第二是日本追赶美国，第三是韩国追赶欧洲。我们来看一看美国追赶英国是什么样的情况？根据麦迪森提供的数据，1820年美国的人均GDP相当于英国人均GDP的73.3％，事隔50年以后，也就是到1870年，美国人均GDP只相当于英国人均GDP的75.3％。此后每年都是以平均3.9％的速度在增长，到了1900年美国人均GDP相当英国人均GDP多少呢？89.2％。到了1913年美国人均GDP已经超过了英国人均GDP的5.5个百分点。也就是从1820年到1913年，美国人大约用了93年的时间超过了英国。那么，其中的秘诀是什么呢？麦迪森还提供了一组数据，他说1820年美国人受教育的年限相当于英国的87.5％，那么1870年，也就是50年之后美国人人均受教育的年限，就提高到88.3％，1913年进一步提高到91.2％。从这几个数据我们可以看出，美国人力资本增长的速度明显地高于经济发展的速度，所以他们实行的是人力资源优先开发战略，这就是美国对英国的追赶，花了93年，通过优先开发人力资源取得了成功。

我们再看日本追赶美国的秘诀是什么？还是看看麦迪森提供的数据，数据表明1950年日本的人均GDP相当于美国人均GDP的19.6％，到了1953年，也就是3年之后，日本人均GDP增长的速度就超过了二战期间各国家的最高水平，而且在这之后每年又以6.5％的速度增长，到了1992年日本人均GDP相当于美国GDP的90.1％，日本人均GDP增长从战败后、1950年之后，一直到1992年，达到了提高28倍的经济速度，所以创造了当时的经济奇迹。它的秘诀是什么？我们还是看统计数据，1913年日本人均受教育年限相当于美国当时的68.2％，1973年提高到82.9％，1992年进一步提高到88.9％。从这两组数据我们来看这个结论是什么？日本人为了缩小与先进国家发展的距离，他们是从1868年开始实行明治维新改革，大力发展教育，人力资本增长的速度明显地高于经济发展的速度，他们实行的仍然是人力资源优先开发战略。

第三个案例是韩国对西欧的追赶，我们从麦迪森提供的数据可以看到，1973年韩国人均GDP相当于当时西欧的12个国家人均GDP的24.3%，并且每年平均以88.8%的速度增长，1992年韩国人均GDP相当于西欧12个国家人均GDP的57.5%，这个速度是很快的。这其中的秘诀又是什么呢？下面我们做一个分析。从1960年开始，韩国实行的是小学普及教育，大力开展高等教育，1975年到1985年高等教育普及率从10%提高到30%，也就是实行高等教育大众化。中国现在高等教育普及率才是多少？大概是10%。北京呢？基本上达到了30%。虽然北京已经达到高等教育大众化，但全国还没有。但是韩国从1985年开始就实施高等教育大众化，他们从1985年到1995年又把高等教育普及率从30%提高到55%，中等教育普及率从60%提高到90%，达到了西方发达国家的水平。我们从这里可以看出，韩国人为了缩小与先进国家经济发展的距离，从1960年开始大力发展教育事业，人力资本增长的速度明显高于经济增长速度，他们实行的也是人力资源优先开发战略。所以从这三个国家的经济发展情况来看，都是运用人力资源优先开发战略，都是人力资本追赶速度超过经济发展速度，是人力资本优先积累的结果。综合这三个国家的情况分析，我们得出了什么结论呢？就是追赶国的人均GDP相当于先进国家人均GDP 20%水平的时候，像美国追赶英国，日本追赶美国，韩国追赶欧洲，追赶国人均受教育年限已经达到先进国家的40%以上，在追赶国人均GDP相当于先进国家人均GDP 40%的时候，人均受教育年限已经达到先进国家的70%，当追赶国GDP相当于先进国家人均GDP 80%的时候，他们人均受教育的水平基本上就接近先进国家。所以大家可以看到，受教育的年限指标总是高于经济发展的GDP的指标和速度，而且越是往下它的差距越大，基本上接近一半。一个是20%，一个是40%；一个是40%，一个是70%；一个是80%，一个是100%。越到后面差距越小，越是前面差距越大，这是分析其他国家的经验。从这里面我们能得出什么结论呢？那就是人力资本优先增长，是GDP迅速提高的基础，人力资源优先开发是国家经济迅速发展的先导。这是我讲的第二个问题。

第三个问题，目前世界经济发展的最大驱动资源是什么？关于这一点,先回顾一下我们整个人类社会经济发展的几种形态。我们整个人类社会的经济形态大概经历了自然经济、农业经济、工业经济和知识经济这么几个阶段。知识经济是什么?知识经济是一种以知识的生产、交换、使用和分配为基础的经济,那么在自然经济这个社会当中,也就是在原始社会中,自然生态资源应该是第一资源。在原始社会里,你要是在河边生活就吃苇叶与鱼,你要是在山上生活就狩猎或者以野果为生,你要是在平原生活可能就以耕地为生,那时候靠的是自然生态资源。在农业经济,也就是封建社会阶段,土地是第一资源,谁有土地,谁就是老爷。在工业经济阶段,我们靠矿产资源。能源资源与货币资源应该说是第一资源,这是最主要的资源。那么在今天的知识经济时代呢?人力资源成为第一资源,正因为这样,所以说无论是国家主席还是企业家,还是我们的一般组织的负责人,都把人力资源、人才资源作为第一资源。像江泽民在三次 APEC 会议上都提出人力资源开发问题,胡锦涛在 2003 年召开的全国人才工作会议上,提出知识经济时代谁拥有优秀的人才谁就拥有了财富。也就是说,在知识经济时代,高素质的人才成为关键资源。在农业经济时代,土地是竞争的对象,工业经济时代矿产等资源成为竞争的对象,而今天的知识经济时代,人才成为竞争的对象,谁拥有了人才谁就会在竞争中取胜。大家回想一下第一次世界大战、第二次世界大战,还有原始战争。原始社会打仗以后胜利品是什么?就是奴隶,还有土地。那么上个世纪的两次世界大战呢,你看争夺的焦点是什么?矿产资源。而现在的战争是争夺人才,但是能源也是不可缺少的。美国哈佛大学的罗伯特认为,不同国家经济增长力差异的主要因素并不是自然资源、物理资本,而是各自所拥有的人力资源,穷国赶不上富国的原因主要是缺乏高质量的人力资源,是人才与知识的不足。这是我讲的第三个问题。

第四个问题,中国目前的优势与劣势是什么?根据 2000 年瑞士国际管理发展学院对 47 个国家排行榜的统计资料可以看出,中国的强项指标一共有 6 个:第一个是国内生产总值在 47 个国家里面排第 4 位;国际总投资在 47 个国家里面排第 4 位;外国直接投资流入量在 47 个国家里面排第 3 位;人口总量在 47 个国家里面排第 1 位;就业百分比在 47 个国家里面排第 2 位;人口负担系数在 47 个国家里面排第 6 位。人口负担系数大家应该基本上知道,人口负担系数在某种意义上指的是一个国家里的老人比例,就是说丧失劳动能力的人大概由几个年轻人来负担,老年人口和其他的青年人口的比例。现在我们在座的基本上都是独生子女,也就是在 1985 年以后,独生子女的负担比例越来越大了。现在西欧国家人口负担特别重,我们目前还可以,但是如果再接着这样下去,我们人口负担系数也会越来越大。所以我们在这 7 个指标上面应该是领先的,但是再看其他 8 个指标就落后了。人均 GDP 排 45 位;文盲率排 44 位;高等教育对竞争性经济的满足度排 42 位。高等教育对竞争性经济的满足度是什么?就是高等教育对经济发展的满足度。人均有效专利拥有率排 38 位;熟练劳动力获得性排 44 位,也就是我们人很多,但是熟练的劳动力却很少,国外要在这边开工厂,办企业,要在当地找劳动力,熟练的劳动力却很难找得到,排在第 44 位;在劳动力市场熟练的工程师也很难找得到,这个获得性是排第 47 位;公共教育经费的地位也是排第 44 位;这些指标比较靠后,排在倒数。

由此可以看到,与人口有关的指标我们都是排在前面,而与经济人均有关的这样一些指标就排在最后,大多只有数量没有质量。从优势和劣势我们可以看出,人口方面的优势我们有,但是人口总量第一却是一把双刃剑。我们说人才,总是从人口而来。美国人舒尔茨说你们中国这么多人,你们的人才是美国的 8 倍,为什么?因为人才肯定产生于人口当中,我们从这一点上是有优势的。可是很多地方我们还是处于劣势。所以我们说人口总量大是一把双刃剑,用得好就能推动整个国家的经济发展,如果处理不好就会有阻碍。下面我们可以来分析一下,人口具有经济价值和物质消耗双面性,也就是两面性。一方面我们的劳动力是靠人,另一方面人要消耗物质,虽然看起来 GDP 总量只要正常,只要稳定,我们的经济总量占世界总量肯定是一个很重的分量,排在前面,但是一说人均,我们就落后了。人口多就是人才多,这只是可能性,而不是绝对性。因为从人口到人才的过程还有很多道工序,所以人口多未必人才多。原始森林里面未必会有参天大树,我上一次去延吉长白山,没看见几棵大树。那么,怎么让人口多变得人才也多,这就需要我们开发。我们可以举一些人才的例子,比如说土耳其。土耳其人口不多,只有 5700 万,但是由于它对足球人才开发得比较好,它踢足球的人就有 2300 万,约占全部人口的 40.04%。我们中国很大,在 1997 年差不多就达到 12 亿,但是我们国家踢足球的人有多少呢?只有 8000 人,约占全部人口的 0.00066%,真正职业踢足球的人就更少了,当时只有 900 个人,那是 1998 年的数据。现在中国踢足球的人口总量也不太多,所以我们老是踢不过那些小国家,就是没有重视人才开发,这方面的人才开发没有纳入计划。但是乒乓球这一方面,我们确实一直到现在在世界上是领先的,为什么?因为小孩子即使在农村,弄一个水泥台子,弄两个砖头就可以打乒乓球,所以乒乓球人才选拔赛我们人才就比较多。体育人才的开发是这样一个状况,其他科技人才的开发也是这样的。如果不尽早开发21世纪所需要的各种人才,我们中国就有可能再次错过发展的良机而落后于别人。

第五个问题,我要讲人力资源开发是人口大国的必然选择。我们说科学发展观的理念和人口大国的现实,决定着中国必须走人力资源开发之路。所谓可持续的发展,在这里是指我们经济发展与资源开发的行为,应该既满足当代人的需要,又不能损害子孙后代发展的需要。在这里,科学的发展是指经济的发展在时间上和速度上前后要具有连贯性,要具有一致性。发展是连续的,在空间上和时间上要有平衡性,在生产诸要素的组合上要有协调性,经济的发展必须依靠和带动人口资源、环境与社会的整体发展。说某一个地区、某一段时间中的经济发展,不能够以影响、损害其他地区或者是后来阶段、后续发展阶段的经济发展为代价,相反只有在带动了周边地区和其他地区,考虑了后续阶段的经济发展需要,为后续的经济发展奠定了一定的发展基础的时候,这个地区、这个时段的经济发展才有可能保持长期的发展,否则可能就是短期。所以说,在经济的发展过程当中,人力资源发展具有关键性和先导性。在我们中国,之所以说必须走可持续性发展的道路,是因为人口多,资源相对贫乏,人力资源对中国未来的经济增长具有特殊的意义。无论是从中国的生产环境这个资源以及物质资源的存量来看,还是从以后的资本积累的能力来看,都无法满足其新世纪经济发展内在的需要。中国未来的经济增长,将面临严重的物质资源稀缺和资本短缺的约束,丰富的人力资源将成为推动未来经济增长的关键因素,我们不可能再按照常规的资源消耗方式来谋求国民经济的增长,而必须要转变经济增长方式,通过技术进步,提高劳动力素质以及规范劳动者的行为,寻求一种既能推动经济按照预期的速度和目标增长,又能够节约地使用我们有限资源的经济增长过程,这就是我们讲的科学发展观。

人力资源开发是人口大国的必然选择的第二个理由是什么?我认为实际上是人口大国的现实所决定的。我国是一个人口大国,总人口占世界总人口的1/5,人均资源与经济资源大大低于世界的一般水平,耕地只有世界人均占有量的1/4,石油只有世界人均占有量的1/8,淡水还不到世界人均的1/4,所以说这种自然资源的情况和人口发展需求存在着极大的反差,人口增长的速度尽管缓慢,资源消耗在总量上还是比较多的。自然资源与人均资源的日均减少,中国人均资源的相对贫乏决定着我们中国必须走集约型、走资源节约型的经济发展道路,决定着中国必须走科学发展之路,走可持续发展之路。

中国到底能不能实现科学的发展观呢?能不能真正地走可持续发展的道路呢?这取决于人力资源、资本资源与自然资源的相互协调与利用,又取决于人力资源、自然资源与经济资源本身的可持续发展状况。在人力资源、自然资源和经济资源三大资源当中,人力资源具有主导性和决定性。在这三者的相互作用当中,人力资源不但不会被消耗掉,而且会得到更大的增值,创造出新的价值,这是人力资源和自然资源、经济资源不一样的地方。比如说给你 5 块钱,你花这 5 块钱买菜,今天晚上就把买的菜吃掉了,这 5 块钱就没有了,就消耗掉了,当然转化成你的能量,但是这个钱是不存在了。我们说人力资源不会,比如今天晚上给你们做这么一个讲座,我就找了一些资料,给你们讲课的知识全给你们了,是不是我就没有了,我觉得不会,我在给你们讲的过程中我理解得更多,这就是教学相长。我的人力资源,在我的传递过程当中、使用过程当中不会消耗掉,反而会增值,这是人力资源不同于经济资源和物理资源的地方。人力资源开发不但能够提高人力资源自身的价值,而且能够降低或者是减少人力对自然资源与经济资源的消耗和浪费,在有限的经济资源的基础上创造出更好更多的新财富。除此之外,人力资源对物质资源和金融资源的短缺还有弥补的作用,比如说现在我们石油紧张,科学家就想办法找到可以替代的能源。大家知道现在可以用乙醇,用酒,或者用发霉的粮食去做酒,通过在酒里面兑一点水,把它变成能源,用以替代石油。这就是说,人力资源可以把一种物质变成另外一种物质,因此人力资源就可以弥补我们自然资源的不足。人力资源开发是人口大国经济发展的必然选择。

中国必须要走人力资源开发之路,这是世界上一些国家和地区的发展实践选择所决定的。我们可以看一看亚洲"四小龙"以及孟加拉、墨西哥等国家的发展,从它们的经济发展史中我们可以看到这一点。韩国、我国台湾、新加坡、香港特别行政区,这些国家和地区,它们为了发展经济,从 20 世纪六七十年代起便积极吸引外资,但是在吸引外资之前,它们特别注重人力资源开发,对人力资源开发的投入量是对物质资本投入的 7 倍,结果它们外资利用率非常高,经济迅速发展,实现了预期的目标。但是在这同一阶段,巴西、哥伦比亚、墨西哥这样一些国家,也是积极发展本国的经济,也是大量引进外资,但是它们只重视物质资本的积累，忽视了人力资源的开发，当时它们对物质资本的开发是人力资本投入的 20 倍，事实上它们在经济发展过程当中，高水平的人才短缺，结果外资的利用率极低，浪费严重，经济发展速度并不快。因此，从六七十年代正反两方面例子可以看出，要发展经济必须优先开发人力资源，人力资源开发的两种不同观念导致了两种经济发展不同的效果，所以说其他国家和地区的经济发展实践经验决定了我们必须走人力资源开发之路。这是我要讲的第五个问题。

第六个问题就是人才强国战略是中国经济发展的明智选择。知识经济的特点决定了人力资源特殊的价值和广泛的发展前景。美国的经济学家丹尼森和美国劳工部对 1948 年到 1989 年间美国经济增长源泉做了一个分析，表明教育和知识的进步对美国经济增长的贡献率达到 42%，超过了物质资本贡献率。如果把投入生产的劳动力的数量贡献也包括进去，他们估算当时的人力资源对经济增长的贡献达到了 63%。那么我们国家的情况如何呢？我记得 2001 年全国人大常委会中有不少的院士，他们对人力资源对中国经济增长的贡献率有一个分析，认为中国人力资源对国民经济贡献率达到 73%。可以相信，随着知识经济的进一步发展，人力资源的贡献率将会得到进一步的提升。因为知识经济主要是靠大批的高素质的人才去推动。高技术经济，也就是知识经济在发展过程中，人才将成为最重要的或者是最核心的资源。在人才强国战略当中，实施强国战略需要人力资源开发，人口资源和人力资本是不能同质的。人只要生下来，哪怕你什么都不懂，就算是人口了，如果你现在是 110 多岁，只要你还能吃，还能喘气，那你也是人口。出生以后的人口，能不能成为人员呢？所谓人员，就是 16 岁以上，具备劳动能力，能够自由从事劳动的人，从这个角度来讲人口变成人员，中间需要什么？需要卫生保健，如果说卫生保健不好，像 1949 年解放前，很多人夭折了，一家四五个孩子，最后只剩下一个。因为医疗条件不好，所以人口到人员需要开发，这种开发靠什么？也就是卫生保健。卫生保健条件好，你生一个是一个，成一个。那么从人员到人力呢？我们说还是需要开发，你说人员就是人力资源吗？像我们有一些地方很多人，18 岁了，高中毕业了，大专毕业了，可是最后找不到工作，找不到工作能给我们带来经济价值吗？一个人如果不和生产资料相结合能产生经济效益吗？不能，纯粹就是消费。一个人必须要和生产资料结合，从人员到人力这种开发主要就是就业。因此，作为政府来讲，就要大力解决就业问题。从人力到人才还要开发。你有工作做，怎么变成一个很出色的人呢？怎么变成一个有效率的人、有绩效的人呢？显然，这里面也需要不断地培训、开发。因此，从人力到人才，同样还要开发。人才应该是什么？现在有很多种概念，但是我们从统计学角度来讲，应该说人力当中最优秀的那20％，也就是说如果有100个人力，排前20位的应该是人才。那么人才是不是只有人力里面有？人口、人员里面都有人才，比如说人口，去年还是前年，我们数学学院招了一个14岁的研究生，他还不到16岁，他不是人员，他也没有工作，他不是人力，但是不能不说他是人才，所以人口群体里面优秀的部分也是人才，人员里面优秀的部分也是人才。比如说，上一周我到山东的德州工商银行做内部培训，讲了两天课，讲完课我到吴桥那里去看一个杂技表演，发现表演者是一个人才。也就是三个球用三个碗压住，三个碗都不动，明明看到这个碗里面有一个球，但是他手就比划一下说走，这碗里面就没有球了。就连中央电视台高倍的摄像头也看不出来他的手移动，我觉得这就是人才。香港的董建华先生看他表演后说他是鬼手，动作特别快，人不能想象。到哪里找这样的人？他就是人才。因此我们说，人才在人口、人员、人力里面都有。

　　那么，人才里面的杰出者，我们叫他什么？叫人物。我们说联想有那么多的人才，但是真正杰出的、被人们记住的就是柳传志。海尔的张瑞敏，他就是所有人才里面的佼佼者。过去历史上有那么多的皇帝，清朝就有10个皇帝，那些皇帝里面能够被大家所记住的有几个，也可能就是两个，康熙和乾隆，他俩就是人物。这样看来，人力资源层次里面的排序是人口、人员、人力、人才、人物。我国目前是一个人口大国，怎么把人口大国变成人才强国？人口能自然而然变成人才吗？可以说有一部分人能变成，有一部分可能就变不成，要变也需要很长的时间。这就需要我们开发，我们通过科学的开发，人口变成人才的时间就大大缩短，少走弯路，走捷径。因此，我们要实施人才强国战略，就需要进行人力资源开发。人口不会自动地成为人才，需要一级一级开发，人口开发为人员，人员开发为人力，人口、人员、人力开发成人才，人才再开发成人物。在一个国家或者一个组织当中，无论是取得一定成就的显性人才，还是没有取得成就的一般人才，都要不断地进行人力资源开发。一方面保持显性人才的优势，另一方面我们要增强潜在人才开发的力度，使潜在的人才转化为显性的人才，从一般的人力资源中开发出大量的优秀的人才资源。所以，国家之间的竞争实际上是人力资源开发水平的竞争。因此，我们要大力进行人力资源开发，否则，我们的人才强国战略难以得到实现。

那么,人力资源开发是不是就是教育?人力资源开发是不是就是培训?人力资源开发是不是就是学习?我们说,人力资源开发不同于教育。教育主要是通过语言的方式加以影响,而人力资源开发包括语言之外的影响,比如说职业生涯开发。职业生涯设计是教育吗?不是,但它却是开发。所以我们说人力资源开发不是教育,不同于教育。人力资源开发也不同于培训,有人看国外的雇员培训与开发,开发没有讲多少,讲的都是培训,给我们的印象开发就是培训,培训就是开发。我们说人力资源开发不同于培训,因为培训是针对当前具体的需要进行的一种行为的改变,比如说我现在要你做粉笔,但是你不知道怎么做,用石膏、面粉等材料,比例得当,教一遍就会了,这是解决当前的问题,所以说一般是通过知识、技能等一些具体的东西教学,解决当前的问题。但是人力资源开发呢?它不是,它主要是针对未来的潜在的问题来设计,它主要是靠改变思想与素质来满足未来发展的需要。因此培训与开发不完全是等同的。那开发是不是就是学习,学习是不是就是开发呢?我们说这两者也是不完全相同的。学习是主动的行为,开发很可能是被动的行为,比如有的老师就是喜欢教一门课,我教熟了不用备课了,但是如果师资处想开发每一位老师,规定教师一门课教5年后必须教第二门课,进行课程轮岗,增加教学的能力,开拓教师的视野,有的老师就不太愿意。所以,开发很可能是被动接受。人力资源开发,实际上并不是我们一般所说的教育,不是一般所说的培训,也不是一般所说的学习,人力资源开发有它独特的特点。

作为促进中国经济发展的人力资源开发的战略方法应该是什么呢?我觉得首先一个是文化兴才,才化兴国。文化兴才,那就要大办教育,以文化来兴才。我们古代的发明创造应该是很多的,中国绝对是有创造力的国家,但是我们为什么没有发展起来?就是因为我们当时没有文化兴才,没有大办教育,教育是供少数人享受的。所以我们要普及教育,不但要普及九年义务教育,而且要高等教育大众化。

第二,我们说才化兴国。才化兴国是什么?才化兴国就是要人人兴国,前些年有人提出来人人是人才,我觉得这个概念非常好,尽管有些人不能理解,认为人人是人才,人才就不值钱了。实际上,我觉得这个理解不对。我们现在是穷国办大教育,我们也要鼓励每一个人成才,只有每一个人都成才,中国才能真正成为一个人才强国。因此说要才化兴国,要树立人人人才观。

第三是能化出国,能化出国后要回报祖国。我们人才出国就是这样。文化兴才,才化兴国,能化出国,人才多了我们就可以出国了,能化出国后,我们说学成了要回国,不回国也要把一些成果带回祖国。就是说学习别人的长处,回报祖国。还有一个物化出国,即赚取外汇。现在为什么说欧洲、美国都怕我们的纺织品,因为我们的纺织品物美价廉,我们的家具也都是物美价廉,所以我们现在到国外买东西一看漂亮的全部都是中国制造,为什么?因为我们的劳动力不可能都出国,我们把我们的劳动能力,把我们的人力资源转化为产品,通过产品把我们的劳务加入到经济当中去了。我们通过这种物化的开发,进行人力资源开发的物化出口,这也是我们的强国途径之一。同时我们还要建立政府、组织、家庭和个人的开发机制。我们说人力资源开发过程中,政府、组织、家庭和个人担负不同的责任。在一个人出生到6岁之前,家庭是主要的开发责任者,使小孩能够成人,有一个良好的生理、心理基础;6岁到22岁之前,国家是主要的开发责任者。整个国家要大力投入教育,大力发展基础教育、高等教育与就业途径,使我们每一个人都有机会得到良好的教育,增长知识,增长技能,形成良好的心理素质,有工作可做。那么一个人22岁大学毕业,走上工作岗位之后,组织的开发就要负主要的责任。一个人在基础教育、高等教育方面都掌握了一些基本知识能力,这种潜在的劳动能力转化为我们组织、企业、岗位所需要的劳动能力,这是我们所说的企业组织负有开发责任。在整个开发过程当中,我们个人始终是开发主体,尤其是退休之后,那只能靠个人。所以,在人力资源开发的终身过程中,家庭、国家、组织、个人都负有不同的开发责任。这就需要我们建立这样一个政府、组织、家庭、个人开发的体系,我们要建立知识、技能与品德的开发体系,我们不能光开发知识、开发技能,不开发品德,实际上我们的品德也非常重要。不知道大家看过一本书没有?这本书是《情商》。一个人的人生是否成功30%是由智商决定的,70%是由情商决定的。情商是什么?我觉得智商应该是一个人能力的标志,而情商应该是一个人品性的标志,体商是一个人身体素质的标志。你去开发智商让自己变得聪明一点这当然很好,这是基础,但是如果不注重情商的开发,你将来事业能够成功吗?美国有一位科学家,他专门对情商进行研究,他找了3000位军事家、政治家、科学家、企业家,最后观察这些人成功不是因为他们的智商,而是他们的意志力以及沟通、交往、个人品质等行为特征、品行素质,所以得到这样一个公式,人生的成功是30%的智商(IQ)+70%的情商(EQ),这就告诉我们,一个人能力的开发,要整体开发,我们需要的是能力,但是品性会影响我们能力的发挥。这就要求我们在开发的时候建立知识、技能、品德的开发系统,同时我们要建立学习、学校与组织的终身开发机制。我们现在是一个信息社会,需要我们建立一个终身的开发体系。这样才能保持我们人力资源的先进性。

通过前面这几方面的分析,我们得出下面一些结论:第一,中国经济衰败的原因很多,其中之一是没有及时地进行人力资源开发,科技发明为西方所用,中国没有得到应用。第二,世界经济强国发展壮大的秘诀是人力资源优先战略,人力资本增长的速度大大高于经济发展的速度。第三,知识经济的特点决定了人力资源将是第一资源。第四,人口大国的现实与优劣势的分析决定了中国必须实施人才兴国战略。第五,人才兴国战略的实施决定了人力资源开发是中国走向强国的光明之路。总之,人力资源开发是中国未来强盛之路。谢谢各位!

现场提问

问:请问公共组织人力资源开发的过程中有哪些需要注意的问题?

答:这个同学提了一个很好的问题,就是说我们今天讲的是宏观的问题,实际还有微观的问题。人力资源开发分成几个部分,可以说首先是国际人力资源开发,然后是国家人力资源开发,接下来是组织的人力资源开发,再下去是个体人力资源开发。应该说是有四个层次,你刚才提的这个问题只是组织人力资源开发,也就是说公共部门的人力资源开发。公共部门的人力资源开发在我们现在的研究上、教学上,相对于企业的开发上是落后了一点,但是这些年也在加强,我们通过教学比较,在人力资源开发方面的原理上、方法上、技术上,企业和公共组织部门做人力资源开发应该是相通的,只是应用过程不一样。这就好比我们的组织行为学,我们至今没有发现企业的组织行为学和公共部门的组织行为学有特别大的本质性的差异,人在组织当中都有共性,人力资源在企业和公共部门也是有共同点的。但是,我们说人的行为在不同的环境里会有不同的表现,因此这两者之间又有不一样的地方。不一样的地方和一样的地方相比,我觉得是大同小异的。我已经出版了一本书叫《人力资源开发与管理——在公共组织中的应用》,也就是说我们先是从一般的角度讲人力资源开发与管理的理论方法,然后在案例中介绍这些理论方法在公共部门里面是怎么应用的。

(2007年6月7日)

人力资源开发及其价值[①]

中国是世界上人口最多的国家,人力资源开发,对于中国的经济发展,具有重要而特殊的意义。中国加入WTO后,人力资源开发对于中国的国际竞争力的影响,更加具有重要而关键的意义。

然而,对于什么是人力资源开发,为什么要进行人力资源开发,许多人还比较模糊,理解不一。这将有碍中国的人力资源开发实践,因此本文将就这些问题,谈谈自己的一点思考。

一、人力资源开发基本含义的分析

目前关于人力资源开发的解释,据笔者分析大约有十多种。通过对它们的比较,我们把人力资源开发界定为:开发者通过学习、教育、培训、管理、文化等有效方式为实现一定的经济目标与发展战略,对既定的人力资源进行利用、塑造、改造与发展的活动。在这里开发者可以是政府、机关、学校、团体、协会、私有机构、

[①] 本文原载《中国人才》2002年第6期。

公共组织等,可以是企业雇主、主管、个人、被开发者自我等。

当开发者就是被开发者自己时,开发方式即为学习,开发的目的是力求发展;当开发者为企业时,开发方式一般是培训、管理与文化制度等,开发的目的是促进企业竞争力、生产力,提高经营利润,实现经营目标;当开发者是机关团体事业单位时,开发方式一般是培训、管理与文化制度建设,开发的目的是提高工作效率与质量,实现组织目标;当开发者为政府与社会主权者时,开发方式一般是教育、医疗、保障制度建设、人口发展政策等,开发的目的是提高全民素质,使人具备各种有效参与国民经济发展所必需的体力、智力、技能及正确的价值观与劳动态度,满足国家与社会经济的持续发展的需要。当开发者为学校、教育机构与家庭时,开发的方式是教育、教学、转化、宣传,开发的目的是提高人的素质,促进个人发展与社会发展。

在这里我们认为,任何一种人力资源开发活动,都有开发主体、开发客体、开发对象、开发方式、开发手段、开发目的、开发时间、开发计划等要素。

开发主体即从事开发活动的领导者、计划者与组织实施者;

开发客体即接受人力资源活动的组织或个人,是开发活动的承受者;

开发对象是指人力资源开发活动所指向的素质与能力,包括体质、品性、智力、技能、知识等其他心理素质;

开发手段是指人力资源开发活动中所采用的工具支持行为;

开发的方式是指人力资源开发活动中对各种要素所表现的组织方式;

开发计划是指人力资源开发活动实施前的准备工作与实施过程的书面描述。

二、人力资源开发的价值与作用

人力资源开发的价值就是它对人、组织与社会的功能。首先,人力资人源开发具有提高人的素质、改变人的能力与引导人的期望需要的作用。这种作用是人力资源开发的本质属性,是客观的;其次,人力资源开发能满足个人自我发展、自身修养、适应社会生活、获取社会职业等的需要;再次,人力资源开发能够促进社会生产、发展社会经济、巩固政治统治、传播组织文化等。这些功能相对组织来说,具体表现为以下几方面:

(一) 有助于人力资源管理战略性的转变

在现代化与市场经济的组织管理中,人力资源的管理已由过去的事务性管理,上升为战略性管理。人力资源管理人员不仅要参与组织战略目标的制定,更重要的是保证人力资源对未来战略发展目标实现需求的满足,因此人力资源管理部门及其人员只有通过人力资源开发工作来实现这一战略性管理的要求。

(二) 有助于现代市场经济条件下组织竞争力的提高

现代市场经济的特点是自由公平的竞争、组织之间的竞争,表面看是产品与服务质量的竞争,是组织物力、财力及综合实力的竞争,实际上是员工实力的竞争。目前企业之间竞争力的比较不是看经营的规模,不是看现有多少厂房设备等固定资产,而是看实际产品中的高新技术含量,看其中人力资本的附加值。因此组织之间的竞争实际上是人才的竞争。众所周知,从一般的人转变为人才,需要经过人力资源的开发。

在一个组织中,无论是取得了一定的成就的显人才,还是尚未取得成就的一般人力,都需要对他们进行持续不断的人力资源开发。一方面保持显性人才资源的持续性发展,另一方面增强潜在人才的开发力度,从一般人力资源开发出大量人才资源。因此从一定意义上来说,组织之间人才实力的竞争实际上是组织内部人力资源开发水平的竞争。谁的人力资源开发水平更高,谁的产品技术含量高,更新换代快,谁就能够在激烈的市场竞争中占据优势;谁不会进行人力资源开发,凝结在产品中的知识技术就会越来越陈旧,最终就会在激烈的市场竞争中被淘汰。

(三) 有助于知识经济条件下组织的发展

在自然经济与农业经济时代,由人类生产力水平低,社会经济增长更多地源于劳动力的多寡和自然资源禀赋的丰歉:20世纪50年代前的工业时代,社会经济的增长主要取决于自然矿产资源的占有和配置。60代以后随着高新技术的发展,社会经济的发展越来越多地依靠知识产业。最近10年,西方发达国家高技术产业在制造业和出口所占的份额已达20%—25%。专家预言,随着全球信息高速公路的全面开通,技术知识对经济增长的贡献,将由20世纪初的5%提高到90%。美国哈佛大学教授罗伯特·巴罗(Barro,1992)认为,不同国家经济增长率差异的主要因素并不是自然资源的禀赋与物力资本,而是因为各自所拥有的人力资源数量与质量,妨碍穷国赶不上富国的原因,主要是缺乏高质量的人力资源,是人才与知识的不足,而不是缺乏有形资本。不同国家的经济发展差异在所拥有的人力资源及其发展的水平。一个组织能否发展以及发展到什么水平,完全取决于它所拥有的人力资源水平及其进一步开发的水平。

(四)有助于组织内人力资源管理水平的提高

现代社会生产力的发展,强调以知识与信息为基础,这就赋予了员工不断发展的使命,员工只有掌握新知识、新技术才能成为生产力中最为积极、最活跃的因素。如果员工没有及时掌握现代科技知识与生产技能,就不可能在生产力系统中发挥能动性与主动性,也就不能提高劳动生产率,从这个意义上说,只有高水平的人力资源开发系统才能保持组织员工的生产力水平。

随着高新技术革命深入发展,知识更新速度加快,自然科学、社会科学及其分支纵横交错,边缘学科林立,纳米技术、计算机网络技术、生命科学技术、空间技术等前沿学科广泛渗入到每个生活与工作领域,任何员工的知识技能每时每刻都在失效,时时需要更新与开发。这个时代,一方面要求员工思维系统化、知识全面化、交流立体式,成为复合型的"全才",另一方面又要求员工成为自己领域与业务中的专才与特才,能够独当一面,解决专业技术中的难题。显然要求每个员工的知识技能都是"T"型结构。这就要求对每个员工进行必要的人力资源开发。

随着高新技术的迅猛发展与转化为现实的生产力周期的缩短,产业结构发生了根本性的变化。正如邓小平同志所指出的"随着现代科学技术的发展,随着四个现代化的进展,直接从事生产的劳动者,体力劳动会不断减少,脑力劳动会不断增加,并且越来越要求有更多的人从事科学研究工作,造就更宏大的科学技术队伍"(《邓小平文选》第二卷第89页)。美国《未来学家》杂志预测到2000—2010年内蓝领工人将从现在占劳动力的20%下降到10%或更少,60%—70%的劳动者将由知识型员工替代。目前世界各国正处于产业结构大调整,企业人员大流动,岗位人员大变动的时代,亟待需要人力资源开发,帮助下岗转岗的员工以及转产调整的企业尽快适应市场结构的变化。

(五)有助于国家的政治稳定

发展中国家的政治不稳定性,往往来源于生活上的不安定,来源于就业困难与人口负担。提高人口质量控制人口数量是我们近20年来的人力资源开发基本国策,目前总人口的增长速度得到了有效控制。据有关部门测算,我国的劳动力年龄属于年轻型,目前社会负担相对较小,人力资源开发实现了由粗犷型向集约型的转变。

实行再就业培训工程.是我国自1995年以来的对下岗人员实行的人力资源开发政策,由于国家一方面对下岗转岗人员进行再就业,另一方面开拓了多元化就业的格局,据不完全统计表明,在国有经济单位新就业者的比重,从1995年的36.1%下降为10%左右,而在其他经济单位与个体形式新就业者,却从40%上升到90%,这些人力资源开发策略,有效地化解了社会矛盾,减轻了就业压力与防止了社会动乱。

(六)具有明显的经济功能

搞好人力资源开发工作,可以为经济社会协调发展提供最基本的保证。对于一个国家来说,提高人力资源的整体素质,是促进经济发展和社会进步的重要措施。对一个企业组织来说,能否搞好人力资源开发工作,关系到整个组织的生存与发展。如果人力资源开发工作做好了,可以使员工增强主体意识,使员工由被动和自我贬抑的观念转向自主、自信、自强的主观运行,积极主动地在岗位工作中实现自身价值,创造社会财富。

学校教育使人口转变为可能的劳动力,在职培训使可能的劳动力转变为现实的劳动力,而提高培训与开发,使现实的劳动力保持并发展其现有的劳动能力。联合国教科文组织的研究结果表明,劳动生产率与劳动者的文化程度具有高度正相关关系,与文盲相比,小学毕业生可提高43%的生产率,初中毕业生可提高108%的生产率,大学毕业生可以提高300%的生产率。因此包括教育、培训在内的人力资源开发系统,具有显著的经济功能。

(七)能够促进国家经济的持续发展

人力资源开发具有促进社会经济可持续性发展的作用。具体表现为以下三个方面。

1.人力资源开发是协调人口与资源关系的重要措施,是改善人口与生态环境关系的根本。

由于我国人口基数过大,人均自然资源短缺的现象势必长期存在,因此我们一方面要提高资源利用率,节省资源,另一方面资源利用规模要由粗放型转变为集约型,减少不必要的开发。然而我国浪费自然资源的现象还比较严重。与发达国家20世纪70年代水平相比,我国

1986年的能源产值率只有美国的68%,日本的547%。造成这种问题的主要原因即是人力资源质量相对落后,技术水平较差所造成的。因此开发人力资源,提高劳动者素质。普及与推广科学技术.对于提高自然资源的利用率具有重要意义。

其次,人力资源开发有助于人力资源替代自然资源的不足与贫乏。例如日本、香港与新加坡,主要通过人力资源开发提高劳动者的科学技术素质及其物化与出口,通过出口消耗资源少、高附加值的电子等新技术产品,赚取大量外汇,然后购买其所需要的自然资源。显然,人力资源与自然资源在货币的等值交换中实现了相互替代的作用。

再次,人力资源开发可以实现自然资源之间的相互转化,让相对丰富的自然资源变为十分稀缺的自然资源。例如细胞工程技术的开发使得日益短缺的粮食问题得到彻底改变,核能技术的开发使热能资源的短缺得到彻底解决,再生资源技术大大提高了自然资源的利用率。

2.人力资源开发是促进经济与社会发展的决定性因素。一方面人力资源可以造就一大批高素质的科技人员队伍。促进科学技术水平的提高与普遍,促进社会生产力的发展,另一方面科技水平的发展将成功推动社会产业结构的变化。产业结构变化与调整之后,又需要人力资源开发帮助人们去适应这种新变化。目前我国劳动者素质低下是制约我国产业结构向多元化与高效化发展中难以逾越的"素质屏障",要消除这屏障也只有依靠人力资源开发。人力资本供求在异质型人力资本供给曲线上端或附近实现均衡。

此外,与一般生产要素供求相比,异质型人力资本的供求还存在如下特征:

1.虽然和其他生产要素一样,异质型人力资本的供给也由其需求决定,但通常的情况是,异质型人力资本的供给十分稀缺,要远远小于需求。在大多数情况下,异质型人力资本的需求之所以要大于其供给,是因为异质型人力资本对推动经济乃至整个社会的发展起着不可或缺的作用。

2.理论上,异质型人力资本具有不可替代性。如果在某一经济系统因为异质型人力资本供给短缺、制度安排缺陷或成本节约等,而用同质型人力资本代替对异质型人力资本的需求,并将其配置到本该由异质型人力资本占据的职位上,其结果不但会导致被占职位的业绩下降,还会引发其他一系列负面连锁反应(比如使人力资本配置的其他链环受牵连出错,从而导致人力资本浪费和相关职位业绩低下等)。但实践中,由于异质型人力资本的供给不足,所以用同质型人力资本替代异质型人力资本加以使用的情况并不鲜见,这完全是一种不得已而为之的权宜之计。

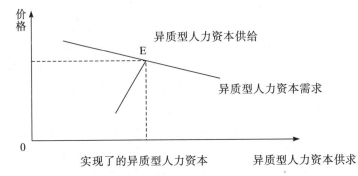

3. 一国异质型人力资本的总体供求状况,与该国的文化传统、经济发展水平、市场发育程度、制度安排特征、教育与医疗卫生状况等都有十分紧密的联系。要改善异质型人力资本的供求,必须从上述方面寻求系统优化方案。

4. 在非市场经济国家,一方面由于对异质型人力资本的重视和开发不够,异质型人力资本供给严重不足,另一方面存在对异质型人力资本通过制度安排而强制性定价的机制,所以异质型人力资本的价格被人为压低,从而导致异质型人力资本的供给更加稀缺。

参考文献

陈阳:《企业家才能的价值分析》,《经济问题探索》2000年第7期。
德鲁克:《革新与企业家精神》,上海翻译出版公司1988年版。
丁栋虹:《论企业性质的异质型人力资本模式——兼论科斯交易费用模式的内在悖论性》,《财经研究》2000年第5期。
郭竞成:《制度创新与企业家才能市场均衡分析》,《南京经济学院学报》1999年第6期。
江汕、王丰:《论企业家精神的动态性与市场均衡》,《上海交通大学学报(社会科学版)》1999年第3期。
焦斌龙:《企业家人力资本的供求分析》,《财经科学》2000年第5期。
王书谣:《无形价值论》,东方出版社1992年版。
郑江淮、袁国良:《非均衡经济中的企业家行为——论舒尔茨的企业家理论》,《中国人民大学学报》1998年第2期。

基于人力资本的人力资源开发战略思考[1]

人力资源开发的目的主要是有计划地促进区域内人力资本的增长。无论将人力资源开发视为一种管理手段,还是视为一种投资方式,它的成长都基于人力资本理论的发展。全面分析人力资本的核心理论,对于我国研究和制定人力资源开发战略有着极为现实的指导意义。

一、人力资本理论分析

人力资本理论是人力资源开发的基础,也是研究人力资源开发的重要理论工具。从古典经济学时期散见于众多大师言语中的人力资本思想,到二战后现代人力资本理论的建立与丰富,直至后来在应用经济学、管理学众多领域内的演绎和发展,西方人力资本理论的兴起和发展有一个漫长的历史过程。从人力资本理论的发展过程中我们能够学习到一些思想,这些思想

---

[1] 本文为萧鸣政与饶伟国合写,原载于《中国人力资源开发》2006年第8期。

对于人力资源开发的战略性与科学性把握具有直接的指导作用。

1. 人力资本在表现形态上是人力资源

亚当·斯密在《国民财富的性质和原因的研究》中指出："在社会的固定资本中,可提供收入或利润的项目,除了物质资本外,还包括社会上一切人学得的有用才能","学习一种才能,须受教育,须进学校,须作学徒,所费不少。这样费去的资本,好像已经实现并且固定在学习者的身上。这些才能,对于他个人自然是财产的一部分,对于他所属的社会,也是财产的一部分"。而早在二十世纪早期,马歇尔就在《经济学原理》中认为"老一代经济学家对于人的能力作为一种资本类型参与生产活动的认识是十分不足的"。他对人的能力作为一种资本的经济意义提出了新的认识。他将人的能力分为"通用能力"(General Ability)和"特殊能力"(Specialized Ability)两种。前者指通用的知识与智力,后者作劳动者的体力与熟练程度。

舒尔茨被认为是现代人力资本理论的最重要的开创者。1960年,舒尔茨在美国经济学会年会上发表了题为《人力资本的投资》的著名演讲,这篇文章在现代人力资本理论正式形成中具有里程碑式的意义。在舒尔茨看来,人力资本是相对于物质资本而言的,是指体现在人身体上的知识、能力和健康,可以被用来提供未来收入的一种资本。他认为,凝集在劳动者身上的知识、技能及其所表现出来的劳动能力,是现代经济增长的主要因素。并且,人力资本不同于一般的资本,并不会在使用中逐渐地被消耗和消失,反而会在使用中通过积累增加人力资本的存量。但人力资本的获得是需要耗费资源的。舒尔茨还提出了人力资本投资的范围和内容,包括医疗保健、在职培训、正式教育、成人学习项目及就业迁移等五个方面。这些人力资本投资形式之间有许多差异。

2. 人力资本形成于人力资源开发

人力资源开发,从经济学的角度看,就是人力资本投资活动。1935年,美国经济学家J.R.沃尔什发表《人力资本观》一文,首先提出人力资本的概念,并从个人教育成本现值和收益现值的比较人手,试图论证教育支出符合一般投资的原则。

贝克尔是人力资本理论的另一位重要奠基人。他奠定了人力资本理论的微观经济学基础。贝克尔认为,所有用于增加人的资源并影响其未来货币收入和消费的投资都是人力资本投资,主要包括教育支出、保健支出、国内劳动力流动的支出或用于移民入境的支出等。人力资本投资具有较长的时效性,因此投资时既要考虑短期收益,又要考虑长期收益。

明塞尔是较早提出"人力资本"概念,并进行研究的另一位经济学家。他早在1958年就发表了《人力资本投资与个人收入分配》,文中建立了个人收入分析与其接受培训量之间关系的经济数学模型。之后,在他的另一篇论文《在职培训:成本、收益与某些含义》中,根据对劳动者个人收益率差别的研究,估算出美国对在职培训的投资总量和投资收益率。

从以上有关人力资本与投资关系的分析可以看出,人力资本形成于教育、保健、流动与迁移等人力资源开发的活动。

3. 人力资本是国家经济发展的一个重要源泉

对人力资本的讨论和研究,是随着对国家经济发展的讨论而逐步深入的。英国古典政治经济学家人威廉·配第曾提出著名论断——"土地是财富之母,劳动是财富之父",国家的财富来自于劳动的创造,国家的财富与其国民的技能和素质密切相关。亚当·斯密肯定了人力在财富增长过程中的巨大作用,并将人力视为了资本的一种形式。

到了20世纪40—60年代,经济学家特别关注研究人力资本在经济中的作用,并由此兴起了人力资本的研究热潮。舒尔茨对人力资本的研究始于对传统经济理论无法说明的"余值因素"的分析,试图以一种全新的视角来看待经济增长,提出以往的经济理论中忽略了某种重要的生产要素,这就是蕴涵在劳动力之中的"人力资本"。舒尔茨在提出人力资本理论后,采用收益率测算了人力资本投资中最重要的教育投资对美国1929—1957年的经济增长的贡献,其比例高达33%。这个结果后来被广泛引用。

丹尼森通过分解计算,论证出美国1929—1957年经济增长中有23%的比例归功于教育的发展,即对人力资本投资的积累。丹尼森的结论是对舒尔茨的结论的重要修正。丹尼森提出了一套自己的分析"余值"的方法,他将"余值"中包含的因素分为规模经济效用、资本和劳动力质量本身的提高等。阿罗于1962年在《边干边学的经济含义》一文中提出了著名的"干中学"模型,认为经验的积累可以形成人力资本,由此可以带来递增收益。

经济学家们一直都清楚人力资本对于经济增长具有重要作用。而人力资本理论的出现,用结构化的理论将这样的作用表达了出来,并对人力资本的贡献进行了估算和论证。从而,人力资本在经济和管理中的地位得到了确认和明晰。

4. 人力资本对于当代各国的经济发展具有重要贡献

20世纪80年代中期以来,在知识经济发展背景下,"新经济增长理论"在美、英等国兴起。这种以技术内生化为特征的新经济增长理论,把人力资本纳入模型之中,从经济增长模型中阐发人力资本理论,或者说是运用人力资本理论来更好地解释经济的增长。新经济增长理论的代表人物为罗默尔和卢卡斯。

1986年,罗默尔发表了《收益递增与经济增长》一文。该文建立了两个增长模型:简单的两时期模型和简单的两部门模型。在模型中罗默尔把知识作为一个变量直接引入模型。同时也强调了知识积累的两个特征:一为积累,一为外溢,它们都是随着生产规模的扩大而进行的。罗默尔认为知识是非竞争性产品,具有外溢效应。特殊的知识和专业化的人力资本是经济增长的主要因素。知识和人力资本的外溢效应与积累,不仅使知识和人力资本自身形成递增收益,而且能够使资本和劳动等要素投入也产生递增收益,进而使整个经济的规模收益递增,并产生长期增长。

1988年,卢卡斯(R. Lucas)发表了著名论文《论经济发展的机制》,提出了两个经济增长模型:两资本模型与两商品模型。前者是他把舒尔茨的人力资本理论和索洛的技术决定论的增长模型结合起来并加以发展所形成的人力资本积累增长模型。卢卡斯在模型中强调了劳动者脱离生产、从正规或非正规的学校教育中所积累的人力资本对经济增长的作用。

二、人力资本理论与人力资源开发

人力资源开发是人力资本理论在现实管理过程中的运用,而人力资本理论是人力资源开发的理论基础。

(一)资本扩展与人力资源开发

在整个经济和管理的领域内,人力资本理论扩展了"资本"的概念。"人力资本"这个概念并不是对人的物化,而是强调人在经济发展中所具有的重要的作用。在人力资本理论出现以前,人们认为经济的发展更多的是依赖于物化的生产资料的投入,管理的重点也是在如何让生产资料与劳动的投入更匹配,如何让机器更有效的运转,对于人在生产和经济发展中的重要性只是零星的散落在一些大师的论述里。人力资本理论的出现则是全面地而且令人信服地说明了人在社会财富增长过程中所具有的作用,人力的作用受到了极大的重视。资本不再仅仅包括过去的厂房、机器、资金,更包括了人。而且人是生产资源中一个非常重要的部分。

人力资本理论强调了人作为劳动力在个体上是存在差异的。人力资本理论使人们认识到在人力资本的数量背后,人力资本的质量极大的影响着生产结果和收益。资本是异质的,人力资本尤为突出。

在知识经济时代,人力资本的在经济中的作用更加显现。有学者提出,过去是"资本雇佣劳动",而知识经济下是"劳动雇佣资本"。这些思想凸现出人力资本在众多生产要素中重要地位,甚至成为最为主导的要素。这些思想与研究成果为我们认识人力资源开发的价值与作用,提供了理论依据。

(二)人力资本的投资收益与人力资源开发

人力资本理论在自身发展过程中,用众多的、具有说服力的资料证明了,人力资本投资的收益要高于物质资本投资的收益。如贝克尔提出了人力资本投资收益率计算公式,说明了高等教育收益率,同时也比较了不同教育等级之间的收益率差别。人力资本理论让管理者认识到进行人力资本的投资是提高效益的一条重要途径。人力资本理论中包含了对学校教育和专业培训的成本收益分析,既有宏观的分析也有微观的分析。以我们熟知的专业培训为例,人力资本理论中将培训分为了专业培训和一般培训,两类培训的收益不一样,从而在投资方式上也存在差别。

这些分析框架和相关的研究结论为人力资源开发奠定了坚实的理论基础。从宏观层面的国家人力资源开发,到各个企业的职工培训,都是人力资本理论在实践中的运用。

在我国,人力资本投资的总体水平还较低、人力资本投资还存在巨大的改善空间。诺贝尔经济学奖获得者詹姆士·J.海克曼在《中国的人力资本投资》一文中提出,中国当前的人力资本投资水平是很低的。而且人力资本投资在地区之间、城乡之间存在着不平等,人力资本投资与实物投资之间的不平衡降低了实物投资的回报水平。

(三)人力资本投资的范围与人力资源开发

人力资本理论的一个重要内容就是分析了人力资本投资的内容及范围。学校教育、在职培训、健康投资、迁移投资都是人力资本投资的范围。人力资本理论还对各种投资方式提供了成本收益的分析框架。

这些理论既是人力资源开发的基础,更是直接构成了人力资源开发理论的一个部分。在人力资源开发的方式中,最为常用的开发方式就是培训和配置。这里需要特别说明一下有关配置的内容。从国家或地区的宏观层面来说,配置开发意味着跨国家、跨地区的人员迁移,或是人才的引进。需要用什么样的条件吸引到我们所需要的人才,需要用人力资本理论来进行分析。同样是需要某类人才,是通过本地区培养获得还是直接引进,在做类似的决策的时候也需要运用人力资本的框架进行分析。从组织内部来看,人力资源的配置意味着人员的职位调整。如果是一个跨国公司的人员调动,则涉及国际人员迁移的问题。这些都需要人力资本理论来进行分析。新经济的发展给人力资源开发带来各种新问题,对这些问题的研究也在丰富着人力资本理论的内容。

(四)人力资本的计量与人力资源开发

早在1964年美国密歇根州立大学企业研究所的赫曼森在其《人力资产会计》一文中提出了人力资源会计问题。人力资源会计是将会计的思想和方法用于人力资源的确认和计量。这是人力资本在组织资产中地位的确认。在经济管理中,人力资本具有十分重要的作用,基于资本投资的人力资源开发活动成为各类组织的重要活动。在人力资源开发过程中,如何计量人力资本、人力资本投资及其回报成为人力资源开发实践中一个重要的问题。人力资源会计的出现为人力资源开发决策提供了客观的决策信息。

三、人力资源开发的战略思考

前述人力资本理论分析表明,人力资本是国家经济发展的重要源泉,人力资本在表现形态上是人力资源。中国能否实现可持续发展,既取决于人力资源、自然资源和物质资源的相互协调与利用,又取决于人力资源、自然资源与物质资源本身的可持续发展状况。在这三大资源中,人力资源处于主导与决定的地位。对于中国而言,人力资源恰恰是我国唯一在世界上具有比较优势的资源。因此,不论从长期角度看,还是从当前的发展角度看,我国都只能走优先开发人力资源的道路,通过对人力资源的开发和人力资本的投资来发展经济,转换经济增长模式,实现可持续发展。这就需要我国政府牵头,统筹和规划我国的人力资源开发战略,并且用战略的思想来谋划未来的人力资源开发。

(一)以人力资本理论为基础,确立科学的人力资源开发战略

中央政府或地方政府作为宏观决策者,在研究和制定人力资源开

发战略时,需要有现实的人力资源状况和数据作为基础,而人力资本理论则提供了一个重要的分析框架。人力资本理论给出了进行人力资源分析和评估时需要侧重的几个维度,包括数量、质量、结构、分布、潜能等。人力资本理论还对人力资源的测量问题有着深入的讨论。运用这些方法和框架收集区域内人力资源的状况,将为制定出科学的切实可行的人力资源开发战略打下基础。以舒尔茨、贝克尔、阿罗为代表的经济学家所创立的人力资本理论中有很大一部分是在分析人力资本的形成方式。我们要从我国未来的发展目标出发,结合国家发展所处的环境,对当前我国人力资源开发问题进行深入的分析研究,明确现有的人力资源的层次、数量、结构及其与环境的关系,以便获得人才优势,使国家的整体战略规划得以顺利实现。根据我国过去、现在与未来的开发实践,我们可以把政府人力资源开发的战略概括为:通过卫生保健、文化教育、就业迁移、环境优化与制度创新等途径,进行人力资源能力的建设与开发,使我国从人口大国走向人力强国,从人力强国走向人才强国,为经济和社会发展提供坚实的基础,最终实现从人才强国走向经济强国的战略目标。

(二) 扩大人力资本投资主体,激励人力资源开发行为

人力资本理论指出,人力资本形成于人力资源开发。如果说过去20年我国经济的高速增长,依靠的是巨大的人力资源数量蕴含的潜能,那么在我国未来的经济发展就要依靠高质量的人力资源所带来的能量释放。我国政府已经关注人力资源开发对于人力资源质量提升的作用,提出了培养创新人才、建设创新国家的方针。最近,国务院下发了《深化农村义务教育经费保障机制改革的通知》,通知明确规定全部免除农村义务教育阶段学生学杂费,对贫困家庭学生免费提供教科书并补助寄宿生生活费。在2006年内实现西部地区农村义务教育阶段中小学生全部免除学杂费;中央财政同时对西部地区农村义务教育阶段中小学安排公用经费补助资金,提高公用经费保障水平;启动全国农村义务教育阶段中小学校校舍维修改造资金保障新机制。这是中央政府大面积地进行人力资源开发或者基础性的人力资本投资。

然而,仅仅依靠政府进行人力资本投资是远远不能满足我国经济增长的需要的,必须鼓励各类主体来进行人力资本的投资。从我国城市的情况看,人力资本投资正在迅速发展,各种各样培训机构的快速扩张就是很好的说明。但从整体上来说,人力资本投资的主体仍然不到位。政府在制定人力资源开发战略时,应该规划和发展多种渠道的人力资本投资,允许各类人力资本投资主体开展投资;应该明确人力资本的投资收益关系,运用人力资本理论所构建的投资效益分析框架来做出投资收益的分析测算,为各类投资主体提供有关的信息,用收益回报来激励各种类型的人力资本投资。激励和吸引人力资本投资,不仅能带来人力资本的增长,更能带来项目投资的增长。正如前面所说,这是一个"智力雇用资本的时代"。

(三) 利用人力资本的外溢效应,带动区域经济的均衡发展

人力资本理论认为,构成人力资本的知识具有外溢效应。外溢效应能带来产业集聚和人才集聚。在制定人力资源开发战略时,政府需要充分考虑和充分利用外溢效应。在进行人力资源规划时,应该从动态的角度,考虑区域特征和发展规划,利用人力资本的外溢效应带动产业结构的调整,促进人才的吸引和聚集,实现人力资源开发战略与国家或地区产业发展战略相互协调、相互促进的良性互动局面。更要注重人力资源开发在国家或地区和谐发展中所起到的重要作用,把人力资源开发战略放在社会综合发展战略中来统筹协调。

中国是一个大国,在进行人力资源开发时需要有政策来保证均衡。制定人力资源开发战略时要兼顾城乡均衡和区域均衡,在人力资源开发政策和措施上努力消除不均衡。

(四) 建立区域内的人力资本计量体系,把人力资源开发作为政府考核指标

在知识经济时代,政府应该有一本人力资本的账。要把人力资源开发与人力资本的增长作为政府考核的指标之一。"引资"不光看引了多少货币与实物投资,更要看引了多少"人力资本",进行了多少有效的人力资源开发活动。政府有责任通过人力资源开发促进区域内人力资本的增长,通过人力资本的增长带动区域经济的发展。

总之,人力资本是区域经济发展的核心资本,人力资源已经成为促进国家经济增长的重要因素,我国在进行人力资源开发的过程中需要有战略性的眼光,在进行人力资源开发的研究和制定过程中需要有人力资本理论的指导,构建科学的人力资源开发战略。

参考文献

阿弗里德·马歇尔:《经济学原理》,廉运杰译,华夏出版社 2005 年版。

格里·约翰逊、凯万·斯科尔斯:《战略管理》,王军等译,人民邮电出版社 2004

年版。

海克曼:《提升人力资本投资的政策》,曾湘泉等译,复旦大学出版社2003年版。

加里·贝克尔:《人力资本》,北京大学出版社1989年版。

马克思:《资本论》第1卷,人民出版社1975年版。

西奥多·舒尔茨:《论人力资本投资》,吴珠花等译,经济学院出版社1990年版。

西奥多·舒尔茨:《人力资本投资——教育和研究的作用》,蒋斌、张蘅译,商务印书馆1990年版。

萧鸣政:《中国政府人力资源开发概论》,北京大学出版社2004年版。

雅各布·明塞尔:《人力资本研究》,中国经济出版社2001年版。

亚当·斯密:《国民财富的性质和原因的研究》(上卷),商务印书馆1972年版。

人力资本助推发展方式转变[①]

去年年底,我国全面完成了"两基"目标,实现了从人口大国向人力资源大国的转变,为我国经济发展和社会进步奠定了坚实的国民素质基础和重要的人力资源基础。

目前,我国正处在转变经济发展方式的攻坚时期。我国经济所表现出的许多矛盾在某种程度上都与人力资本有关,经济发展方式的成功转型将取决于中国人力资源水平的全面提高。怎样从人力资源大国迈向人力资源强国,通过人力资源开发来促进我国经济发展方式的转变,是中国教育面临的一个重要问题。因此,加快提高我国教育的现代化水平,加大人力资本投资力度,增加人力资本存量与质量,是促进经济发展方式转变的必然选择。

经济发展方式转变中人力资本的核心价值

人力资本也称"非物力资本",是指经过私人投资、家庭投资、国家投资及社会投资所凝结在人身上的教

[①] 本文为萧鸣政与陈小平合写,原载于《中国教育报(理论周刊)》2012年第9期。

育、文化及其健康的存量和质量。研究表明，人力资本投资及人力资本存量对于一个国家或者地区的经济发展方式和水平具有重要的作用。其中人力资本在经济发展方式转变中的价值具体体现在以下几个方面：

一是人力资本有助于促进科技进步和自主创新。科技进步有助于提高劳动生产率，有助于优化产业结构，是经济发展方式转变的核心推动力。人力资本存量是科技进步的载体，也是科技进步的重要源泉。一个国家平均人力资本存量越高，自主创新能力也越强，科技进步速度也就越快，就越能促进经济发展方式转变。

二是人力资本有助于促进产业转型和企业升级。产业转型和企业升级是经济发展方式转变的核心内容。创新和科技将决定下一轮的中国增长，而其真正的落实与执行，归根结底还要靠中国的产业转型和企业升级。新经济增长理论研究表明，人力资本投资是促进产业转型和企业升级的有效途径。人力资本是人类生产活动中最重要、最宝贵且具有能动性的资本，具有数量充足的优秀人才队伍是产业转型和企业升级的必要前提条件。

三是人力资本有助于提升经济发展效益。经济发展效益是资金占用、成本支出与有用生产成果之间的比较。资金占用和成本支出越少，有用成果越多，经济发展效益则越好。人力资本具有能动性特征，凝结在人身上的健康、知识、技术、能力等要素通过生产中的运用能够提高劳动者的劳动生产率，从而促使有效劳动的增加。而劳动生产率越高，则意味生产一定有用成果占用的资源越少。因此，提升人力资本价值，提高其智能素质，有助于提升经济发展效益，也是经济发展方式转变的先决条件。

四是人力资本有助于推进经济可持续发展。可持续发展是20世纪80年代以来出现的一个重要概念，具体是指：在不损害未来发展要求的资源基础前提下的发展。内生经济增长理论认为，人力资本通过影响技术创新和扩展间接贡献于经济增长。人力资本具有可再生性，因此，加大人力资本投资力度，增加人力资本存量，有助于实现经济的可持续发展。我国正处于发展的重要转型期，必须真正把人力资本当做第一资源，充分挖掘人力资本的价值，形成推进经济可持续发展的核心推动力。

提升人力资本价值需选择科学的路径

人力资本价值提升是一项巨大工程，需要选择科学的路径，真正将人力资源大国转变为人力资本大国。可以从下列方面来考虑：

一是选择积极的人力资本投资政策。要优化人力资本投资结构、突出重点，更加注重向民生等领域倾斜，加大对义务教育、职业教育、高等教育、文化、医疗卫生、就业技能开发等方面的投入。更加注重加强薄弱环节，加大对农村、西部等欠发达地区、科技创新等的支持。认真落实和完善支持人才发展战略规划的各项税收优惠政策。

二是选择高绩效导向的人力资本开发机制。研究学者将人力资本开发机制划分为高绩效导向和控制导向两大类，并且发现，高绩效导向的人力资本开发机制更加有效。我国未来发展方向应该是高绩效导向的人力资本开发机制，主要指通过构建能力建设机制、激励机制、机会提供机制等三大类机制来进行人力资本的开发，从而提升人力资本价值，更好地促进经济发展方式转变。

三是选择生态化的人力资本开发环境。生态化的人力资本开发环境是指人力资本价值提升、发挥作用的环境的总称。努力创造生态化的人力资本开发环境，是一个国家或者地区吸引人力资本、留住人力资本、提升人力资本，让人力资本发挥最大作用的根本途径。这要求我们从高层次人才与创新型人才开发观念、薪酬待遇、工作环境、社会保障等方面进行优化，提升高层次人才环境满意度，从而吸引、培育、留住、用好高层次人才与创新型人才，提升人力资本价值。

通过人力资源开发促进人力资本提升

人力资源开发是提高人的素质（知识与技能）并增加人的生产效率和收入能力的一切活动。根据我国目前人力资源开发现状，在经济发展方式转变过程中，可以从如下方面加大人力资源开发力度，提升人力资本价值：

一是加大对落后地区人力资本的投资，尤其是国家教育经费的支出。人力资本投资的主要方面是教育投资。就我国目前情况而言，对落后地区人力资本投资重视不够。要想提高人力资本总量，就必须加大对落后地区人力资本的投资，尤其要加大国家教育经费的投资力度。我国农村人口众多，但是人力资本不够丰富。我们必须保障农村义务教育质量，增强人口素质；当务之急是加大县级以上政府的投入，确保农村教育经费的稳定增长；重点是形成一支稳定高水平的师资队伍。

二是提高职业教育培养质量，开发优秀的技能人才资源。近年来，对职业教育的重视程度不够，技能人才培养出现断档现象。我们需要以就业为导向，深化职业教育改革；以适应市场需求为根本，灵活设置职业教育专业和培训项目；以提高教育培训质量为中心,发挥学校、培训基地以及企业的联合优势。提高职业教育培养质量,培养更多的优秀技能人才,提高技能人力资本总量和质量。

三是加大人才培养力度,形成结构合理的人力资本体系。目前,我国的人才队伍建设尽管取得了不错成绩,但相比某些发达国家,还有一定欠缺。今后需要精心打造一批引领产业转型和企业升级的人才集聚平台,加大对创新创业人才、企业经营管理人才以及专业技术、技能人才等人才队伍建设力度,制订服务经济转型升级的人力资本配置政策,完善能体现经济转型要求的人才资本服务保障体制。

四是加强劳动力转移投资,增加人力资本积累。迁移投资可称为人力资源流动的投资,可分为国内流动和国际流动。国内流动投资可分为两部分:由个人负担的投资;由政府和社会负担的投资。为了引导劳动力合理流动,政府和社会也需要进行必要的投资。就国际流动而言,移民入境将使接受国的人力资本增加,如果入境者是经专业训练的人力,那就省去了培养这些人的投资。因此,用于移民入境的费用是一种人力资本投资。

五是加大健康投资力度,提升健康人力资本。健康资本是其他形式的人力资本存在且正常发挥其功效的先决条件。健康投资也是一种可以为投资者带来预期经济收益的生产性投资,它可以增加未来劳动者的数量,提高劳动者的健康质量和生产效率,减少疾病,增强工作能力,并使其智力投资得以维持。国家用于这方面的投资主要有构建医疗卫生管理监督体系,建立医院、疗养院以及培养各种层次的医务人员。而企业用于这方面的投资则包括提供医疗费用、各种保健措施、工作安全、养老金等。

人力资本是知识经济发展中的第一资本,是经济转型发展的驱动力,是新技术经济发展的创新力。经济发展方式要转变,人力资本要提升,人力资源要开发。

人力资源开发战略与选择[①]

在经济起飞的时代,人力资源绝对是经济增长的主体力量。目前,各国政府都意识到人力资源是战略资源,是科学进步和社会经济发展最重要的资源和主要推动力。"十年树木,百年树人",古人朴素的教育观便蕴藏着人力资源开发的重要性及长期性等思想。可以说,一个国家是否重视人力资源及其所选择的人力资源开发的侧重点都决定了该国在未来的综合竞争能力。因而,唯有把人力资源开发提升到战略地位,制定适应于本国国情的战略规划、营造有利于人力资源成长的良好氛围才能争夺经济发展的制高点。

然而,意识到人力资源开发战略的重要性仅仅是竞争时代获取国家竞争优势的基础,除此之外,竞争优势的获得还需要合理选择国家的人力资源开发战略。美国就是采取培养高素质的人力资源开发战略,通过采用不惜招聘人才、灵活就业政策、市场导向的教育培训、详细的职业分工、高激励措施手段开发人力资源使

---

① 本文原载于《北京观察》2005 年第 6 期。

其取得了一次又一次重大突破,在 27 个关键技术领域处于世界领先地位,从而确保了其经济霸主的地位。不过,简单地认为高质量的人力资源数量越多越好,比例越大越好,这种观点也是有失偏颇的。不同的经济增长状况,总是要求不同的人力资源质量与之相适应,人力资源开发战略的选择不能脱离现实经济增长、经济发展和生产力的水平。例如,韩国在经济发展过程中,就曾出现过人力资源质量过高而造成浪费的现象。1979 年韩国四年制学院和大学毕业生中,约有 30% 的人从事并不需要受过大学教育的职业。人力资源开发战略选择的重要性由此可见一斑。

我国是一个具有二元经济结构特征的国家,制定适合我国实际国情的人力资源开发战略必须以此为落脚点。虽然在北京及东南沿海城市,工业化和城市化已经基本完成,甚至有些城市还具备了某些后工业化的特征,但是在广大的农村、中小城市,经济发展还是处于欠发达状态的,农业、农村、农民这"三农问题"更是当前举国上下倍加关心的问题。因此,围绕当前实际情况所制定的人力资源开发战略必须切合实际,以职业技术教育为主。

制定开展以职业技术教育为重点的人力资源开发战略的必要性具有四点:

一、中国的国情要求当前的经济战略是在农村城镇大力发展制造业

中国目前一方面要尽快尽量发展新经济,但是另一方面大力发展制造业,这是由中国今天的国情所决定的。中国人口 13 亿,绝大多数在农村,实行生产承包责任制后,中国农村一直存在着大量的剩余劳动力。现在及今后相当长的一段时间内,农村剩余劳动力还将大幅度增加。中国目前的农业生产基本上是粗放型与原始劳动型的,强度大,成本高,加入世界贸易组织后,根本无法与西方国家的农业抗衡。因此,中国应该及早进行农村人力资源的转移开发与深度开发。实际上目前中国已经成为了世界制造业的中心。据有关人士分析,目前中国大陆的制造业已经超过"亚洲四小龙",是世界上仅次于日本的制造中心。

如果说,与 20 世纪 60 年代的经济发展观相对应的工业生产方式是大型工业企业的规模制造,然后把标准化的制造业产品销往国内外市场,那么跨国公司则是把许多消费品,机械设备部件的制造过程分解成若干专门化的制造任务,分散到其他低工资成本的国家去生产,形成

了国家之间的专业化经济分工。如果我们在农村或小城镇大力发展制造业，那么当前发达国家的制造中心就会进一步转移到我国，许多制造业的就业机会就会从发达国家转移到我们国家。与此相伴随的，则是带来对我们国家投资的大幅度增加。这样将产生三方面的好处：第一，我们利用中国人力资源数量多的优势将可以引进大量外企投资；第二，就业机会的大量增加将可以解决当前政府的就业压力，引导城市剩余的人力资源向农村或城镇转移；第三，开发了农村人力资源，带动了农村经济的发展，农村经济的发展必然拉动内需，促进中国经济的发展，真正实现小城镇大战略的治国方略。否则，农业农村与农民问题将难以解决。

二、中国发展的高科技产业同样需要职业技术人才的支持

未来的经济，是高技术的经济，是知识性的经济。我们要优先发展计算机、通讯网络、生物技术、医疗卫生、教育文化、医药保健、房地产业、航空航天以及军事技术等新兴产业，要在那些重要的高科技产业的制高点上，有我们中国的一席之地。如果我们只是满足于做一个制造业的大国，这虽然可以发挥我们的人力资源优势，促进我们的经济发展，但是我们将可能因此始终步发达国家的后尘，永远是一个发展中国家。因此，我们应该有自己的发明创造，有自己的高科技，有自己的科学研究，为将来成为一个科技大国做准备，打基础。50年后实现由制造大国向发明大国与科技强国的战略转移。

然而，要在城市大力发展高科技产业与职业化服务业，同样需要我们大力发展职业技术教育。因为高科技必须通过一定的生产工艺，才能转化为现实的生产力，否则高科技只能是实验室的科研成果。高科技的发明与创造，需要高素质的创新人员；高科技的转化与生产工艺的掌握，需要大量的职业技术型人才，要大力发展职业技术教育。

三、世界人才争夺大战中职业技术人才是中心

早在20世纪末，全球高级职业技术人才的争夺大战就已经很激烈。2000年美国各行业创造了160万个信息技术岗位，但大约一半的岗位找不到合适的人才，日本今后七年，高新技术人才短缺160万—445万，欧洲明年短缺信息技术人才60万，其中德国短缺7.5万。德国已开始紧急职业训练计划，希望到2005年前训练25万名高科技人才。但是远水救不了近火，为了解决严重的人才短缺问题，发达国家采

取"短、平、快"的方式从其他国家特别是发展中国家抢人才，挖人才。

发达国家的发展空间已经很小了，企业在本土已无什么发展潜力，而中国有着广阔的发展空间。中国西部要达到东部的水平足足还差20年的高速增长，可见中国的市场有多大。外企来中国，会带来资金、技术，但不可能带来很多职业技术人才。他们从本土带来这些人才成本很高，而中国的人才物美价廉，这也是外企看好中国的重要原因之一。毫无疑问，外企所需要的大量高级职业人才要从中国本土产生，而国有企业将是首先掠夺的对象。国企是职业技术人才的重要聚集地，人才素质不错，但很多国企不景气，待遇差，面临严峻的人才危机。国有企业中的弱势者，将首当其冲。在人才争夺中，国企中那些已经干出成绩，处于关键岗位的高级职业技术人才将成为争夺的主要目标，他们的流失将对国企带来严重影响，那么我们是否可以因此把国企的这些职业技术人才堵住不让走呢？显然，这是行不通的。原因有二：一是现在的市场是开放的，很多外企用人不要档案，想堵是堵不住的；二是即使把这些人才堵住，外企得不到所需要的职业技术人才，那么，他们在中国将难以发展。

四、入世后最短缺的人才是高级职业技术人才

中国加入世界贸易组织后，有人问我目前最为短缺的是什么样的人才，是具有本科学历以上的高素质人才？是精通多学科多专业的复合型人才？是具有创新开拓的管理型人才？是既懂外语又懂专业的双向型人才？显然这些人才都是市场所需要的，但是从国内外有关专家的预测来看，中国加入世界贸易组织后，在最为短缺的人才中，除高质量的管理人才外就是高级技师。深圳统计发现，大学本科人员的失业率为5.4%，而技术工人的失业率为0.5%；硕士毕业生在深圳的月收入大约是5000元，而高级技工的月收入为6600元，青岛市某外企出年薪16万元的高价四处寻找，竟找不到一位高级模具工！然而由于中国长期以来一直受"学而优则仕"的儒家思想的影响，中专技校与高等职业学校的学生，不但数量少而且质量很差。据北京市政府督导室有关专家测验，国家级职业中专学校达到9年义务教育最低水平的学生只有7%。因此，如果中国不大力发展职业技术教育，加快培养高级技术工人的步伐，那必将影响西方企业对中国的投资和在中国发展，同时也将影响中国工业产品在世界上的竞争力。

领导人的选拔任用是影响国有企业改革的关键因素[①]

国有企业是我国国民经济的支柱,如何搞好国有企业的改革,对于建立社会主义市场经济体制,巩固社会主义制度,以及保持国民经济持续、快速、健康的发展,具有极为重要的意义。因此如何解决国有企业的改革问题,成为党的十五大与九届全国人大和政协的中心议题,也是1998年整个国家工作的中心。党的十五大报告中提出了"产权清晰、权责明确、政企分开、管理科学"的十六字要求,提出了股份制和股份合作制的运营方式,提出了兼并、资产重组与强强联合、破产与国有资产保值增值的激励监督机制,这些方针与要求的提出,为国有企业的改革提出了明确的方向与有效的方式。如何把"十五大"提出的这些方针与要求落实到国有企业改革的实处,使国有企业尽快走出困境,解决好企业领导人的问题是关键。但是,在当前社会主义市场经济建设的实践中,国有企业领导人队伍的建

---

① 本文原载于《中国人民大学学报》1998年第3期。

设远远落后于形势的需要。国有企业领导人的素质与现代企业制度的要求不尽相符,是导致长期以来国有企业改革困难重重、矛盾交织和难以取得成功的一个重要原因。无数事实表明,资金、项目、技术与管理体制对国有企业的改革与发展十分重要,但外因要通过内因起变化,人才最为重要,尤其是对整个企业起领导作用的负责人,这些关键性人才队伍的素质与结构,将决定着21世纪整个中国经济的振兴与发展。因此如何选拔与任用国有企业领导人,就成为我们贯彻与落实十五大精神乃至21世纪中国经济发展中亟待解决的重要课题。

一、开发人力资源是搞好国有企业改革的根本

如何搞好国有企业的改革,贯彻与落实党的"十五大"精神,将是1998年乃至2010年整个国家的中心工作。企业管理说到底是对企业中人、财、物的管理,要提高企业经营的效率与效果,可以从财力资源着手,也可以从物力资源着手,实行企业联合资源互补,在生产作业上换用新型加工材料,加强物流管理,提高产品质量;还可以从人力资源管理与开发着手,进行劳动人事制度的改革,制订科学的用人制度、管理制度、考核制度、报酬制度、培训制度和流动制度,在充分调动每个员工积极性的基础上,利用好现有的人力资源和财力资源,达到人力、物力、财力三者的最佳配备与开发,提高企业管理的效率与效果。目前国家对企业改革的基本思路是抓大放小。然而无论是大型企业还是中小型企业,国家增加的资金与引进的技术设备都是十分有限的。在这种情况下企业要生存要发展,应该把开发企业人力资源作为国有企业改革的着眼点与突破口,利用好现有的国家政策,依靠广大员工,激励每个人的积极性,发挥他们的聪明才智,充分利用现有的物力、财力资源,在有限的资源上创造出尽可能多的财富。

从另一方面来看,无论是对国有企业进行股份制改造,还是资产重组与强强联合,这只是对国有企业外部的、体制上的与形式上的改造、重组与联合,改革中最根本的问题还是要解决和有效发挥企业中的人力资源作用。事实表明,有些企业联合与资产重组之后,不但没有发挥出财力、物力的联合优势,反而把原来的经营优势磨合掉了。有些企业股份制改造后,资金和债务问题得到了有效解决,但经营效益却依然如故,甚至继续下滑,其根本原因也是没有解决好物力、财力资源重组与联合后人力资源管理和开发的问题。据笔者调查,某地区两个酒厂,各有自己的优势和品牌,经营效益颇佳,强项联合后不但没有优势互补,

反而失去了原来各自的市场,产品质量下降。究其原因即在于两个厂的人力资源没有联合好,没有扭成一股绳。尤其是两个厂的领导人相互配合不好,观念意见不统一。

但是,在目前大多数国有企业亏损的情况下,民营企业、私有企业和三资企业却比较红火,在于企业领导人与广大职工积极性的发挥,在于人力资源的开发利用。因此,国有企业实行股份制改造、资产重组与强强联合,只是解决了财力、物力资源联合与利用问题,而没有解决好人力资源的联合与发挥问题,人的问题不解决,财力、物力资源是难以发挥作用的。搞好人力资源管理与开发,是解决目前国有企业改革问题的关键。

二、企业领导人的选拔任用问题是搞好国有企业改革的关键

企业人力资源开发,关键在于开发好企业高层的人力资源,建立科学的企业领导人选拔任用机制。

目前国有企业大部分处于严重亏损状态,其原因何在?人们普遍认为主要原因是体制问题,国有企业政府统得过死,责权利产不明,这是事实,但这不能解释所有企业亏损的问题。为什么同样的企业,不同的人经营效果不一样,同样的产品项目,同样的市场与企业,为什么不同的人去经营效益相差甚远?其中最为关键的是企业领导人作用的问题。领导人的素质是企业兴衰的关键,是企业运营因素中最为重要的因素。没有高素质与优秀的企业领导人,即使建立了良好的管理体制,引进了充足的资金与先进的技术,也不可能取得较好的效果。相反,有了高素质与优秀的企业领导人,没有良好的管理体制,他会不断地去建立与完善;没有充足的资金与先进的技术,他会想办法去引进;没有好的项目,他会动脑筋去争取去开发。因此,优秀企业领导人的选拔任用与现代企业制度的建设完善同等重要,而且更为关键。

当前国有企业改革中最为缺乏的不是资金,不是技术和项目,也不是外部的管理体制,目前最为紧缺的是优秀的企业领导人。然而什么是优秀企业领导人,用什么标准来选拔与培养一大批优秀企业领导人呢?关键是要解决好国有企业领导人任职资格标准的问题。有了一套科学可行的任职资格标准,我们对优秀企业领导人的培养就有明确的目标,对优秀企业领导人的考评就有了客观的依据,对整个企业领导人队伍的建设就有了坚实的基础。

所谓任职资格标准,一般是指个人独立从事某职业所必备的基本

条件。理论与实践表明,决定每个人工作成败与否的三大条件是德、才、体。德的实质是人的品性,而才的要素为能力、学识与经验,其中能力是核心,学识是基础,经验是关键。体的实质是个人对工作负荷承受的生理机制,它是所有任职条件中最为基础的东西。因此任职资格标准包括学识、品性、能力、经验、业绩与身体健康等6个方面的条件与水平要求。

学识,指个人所具备的与企业领导职务紧密相关的知识与水平,包括管理知识、专业知识与重要的辅助知识。例如法律知识、经济学知识、财务知识、市场营销知识、管理科学知识、人力资源管理知识、生产技术知识、政策时事知识、计算机与通讯技术知识等。

品性,包括个人所具备的政治品质、思想品质、道德品质与性格特征。例如事业心、自信心、坚韧性、果断性、勇敢性、独立性、责任心、民主性、清正廉洁等。

能力,包括个人在岗位上表现出的才能与未完全表现出的职业性向。例如预见能力、洞察能力、开拓能力、敏感反应能力、指挥能力、控制能力、分析能力、交际能力、决策能力、用人能力等。

经验,指个人所具备的与拟任职务高度相关的背景经历、资历及其时间持续性、相似性、广泛性与复杂性。例如艰辛生活经历、军人生活经历、经商生活经历、外企工作经历、国外留学经历、基层工作经历、农民生活经历、学生干部经历等等。

身体,指个人所具备的履行工作职责中所需要的生理条件。例如年龄、性别、外貌特点、神经系统类型、心理健康、血型、身高、种族、精力、活力等。

业绩,指个人在工作过程中取得的重要工作成绩。包括个人的与集体的、直接的与间接的,经济性与社会性的。例如,企业年度计划完成率,企业年度盈利增长率,企业年度市场份额增加量,企业年度组织管理改进率,企业年度设备维护更新率,企业事故出现率,企业决策成功率,企业职工满意率,企业年度社会评价情况等。

在国有企业领导人的任职资格标准中,政治品质、思想品质与道德品质最为根本,而职业性向与经验能力最为关键。

国有企业领导人任职中的政治品质标准是什么呢?邓小平同志指出,新时期用人的政治标准就是"为人民造福,为发展生产力,为社会主义事业作出积极贡献,这是主要的政治标准"。具体地说要看是否树立了辩证唯物主义的世界观,是否思想解放,视野宽广,顾大局,识大体,局部利益服从全局利益,个人利益服从整体利益,要看是否有为人民服务,为国家贡献,为事业奋斗而不断进取的使命感与责任心,是否有较强的纪律观念与法制观念。我们现在有些同志选人用人不讲政治只看能力,实际上这不是科学的用人观。古代司马光有言曰:"德才皆尽是圣人,德才全无是愚人,德胜才者是君子,才胜德者是小人。"美国心理学者的研究结果也表明,一个人的成功70%的因素在情商,而30%的因素在智商,情商的核心即是政治品质、思想品质与道德品质,智商的主体即为才能。笔者认为任何个人才能的发挥与发展都必须有相配套的品德素质,否则难以成大器。

从目前社会主义初级阶段的市场经济现实来看,对国有企业领导人的选拔与任用,不讲政治不讲品德也是不行的。我国所有制结构的多元化及其收入差距过大的现实,要求国有企业领导人要具有很强的政治品质、思想品质与道德品质。

众所周知,我国现有的企业中,有私有企业、乡镇集体企业、三资企业、国有企业等多种形式。这些企业在现有的社会主义市场经济体系中,大家地位是相等的。国家将依法保护各类企业的合法权益和公平竞争。这就是说社会主义市场给予各种企业的权利是平等的,企业领导人无论是在公有制企业、私有制企业还是集体性企业中,大家都是平等竞争的关系,要想从市场中多争取一份利益,就得付出巨大的劳动,战胜对方。各类企业领导人需要作出的努力与付出的代价相差无几,国有企业领导人甚至要付出更多一些,然而最后所能得到的报酬与收入却相差甚远,心理上不平衡的感受冲击可想而知。这就要求国有企业的领导人,要比集体企业与私有企业的领导有更为宽广的胸怀与高尚的品德素质,有愿意为人民、为国家作贡献的崇高理想境界。

在这里对非能力因素的强调并不是对能力因素的否定。

三、改革现有国有企业领导人选拔任用方式是开发与造就优秀企业领导人的突破口

现有国企领导人的选拔与任命,基本上是政府主管部门领导提名与推荐,组织人事部门考察与群众评议相结合的传统方法。这种方法在计划经济体制下发挥了很大的作用,在当前的市场经济体制的建立中仍然发挥着一定的作用。然而这种选拔体制却难以适应国有企业深化改革的需要,难以适应现代企业制度建立与推行的需要。

首先,它不利于政企分开,让企业成为独立的法人。政府主管部门

领导以及组织人事部门,一般是代表着政府,是行使政府的职权,由此选拔出的企业领导人往往是对上负责而对下疏忽。甚至诱发少数企业领导欺上瞒下,哄上骗下的恶劣行为,政企形式上分开,而实际上却藕断丝连,企业无法独立运营。盈利上级领导有功,亏损也不能完全归罪于企业领导人,只是变动工作而已,从一个企业调到另一企业,领导人照样当。由此造成有些国有企业领导人缺乏责任感与危机感、企业领导干部能上不能下的不正常现象。因此我们认为政企分开,企业独立,首先要在企业法人代表的选拔任命制度上有所突破。

其次,不利于股份制与股份合作制的顺利推行。股份制与股份合作制推行的结果必然是投资主体由国家独资转向多主体合资,所有者的结构必然趋向多元化与群体化,尽管国家的股份可能大于分散的其他任何持股者,但投资者期望高回报的趋同心将会把大家凝聚在一起。如果企业领导人仍由政府主管部门领导人提名,组织人事部门考察任命,众多的持股者是不会同意的,持股者将希望企业领导人能代表自己的利益,代表自己的心愿来运营企业,希望自己对企业领导人的选拔任命有一定的决定权,因此,对于国有企业领导人的选拔与任命,我们必须尽快建立起公开招聘、中介专业评价机构对候选人任职资格条件进行考评、组织人事部门考察、群众评议、股东大会表决、董事会审定的一体化程序机制。

此外,这种政府组织人事部门对企业领导人包办代替的选拔任命制度,也不利于形成企业优胜劣汰的竞争机制。

国有企业领导人选拔任用科学制度的建立,包括考评机构、考评程序、考评内容与考评方法的一体化建设与改革。考评内容包括职业性向测评、品德素质测评、业绩能力评价及背景经验的考察等;考评方法上的改革,要由目前经验主观式的考评转变为人才素质测评、任职资格考试、组织人事考察、群众评议、董事会审核调查等多形式相结合的方式;考评机构上的改革,应在组织人事部门业务指导下,成立独立的和专业性的中介机构,专门接受董事会委托与要求,对国有企业领导人的选拔与任用进行评价考察。因为由独立的专业性中介考评机构负责对国企领导人选进行考评,可以保证考评结果的公正性、科学性、客观性,有利于克服上级部门与个别领导推荐的局限性与主观性,防止用人上的不正之风,因此要把中介性考评机构的评价,作为国有企业领导人选拔任用的必经程序与重要依据。

招聘方法上的改革,要由少数领导人从上面"发现"与推荐转变为毛遂自荐,人才市场推荐与公开招聘相结合,由从少数领导人身边挑选转变为从社会人才市场中挑选,甚至像足球队一样,从国外引进与招聘,拓宽选才范围:要从目前的个别领导或少数人说了算转变到由股东、董事会及中介机构科学考评共同确定,从长期以来的"人治"过渡到现代的"法治"。

为了开发与造就优秀的企业领导人,还必须建立相应的任用制度、奖惩制度、报酬制度。在任用制度上,要废除目前国有企业领导人的行政级别制,在人事制度上把政企分开落到实处,使企业领导人的待遇彻底与行政级别脱钩。企业领导人的待遇只能根据企业经营效益由董事会与股东大会决定。造成国有企业亏损的企业领导人不能易地为官,更不允许易地再做国有企业领导人,只能就地罢免易地为民,让他从头做起。对于经营有业绩的企业领导人要及时奖励与提拔,也允许原地继续再任,但需要有更高的经营目标。如果只能维持现状的则应对其平级调换。也就是说要对国有企业领导人实行周期任用制。有关研究与事实表明,在正常情况下,新任领导人的热情与干劲在前三年为上升时期并达到顶峰,第四年后一般处于维持状态,第五年以后即开始减退。俗话说新官上任三把火,三年过后柴烧完,五年过后碳熄灭。美国学者卡兹(Katz)组织寿命学说与库克(Kuck)曲线也表明,一个人在组织中自觉工作的效率与效果最佳时期是前五年,如果五年后组织与环境对个人没有激励措施,则必然进入潜力衰退期。由此我们建议国有企业领导人应实行,3—5年度的轮换、提升或流动制度。使企业领导人处于"升、降、调、流、学、退"的动态运行开发机制中。

在报酬制度上,要对企业领导人的作用与价值予以肯定。虽然国有企业效益好不像私营企业那样,可以完全归功于企业领导者个人,但企业领导者个人的作用不可否认,并非人人都能当企业领导人,也并非人人都有机会去当企业领导人。因此我们要让国有企业领导人自觉自愿地把个人的利益与整个企业效益捆绑在一起,荣辱与共,在剔除市场与随机因素作用的情况下,实行经营效益提成与基本工资相结合的报酬分配方式。与其限制他们既得利益,制约束缚国有企业领导人经营的积极性,不如放开一点,充分激发他们的内在潜能。既给物质利益又给精神鼓励。要让他们感到国有企业经营好了,不比私营企业的回报少,尤其在社会荣誉与精神鼓励方面,会远远高于私营企业与三资企业。

总之,国有企业领导人的选拔与任命是一个比较复杂与困难的问题,也是当前学习与贯彻"十五大"精神和搞好国有企业改革中急需解决的重要问题。现代企业制度为国有企业的改革指明了发展方向,创造了良好的外围环境,股份制改造给国有企业的改革注入了资金活力,而企业领导人选拔与任用科学体系的建立,将会给国有企业的改革带来根本性的人才活力与动力,带来技术、项目与管理的革新,带来整个国民经济发展的活力与动力。因此我们要尽快建立国有企业领导人选拔与任用的科学机制与标准,运用现代的科学的人才素质测评与人事考评方法,选拔与推荐出一大批高素质的企业领导人,全面充实与加强现有国有企业管理的力量;评价与考核现有的国有企业领导人,让合格者持证上岗,不合格者及时转岗与培训,对现有的企业领导人实行优胜劣汰、双向选择与公平竞争。建立科学的企业领导人任职资格标准体系与考评方法,加快推进企业领导人队伍建设,是当前国有企业改革与成功的关键。

21 世纪高校人力资源开发[①]

在世纪之交,每个高校管理工作者都应认真地思考如何超越过去,创造未来。高质量人才的培养需要高质量的师资队伍与高质量的学校管理,需要对高校人力资源进行高质量的开发与管理,本文主要从高校工作要求与人力资源现状分析,提出一些开发思路。

一、21 世纪高校的工作分析与预测

任何组织的人力资源开发都必须从工作分析基础开始,否则很可能陷入盲目开发之中。这里的工作分析是指采取科学的手段与技术,对一所高校在特定社会、特定环境与特定时期中所担负的工作任务及其性质、特点、要求、结构等因素进行调查、分析与综合的过程。

21 世纪中国高校面临的将是市场经济下的自由招生、自主管理与双向选择的社会体制;中国高校的管理特点将在于自主与创新,在于努力开拓自我生存与

[①] 本文原载于《中国人力资源开发》2000 年第 1 期。

发展的市场与机会,重在毕业生的种类、质量与特色的扩大与提高;中国高校将成为一种独立的经济实体,成为优先发展的备受大家重视的高新产业。就重点大学而言要努力做好以下几方面的工作:

1. 进一步提高招生质量,扩大学校影响。虽然毕业生质量涉及的因素比较复杂,但主要因素有两个:一是学生进校时的素质状况,二是学校本身的教育质量,其中学生入学时的素质是基础。就目前中国而言,重点大学毕业生质量之所以高于一般大学毕业生的质量,一个重要原因就在于这些高校的录取分数线较高,学生入学时素质普遍高于其它学校的学生,加上师资与教学的优势,毕业生的质量自然要高人一等。如果说20世纪新中国各大学的录取分数线主要是由政府招生部门划定的,缺乏真正意义上的平等竞争,那么21世纪中国各高等学校的录取分数线将由每个高校自身的社会影响与市场排位来决定。因此扩大学校影响与提高招生质量是相互促进的。

2. 分析自身优势与市场需求,适时调整专业与课程。毕业生的质量好坏主要由3个指标衡量:①是否符合社会市场的需求;②是否有独到的特色;③是否有较强的适应能力与发展潜力。市场的需要是当前的与变化的,而学校的培养目标却面向未来的与相对稳定的,专业与课程是调整这一矛盾、实现培养目标与保证教育质量的中介与关键,因此应在预测市场需求及把握自身优势的前提下,选择恰当的时机制定与调整自己的专业与课程,既不能几十年一贯制不变,也不能跟着市场需求天天变。这就要求高校要进行专门的研究,把握市场变化规律与高等教育自身的特点,科学地设置与调整自己的专业与课程。

3. 扶持科研力量,推动知识创新。高校只是作为一个传授知识的场所是远远不够的,重点大学尤其如此。一方面是因为光传授知识的高校容易落后于别人,容易被动发展,面临知识短缺和表面化的危机,另一方面还因为一个科研力量很弱的高校或教师,很容易缺乏创造知识的欲望与创造素质的养成,造成毕业生知识与创新素质的贫乏。因此,以人文社会科学为主的重点大学首先应该致力于成为国家人文社会科学知识生产与加工的重要基地。

4. 重点抓好知识经营产业。21世纪的中国高校将主要是新知识的创造中心、开发中心与经销中心。因此一个高校的知识经营产业如何,知识开发与转化工作如何,将直接决定着该校的经济状况与发展。高校的补充费用只能靠自己经营知识产业加以创造。要致力建设与办好出版中心、书报信息中心、培训中心、产校合作开发中心与政府管理咨询中心。要主动开发与利用现有的知识产业部门与机构,搞好知识的加工与再创造,做好知识转化、开发与出口,扩大高校的社会影响与市场占有率,尤其要发挥综合性与人文社会科学性大学社会管理学科群的优势,积极主动地为各级各类政府机关与企事业单位管理提供决策咨询服务,尽快推出一批知名研究专家,教学培训专家与咨询服务专家,对于一些不愿意加盟知识产业开发队伍的个体经营者,一方面要积极引导,另一方面可考虑对其征收学校名誉效益税。对那些依托学校影响与知名度经营知识信息产业的个人与公司更要积极管理。

二、高校人力资源状况分析

中国高校目前的人力资源构成基本是五个部分:管理人员、教研人员、服务人员、附属部门的工作人员与离退休人员。其中教研人员是主体,管理人员是关键,服务人员与离退休人员是补充。在教研人员中,以一般教学人员居多,满足于课程开设与知识传授的岗位工作需要。在管理人员中,以一般的维持性的管理人员居多,缺乏管理思想与能力,满足于学校正常工作的运转;在服务人员中,文化素质不高,大都是教研人员与管理人员的家属与子女;离退休人员,有些高校认为都是不用组织利用的富余人员,听任自由生活。这种结构现状,一方面不能满足高校跨世纪的发展需要,另一方面引起了许多人力资源管理的问题。有些院校具体表现为高精尖教研人员缺乏而一般老师过剩;行政领导人才缺乏而一般管理人员过多;上岗教研人员过小,而其他非教研人员比例过大;资深教授闲置而年轻教授负担过重;教学型教师过剩而研究型教师不足,一般性教师过多而艺术性教师偏少,一般性研究人员较多而开发应用性研究人员奇缺。人力资源结构比例上的失调必然影响高校功能的正常发挥,影响高校教学质量的提高,影响高校效益的增长。对于管理人员,我们必须尽快培养与选拔一批懂教育规律、有一定开拓能力与市场意识的领导人才;目前,我国高校人力资源管理比较简单化,对于研究人员与教授不加区分,不利于教研人才的脱颖而出。因此,我们对于教研人员与教授应该进行分类管理,并且在职称上进行区分。我们必须尽快培养与造就一批实力型知识创新专家、艺术型知识传授专家与应用型知识开发专家,推出一批研究型的教授、讲演型教授与咨询开发型教授,满足 21 世纪高校知识创新、知识传播与知识开发的市场需要。对于服务人员与附属部门人员,我们应坚持尽量精减与提高素质相结合,加强专业培训,提高服务意识,实行服务态度、服务能力与服务效益的考核与管理;对于离退休人员要尽量进行二次开发与再利用。我们不要对离退休的教授闲置不管,弃之不同,要根据具体情况具体利用。进入 21 世纪的高校,其人力资源结构主要应该由三方面的人员组成:即管理人员、教研人员与服务人员。对于管理人员要具体分为行政职能管理人员、教研专业管理人员与党团政工管理人员三个类别,并使之比例协调;对于教研人员,要具体定向为知识创造性、知识传授型与知识应用开发型三类人员,使之比例优化,素质结构各有特色,适应于高校在知识经济中功能的发挥;对于服务人员,要具体为教研工作服务、生活服务与离退休老年服务几种类别,尽量做到少而精。

三、21 世纪高校人力资源开发与管理

根据高校 21 世纪面临的工作任务以及目前的人力资源现状,我们的人力资源开发与管理工作主要集中在管理人员、教研人员与服务人员上。

选拔与培养有领导才能的管理人员,对于 21 世纪的高校非常关键。对于行政职能性的管理人员,我们主张从现有的其他管理人员中去选拔与培养,主张在学校内部教师中选择与培养。我们应该变过去的上级任命与选拔为公开的选拔与公平竞争。变伯乐相马为赛场选马。许多教师想参与管理,献身管理,但苦于没有机会。采取公开岗位任职要求、平等申报竞争的办法,并规定每 2 至 4 年一届,到期轮换,优秀者续任,最多连任两届,卸任后可以参加下一届的竞争的任用制度(其中校级一届 4 年,处级一届 3 年,科级一届 2 年)。有利于广泛选拔管理人才,优中择优。

对于教研人员的开发与管理,我们主张采取职能开发、品牌开发与特长开发。所谓职能开发,即要根据高校自身的特点、性质与优势,以及市场对专业人才的需求,根据学生基本素质的特点,设置一定的课程与培养方案,根据设置的课程与方案,聘请适当的教师,配置相应的科研机构与服务人员。这一过程叫因需设课,因事设岗;一岗多人,公开竞聘。人的欲望与潜力是无限的,人力资源开发与管理工作者应该创造机会与空间让每个教师的职能都得到充分的发展,应该鼓励与激发每个教师最大限度地去发展自己。要实行聘评分开,任职资格评定与职务聘任相分离,只要教研人员达到既定岗位任职条件即给予相应的任职资格,但职务的聘任则要等待适当的机会。所谓品牌开发,就是要有意识、有计划去开发一些有开发前途与潜力的教研人员,创造条件与

机会选送他们到校外国外接受各种培训,对他们进行一定的宣传与包装。所谓特长开发,就是根据每个教研人员的特长,把他们开发为创造型、传授型与应用型的不同专家,适应高校各种功能发挥的需要。

对于服务人员,采取社会化开发策略,即一方面尽量减少服务人员,把有关的职能转交给社会中相应的机构去承担,另一方面要面向社会公开招标,到学校承担相应的服务工作。例如把校医院附中附小转移给社会去办,把财务工作交给银行去承担,把食堂后勤维修服务工作面向社会公开招标,降低管理成本,减轻学校的人员负担与经济负担等。

对于离退休人员,采取顾问化开发策略,在学校各级管理层设立专家顾问与咨询机构,聘请离退人员中的优秀教师担任顾问,让他们献计、献策、献言、献力,发挥余热。

试论我国人力资源开发专业的开设问题[①]

知识经济时代的今天,人力资源越来越重要,在国家经济的发展中起到了第一资源的作用,所以我国的人力资源开发日益受到大家的重视,人力资源开发的教学与研究也随之不断发展壮大了起来。笔者一直致力于人力资源开发的理论研究与教学工作,经过多年的实践,我们深深感到在我国开设人力资源开发专业的必要性与可行性问题,现结合自己的教学与研究实践谈谈我国为什么要开设人力资源开发专业,能不能开设人力资源开发专业以及我们如何开设人力资源开发专业的课程。

一、人力资源开发专业开设的必要性

1. 人力资源在知识经济中的作用决定了人力资源开发专业的价值性

21世纪是知识经济的时代,21世纪的经济是人力

---

① 本文为肖鸣政与陈小平合写,原载于《中国人力资源开发》2005年第9期。

资源的经济。在21世纪,对信息和知识的占有能力正在成为衡量一个国家、一个组织经济实力的重要标志。创新意识和创新能力成为一个国家和组织发展的根本动力和基本保障。因此,人力资源成为组织重要的核心能力,人才质量成为衡量组织整体竞争力的标志。人力资源的贡献改变了资本所有者与知识所有者之间的博弈关系,人力资源的开发和物化将彻底改变人类社会的生产、生活方式。

人力资源,通过开发,对其他资源具有弥补作用、放大作用、驱动作用、活化作用与整合作用,对组织目标的实现具有关键作用.在组织因素结构中具有统领作用。

人力资源及其开发在知识经济中的上述作用决定了人力资源开发专业在我国高校教育中的价值性与必要性。

2. 与人力资源管理的区别决定了人力资源开发专业的不可替代性

人力资源开发(下面简称 HRD)与人力资源管理(下面简称 HRM),既有区别又有联系,从学科性质上看,HRD 属于综合性的边缘学科,而 HRM 属于管理学的一个分支;其次从研究的对象上看,HRD 面对的是所有的人口,时空范围比较广阔,涉及组织周围所有相关人口及每个人的整个生命周期,而 HRM 面对的是组织内部的人员,涉及的仅仅是他们组织内工作的时间与空间,即是工作中的人员;从研究的内容来看,HRD 更多地侧重于宏观与战略层面,侧重于未被发现的人力资源,侧重于未来的效果,而 HRM 更多地侧重于微观与技术层面,侧重于对现有人力资源的利用与维护,侧重于当前的效果;从工作内容来看,HRD 是对从业人员及未从业人员的教育与开发,包括对人的一生能力的发现、鼓动、培养与配置使用,是人能力的发挥与促进,包括教育、培养、升迁、发掘等,而 HRM 是对从业人员的招聘、培训、上岗、使用、考评、调配、保障,直至退休的管理,侧重于实务,着重于操作与运用;从工作目的上看,HRD 是发现未知的人力资源,是创造新的人力资源,而 HRM 主要是利用好已知的人力资源,维护好现有的人力资源。

因此,人力资源开发与人力资源管理在理论上、内容上与实践中的区别性,决定了人力资源开发专业设置在我国高校教育中的不可替代性。

二、人力资源开发专业开设的可行性

1. 人力资源开发的理念普遍形成

国家人力资源开发意识全民化。在今天的中国,无论是在知识界、企业界还是在政府部门,人们对人力资源开发的重要性的认识已经不存在任何争议了。我国领导人非常重视人力资源开发工作,2003年12月召开了全国人才工作会议,中共中央总书记、国家主席胡锦涛在会上强调指出,人才问题是关系党和国家事业发展的关键问题,人才强国战略是党和国家一项重大而紧迫的任务,应该努力造就数以亿计的高素质劳动者、各类人才,大力提升国家核心竞争力和综合国力。之后,各省、市、县级政府部门、国有企业都召开不同层次的会议,认真学习此次会议精神,并就今后人才工作计划作出了非常详细的安排。据人事部门介绍,各省区市、各部门和各行业也分别制定了本地区、本部门和本行业5年或10年的人才队伍建设规划,确立了各自的人才开发目标和方向。可见人力资源开发的国家范围的宏观环境已经初步形成,人力资源开发意识已经全民化。

组织人力资源开发意识战略化。20世纪90年代中期以前,大部分组织在招聘人才时,还停留在单纯依靠参加人才招聘会摆摊招人或者通过广告被动招聘的阶段,缺乏现代的人力资源开发观念和多元化的人才引进机制,并且在对招聘来的人才的开发和管理上水平较低,还存在"重引进轻开发"的现象,对人才的配置、使用及职业培训、后续教育重视不够,投入少,机会少,因而不能保证人才与企业之间的协调发展。进入21世纪之后,这种现象大为改观,各大组织加大了对人力资源开发的投入,重视人才引进的同时更加关注内部人力资源的开发培养,特别在2003年全国人才工作会议之后,大部分组织都先后着手制订本单位或者本区域的党政领导人才开发战略、经营管理人才开发战略、专业技术人才开发战略以及高技能人才开发战略等,从战略高度来开展人力资源的开发工作,从而促进了企业的人力资源开发工作的进程。可见人力资源开发的组织范围的中观环境已经初步形成,组织人力资源开发意识已经战略化。

个体人力资源开发意识强烈化。随着知识经济的到来,经济的日益全球化,面对着职场的竞争,人们越来越认识到个体综合素质的重要性,接受培训开发已经成为人们提升能力素质的重要手段。各高校、科研单位就是看到了这一点,于是大量的各类培训班应运而生,如许多高校举办的总裁班、人力资源总监班、MBA班、MPA班;社会各类培训开发公司举办的各类培训班等。据相关部门分析发现,学历教育、技能培训、出国求学、远程教育和认证考试成为2004年我国培训开发市场五大亮点。全球著名市场咨询顾问机构IDC(国际数据公司)一份报告显示,2004年,中国个人IT培训市场共实现销售额24.4亿元,相比2003年19.9亿元增长了22.1%,表现出迅猛的增长态势。另据来自全国教育工作会议的消息称,2005年全国普通高等学校本专科招生人数将达到475万人,比去年增长8%;硕士研究生招生31.6万人,比上年增长15%左右,博士研究生招生5.4万人,比上年增长2%。从这些数据都可看出,目前我国的个体都十分重视自身素质的开发提高,个体人力资源开发的意识越来越强烈。

2. 人力资源开发的师资与教材基本形成

师资队伍不断扩大。改革开放至今,在人力资源开发教学领域,从相关学科如工商管理、行政管理、心理学等学科转移来一大批教学研究人员,从而迅速形成了一支人力资源开发与管理的教学研究队伍。同时,我国高等院校、社会科学院以及其他系统,形成了人力资源开发与管理学专业人才若干培养基地,20年来,培养了从专科到博士的一大批人力资源开发学专业人才,建立起了人才学专家信息库,建立和发展中国人才学学科带头人队伍。例如,1981年,首都经济贸易大学劳动经济系最早获得我国劳动经济专业硕士学位授予权,开始招收劳动经济学专业的硕士研究生;1983年,中国人民大学创建我国第一所劳动人事学院以及第一个人事管理本科专业,开始招收人事管理专业的本科生等等。目前,首都经济贸易大学、中国人民大学、北京大学、清华大学、南京大学、南开大学、上海交通大学、国务院发展研究中心、人事部人才科学研究院等高等院校或者科研机构,共计200多家单位都在培养人力资源开发与管理教学研究人才。基于20多年的发展经验,目前人力资源开发的教师队伍正在不断扩大,已经具备了一定规模。

教材体系初步形成。进入20世纪90年代后期,人力资源开发学的专项学术研究也取得了重要成果。可以作为我们教学参考的成果与资料主要可以从宏观、中观和微观三个层次来划分:

宏观层次的著作主要有:潘金云等的《中国第一资源:人力资源开发利用理论与实践》、宋晓梧的《中国人力资源开发与就业》、赵秋成的《人力资源开发研究》、萧鸣政的《中国政府人力资源开发概论》、胡伟略的《近期我国人力资源开发综合研究》、吴文武等的《中国人力资源开发系统论》、阿姆扎德等的《中国人力资源开发研究》、李京文主编的《人力资源开发研究》等。

中观层次的著作主要有:萧鸣政的《人力资源开发学——开发组织内人力资源的理论与方法》、谢晋宇的《人力资源开发概论》、胡春等的

《企业人力资源开发》。

微观层次的成果主要有:付亚和等编著的《管理技能评价与开发》、(美)大卫·A.威坦等(王垒等译)的《管理技能开发》、仝志敏的《国家公务员管理高层次人力资源开发》、徐芳的《培训与开发理论及技术》等。

此外,在此基础上,专业研究刊物逐渐增多,体现在数量和种类上,目前人力资源开发方面比较有影响的期刊有《中国人力资源开发》(中国人力资源开发研究会主办)、《人力开发》(上海人才研究会主办)、《中国培训》(中国职工教育和职业培训协会主办)、《中国人才》(中华人民共和国人事部人才研究所主办)等。

3. 人力资源开发专业人才需求的市场基本形成

随着人力资源开发越来越重要,人力资源开发的需求越来越强烈,从而人力资源开发专业人才需求的市场已经基本形成。2003年2月开始中国人民大学与北京大学在本科生与研究生中专门开设了人力资源开发的课程,这在全国是比较早的,随后其他一些院校专业也开设了相关课程。经济社会发展对于人力资源开发专业人才的市场需求,具有客观的社会背景与市场的强烈需要。具体来说有以下几个方面:

2003年全国的人才工作会议之后,国家提出了人才强国战略,开展专业化的人力资源开发是新世纪我国推动人才强国、人才强企战略,提升竞争力的必然选择。

由于我国人力资源开发课程建设比较滞后,人力资源开发专业人才相对匮乏,目前一般都是人力资源管理教学比较多,人力资源开发单列出来的微乎其微,但是人力资源开发专业人才的需求与日俱增,并且全社会对人力资源开发专业人才的专业性要求日益提高。

人力资源开发理论成果已广泛运用于社会主义现代化建设重大项目之中,走出了一条为经济社会发展服务之路,在现实问题研究方面,人力资源开发与管理学者承担了大量的课题,并取得了一系列重要成果,如"十一五期间北京市人才发展战略的研究"(北京大学人力资源开发与管理研究中心)以及政府制定了明确的西部人力资源开发计划等。

人力资源开发从业人员的职业化建设已经成为社会共识,并逐步走向规范化。

实践证明,改革开放20多年来,人力资源开发学理论研究已取得丰硕成果,在时间应用上也是硕果累累,人力资源开发专业开设的市场需求已经初步形成,但是同时也清醒认识到,人力资源开发的专业课程建设还处于滞后状态,还不能适应新世纪新阶段新形势下对人力资源教学新要求,从而更有必要加快人力资源开发专业开设工作步伐。

三、人力资源开发专业课程建设的内容

人力资源开发主要源自于西方的人力资本理论,但是在我国相关的许多著作或者研究论文常常从宏观角度来理解人力资源开发,讨论诸如人口、劳动力、就业、迁移、社会保障、健康与卫生等宏观问题的比较多。为了使人力资源开发专业建设更加实用,笔者认为"人力资源开发"专业开设应该坚持科学性、适应性、层次性的原则,依据学科体系特点,参考发达国家高校本科课程设置的情况,综合我国高校众多人力资源管理课程设置的长处,来设计新世纪我国的人力资源开发专业内容。

1. **基础理论**

在20世纪80年代中期,已经开始有学者关注人力资源开发问题的研究,但还没有人从理论的高度进行系统、完整地研究,人们对人力资源开发的认识还没有达到把它作为一个科学体系的高度。随着对这一问题研究学者的增多,关于"人力资源开发"的基础理论的研究也越来越深入。《人力资源开发学:开发组织内人力资源的理论与方法》一书对人力资源开发的基础理论作了较为详尽论述,主要包括人力资源开发的概念界定、类型、理论、原理、发展历程等方面内容,着重介绍了人力资源开发的动力原理。

虽然,在这方面的研究有一定的初步成果,但是与实际需要还有些差距,有待进一步完善,如在对人力资源开发类型的认识上还是不太一致。所以为了更好地促进人力资源开发专业的建设,提高大家对人力资源开发基础理论的认识。有必要对人力资源开发的基础理论进行研究。研究的方向至少应该从专业基础与学科基础两个方面进行。专业的基础理论应该进一步从概念、类型、理论、原理、发展历史等方面进行更为详尽地研究开发;学科的基础理论应该包括管理学、经济学、心理学、教育学、社会学与文化学等方面的内容,我们由此来构建出适合中国经济社会发展的人力资源开发专业的基础课程体系。

2. **基本方法**

目前大多相关著作或者研究论文在谈论人力资源开发的基本方法时一般局限于人力资源培训教育方面,但是根据西方的研究成果,我们发现人力资源开发的基本方法远不止于此,包括更多的内容,我们建议应该朝以下方面去进行建设,保证开发方法的灵活多样。

个体开发方法：个体开发方法主要指运用心理学知识，个体运用比较成熟的对个体的知识、能力、品德、基本心理素质、身体条件等方面素质进行评估的量表，对自己进行综合评估，然后根据评估结果进行有针对性的开发提高，开发的主体是个体自己，开发的客体是个体中的各种素质。其中涉及多种开发方法措施，如自我学习就是比较好的一种方式，自我学习指的是学习者为了实现自我发展或自我变化的需要主动地获取信息、改变行为、适应环境和开发目标的方法，主要形式包括操作学习、积累学习、发现学习、观察学习、邻近联想学习、结构学习、范例学习、试探性学习等。此外自我申报也是在日本等国比较流行的方法之一。自我申报指的是员工对自己的工作内容和适应性进行自我分析与评估的过程，包括定期申报轮岗与能力开发的计划与申请等等。

组织开发方法：组织开发方法主要指的是通过组织这个中介，对组织中的成员的综合素质进行开发的一种形式与活动。这里开发的主体是组织，开发的客体是组织中的成员的各种素质，如可以划分为新员工的开发方法、老员工的开发方法、管理人员的开发方法、专业技术人员的开发方法、一线操作员工的开发方法等。一般来说，组织首先进行开发需求调查，包括问卷调查、能力素质测评、综合因素分析等方式，开发出开发的需求，然后组织根据财力以及组织战略目标的需要，运用制订开发战略规划、相关知识的培训教育、轮岗、职业生涯规划、管理技能开发、组织文化引导等方法开发提高组织成员的综合素质，为组织的发展提供人力资源保障。

国家开发方法：国家人力资源开发方法主要指的是从一个国家或者某个比较大的区域来进行人力资源素质的提升而采用的相应的方法措施，具体来说，可以通过政治、经济、文化等方面发展的需要，对人力资源现状进行盘点，然后制订相应的人力资源开发战略规划，并采用教育、就业、人口管理等方法提升人力资源素质，达到发展的需求。其中，我们可以借鉴西方发达国家的优秀做法，如在教育方面，日本采用的"凡才"教育模式，即从小学到大学，日本的教育没有什么个性，并且认为大学生是最好的"素材"。就业模式比较知名的有"美国模式"、"日本模式"、"荷兰模式"，国内杨宜勇曾经在对比西方发达国家的就业模式提出过中国的就业模式等。

国际开发方法：国际人力资源开发主要指的是人力资源开发中的国际交流与合作。随着经济全球化的影响，我国的人力资源开发国际化要求越来越高。开始有人用六个字——"请进来、派出去"来表达我们国际人力资源开发中的引进国外智力工作,其特点就是围绕人的智力载体来开展工作,请进来就是请外国专家来华工作,帮助我们解决那些我们目前尚未掌握的技术方法,传授管理方面的经验;派出去主要是指选派一些在职的技术人员和管理人员到国外去培训,通过培训掌握国外的先进技术和管理经验。实际上,国际人力资源开发的方法比这要复杂许多,可以有更多的形式,如国外对口进修、交流研修;外向型人才的培训;国外留学人员的智力开发和创业服务;通过人才交流形成双边多边的技术合作、技术贸易和产品贸易;国际人力资源输出等。

3. 基本技术

人力资源开发方法效用的发挥,必须有相应的人力资源开发技术来支持,因此人力资源开发课程建设必须包括人力资源开发的基本技术这方面内容,通过对比国内外的先进经验做法,我们认为人力资源开发的基本技术主要包括以下四方面:

开发战略规划技术。从一个国家或者某个区域来讲,人力资源开发战略可以通过建立"人口—教育—就业—培训—可持续发展"一体化的人力资源开发战略,走可持续发展道路。对于一个组织来讲,可以通过建立学习型组织的人力资源开发战略获得人力资源竞争优势,对于个体来讲,可以通过终身学习的开发战略思想来不断提高自身素质。这其中都会涉及一种技术问题,也就是如何构建人力资源开发战略的问题,不管是宏观的、还是中观的,或者是微观的,其技术问题具有相同性,即都可以通过评估或者盘点,对现状进行诊断分析,然后借鉴标杆国家、标杆企业、标杆个体的一些优秀经验,构建适合自身的开发的愿景、目标以及相应的对策措施。

人员测评技术。人员测评技术主要是针对微观层次的个体来讲的,主要依托应用心理学的研究成果、技术来对人员的品德、能力、心理特征等素质进行测评分析。在测评分析的基础上进行人力资源开发。

在人才素质测评中,以上所介绍的心理测验、面试和评价中心是最科学最核心的技术,也是被关注最多的。除此以外,胜任特质评价、360度考核、背景调查、履历分析、情境访谈、成就记录等也是测评人才素质较为有效的技术。

需求分析技术。人力资源开发需求的确定,是通过比较目标水平与现实水平之间的差距来确定的,因此人力资源开发需求分析的技术主要是目标水平确定的技术、现实水平确定的技术以及两者之间的比较技术。

教育培训技术。我们对教育培训技术按照知识技能、品性态度和潜能三个方面来介绍。

（1）知识技能方面的教育培训技术主要有讲授法、面谈法、读书指导法、讨论法、远程网络教育、演示法、参观法、练习法、实验法、实习法、头脑风暴法、案例研究法、课题研究法、评价中心法、面谈咨询法、工作现场训练法等。

（2）品性态度教育培训技术主要可以分为：说服教育法、榜样示范法、情感陶冶教育法、品德评价法、沟通分析训练法、角色扮演法等。

（3）潜能开发技术主要有：拓展训练、"魔鬼"训练、"第五深度"开发等。

职业生涯规划技术。职业生涯规划主要针对微观层次的个体而言，谢晋宇指出，职业生涯开发是指为达到职业生涯计划所列出的各种职业目标而进行的知识、能力和技术的发展性活动。职业生涯规划的技术主要有：对职业生涯的正确认识，如面前的现状怎么样，将来的职业目标定位在哪里，然后分析自身所拥有的优势、劣势等方面信息，之后有针对性地进行自我开发提高，为实现自己的职业生涯目标作好充分准备等。

开发效果评估技术。开发效果评估就是指针对特定的开发计划，系统地搜集资料，并给予适当的评价，以作为筛选、采用、或修改开发计划等决策判断的基础。一般来说，开发效果可以从四个层次进行考究：第一层次为感受评估，可以用问卷调查的技术调查学员对某一特定开发计划的喜欢或满意程度；第二层次为学习评估，即测量学员特定知识技能的表现，可以用笔试、口试、课堂表现、实际操作等方法来评估；第三层次为行为评估，即评估受训者是否通过学习能够表现出决策者想要看到的且有别予以往行为的目标行为，评估的技术主要有360度行为考核法等方法；第四层次为成效评估，即评估学员开发后，行为发生了改变而对组织带来的贡献，这一层次的评估比较不易测量，主要可以通过分析组织人均劳动生产率的变化等指标来衡量。

4. 相关应用案例与选修内容

为了提高学生的素质，使学生全面系统地掌握人力资源开发专业知识，课程方案既注意扩展专业知识的广度与深度，又注意突出重点，注意层次与多样，适当增加相关应用案例的比重，改变纯理论知识的灌输和偏重定性分析教育的做法，培养符合社会主义市场经济要求的人力资源开发专业高等专门人才。

理论教学保证形成合理的知识结构,为能力培养打基础;案例教学强化知识技术的应用能力的培养,各个教学环节均强调两者的相互渗透。理论教学要根据对人力资源专业学生的知识结构要求,组建各类知识课程组;案例教学贯穿在课程教学之中,围绕能力培养强化;实习和设计两个环节。通过理论与案例的相互结合与相互促进,有效保证知识与能力两方面培养目标的实现。

案例教学把被动式学习变成主动式学习,有效地防止了滥竽充数。笔者建议在每一部分都有相关的应用案例。如在开发战略部分将安排几个组织的实际开发战略规划、在课程设置部分安排相关组织的课程设置大纲等,这样能够增强针对性、实操性,使人力资源开发专业更加具有生命力。

此外人力资源开发专业的课程体系设计中,应该从现有的人力资源管理专业课程中选择一部分选修内容。一方面吸取人力资源管理专业的相关内容,另一方面保持与人力资源管理专业在人力资源学科建设方面的互补与促进作用。这些课程可以是组织行为学、薪酬管理、工作分析、绩效考评与管理等。

总之,世界经济发展的知识化,我国人口与资源矛盾的尖锐化,决定着人才强国战略在我国的持久确立,决定了人力资源开发既是中国发展的政治选择也是中国发展的经济选择,决定了人力资源开发专业人才培养我国的紧迫性与关键性,决定了人力资源开发专业建设在未来中国经济社会发展中的重要性、必然性与战略性。

参考文献

潘金云:《中国第一资源:人力资源开发利用理论与实践》,机械工业出版社1991年版。

石金涛:《培训与开发》,中国人民大学出版社2003年版。

萧鸣政:《人力资源开发学——开发组织内人力资源的理论与方法》,高等教育出版社2002年版。

萧鸣政:《中国政府人力资源开发概论》,北京大学出版社2004年版。

谢晋宇:《人力资源开发概论》,清华大学出版社2005年版。

试论人力资源配置及其作用与模式[①]

人力资源配置问题,关系到劳动者如何与生产资料结合与利用,形成直接的社会生产力,涉及员工如何与岗位相匹配产生现实的经济效益。它一直是经济与管理中的关键问题,是企业人力资源开发与管理中的核心问题。无论是古典的经济学家,还是马克思主义经典作家,无论是一般的社会管理研究者,还是专业的企业人力资源管理研究者,都不同程度、不同角度地涉及与关注到这个问题,然而不论是经济发达的西方国家,还是经济不发达的发展中国家,也不论是在理论研究上,还是在实践管理中,人们对这个问题的探索都未得到令人满意的结果。目前国有企业的深化改革正处于攻坚阶段,国家的经济建设与发展已处于全球一体化的关键时期,如何进行企业人力资源的优化配置,提高企业的生产力与竞争力,在有限的人力与物力条件下取得最大的经济效益,显然是摆在我们面前的一个十分紧迫而又重要的问题。本文拟就这个问题作点

---

① 本文原载于《中国地质大学学报(社会科学版)》2001年第4期。

探讨。

一、人力资源配置及其作用

什么是人力资源配置？从不同的学科领域，我们可以作出不同的解释。从社会经济与管理的角度来说，就是将社会中的所有人力资源充分合理地运用到社会生产及其经济活动之中，达到充分就业与适当分布，保证社会经济发展对人力资源的需要，以取得最大的社会生产力与管理效果，实现人力资源作用的充分发挥与社会生活的稳定；从企业管理的角度来看，人力资源配置，就是将企业内外的人力资源通过一定的方式与手段，合理地运用到既定的组织结构中，在企业经营与生产过程中实现人、财、物诸要素的有机结合与充分发挥，提高企业的活力与实力，取得最大的企业经济效益；从劳动人事管理的角度来看，人力资源配置，就是将组织内外的劳动者通过一定的方式与手段，合理地分配到组织内部的工作岗位上，使能干的人做要干的事，会干的人用好干的设备，保证各项组织目标任务按时按质按量完成。国外学者对于人力资源配置，也有着不同的解释，有的称作"placement"，有的称作"matching"，有的称作为"orienting associates"。虽然这三个单词都是指人力资源配置，然而不同的解释有着不同的管理重点："placement"强调的是对人员的安排或安置，使每个人有事可干，有干事的条件与环境，即找到一个适当的岗位；"matching"强调的是对人员与岗位两方面的选择与配合，这种配置具有双向性、动态性、协调性与匹配性；而"orienting associates"强调的是人员既要适合岗位，还要适合群体，既要适合物理环境，又要适合心理与社会环境，这种配置具有整体性、互补性与社会性的特点。

人力资源配置是企业人力资源管理工作中的一个关键环节，同样的人员同样的岗位，不同的配置却会产生显然不同的效果。人力资源配置既是人力资源管理的起点，又是人力资源管理的终点，任何一个企业人力资源管理工作者所追求的目标，都是使合适的人干合适的事，人事相配，做到人尽其能、能尽其用、用尽其事、事尽其效。

二、人力资源配置问题的产生与发展

人力资源配置问题，可以说最早产生于社会生产中的劳动分工。由于社会需求是纷繁复杂的，所以要满足人们所有的愿望是不可能的。相对而言要求建筑工匠、农民、鞋匠、纺织工人和其他工人适当地专门化,做他们力所能及的工作,并都尽心竭力地为社会服务,是更现实可行的。这种由特定的工人从事特定的工作的社会分工方法,将会为社会做出更大的贡献。市场经济体制在我国的确立与发展,以及国有企业的全面调整与深化改革,使人力资源配置的问题更加突出、尖锐与复杂。

在计划经济条件下,人力资源配置与产品一样,都在统一计划下进行,人力资源配置的主体是高度统一的政府职能部门。这种配置形式带有很大的主观性、集权性与高度统一性,人力资源配置并不存在什么矛盾。然而随着市场经济的深入与发展,我国的经济体制发生了重大变化,生产资料所有制由单一的国有制向国有、私有、集体所有、组织所有与地方所有以及外国所有的多元化体制发展,形成了多种多样的经济实体。与此同时,劳动者、劳动力与劳动三者相分离,劳动力与劳动成为商品,劳动力由国家所有转变为归劳动者个人所有、劳动成果及其价值也由国家所有向国家或企业、集体或劳动者个人共有分享的体制发展。企业组织成为经济的独立法人,可以根据自己目标任务自主选择合格的员工,劳动者个人也可以根据自己的条件与愿望选择合适的企业组织。因此,人力资源配置的主体由过去的政府职能部门的单一型向多元型分化。人力资源配置主体的分化,进一步促使了配置主体的独立化与个性化。市场经济条件下的竞争机制、价格机制以及人力资源的供求矛盾、层次差异、地区差异、结构差异、个体差异与价值取向差异,使人力资源配置的问题更加复杂与尖锐。当前我国经济建设中的产业结构调整、行业结构整合、企业产品、技术与设备的更新、组织结构与经营管理方式的变更和竞争,则使人力资源配置问题更加突出。

实际上,人与事、员工与岗位的矛盾始终存在。员工与岗位的适宜性是暂时的与相对的,而不适宜却是绝对的与持续的。在当前市场经济与知识经济的条件下,产业技术结构调整频繁,设备更新换代加快,科技创新日新月异,生产经营变化迅速,这无疑将引起岗位工作内容与要求的变化;另一方面,市场经济带来的个性的发展与解放,知识经济带来的学习化社会形成,员工的品性素质、工作能力不断得到提高,潜能发展的愿望日益强烈。在同一组织内呆久了,难免发生个性冲突,人际关系不融洽,出现对工资福利待遇不满意等现象。这就加剧了员工流动与交换工作岗位的期望与要求,员工再也不愿一辈子把自己固定在一个岗位上,不愿意每年都干相同的工作,每时每刻都重复相同的行为操作。西方人力资源专家有关 Kuck(库克)曲线与 Katz(卡兹)曲线的两项研究成果是值得我们注意的。这两条曲线告诉我们：(1)员工从上岗至创造高效益的黄金期大约需要1年半左右的时间,创造高效益的峰值期大约1年左右的时间,然后便开始进入效益衰退期了。创造效益的强盛期总共大约4年左右,从第5年开始便需要进行新的岗位配置或变化岗位工作内容;(2)一个组织,小至一个班组,一个岗位群,大至一个部门或一个企业,从组成至融合需要1年半至2年的时间,然后进入成熟发展高峰期,从第5年开始便进入了衰退期,这就需要我们进行新的岗位配置,或者进行组织重组、改革与变动。

因此,员工个人发展的需要与组织寿命理论启示我们,员工配置工作是一个动态的、贯穿整个企业管理过程的、一项没完没了的无止境的管理工作。

三、当前人力资源配置的模式与形式

人力资源配置的模式就外部来说,比较有代表性的主要有三种:第一种是计划配置,也称行政强制性配置,即依据有关职能行政部门制定的计划,按一定的比例分配劳动者,将人力资源配置到各部门、各机构;第二种是市场配置,即通过市场机制,通过报酬杠杆互相选择、调节人力资源供求关系,实现劳动者与企业组织的相关配合;第三种是计划与市场相结合的综合型配置,它是一定计划机制条件下的市场配置,或一定市场机制条件下的计划配置。

笔者认为,上述三种配置在一定意义上可以说是人力资源的整体配置与宏观配置,解决的只是劳动者与企业组织之间的配合问题。这种人力配置的最终结果即是劳动合同。其中计划配置中关键的问题是要做好对人力资源需求的调查与规划;市场配置中关键的问题是要建立与完善劳动力市场。人力资源配置工作,不仅存在于企业外部,更多的、更困难的工作存在于企业组织内部。然而,关于如何进行企业组织内部人力资源配置的理论与方法,却很少见到的有关的研究。从目前的实际表现来看,企业组织内部的人力资源配置形式,大致有以下三类形式:

(一) 人岗关系型

这种配置类型主要是通过人力资源管理过程中的各个环节来保证企业内各部门各岗位的人力资源质量。它是根据员工与岗位的对应关系进行配置的一种形式。就企业内部来说,目前这种类型中的员工配置方式大体有如下几种:

1. 招聘。当企业内的员工数少于岗位数时,需要进行一种定向定位的招聘,或者进行定位公开的招聘。这实际上就是一种以岗招人的配置形式。

2. 轮换。当企业内的员工数与岗位数相等时,员工对岗位不满意或者不适应,也可能为了进一步挖掘员工的内在潜力,往往需要进行轮换。这便是一种交叉或循环轮换的配置方式。

3. 试用。当企业的员工数大于或等于岗位数时,对于新上岗的员工,往往采用试用的形式进行配置。合格者保留在岗位上,不合格者则调离岗位。这便是一种试用配置方式。

4. 竞争上岗。当企业内的员工数大于岗位数时,为了让最优秀者上岗,往往采用竞争上岗的配置形式。

5. 末位淘汰。当企业内的员工数多于岗位数,或者为了保持一定的竞争力时,在试用过程或竞争上岗过程中,对能力最差者实行下岗分流。这便是一种末位淘汰配置方式。

6. 双向选择。当企业内的员工数与岗位数相当时,往往先公布岗位要求,然后让员工自由选择,最后以岗选人。这便是一种双向选择的配置方式。

(二) 移动配置型

这是一种从员工相对岗位移动进行配置的类型。它通过人员相对上下左右岗位的移动来保证企业内的每个岗位人力资源的质量。这种配置的具体表现形式大致有三种:晋升、降职和调动。

(三) 流动配置型

这是一种从员工相对企业岗位的流动进行配置的类型。它通过人员相对企业的内外流动来保证企业内每个部门与岗位人力资源的质量。这种配置的具体形式有三种:安置、调整和辞退。

总之,合理的人力资源的配置,不但实现了劳动者与生产资料在时间与空间上的有效结合,也实现了劳动者与企业组织在择业、择岗、择人上的公开、公平、公正、自主与效率,有利于企事业内部资源的优化重组与利用,有利于人力、物力资源的充分挖潜与发挥,能够极大地促进企业工作效率与经济效益的进一步提高。科学的人力资源配置系统的建立,不但有利于提高社会生产过程中的要素配置效率与效果,而且有利于完善目前我国各种发育发展不良的劳动力市场与人才市场,有利于市场经济在我国的进一步发展与深化。公平的人力资源配置不但有利于企业组织与劳动者个人在择业、择岗、择人上的机会均等,而且有利于配置主体各方积极进取、努力开拓,改进自己的不足,实现自我开发和自主发展,实现组织与个人的理想目标。企业内的员工配置方式虽然很多,但都具有一定的局限性,具体表现为主观性、强制性、单向性、盲目性、无序性、经验性、随意性。岗位的类别差异客观存在,员工的个人差异客观存在,这两种差异的客观实在性,给我们进行经常性的员工配置工作提出了必要性。然而,员工配置工作也是可能的。有关研究表明,特定的岗位类别对员工的素质有着特定的要求,而特定的员工类型也有相适宜的岗位类别。这就要求我们在人力资源管理实践中,不断地优化人力资源配置。

参考文献

Peter J. Dowling, *International Human Resource Management*, South-Western College Publishing, 1999.

戴园晨等:《中国劳动力市场培育与工资改革》,中国劳动出版社1994年版。

当前管理人员岗位轮换的问题与改进[①]

所谓岗位轮换,是指保证组织工作正常开展的情况下,让员工从一个岗位流动到另外一个岗位上工作,以改进人力资源管理问题的活动。岗位轮换属于人力资源开发中的职业开发形式。本文主要通过国内外关于岗位轮换研究的文献分析,以及我们对一些管理者的访谈了解,就岗位轮换的概念与形式、在人力资源管理中的作用、存在的问题与改进建议等方面进行了探讨。

一、岗位轮换问题的提出与应用形式

(一)岗位轮换问题的提出

劳动分工是亚当·斯密《国富论》中的基本原理,由此引申出的工作专业化制度,是为适应自工业革命起出现的社会化大生产,用于提升社会生产效率的一种工作设计。工作专业化作为一种固定型的劳动分

---

① 本文为肖鸣政与萧志颖合写,原载于《中国行政管理》2009 年第 4 期。

工,主要是用以提高生产中各环节的工作效率,从而达到组织整体生产效率的提高。但它明显的缺点是岗位劳动的单一性与操作的重复性。Viteles 于 20 世纪 50 年代初通过工作设计研究提出了岗位轮换制度[1],即:在不改变工作流程和工作岗位职责的情况下,让员工在性质类似、要求相近的不同岗位间相互轮换,以减少员工对长期从事单一工作的厌烦与不满,抑制由工作专业化衍生出来的工作劳损率、疲倦感的上升和工作动力及生产效率的下降。后来,随着岗位轮换在日本企业大规模的应用及其成功,岗位轮换在欧美等发达国家的组织管理中也得到了广泛应用,应用领域也从最初的生产流水线扩展至企业中高层管理圈。此时,岗位轮换制度的功能角色,不再是局限于作为工作专业化制度的改进或补充,而更多的是作为员工学习或员工激励的手段。

(二) 岗位轮换应用的形式

岗位轮换的应用,依据应用的场景,目前可以划分为两种形式:一种是在重工业、制造业、服务业等组织中施行的操作性岗位轮换;另外一种是在企事业单位组织内部施行的管理性岗位轮换。前者是岗位轮换的最初形式,所针对的人群范围亦比后者广泛。传统的观点认为操作性岗位轮换能有效减少工作专业化中的重复性操作给员工带来的生理上的疲顿或伤害,但是近年来有学者指出,操作性岗位轮换只是将工作中的职业风险因素从个体分散到群体之中,从而降低个人风险承担的平均水平[2]。因此它只是对工作风险的分散管理,而非总量上的控制。笔者甚至认为,如果轮换流程设计不合理,风险因素不仅难以除法式地平摊降低,还会演变成乘法式的扩散。

管理性岗位轮换(以下简称为岗位轮换),是本文的重点讨论对象,针对的则多为工作专业化过程中常规性管理与单一性管理工作给员工所带来的心理疲顿倾向,表现为工作满意度和工作效率的下降或对工作敏感性和创造性的下降[3]。根据管理人员流动的幅度,岗位轮换的应用形式可分为部门内部的轮换与部门间的轮换。有学者认为,部门

---

[1] A. Hsieh, H. Chao,"A Reassessment of the Relationship Between Job Specialization, Job Rotation and Job Burnout: Example of Taiwans' High-technology Industry", *The International Journal of Human Resource Management*, 2004(15).

[2] D. D. Triggs, P. M. King,"Job Rotation", *Professional Safety*[*Park Ridge*], Vol. 45, No. 2.

[3] 肖鸣政:《人力资源开发》,高等教育出版社 2002 年版,第 136 页。

间的轮换主要是针对中高层管理人员开发进行的,而部门内部的岗位轮换则更常见于一般管理人员的开发①。根据应用目的的不同,岗位轮换的应用可以划分为五种形式:

1. 适应性的巡回轮换。这是最常见的岗位轮换类型,其目的是使新来的管理人员尽早了解工作全貌,确定正式的工作岗位并为以后工作中的协作配合打好基础,同时高层管理者也能从中对其新来人员的岗位适应性进行进一步的考察。

2. "多面手"的开发轮换。这种轮换可以同时增强个人与组织应对环境变化的能力,老员工通过岗位轮换发展成多面手或全能性员工,可以在日趋复杂的经营环境中保持个人的竞争力,同时使得组织能够从容应对一些突发状况,如经营方向或业务内容的转变,以及员工大量流失或请假缺勤时人员替补问题的解决。

3. 高管晋升的螺旋轮换。对于一些优秀的具有接班潜力的员工,在对其进行部门内部的纵向晋升之前,部门间的横向岗位轮换能使之对组织工作的流程有更为全面的了解,培养其以全局的观点分析问题并做出决策的能力。

4. 活跃思想的流动轮换。针对管理工作专业化过程中产生的心理疲顿效应,表现为工作效率与工作满意度的下降或表现为工作的敏感性与创造性的下降。组织可以通过岗位轮换来对其进行充电与激发。这种形式的岗位轮换常见于中央机关与地方政府官员的管理。

5. 部门间的调节轮换。在大型企业中,为了调节某些部门的年龄构成、性别比例,或者由于企业的业务方向有所变化,某些部门的力量需要强化或者弱化,某些部门需要合并,每年都有相当数量的员工因此进行岗位轮换。在公共部门中,为了防止某些高权力性与高风险性岗位人员的腐败行为与问题的产生,一般要求 3—5 年进行定期性的岗位轮换。

(三) 岗位轮换与工作扩大化及工作丰富化的区别

为了正确理解什么是岗位轮换,有必要讨论岗位轮换与工作扩大化或者工作丰富化的区别。岗位轮换、工作扩大化、工作丰富化与工作专业化制度一起,构成了工作设计的核心,也是目前人力资源职业开发

---

① T. Eriksson, J. Ortega, "The Adoption of Job Rotation: Testing the Theories", *Industrial and Labor Relations Review*, Vol. 59, No. 4, 2006.

的主要形式。

工作专业化表现了工作的单一性,岗位轮换、工作扩大化、工作丰富化表现了工作的多样性。然而,这种多样性是表现在不同层次上的。有学者曾总结:岗位轮换强调人员在不同岗位上的流动,是使员工的工作在一定时段中多样化;工作扩大化是固定员工的岗位,但将工作的职责范围与任务作横向扩展或数量上的增加;工作丰富化依然是固定岗位,但却是让岗位的工作向纵深渗透与难度增加,向质的方面提高,且这些改变集中表现在责任、决策、反馈、考核、培训及成就等方面[1]。笔者认为,这三类制度可以从工作专业化与多样化的相对时间点与程度设计来区分。工作专业化是每一个时间点只做一件事,不同的时间点仍做同一件事;岗位轮换是每一个时间点做一件事,不同的时间点却在做不同的事;工作扩大是每一个时间点可以做多件事,不同的时间点做相同难度的事情;工作丰富化是每一个时间点做一件事,但是不同的时间点做同一件事而难度与要求不同的事情。

二、岗位轮换的价值与作用

旧金山州立大学的 Sullivan 教授曾经列举了 28 个有关岗位轮换的作用[2]。笔者认为,这些作用可以分别从员工和管理者两个角度来讨论。换句话说,岗位轮换即具有员工开发的作用,又有组织管理的作用。关于员工开发,又可以分为员工激励作用以及员工学习作用。虽然岗位轮换带来工作多样性,与工作专业化所强调的效率提升似乎截然相反,但是这两类工作设计作用的本质都是为了促进员工个人工作效能的提高。

从员工角度上看,岗位轮换有助于消除工作专业化给员工带来的生理疲顿和心理疲顿,有助于对员工的能力培养与开发。岗位轮换不但是一种员工开发的有效手段,而且更多的是作为组织管理的一种有效方法。这种方法的作用主要体现在以下方面:

1. 建立健全人才竞争机制和人员退出机制。通过岗位轮换,我们可以比较不同管理人员在同一岗位上工作的能力与业绩,从而可以在此基础上进行优胜劣汰;通过岗位轮换,我们可以让一些不合格的管理

---

[1] 肖鸣政:《人力资源开发》,高等教育出版社 2002 年版,第 138 页。
[2] A. A. Energize & Enhance. "Employee Value with Job Rotation", *HR Focus*, Vol. 85, No. 1, 2008.

人员体面地离开岗位,让更优秀的管理人员顺利进入岗位工作;通过岗位轮换可以增加工作的透明度与可考核性,为检查岗位职责履行情况提供对比性、增强说服力,为绩效考核的确定提供监督机制,为竞争上岗提供了考核依据。此外,岗位轮换还可以提供标准职责制订与专业技术优化的现实依据。比如,通过频繁的岗位轮换,可以鉴定岗位的难易度,甄别效益的提升或降低是由于用人不当还是岗位工作设计的不当[1]。

2. 有利于建立良好的人才流动与调配机制[2]。在企业内建立人才竞争机制,岗位轮换是重要的手段之一。通过岗位轮换可有效地对人员和岗位进行调整,使能者上、庸者下,可使管理人员主动去寻求能力的提升和态度的转变,从而提高工作效率;同时,以常规制度的形式把能力差的管理人员调配到其所能够适应的或不重要的岗位,不但可以减弱管理人员的不公平感,而且可以降低人力资源调配时的阻力。

3. 降低管理人员流失率。根据我们的调查研究与有关资料显示,有些组织发生管理人员高离职率现象的原因,除薪酬待遇因素外,还有一个重要原因就是看不到提升前景和发展方向,对现有的人事体制不满意[3]。所以,通过岗位轮换,如果能帮助管理人员找到自己的兴趣所在和能力所长,使管理人员感觉到组织在重视和培养他,那么我们就能提高管理人员的满意度和成就感,管理人员也就会减少离职的念头了。

4. 有利于复合型人才的培养,降低部分关键岗位人员流失对组织的风险影响[4]。组织为了适应日趋复杂的管理环境,需要建立弹性组织结构[5],而这就要求管理人员不能只满足于掌握单项技能,必须是复合型人才。岗位轮换作为培养复合型人才最直接有效的形式,使得组织在发展方向或业务内容发生转变时,能够迅速实现人力资源转移。

---

[1] T. Eriksson, J. Ortega,"The Adoption of Job Rotation: Testing the Theories", *Industrial and Labor Relations Review*, Vol. 59, No. 4, 2006.

[2] H. J. Huang, "Job Rotation from the Employees' Point of View", *Research and Practice in Human Resource Management*, Vol. 7, No. 1, 1999.

[3] A. Arya, B. Mittendor, "Using Optional Job Rotation Programs to Extract Employee Information", *The Journal of Law, Economics, & Organization*, Vol. 20, No. 2, 2004.

[4] H. J. Huang, "Job Rotation from the Employees' Point of View", *Research and Practice in Human Resource Management*, Vol. 7, No. 1, 1999.

[5] A. Friedrich, R. Kabst, W. Webe, M. Rodehuth, "Functional Flexibility: Merely Reacting or Acting Strategically?", *Employee Relations*, Vol. 20, No. 5, 1998.

此外,复合型人才的培养也可以很好地解决企业部分季节性岗位管理人员的富裕问题,通过人员轮换与调配,达到节省劳动力资源、降低成本的目的。

5. 有利于提高人岗匹配率,提高工作效率①。岗位轮换制度的核心之一就是通过比较管理人员在不同岗位上工作情况的比较分析,帮管理人员自己找到合适的位置,使其能力得以提高,积极性得到发挥,从而带动工作效率的提升。同时也是帮助人力资源部门对于管理人员有一个全面的了解与比较,为整个组织的人力资源优化配置找到客观依据。

6. 消除工作疲倦感,活跃管理人员思想和创新能力。长期固定在某一岗位上从事同一工作的人,不论他原来多么思想活跃与富有创造性,都将逐渐丧失对工作内容的敏感而流于照章办事,这种现象称为疲顿倾向。疲顿倾向是提高效率和发挥创新精神的大敌,组织通过定期进行岗位轮换,使管理人员保持对工作的新鲜感和创造性,是克服疲顿倾向的有效措施。同时,新工作内容的挑战,对有进取心的管理人员来说也是一种有效的目标激励。

7. 增强管理人员、部门间的沟通协调,有助于组织的结构调整。管理人员在不同的岗位间流动,也增加了同事间和部门间的交流和沟通。同时,在对不同的岗位工作有了亲身经历后,有助于打破部门横向间的隔阂和界限,去除本位主义,为协作配合打好基础。此外,一旦组织发展目标发生变化、需对人员进行结构调整时,还有助于管理人员抛弃门户之见,快速融入新的团队中去。

8. 减少管理人员损害组织的行为。管理人员长期固定于一个岗位工作的一个弊端,就是容易使管理人员产生不公平感,进而会采取一些措施,比如降低工作效率、利用因长期工作而熟悉的管理漏洞去窃取或损害组织利益,或者由于和客户关系过于熟悉后为人情而牺牲组织的利益。利用岗位轮换制度,将一些意志薄弱与抵抗力差的岗位人员进行周期性的流动,对于防止职务犯罪与改变以上弊端具有明显的作用。

9. 有助于培养高素质的管理人才。对于高级管理人员来说,应当具有对业务工作的全面了解能力和对全局性问题的分析判断能力。这

---

① T. Eriksson, J. Ortega,"The Adoption of Job Rotation: Testing the Theories", *Industrial and Labor Relations Review*, Vol. 59, No. 4, 2006.

些能力的培养,只在某一部门内做自下而上的纵向晋升显然是远远不够的,必须使管理人员在不同部门间横向移动,开阔眼界,扩大知识面,并且与组织内各部门的同事有更广泛的交往接触①。

10. 提高工作满意度,降低用工成本。研究显示,岗位轮换给管理人员带来的多样化与新颖感,在一定程度上可以达到提薪给管理人员所带来的同等满意度②。岗位轮换可以延长直线升迁的时间,这不仅给组织提供了更多的时间与机会来考察管理人员,而且还节约了立即升职所带来的成本急骤提高。另一方面,岗位轮换使管理人员觉得受到组织关注,具有广阔的发展空间,使管理人员具有成就感和满足感,从而会更自觉地去为组织工作。

三、岗位轮换中的问题及其改进建议

近年来虽然有越来越多的组织意识到岗位轮换的优越性,然而,真正长期坚持施行岗位轮换的组织、尤其是公共组织还是少数。这说明虽然学者能从理论上证明岗位轮换的许多优点,但是在实践之中,仍然有许多问题尚待解决。岗位轮换的问题一般分为两种:一是蕴藏在其设计本身中的问题,二是其施行过程中所遇到的问题。

(一)岗位轮换设计本身的问题

第一,表现在岗位轮换的成本上。这些成本直接表现在被轮换者新岗位上的学习曲线,包括时间成本、培训成本以及被轮换者在新岗位上产生错误所带来的成本③,用于激励和平衡其他未被轮换管理人员所产生的成本。另外,还可能增加各部门的运营成本及人员的管理成本,以及被轮换的管理人员由于未被晋升或加薪而离职造成的损失等④。

第二,表现在工作产出上。由于岗位轮换引入工作多样性,其势必

---

① 肖鸣政:《人力资源开发》,高等教育出版社2002年版,第139页。

② A. Arya, B. Mittendor, "Using Optional Job Rotation Programs to Extract Employee Information", *The Journal of Law, Economics, & Organization*, Vol. 20, No. 2, 2004.

③ A. Friedrich, R. Kabst, W. Webe, M. Rodehuth, "Functional Flexibility: Merely Reacting or Acting Strategically?", *Employee Relations*, Vol. 20, No. 5, 1998.

④ A. Arya, B. Mittendor, "Using Optional Job Rotation Programs to Extract Employee Information", *The Journal of Law, Economics, & Organization*, Vol. 20, No. 2, 2004.

会削弱工作专业化带来的工作效率。宏观上说,这将影响组织对某些复杂的与专业性强的技术的掌握,影响组织对长期积累的传统经验的保持和继承,影响组织的软实力并且使得组织的生产效率下降。从微观上说,每个管理人员的生产水平与工作效率,由于学习适应期的存在,在短期甚至相当长一段时间内都会低于平均水平,进而导致组织产品或效益上的损失①。

第三,表现在过程控制上。由于岗位轮换过程中我们对于新任人员工作的宽容性,可能导致组织缺乏有效的控制手段,会出现短期甚至较长一段时期的混乱局面。控制手段的软弱性体现在岗位轮换的轮换程序、周期安排、绩效考核和薪酬制度上。正确的岗位轮换程序对岗位轮换的执行及执行效果都起着至关重要的作用,一般地讲,管理人员在进行岗位轮换前应先通过以下几个程序的审核:由管理人员本人提出轮岗申请,交所在部门主管审批;部门主管审批后,由人力资源部对申请轮岗者进行岗位适应性的面谈和了解;人力资源部初步判断适合新的岗位要求后,与调入部门主管进行协调;协商一致后,由调入部门主管与轮岗者就岗位职责和工作目标进行沟通;轮岗者在要求的期限内进行工作交接;工作移交完成后,人力资源部发出轮岗通知。

但在实际操作中,经常会出现一些程序上的混乱,最主要的情况有三种:(1)人力资源部没有对管理人员进行岗位适应性的面谈和了解;(2)调入部门的主管与管理人员没有就岗位职责和工作目标进行沟通;(3)轮岗人员对以前的工作没有进行必要的工作交接或交接不彻底②。这些都会对岗位轮换后工作的开展和工作的效果造成一定的负面影响。

第四,岗位轮换的周期不好把握。管理人员对一个岗位由适应到熟悉、再到能独立地做出业绩,需要一定的周期。但是,每个人的适应周期是不尽相同的。如果周期安排全部因人而异,人力资源管理部门的工作量会大大增加;而如果统一制订轮岗周期,又可能会使得岗位轮换对一部分人过于频繁而对另一部分人时间太长。轮换周期的最佳时间是在管理人员经由适应期到达业绩期后。如果岗位轮换过于频繁,管理人员的贡献无法达到最大化,组织则为此付出了培训成本和效率

---

① D. D. Triggs, P. M. King,"Job Rotation", *Professional Safety*[*Park Ridge*], Vol. 45, No. 2.

② *Job Rotationl*, http://www.xxju.net/article/200503/10_0135205035.htm.

下降的双重代价。另一方面,过度频繁的岗位轮换则会加大管理人员的工作压力,降低其工作满意度和工作效率,容易使管理人员产生急于求成、朝三暮四的浮躁心理,或追求眼前绩效而忽视长远发展的短期行为,甚至引发管理人员"这山望着那山高",利用岗位轮换变相获取权力和利益的投机行为。这些问题不但不利于管理人员个人的职业发展,更给团队合作带来障碍,从而进一步降低工作效率和损害组织效益。

第五,岗位轮换的绩效考核容易被忽略或被简单化。如果组织忽视了评估考核这一步,就有可能出现把一个不合适的人放到一个不合适的位置上的错误,同时也将其他的更适合该岗位要求的管理人员拒之门外,从而会造成工作效率的降低和管理人员士气的下降。另外,绩效考核制度如果不针对岗位轮换的特殊性质做出相应改变,则参与轮换部门的本位主义不仅无法得到缓解反而不断加强,表现为不愿放走骨干或好的管理人员,排斥或不信任新轮岗的管理人员到来;倘若绩效考核制度忽略被轮换个体的差异性,例如适应周期的差异,容易激化对比效益的影响,使管理人员追求短期绩效而忽视长远发展。

(二)岗位轮换施行过程中的问题

岗位轮换除了其设计中可能存在的问题,有更多的困难是来自组织内部对岗位轮换的执行上。可以说,它的实践在组织内部,从上到下,都存在着阻力。高层管理者对于岗位轮换的抵触多出于经济效益方面的考虑,例如常常由于害怕经济上的损失而让岗位轮换计划不能如期进行。中层部门则多出于本位主义思想,害怕轮岗导致部门业绩的下降,从而不愿放走骨干或接纳新成员。基层管理人员则由于担心薪酬与晋升制度的变化以及专业优势的丧失而在岗位轮换中保持被动的心态。然而,那些能够长期坚持岗位轮换的组织,主要是高层管理者能够将组织的长远利益作为推行岗位轮换制度的出发点,并有一套详尽的计划书,能够把组织整体的发展目标和部门或管理人员个人发展的目标通过岗位轮换有机地结合到一起,能够避免组织面临短期的效益下降时不会轻易终止轮岗制度,也能够避免部门或管理人员在岗位轮换过程中由于目标不清而丧失积极性。

四、关于改进岗位轮换问题的相关建议

(一)四个原则

我们建议组织在制订与实施岗位轮换计划时应坚持如下四个

原则：

——用人所长原则。在制定岗位轮换制时，应制定详尽的长期计划，要避免盲目轮换，而是根据每个管理人员的能力特点和兴趣个性统筹考虑安排，在组织内部人才合理流动的基础上，尽量做到使现有管理人员能学有所长，提高人才使用效率。为了保证组织内部的相对稳定，岗位轮换应控制在一定范围内，具体范围大小可根据组织的实际情况决定。

——自主自愿原则。虽然岗位轮换制可提高管理人员的工作满意度，但因具体情况的不同，效果也各不一样。对于主动申请岗位轮换的管理人员，应用双方见面、双向选择等方式方法，使岗位轮换达到应有的效果。对于被动安排岗位轮换的管理人员，调动之前要征求管理人员意见，对于不愿意换岗位的管理人员也不要勉强，否则一旦调动他就辞职，公司反而要损失人才。

——合理流向原则。在岗位轮换时，既要考虑到组织各部门工作的实际需要，也要能发挥岗位轮换管理人员的才能，保持各部门之间的人才相对平衡，推动组织效能的提升。

——合理时间原则。岗位轮换有其必要性，但必须注意岗位轮换的时间间隔。如果在过短时间内管理人员工作岗位变换频繁，对于管理人员心理带来的冲击远远大于工作新鲜感给其带来的工作热情。除了正常的轮换期，还应规定一个试用期，以考核管理人员对岗位要求的适应性，对不能按时适应新岗者应及时调回原部门或更换至另一岗位。否则，岗位轮换不仅起不到激励管理人员的作用，反而带给管理人员带来挫败感。

（二）四个注意

以上四个原则是为了避免岗位轮换中的盲目性。另外，为避免岗位的盲目轮换，组织还应注意以下四点：

（1）在实施之前应建立完整的各项职位的岗位说明书以及作业流程书。

（2）对组织所有岗位进行分析与分类，按照工作性质与内容，把工作岗位划分成适宜相互轮换、比较适宜相互轮换、不适宜相互轮换与难以相互轮换的四个类别。有些工作性质完全不同的职位是无法轮换的，如人事、财务人员调到技术开发部门，这是行不通的。有的大公司配有医务人员，也是万万不能换其他人来尝试一下的。

（3）有的职位过于敏感或有高度机密性，也不适合岗位轮换。

（4）避免在公司薄弱的部门间进行岗位轮换。

（三）纳入个人职业发展计划并与组织目标一致

在计划书中应纳入管理人员的个人职业发展计划并尽量使之与组织的发展目标一致。在欧洲组织效仿日本组织岗位轮换的初期，有的学者曾经总结出与执行岗位轮换倾向性高度一致的组织一般具有三个特征，即：终身聘用制，管理人员参股制及管理人员参与重大决策的制度。这些制度无疑强调了管理人员与组织的目标一致性。因此，即便这三种制度无法原样移植到欧美国家，许多欧美大型企业在施行岗位轮换前，都会明确管理人员与企业的发展目标并使其尽力一致化。而在他们看来，使管理人员与组织的发展目标一致化的最有效的一项政策，就是将岗位轮换与组织的晋升制度有机结合起来。一份关于丹麦国内将岗位轮换制度作为长期人力资源开发计划的大中型企业的调查问卷显示，当这些企业的管理人员认为岗位轮换制度能够有效提高自己工作技能和核心竞争力之时，企业主采纳岗位轮换的最大动机并非岗位轮换的管理人员激励或管理人员开发作用，而是他们认为该制度有助于考核管理人员的综合学习能力，为人员升迁与调动提供客观依据，以实现岗位与管理人员的最佳匹配从而使得效率最优化。这说明，岗位轮换制度在组织的长期生存有赖于组织能够把岗位轮换作为管理人员职业发展与组织晋升制度的一个重要组成部分来执行，并要清楚地认识到组织在岗位轮换中的长期发展目标与管理人员个人职业发展目标的关联性。

（四）职责轮换的提出

近年来，岗位轮换的形式日趋灵活化。一些专业性很强的机构，如律师行业与会计事务所，提出了职责轮换的概念，即管理人员在不同项目间轮换，但岗位不变。还有一种以时间分配来定义的岗位轮换，即每周或每天抽出一部分时间在轮换岗位上，其余时间仍然在原岗位上工作。这些概念的提出都是为了避免岗位轮换可能会弱化组织对原先专业技术的掌握或影响组织对长期积累的传统经验的保持和继承。

（五）岗位轮换考核方式改进

与此同时，一些中间管理层的岗位轮换将评估考核体系从过去的由上对下的单向体系扩展成上下互评的双向体系。例如，在部门领导实行轮换制度时，除了高层领导对部门领导的评估，有些组织也补充了基层管理人员对部门领导的评估，使上层领导能够对部门领导有一个全面的了解。因为对于新轮换到岗的部门领导来说,他们可能会面临许多新的问题:如新的环境、新的下属、新的工作内容,甚至新的运行机制,以及上一任管理者某些决策的滞后效应,都可能使得原有自上而下的对管理者的绩效考评失真。建立管理人员对上级绩效的评估考核机制,可以使组织高层掌握大量一手资料,有助于对新轮换到岗的管理人员的绩效作出符合实际的评估,从而保证轮换制度的顺利进行。

(六)岗位轮换的系统性

最后,岗位轮换并非仅仅是某个部门的事,它的成功实施需要组织各个部门的合作和政策支持,这些配合将有助于增强组织抵抗恶劣环境的"体质",避免组织以眼前利益得失为标准衡量岗位轮换的成败。

总之,岗位轮换问题的提出是基于解决工作专业化负面影响问题而产生的,它在公共组织与企业的人力资源管理实践中具有多种应用形式并且发挥了良好的作用。但是目前在管理人员的岗位轮换实践中仍然存在一些问题。对于岗位轮换的研究,理论上缺乏长期研究与总结概括,缺乏标准化的提炼;实践上缺乏灵活性与系统性。同时带来成本上的增加与生产效率上的下降。为了改进这些问题,我们应该把管理人员与企业的发展目标明确化并尽力保持两者的一致性;将岗位轮换纳入纵向升迁考核的标准中;强化团队合作观念,对轮换小组而非轮换的个人进行考核;从岗位轮换,转向职责轮换;管理人员在不同项目间轮换,但岗位不变。即让管理人员每周或每天抽出一部分时间在轮换岗位上,其余时间还在原岗位上。岗位轮换不可孤立进行,要求组织内部部门之间的密切合作和相互支持;要对岗位轮换实践案例进行长期研究与总结概括,解决轮换流程标准化的问题。岗位轮换是对于管理人员进行开发的一种重要方法与手段。

人力资源管理模式及其选择因素分析[①]

管理无定式,世界上不存在放之四海而皆准的管理模式,这是许多管理工作者的观点,也是国内外许多学者的观点。[②] 众所周知,人是世界上最复杂的对象,因此关于人力资源管理模式的研究,可能就更困难了。近年来,国内有些学者对于人力资源管理模式进行了探讨,发表了一些文章。什么是人力资源管理模式?存在不存在人力资源管理模式?目前实践中存在那些人力资源管理模式?如何进行选择?诸如此类的问题,人们一直感到扑朔迷离,找不到答案。因此,本文拟就以上问题做些探讨。

一、人力资源管理模式与人力资源管理系统的比较

什么是人力资源管理的模式?目前还很难找到一

---

① 本文原载于《中国人民大学学报》2006 年第 5 期。
② 笔者在美国做访问学者期间,曾经到哈佛商学院等知名大学访问过一些美国专门研究高绩效人力资源管理系统的知名教授。

种明确的解释,但是从国内最近几年发表的相关文献中,我们可以发现有多种观点。

第一种观点认为,人力资源管理模式就是人力资源管理系统,西方的人力资源管理模式主要有哈佛模式、盖斯特模式与斯托瑞模式三种。哈佛模式由情景因素、利益相关者、人力资源管理、人力资源效果、长期影响与反馈圈六个部分构成;盖斯特模式包括人力资源管理政策、人力资源管理结果、组织结果和系统整合四个部分;斯托瑞模式包括信念和假设、战略方向、直线管理与关键杠杆四个方面。①

第二种观点认为,人力资源管理模式是基于不同组织在人力资源管理模式变量上得分差异的一种分类,西方的人力资源管理模式主要有传统的降低成本模式和现代的提高员工承诺模式两种。我国的人力资源管理模式可以划分为降低成本导向的控制型模式和提高员工承诺导向的承诺型模式。②

第三种观点认为,人力资源管理模式是一种基于管理理念的人力资源管理实践系统。人力资源管理模式存在最佳与非最佳两个类别。在最佳人力资源管理模式中,还存在承诺型、控制型、内部发展型、市场导向型、利诱型、投资型与参与型等不同形式。③

然而,从笔者对于美国相关文献与专家访谈的结果来看,却很难找到对人力资源管理模式的相关研究。20多年来,美国学者主要研究的是人力资源系统或者人力资源管理系统。

人力资源系统或者人力资源管理系统是否可以等同为模式呢?在回答这个问题之前,我们有必要具体考察与分析美国学者对于人力资源管理的研究情况。

通过有关文献与实地访问调查,我们不难发现,美国在20世纪60—80年代早期,人力资源的研究内容主要是人力资源管理的技术与方法、工作分析、工作评价、人员选拔与测量,绩效评估成为人们研究的热点。随着系统论、控制论与信息论在管理学中的广泛应用,美国学者开始意识到人力资源管理本身是一个系统,因此,他们开始注意人力资

---

① 谢晋宇:《人力资源管理模式:工作生活管理的革命》,《中国社会科学》2001年第2期。

② 张一弛:《我国企业人力资源管理模式与所有制类型之间的关系研究》,《中国工业经济》2004年第9期。

③ 刘善仕:《西方最佳人力资源管理模式研究》,《外国经济与管理》2005年第3期。

源管理系统的内部结构及其与外部关系的研究。20世纪80年代中期以后，人力资源系统与组织绩效的关系问题，人力资源系统与组织战略的关系问题，人力资源系统与组织文化的关系问题，人力资源系统与外部环境的关系问题，人力资源系统政策子系统与实践子系统之间的关系问题，人力资源实践活动内部诸要素之间的关系问题，一直是美国学者研究的热点。这一时期，美国学者把人力资源管理实践子系统单独作为研究对象。例如，R. S. 舒勒与 I. C. 麦克米伦（Schuler & MacMillan）1984年在《人力资源管理》上发表的《通过人力资源管理实践获得组织竞争优势》；R. S. 舒勒与 S. E. 杰克逊（Schuler & Jackson）1987年在《行政管理研究》上发表的《竞争策略与人力资源管理实践的联系》；J. T. 德莱尼（Delaney）等人1989年在《美国劳工部：美国政府出版局》上发表的《人力资源管理实践与组织竞争优势》；C. 爱克诺维斯克（Ichniowski）1990年在《美国大学3449号学术论文系列》上发表的《人力资源管理系统与美国制造业的绩效》；美国劳工部1993年在《华盛顿：美国政府出版局》上发表的《高绩效工作系统与企业绩效》；M. A. 休斯里德与 B. E. 贝克尔（Huselid & Becker）1995年在《新泽西州立大学劳工关系与管理学院学术论文系列》上发表的《高绩效工作实践与企业绩效的跨部门研究》和《高绩效工作实践的战略影响因素》；彼得·卡佩利（Peter Cappelli）等人2001年在《工业与劳工关系评论》上发表的《高绩效工作实践能否影响组织的主要绩效？》；等等。

　　美国学者对于人力资源实践系统的研究已经有近20年的历史了，但是访问与调查都没有发现他们关于人力资源管理模式的研究成果。他们一方面研究人力资源实践子系统与其他系统的关系，另一方面，研究人力资源实践系统的高绩效问题。例如，拉杜（Lado）和威尔逊（Wilson）认为，人力资源管理系统是指吸引、培养和维护（或者裁出）人力资源的独特的而且相互联系的一系列活动、职能和过程。由于人力资源管理模式是由一整套相互补充、相互支持、相互联系和相互依赖的实践构成的，因此，竞争对手很难模仿和识别，是企业竞争优势的源泉。

　　休斯里德、杰克逊与舒勒认为，人力资源管理系统是公司内部高度一致的确保人力资源服务于企业战略目标的一系列政策和活动。

　　人力资源系统或者人力资源管理系统应该是对人力资源管理工作的一种客观描述，而模式是基于系统之上的提炼。系统可以是定型的，也可以是不定型的，但模式一定是定型的，否则就失去模式的意义了。因此，我们认为，人力资源模式与人力资源管理系统是不同的，应该对它进行专门研究。上述学者提出了人力资源模式的名词,但是都没有做专门解释与定义,这势必将影响我们的深入研究与管理实践。因此我们应该专门解释什么是人力资源管理模式。

其实,要解释什么是人力资源管理模式,首先应该从汉语"模式"的本意开始。在汉语中,"模式"与"模型"相近。《词源》对于"模"的解释有三:一是指模型与规范;二是指规范与模式;三是指模仿与效法。"模型"一般是指人们运用类比、模仿与假设等手段建立起来的,用非实物的思维符号,如公式、图形(包括曲线与方框图等)与表格表示的,用来描述对象内部的组成要素、结构方式及其运行机制、规律的假象性图像或者示意图。在管理学科中,我们一般用"模式"替代"模型",如我们经常见到"计划经济模式"、"市场经济模式"、"温州模式"与"企业模式"等。"模式"的基本含义是指,某种事物的标准形式或者使人可以照着做的标准样式。①

人力资源管理模式应该是我们对于人力资源管理实践行为系统或者活动的一种分析、归纳与高度概括。在这种分析、归纳与概括过程中,我们依据某种管理理论或者管理思想,抓住了人力资源管理行为活动的规律或者说相对稳定的机理,突出了主要因素,略去了次要因素,创造出一种框架、流程图或者管理行为指导系统。

基于上述分析,我们认为,所谓人力资源管理模式,是指一定的组织或者管理者群体在长期的实践中形成的,并且得到人们认同与遵从的一种人力资源管理活动基本样式或者模型,是对一定的人力资源管理目标、管理过程、管理内容与管理方法等要素的综合概括与高度提炼。它既是对于相关人力资源管理思想的综合体现,又是对于同类人力资源管理系统的综合概括,其操作性介于人力资源管理思想层面与人力资源管理方法层面之间,一般可以通过一定的流程图形式来表现。它根植于一定的组织文化与环境,依据特定的管理对象与管理思想,理论上具有一定的科学性,方法上具有一定的代表性,实践上具有一定的普遍性。

二、人力资源管理模式划分的基础

人力资源管理模式作为人们对于人力资源管理实践或者系统的一

---

① 《现代汉语词典》,商务印书馆1996年版第894页。

种认识与理论概括,显然是客观存在的。那么,目前的人力资源管理实践中究竟存在哪些类型的人力资源管理实践或者系统呢?

从现有的文献资料来看,目前被国外学者称为人力资源管理实践或者系统的,大约有数十种。它们都是基于不同标准或者维度进行划分的。

基于人性假设的分析,沃尔顿(Walton)将企业的人力资源管理系统分为两类:一类是以控制成本为目的,称之为控制型人力资源管理系统;另一类是以提高员工承诺为主,称之为承诺型人力资源管理系统。

基于对人力资源的哲学分析,戴尔(Dyer)将人力资源管理系统划分为三类:投资型人力资源管理系统、参与型人力资源管理系统、使用型人力资源管理系统。

基于对人力资源的市场视角,德莱瑞(Delery)和多提(Doty)将人力资源管理系统分为市场导向型的人力资源管理系统与内部发展型的人力资源管理系统。

基于对人力资源的效用视角,斯科勒将人力资源管理系统分为累积型人力资源管理系统、效用型人力资源管理系统和协助型人力资源管理系统三种。

基于对人力资源资本特点的视角,莱派克(Lepak)和斯内尔(Snell)将企业的员工划分为四种类型,并相应地采取与之匹配的四种人力资源管理模式:第一种是内部开发式。组织通过对员工关键技能开发的长期投资,使员工产生高水平的持续承诺,在组织与员工之间形成长期的相互忠诚的关系。第二种是获取式,即直接通过市场获得具有相应技能的人才,而不对员工做进一步投资。第三种是契约式,人力资源活动着重确保员工对合同要求和条件的遵从。第四种是联盟式,这是一种协作式的松散的雇佣关系,当企业有需要的时候,就会请这类人才为企业提供短期的服务,人力资源管理活动以"保持良好的合作关系"为基础。

虽然人们对于人力资源管理系统有着不同的解释与观点,但是不同的人力资源管理系统之间还是存在共同的地方,如人力资源管理系统的结构框架。人力资源管理系统的结构框架包括哪些要素呢?这需要对人力资源管理实践行为系统或者活动的结构要素进行分析。

人力资源管理实践行为或者活动的结构要素主要包括:行为或者活动的目的、过程、内容与方法。因此,人力资源管理模式的结构要素主要包括人力资源管理的目的、人力资源管理的过程、人力资源管理的内容与人力资源管理的方法。

就目前来看,人力资源管理的目的主要包括:满足组织当前的目标管理需要,满足组织未来的发展战略需要,满足政治或者行政方面的需要,满足经济与利润方面的需要;人力资源管理的过程主要包括:动态与静态,符合组织要求与追求最优化;人力资源管理的内容主要包括:人员与组织(部门与全局),内部与外部;人力资源管理的方法主要包括:针对个人与组织(部门与全局),传统与现代。因此,我们可以依据上述理论维度的分析,对不同的人力资源管理模式进行概括。

1. 基于人力资源管理目的的不同,人力资源管理模式有四种,见图1。

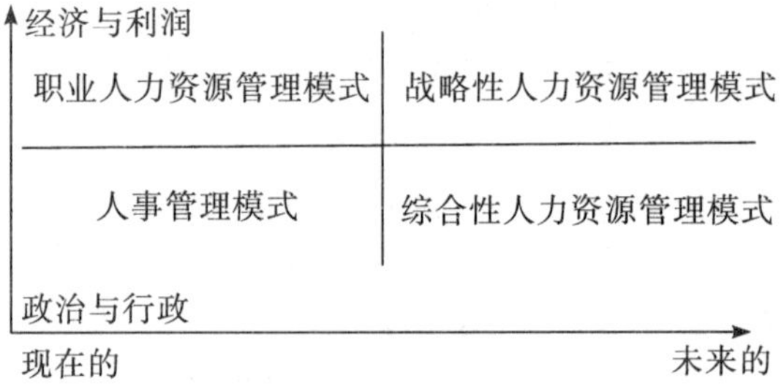

```
          ↑ 经济与利润
          |
  职业人力资源管理模式 | 战略性人力资源管理模式
  ——————————————————+——————————————————→
  人事管理模式        | 综合性人力资源管理模式
          |
          ↓ 政治与行政
  现在的                              未来的
```

图1　基于管理目的不同的人力资源管理模式类别

2. 基于人力资源管理过程的不同,人力资源管理模式有四种,见图2。

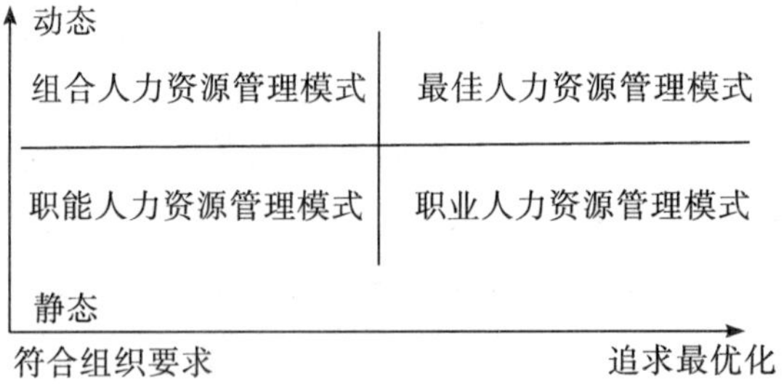

```
          ↑ 动态
          |
  组合人力资源管理模式 | 最佳人力资源管理模式
  ——————————————————+——————————————————→
  职能人力资源管理模式 | 职业人力资源管理模式
          |
          ↓ 静态
  符合组织要求                        追求最优化
```

图2　基于管理过程不同的人力资源管理模式类别

3. 基于人力资源管理内容的不同,人力资源管理模式有四种,见图3。

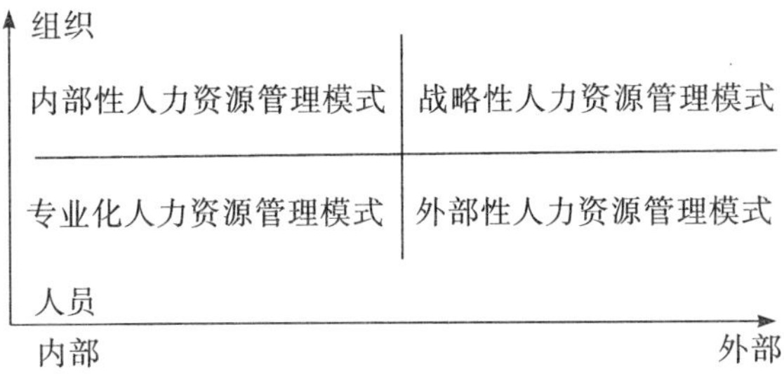

图 3　基于管理内容不同的人力资源管理模式类别

4. 基于人力资源管理方法的不同,人力资源管理模式有四种,见图 4。

图 4　基于管理方法不同的人力资源管理模式类别

三、人力资源管理模式选择的影响因素

根据权变理论,并不存在一种普遍适用的管理实践,企业的管理必须和周围环境相匹配。权变理论的要素是:第一,组织没有最好的管理方式;第二,管理的方式并非同等有效;第三,企业最好的管理方式取决于企业经营所依赖的环境特点①,即没有一种适用于多种企业的方法,一切以条件为转移。因此,人力资源管理模式的选择必须综合考虑影响人力资源管理效果的相关变量,并把它作为人力资源管理模式选择的基本依据。

影响企业对于人力资源管理模式选择的因素是多方面的,如企业战略、所有权、生命周期、信息结构、规模、文化、行业特征、劳动力市场、法律等。下面将对影响人力资源管理模式选择的主要因素进行探讨与

---

① J. U. Farley, S. Hoeing, & J. Z. Yang,"Key Factors Influencing HRM Practices of Overseas Subsidiaries in China's Transition Economy", *International Journal of Human Resource Management*, Vol. 15, No. 4, 2004, pp. 688-704.

分析。

1. 战略

战略是决定企业长期目标,以及为实现目标所采取的所需资源的配置及行为方案。战略不仅仅是一种计划,同时也是一种模式、一种定位、一种观念,也是一种策略。

人力资源管理必须以战略为导向,并且运用整合和调整的方式,做到三个确保:(1)确保人力资源管理规划与组织经营的战略性需求相匹配。(2)确保人力资源政策与组织内水平职能要求及垂直层级结构相一致。(3)确保人力资源管理实践与组织的外部环境与未来变化相一致。

因此,人力资源管理模式选择必须根据企业独特的战略而定。如果人力资源管理模式不与战略相契合,人力资源管理模式不但不会对企业的绩效有所贡献,甚至可能会对企业绩效产生负面影响。在此观点下,一些学者对企业战略与人力资源管理模式的匹配进行了探索,他们或是根据自己的企业经营战略进行分类,或是借助于波特等战略管理专家的企业战略进行分类,提出了多个人力资源管理实践与企业经营战略相匹配的模型。

由此我们认为,一方面,企业的战略直接影响着人力资源管理模式的选择。人力资源管理模式的变化随企业的战略变化而变化。另一方面,人力资源管理模式是企业战略实施的重要保证。企业战略的有效实施和企业目标的最终实现,需要选择与之相匹配的人力资源管理模式,人力资源管理模式是战略制定和实行的有力工具和手段。

2. 所有权

国有企业和非国有企业面临的制度环境的强弱不一。根据制度学派的理论,制度的干预会影响人力资源管理的实践,因此,国有企业和非国有企业的人力资源管理模式也会有所区别。

改革开放前,我国国有企业人事管理制度的特点是:由国家统一调配的用工制度、终身雇佣、由企业全面负责的福利和医疗。随着近年西方人力资源管理理论在中国的引进,我国企业正逐步摆脱过去"铁饭碗"式的人事管理实践。然而,管理活动具有历史依赖性,"过去在很大程度上形成了现在;新的形式和实践是建立在过去要素的基础上又与其合二为一的"。① 我国国有企业面临着"组织惯性",旧的人事管理思想仍然牢牢占据着一部分人的头脑,起着不可忽视的作用。在国有企业传统的体制下,员工期望工作有保障,希望工作有"铁饭碗"的性质,倾向经济平等主义;认为高层员工与低层员工的薪酬不宜相差太多。②

与非国有企业相比,国有企业将会采用更多的内部化的人力资源管理模式。比如,在晋升方面,国有企业主要是依赖企业的内部劳动力市场;在薪酬方面,国有企业员工的工资有一定的平均主义倾向。研究表明,传统国有企业主要采用降低成本导向的控制型人力资源管理模式,外资企业主要采用提高员工承诺导向的承诺型人力资源管理模式,民营企业主要采用介于二者之间的混合型人力资源管理模式。③ 由此可见,所有权是影响我们进行人力资源管理模式选择的一个重要因素。

3. 规模

企业规模通常指的是企业人数的多少或是其资产额的大小。当企业规模比较小时,企业人数相对来说较少,企业内部结构比较简单,企业风险规避能力不足,资金有限,规章制度和经营方针还没有成形。随着企业的规模逐渐扩大,企业开始扩展主营业务,实行多元化生产,组织层级逐渐增多,企业开始制定较为完善的、全面的、正式的人力资源管理制度,从而使得人力资源管理有章可循。

一般来说,企业在采取任何正式的和系统的人力资源管理模式之前,必须确认是否达到了合理的规模经济范围④,而只有企业规模比较大,采取内部型人力资源管理模式才具有一定的规模经济效益。所以,从经济角度看,企业规模是影响人力资源管理模式选择的一个重要因素。

4. 文化

根据制度学派的理论,文化作为独特的非正式制度,对企业人力资源管理的实践起着重要的影响作用,不同文化背景下的企业人力资源管理模式有着显著的区别。

中国传统文化是以儒家思想为基本价值取向的,主要内容包括强

---

① 徐淑英:《中国企业管理的前沿研究》,北京大学出版社2004年版,第68页。

② R. Holton, "Human Resource Management in the People's Republic of China", *Management International Review*, Vol. 30, No. 1, 1990, pp. 121-136.

③ 张一弛:《我国企业人力资源管理模式与所有制类型之间的关系研究》,《中国工业经济》2004年第9期。

④ 同上。

调道德伦理、家长制观念、强调"中庸之道"和"以人为本"等。这样的传统文化对我国人力资源管理工作的影响是深刻的。第一,将人的道德性看作人的存在价值的主要标识,"德不称其任,其祸必酷";第二,家长制观念带来家长式领导;第三,强调"中庸之道",即注重人际关系的和谐;第四,与西方相比,我国古代就追求"天人合一,以人为本"。

美国是一个市场经济较为成熟和完备的国家,美国文化的特点是崇尚法治,而非人治,鼓励个人奋斗,强调个人主义,强调科学的和定量的分析,因此,美国人力资源管理工作具有典型的市场化配置特征。这使得美国人力资源管理模式呈现出法治化、规范化、技术化的特征。

由于人在一定程度上是文化的产物,因此,我们不难由此推断,文化是影响企业选择人力资源管理模式的核心因素之一。

5．行业

行业是企业选择不同人力资源管理模式的外部因素之一。例如,在服务业中,顾客始终处于服务的中心地位,同时也需要顾客与员工共同合作,因而在绩效考核时,有时会把顾客看做是员工的一部分,作为绩效考核的输入来源。① 又比如,人们发现 IT 业和非 IT 业的人力资源管理模式有着明显的区别。②

6．生命周期

无论是自然生物系统,还是社会组织,都会经历从小到大、从年轻到成熟的发展阶段,企业在不同的生命周期阶段中,人力资源管理模式也不尽相同。

例如,企业在创办初期,虽然富有朝气,但是各方面的资源毕竟有限,而企业能够存活下来的最重要资源之一就是人才,因而,企业人力资源管理工作的重点在于吸引人才。在这一时期,由于企业的资金有限,管理幅度小,企业一般不设专门的人力资源管理部门,而是依靠企业创立者的企业家精神和未来共同的愿景吸引人才。企业的其他人力资源管理工作,如培训、人力资源计划、工作分析等,一般也都没有正规开展,表现出极强的随意性、跳跃性和非系统性。

---

① C. S. Spell, & T. C. Blum, "Getting Ahead: Organizational Practices that Set Boundaries around Mobility Pattern", *Journal of Organizational Behavior*, Vol. 21, 2000, pp. 299-314.

② D. E. Bowen & B. Schneider, "Service Marketing and Management: Implication for Organizational Behavior", *Organizational Behavior*, Vol. 10, 1988, pp. 43-80.

在成长期,企业的经济实力得到增强,市场份额逐渐提高,企业人员不断增多,原来初创期不成体系的人力资源管理工作容易使得企业出现混乱。"不以规矩,无以成方圆。"在这一时期,企业人力资源管理工作的重点在于建立和健全各项人力资源管理制度,使得人力资源管理实践的各项活动走向正规化和制度化,确保各项工作有序进行。

由此可见,企业的生命周期是影响我们进行人力资源管理模式选择的关键因素之一。

7. 人才市场

当人才市场供大于求时,企业可供挑选的员工比较多,因此,企业会运用复杂的、正式的招聘程序(如笔试、个性测试、面试、评价中心等)精心挑选员工,同时提高甄选标准,通过高标准的选拔程序筛选员工。在薪酬方面,企业无需花费太多的薪酬便可以吸引到企业所需要的人才,员工的薪酬较低。在培训方面,由于招聘的挑选程序严格,员工进入企业之后马上就可工作,企业给予员工的培训较少,培训内容一般是针对企业岗位所需要的特殊知识。

而人才市场供小于求时,企业招聘合适的员工的难度加大,因此,企业会在招聘方面花费更多的成本,比如为企业做宣传,或是跨地区进行更广泛的搜寻等。与人才市场供大于求不同的是,企业的招聘门槛降低:在培训方面,由于招聘标准不高,员工进入企业之后,企业需要安排广泛的培训以提高员工的知识、技术与能力;在薪酬方面,由于劳动力市场上人才紧缺,所采取的措施是运用提高工资、福利和工作条件的方式去吸引员工。① 为了留住员工,企业向员工提出长期雇佣的条件吸引员工,以期提高员工的忠诚度。

由此可见,外部人才市场是影响我们进行人力资源管理模式选择的重要因素之一。

8. 企业内部员工的结构②

组织内部的员工类型结构,也是影响人力资源管理模式选择的核心因素之一。

---

① 蒋春艳、赵曙明:《企业特征、人力资源管理与绩效:香港企业的实证研究》,《管理评论》2004 年第 10 期。

② H. Lakhani, "The Effect of Pay and Retention Bonuses on Quit Rates in the U. S. Army", *Industrial Labor Relation Review*, Vol. 41, No. 3, 1988, pp. 430-438.

我国台湾学者黄英忠曾经采用莱派克和斯内尔的思路①，先将企业的员工划分为不同的类型，然后探讨不同类型之下的人力资源管理模式，认为针对不同的员工类型应该采取不同的人力资源管理模式。他以工作意愿及工作能力两个维度，将员工划分为四种，相应的人力资源管理模式也分为激发模式、发展模式、转移模式与增强模式四种。

总之，关于什么是人力资源管理模式的问题，目前国内学者认识模糊，美国学者矢口否认，很少提及。但是人力资源管理模式却是客观存在的，组织的战略、行业、产品、文化与员工的类别性与有限性，决定了人力资源管理实践的相似性与类别性，从而也就决定了人力资源管理模式的存在性。从具体层面与过程发展角度来看，人力资源管理无定式，是千姿百态的。但是从总体上与时间截面角度来看，人力资源管理模式却是有限的，作为一个有限元素的集合，必然可以对它们作出有限的分类与提炼，找出类别之间的差异与同一类别内部的共性。因此，人力资源管理模式是客观存在的，只是我们平时很少去注意它们。我们对于人力资源管理模式的研究，不是要把人们的人力资源管理行为固化与统一化，而是想通过对人力资源管理模式类型与选择因素的分析，减少人力资源管理实践的盲目性与重复性，达到提高企业管理效率与效果的目的。

---

① D. P. Lepak & S. A. Snell, "The Human Resource Architecture: toward a Theory of Human Capital Allocatio n and Development", *Academy of Management Review*, Vol. 24, No. 1, 1999, pp. 31-48.

非营利组织人力资源管理的几个发展方向

——基于非营利组织特征的思考[①]

非营利组织是指介于政府部门和以营利为目的的企业或者市场部门之间的其他组织,因此又被称为"第三部门",被认为是构成现代社会的第三大支柱。与非营利组织相关联乃至相重叠的另一个概念是"非政府组织"。前联合国秘书长安南在谈到影响世界发展的 10 个因素里面,把非营利组织或者说非政府组织排在了第 5 位。显然,非营利组织已经引起世界各国政府领导人与学者的大量关注。但对非营利组织的研究,在我国还是刚刚兴起,许多问题我们并不清楚。本文将就非营利组织及其基于非营利组织特征进行人力资源管理的几个发展方向进行初步的探讨。

一、公益机构与非营利组织

何为公益机构目前还没有特别准确的解释,根据

[①] 本文原载于《中国人力资源开发》2007 年第 7 期。

已发表的文献,本文把公益机构暂时界定为:那些为社会公共利益提供产品的非政府组织与非企业组织。这种组织以公共利益的提升为目标,以不指定的主体或者整个社会为服务对象。当公共利益、组织利益与个人利益相矛盾时,将以公共利益为首要目标。公益机构可以是公立的也可以是私立的,但是工作的目标一定是公益的;可以是非营利的也可以是营利的,但是都是服务于公益的。所以,我国的科教医卫文体团等其他事业单位,都是公益机构,但是不一定是非营利组织。根据以上分析,非营利组织是公益机构中的一部分,是主体部分。公益组织至少存在3种类型:完全非营利组织,例如:福利院等慈善组织;半营利组织,例如我国的教育(目前学校经费 1/3 政府拨,1/3 学生缴,1/3 社会捐)、卫生等事业单位(目前医院经费 1/3 政府拨,1/3 医生与检查,1/3 药费与其他);营利组织,例如我国改制后的科研机构、民办学校与某些变味的医院。严格地说,本文所谈论的内容与观点,主要是针对完全非营利组织,但是对于教育与卫生等非营利组织,也有一定的参考作用。

美国学者 Levitt 认为,非营利部门(nonprofit sector)这种组织所从事的是政府组织和私营企业"不愿做、做不好、或不常做"的事。虽然各个国家非营利组织的含义稍有差别,但总的来讲所谓非营利组织,是指在政府部门和以营利为目的的企业(即市场部门)之外的,以非营利为目的,从事公益事业的一切志愿团体、社会组织或民间协会。

非营利组织根据设立目的和服务对象可以分为两种,一是以集体利益为目的,以组织成员为服务对象的互惠组织,如工会、合作社、互助保险公司等;二是以社会公益为目的,以不指定主体为服务对象的公益机构,如基金会、慈善组织等。公益机构以公益利益为宗旨,致力于救助灾害,救济贫困,扶助残疾人等困难的社会群体和个人的活动;涉及科研、教育、文化、卫生、体育、环保、社会公共设施建设以及促进社会发展和进步的其他社会公共和福利事业。公益机构具有6个基本特征:

1. 组织性:意味着有内部规章,有负责人,有经常性活动。

2. 民间性:意味着在体制上独立于政府,既不是政府的一部分,又不受制于政府。

3. 非营利性:意味着组织的利润不能分配给所有者和管理者,利润必须服务于组织的基本使命。

4. 自治性:意味着各个组织自己管理自己。

5. 志愿性:意味着参与这些组织的活动是以志愿为基础的。

6. 公益性:致力于公益,即公益机构旨在服务于社会公共目标。

二、目前非营利组织管理中存在的问题

1. 管理松懈。自从非营利组织出现以来,大部分非营利组织都以为凭借良好愿望和心地无私就可以办好事情,没有充分认识到管理的重要性,令他们引以为自豪的就是他们具备不以"利润"为目的的崇高使命。因此很多组织没有真正意义上的管理者,一直由兼职志愿者来运作。但是管理不是利润的附庸,而是所有组织的首要功能。事实上,非营利组织不仅需要人力资源管理,而且必须以最好的方式来管理,因为做好事也要精益求精。

2. 不问绩效。由于非营利组织的本质特性是不以营利为目的,主要职能是提供基础性公共物品;这些决定了非营利组织产生的社会效益很难用量化的利润指标来衡量,从而非营利组织中一般不设经营利润指标;同时大多数非营利组织都是服务性组织,它们所提供的无形服务一般都不存在客观的标准和检测工具来度量,通常都带有很多主观因素。因此许多非营利组织强调公益性、慈善性和志愿性,强调对人类社会的点化和关怀。工作人员没有明确的责任承担方式,没有绩效考评,即使进行工作考核也没有硬性指标,这在某种程度上降低了公益机构的运行效率。

3. 人员膨胀。非营利组织大多数是由志愿者组成的,对非营利组织的管理并不是以利润最大化为目标,而是旨在提高为社会公益服务的效率,它在管理策略上更强调价值体系和使命感的作用,强调责任感与自觉性。随着非营利组织规模的扩大,志愿者并不能像以前一样正确决策,协调内外关系,从而导致组织效率低下。

4. 完全契约的不可能性。在非营利组织中,构成人员主要包括志愿者,受薪人员和领导者三类工作人员。其中志愿人员比较多,主要是指那些不接受金钱或实物报酬而自愿为组织提供时间、精力的人,志愿者的存在是非营利组织区别于一般商业企业的本质特征,志愿者对于非营利组织而言是一种很宝贵的资源,他们往往花费较少而能尽全力去完成组织任务与社会使命,使得非营利组织能在有限的预算下提升服务的层次与质量。

三、我国非营利组织人力资源管理发展的几个方向

1. 目标导向公益化。前面分析表明,非营利组织具有6个基本特征。在这些基本特征中,公益性是最本质的特征。从一般的角度来看,

非营利性与公益性同时应该成为非营利组织的两个关键特征,然而在这两个关键特征中,公益性又是最为本质的。因为非营利组织并不排斥营利精神和商业行为。由于战略目标将决定组织的行为特征,为了保持非营利组织的本质特征,在制定非营利组织的战略目标时,应该注意目标导向公益化。

2. 岗位管理规范化。非营利组织具有自治性与志愿性。无论是实际开展活动,还是在管理组织的事物中,均有显著的志愿性特征,特别是形成由志愿者组成的董事会和广泛使用志愿工作人员。整个管理过程中,存在完全契约的不可能性问题,具有多向流动性特点。因此,在非营利组织中存在许多不规范的行为,管理的随意性比较大。一方面,只要愿意都可以加入到组织中来,造成组织人员膨胀,效率低下;另一方面,非营利组织中的志愿工作人员具有很大的随意性,可能不能长期的在非营利组织中固定工作。如果某人不想干,他可以随时离开组织,流动性特别强。因此特别需要岗位设置与管理的规范化,需要进行以战略为导向的工作分析与组织设计,在定岗、定责、定编与定员的基础上进行工作流程优化。从目前的人员管理转向岗位管理。岗位管理规范化,也是非营利组织的组织性要求。

3. 人员招聘科学化。非营利组织的原动力来源于它的价值体系,同时理想主义和使命感在非营利组织中占据着重要的地位,来自于每个人的责任感与自觉性,来自于公益使命优先、尊重个人价值和尊严等信念。因此,人员招聘时,没有太多的能力要求与专业要求,品质与思想考察也比较随意。实际上,任何组织都应该讲求效率与效果,公益性的非营利组织也不能例外。组织的效率与效果,来自于每个志愿者的品质、能力与专长。所以应该对于非营利组织中的关键岗位,进行素质模型分析,把握其胜任能力特征,并且在此基础上进行测评与招聘。

4. 人员培训及时化与系统化。由于非营利组织人员流动性大,新人不断进入,有一定经验的人经常离开。为了保持组织的工作效率与效果,人员培训的任务特别艰巨与频繁,因此应该建立及时性与系统化的培训机制。这种及时性与系统化的培训机制中非常重要的一点,让有经验的人在离开前负责培训或者推荐新员工。例如,可以考虑与每个新来的志愿者签订契约,要求离开组织之前,能够为组织推荐有经验的员工或者培训新来的员工。

5. 绩效考评社会化。如同企业绩效考评对企业的作用一样,非营利组织的绩效考评也有助于增强自身市场竞争力。在市场经济社会中,没有哪个组织可以避免市场竞争。合理有效的非营利组织绩效考评体系不仅可以帮助这些组织选择优秀的人才,还可以使社会公众对这些非营利组织增加信心,并以此可以获得更多的社会资金捐赠。绩效考评,可以改进非营利组织的管理决策与绩效,增加战略的导向性。由于非营利组织具有民间性与公益性,所以其绩效考评主体,应该让社会成员加入,其考评内容与指标应该以社会公益为核心。

6. 薪酬管理合理化。虽然非营利组织的原动力来源于社会公益的价值体系,崇高的社会责任感与使命感为组织赋予了明确的行为目标,激励其工作人员,并为其活动争取到财务和公共的支持。因此,尽管报酬对于每个人也重要,但已不再是吸引人们为组织工作的唯一因素,社会使命和献身精神是组织存在与志愿者工作的主要价值。然而,非营利组织并不能因此认为可以不讲报酬,或者报酬设计可以随意化。非营利组织同样应该进行岗位评价,根据每个岗位对于整个组织的价值与贡献,进行激励与待遇分配。当然,非营利组织的待遇主要是以社会性与精神性为主体的。这种薪酬体系可能没有太多的物资激励性,但是一定要有公平合理性。

总之,非营利组织是一种以集体利益与社会公益为目的服务性组织,具有组织性、民间性、非营利性、自治性、志愿性、公益性等基本特征。这6个基本特征,决定了非营利组织的人力资源及其管理特点,决定了以上非营利组织人力资源管理值得注意的6个发展方向。

参考文献

李晓风:《非政府组织的发展现状初探》,《求实》2006年第1期。

里贾纳·E.赫兹琳杰:《非营利组织管理》,中国人民大学出版社2000年版。

尉俊东、赵文红:《非营利组织人力资源构成、特点与管理》,《科学学与科学技术管理》2005年第12期。

西奥多·H.波伊斯特:《公共与非营利组织绩效考评》肖鸣政等译,中国人民大学出版社2005年版。

徐崇温:《非营利组织的界定、历史和理论》,《中国党政干部论坛》2006年第5期。